BLUE MARSDEN

SEELENPLAN

Blue Marsden hat den größten Teil seines Lebens damit verbracht, die Heilkunst und Weisheit alter Traditionen zu studieren, zu integrieren und zu unterrichten. Er hat dieses erstaunliche System erforscht, weiterentwickelt und modernisiert, um es einem modernen Publikum zugänglich zu machen. Wenn du deine größten Stärken entdecken und lernen möchtest, die Hindernisse in deinem Leben zu überwinden und den wirklichen Zweck deiner Seelenbestimmung zu erkennen, schlage ich vor, dass du nicht weiter suchst.

STEPHEN GAWTRY, MANAGING EDITOR, WATKINS: MIND, BODY, SPIRIT

SEELENPLAN

FINDE DEN WAHREN SINN DEINES LEBENS

BLUE MARSDEN

edition ADAMIS

Englischer Originaltitel „SOUL PLAN"

First published and distributed in the United Kingdom by:
Hay House UK Ltd, www.hayhouse.co.uk

Published and distributed in the United States of America by:
Hay House, Inc., www.hayhouse.com

Published and distributed in Australia by: Hay House Australia Ltd, www.hay-house.com.au

Published and distributed in the Republic of South Africa by:
Hay House SA, www.hayhouse.co.za

Published and distributed in India by: Hay House Publishers India, www.hay-house.co.in

Distributed in Canada by: Raincoast,

https://www.soulpurpose.co.uk
https://soulplan.co.uk/
https://www.healingcollege.co.uk/

Übersetzung aus dem Englischen: Katharina Alper und Ulla Sarow
Cover: stevenwilliams.org.uk

Die Schweizer Bibliothek verzeichnet diese Publikation in der Schweizer Nationalbibliographie; detaillierte bibliographische Daten sind im Internet über http://www.nb.admin.ch/ erhältlich

2. Auflage 2025

CH 6052 Hergiswil NW, Schweiz, Tel./Fax +41 (0)41 630 33 01
http://www.adamis.ch, katharina.alper@adamis.ch
ISBN 978-3-9524451-7-4

In dankbarer Erinnerung an Frank Alper

(1930 – 2007)

INHALTSVERZEICHNINS

Über den Autor Blue Marsden

Blue Marsden ist Gründer und Direktor des holistischen Heilcolleges (Holistic Healing College) der Londoner Schule von Qi-Gong (Chi-Kung) und des Londoner Colleges der Hypnosetherapie.

Schon als Teenager studierte er östliche Philosophie und jüdischen Mystizismus. Nachdem er viele Jahre mit verschiedenen intuitiven Methoden gearbeitet hatte, traf er auf ein bislang wenig bekanntes System, das ihn mehr als alle anderen faszinierte. Er integrierte es daraufhin in seine Praxis und nahm es als Modul in sein College auf. Jahrelang hatte Blue den Ursprung dieser Arbeit erforscht und fand Übereinstimmungen mit seinem eigenen Verständnis von Nicht-Dualität. Er ergänzte und modernisierte es, fügte neue Interpretationen dazu, channelte zusätzliches Material und Heilmethoden, bis das entstand, was jetzt als Seelenplan bekannt ist.

Von Anfang bis Mitte der 1990er erforschte er die Verwendung von Hypnose und Klang-Heilung, um Leistung und Kreativität zu verbessern. Während dieser Zeit spezialisierte er sich darauf, mit Künstlern, Sängern, Schriftstellern und Moderatoren zu arbeiten.

In seiner Psychotherapie-Praxis spezialisierte er sich auf Beziehungs-Beratung und wurde vom britischen Verband des Wut-Managements um ein Audio-Programm gebeten, das später von vielen Schulen im ganzen Land übernommen wurde.

Blue Marsden ist auch Lehrer und Langzeit-Praktiker von Qi Gong (Chi-Kung). Diese Disziplin half ihm, eine tiefere Betrachtungsweise der wenig anerkannten „magnetischen" und gesundheitsfördernden Eigenschaft zu bekommen, die möglicherweise bei Gesprächssitzungen auftritt.

Blue besitzt einen Abschluss in Philosophie und einen Master in Psychoanalyse. Seine Arbeit wurde in den nationalen Medien bekannt.

http://www.soulpurpose.co.uk
http://soulplan.co.uk/
http://www.healingcollege.co.uk/

Frank Alper (1930 – 2007)

Frank Alper war ein bemerkenswerter Mensch, der eine schier unerschöpfliche Vielfalt von spirituellem Wissen und Heilmethoden gechannelt und entwickelt hatte.

Über 30 Jahre lang und bis kurz vor seiner „Heimkehr" 2007 lehrte er unermüdlich sein Wissen in Nordamerika, Europa und Japan. Als universeller Kanal channelte er eine unübersehbare Anzahl von Wesenheiten. Mitte der 70er erschien Salomon als Projektion von Metatron. Damit wurde Frank mit dem Universellen Gesetz verbunden, das für ihn der Leitfaden für Integrität war. („Das Universelle Gesetz" erschienen im G. Reichel-Verlag.)

Anfang der 80er Jahre channelte er das Buch „Erkenntnisse aus Atlantis" („Exploring Atlantis"). Die darin übermittelten Informationen über Kristalle und die damit verbundenen geometrischen Legemuster wurden ständig erweitert und fester Bestandteil seiner unterschiedlichen Seminare. Ebenfalls Anfang der 80er Jahre begann Frank die „neuen Kinder" (auch als Strahlenkinder bekannt) und ihre Aufgaben auf dem Planeten Erde zu channeln.

Zur selben Zeit begann seine geistige Verbindung mit Moses, woraus 4 Bücher unter dem Titel „Moses und die Bibel" wurden. Daraus entstand auch „Die spirituelle Numerologie nach Moses", die der Inhalt dieses Buches ist. Leider kam Frank nicht mehr dazu dieses wichtige Buch zu schreiben, aber die geistige Welt findet immer Wege und Möglichkeiten, wenn etwas ausgeführt werden muss. Deshalb wurde Blue Marsden damit beauftragt. Auch wenn Blue Marsden Frank nie persönlich kennengelernt hatte, ist zwischen ihnen offenbar eine geistige Verbindung entstanden.

Franks Hauptbestreben war es, Menschen mit ihrer Seele zu verbinden. Seine große Liebe aber war das Heilen. Um die Jahrhundertwende wurde ihm immer wieder durch unterschiedliche Wesen mitgeteilt, unter anderem durch Carl Jung, Dr. Fritz Hermann und Meister Awah (ein Meister der Regenerationsenergie), dass alle Krankheiten auf diesem Planeten innerhalb der nächsten 200 Jahre aufgelöst werden müssen. Deshalb entwickelte Frank die Methode ENERGENETICS, eine „Genetische Energie Rekonstruktion", damit zukünftige Generationen frei von genetischen Konditionen und Krankheiten werden können. Frank war ein Pionier und wusste bereits lange bevor die Wissenschaft dies bestätigte, dass Gene sich während einer Lebenszeit verändern können.

Frank bildete viele wunderbare Lehrer aus, die sein Wissen weiterentwickeln und verbreiten, um mitzuhelfen, dass dieser Planet zum Garten Eden werden kann. Sein Hauptanliegen waren die Seelen der Menschen, dass sie frei von emotionalen Blockaden werden und sich mit dem Licht ihrer Seele verbinden können. Sein Motto war, „Erlange innere Freiheit, dadurch kommt innerer Frieden und Freude in dein Leben."

Zur deutschen Übersetzung dieses Buches

(Übersetzt von Katharina Alper und Ulla Sarow)
Blue Marsden ließ uns freundlicherweise die Freiheit, das Buch sinngemäß zu übersetzen.
Wir haben die etwas gekürzte Version seines englischen Buches zwar originalgetreu übernommen, an einigen wenigen Stellen aber noch Ergänzungen aus Blues englischer Vollversion sowie Franks Numerologie angefügt. Außerdem haben wir die Tabelle mit Buchstaben, Zahlen und Zeichen zusammengefasst und auch ergänzt.
Die Buchstabierung der hebräischen Buchstaben haben wir original aus dem *Sefer Yetzirah* von Aryeh Kaplan übernommen.
Wir hoffen, liebe Leserin, lieber Leser, dass Ihnen dieses Buch viel Freude macht und dass Sie mit dem Erstellen und Interpretieren der Charts viel Spaß haben und Interessantes und vielleicht auch Neues über sich selbst und andere erfahren werden.

KENNST DU DEINEN SEELENPLAN?

- Was wäre, wenn es einen übergeordneten Leitfaden gäbe, der die Herausforderungen in deinem Leben klar beschreiben würde?
- Was wäre, wenn dir die Richtung gezeigt würde, die dir am besten hilft, damit du dich erfüllt fühlst?
- Möchtest du dich selbst auf einer tieferen Ebene verstehen lernen?
- Möchtest du mit diesem Wissen den Weg finden, der dir größtmögliche Erfüllung im Leben bringt?
- Obwohl dir niemand genau sagen kann, was in deinem Leben geschehen wird, gibt es für jeden Einzelnen einen Plan. Es ist dein *Seelenplan*.

DER SCHLÜSSEL ZUM SEELENPLAN

Eines Morgens im ersten Jahr des neuen Jahrtausends saß ich in meiner Praxis und wartete auf meinen nächsten Klienten. Schon Jahrzehnte vor dieser Sitzung hatte ich eine Praxis mit sehr unterschiedlichen Klienten aufgebaut und genoss es, verschiedene Therapiearten zur Verfügung zu haben: Psychotherapie, Hypnosetherapie, Klangheilung und intuitive Energiearbeit. Einige meiner Klienten führten ein traditionelles Leben, andere waren Sänger oder Künstler und viele waren aktive spirituell Suchende. Eigentlich waren sie alle spirituell Suchende, auch wenn ihnen dies nicht unbedingt bewusst war.

Ich stelle gewöhnlich das ganzheitliche Konzept des *Seelenplans* behutsam vor, mit der Ausnahme, meine Klienten sind besonders offen dafür. Ich habe herausgefunden, dass es wichtig ist, ein gutes Verhältnis aufzubauen und ich konzentriere mich hauptsächlich auf die Themen, die der Klient mitbringt. Doch hin und wieder gehe ich intuitiv über diese Grenzen hinaus. Als meine nächste Klientin den Raum betrat, wusste ich, dies würde eine dieser Gelegenheiten sein.

Sarah begann, eine Anzahl von stressbedingten Symptomen aufzuzählen, unter denen sie litt. Sie erwähnte auch, dass sie in der Stadt arbeitete und in einem Finanzunternehmen eine erfolgreiche Position innehatte.

„So, und wann planen Sie, Ihr spirituelles Zentrum zu eröffnen", fragte ich.

Ihre Augen wurden sehr groß und sie beugte sich in ihrem Stuhl weiter nach vorne. Das war keine übliche Frage, die man von einem Psychotherapeuten erwarten könnte, der Überflieger mit stressbezogenen Themen berät.
„Das klingt sehr unwirklich... Haben Sie meine Gedanken gelesen?"

Danach erzählte sie von einer Erfahrung, die sie vor zwei Wochen gemacht hatte. Eines Abends arbeitete sie bis spät im Büro und schlief am Schreibtisch ein. Als sie zu sich kam, fand sie zu ihrer Überraschung, dass sie spontan Wörter auf ein Blatt kritzelte. Dieses Phänomen wird allgemein als "automatisches Schreiben" bezeichnet.

Die Botschaft war klar: „Öffne ein Zentrum in der Stadt, in das die Menschen für Heilungen kommen können."

Sarah hatte noch keinem von ihrer ungewöhnlichen Erfahrung erzählt. Jetzt, da sie mich zum ersten Mal traf, kam die Frage auf, wie kam ich zu so einer ähnlichen Aussage?

Die Antwort ist, wie du herausfinden wirst, dass ich bereits als Vorbereitung auf diese Sitzung ihren höheren Zweck und ihre Ziele angeschaut hatte. Zu dieser Zeit hatte ich bereits die Grundlagen der Numerologie in meine Arbeit integriert, die in diesem Buch beschrieben werden.

Seit über zehn Jahren entwickelte und integrierte ich die Numerologie in die Therapie-Ausbildungen. Zu jener Zeit habe ich mir meistens vorher die Zeit genommen, mit was auch immer ein Klient zu mir kam, die wichtigsten Faktoren zu betrachten. Ich untersuchte das, was ich heute *„Seelenplan"* nenne.

Als Sarah zu mir kam, um mich in der eher konventionellen Rolle als Therapeut zu sehen, wusste ich intuitiv, dass sie wirklich da war, um sich mit ihrer höheren Aufgabe zu verbinden. Ich bekam diese Inspiration nur durch das Erstellen ihres *Seelenplans* und wusste dadurch, dass die Zeit für sie reif war, ein Yoga-Zentrum zu eröffnen.

Dies ist ein Beispiel der verwandelnden Kraft dieser Arbeit. Es ist typisch für viele Synchronizitäten und Bestätigungen, die sich durch den Gebrauch dieses wunderbaren Werkzeugs entfalten.
Auch wenn ich Sarah nicht angeboten hatte, eine eingehende Analyse zu ihrem *Seelenplan* zu erstellen, fühlte sie sich mit ihrer „Kritzelerfahrung" voll bestätigt. Dies gab ihr die nötige Bestärkung, ihrem wahren Weg zu folgen.

Für diejenigen, die eine vollständige Botschaft ihres *Seelenplanes* erhalten, ist die Ebene der Heilung, Transformation und Bestätigung für ihren Lebensweg erstaunlich. Nicht nur ich selbst erlebe das, sondern auch all jene, die ich in diesem System ausgebildet habe.
Wir leben alle in einem holographischen und miteinander verbundenen Universum und somit gibt es viele Wege, um Zugang zu einem tieferen Verständnis für unser Leben zu erhalten.
Natürlich können sich Menschen die Aspekte ihres tieferen Selbst auch durch ein Medium übermitteln lassen, durch Physiognomie, durch Betrachtung der Aura oder durch Einstimmung, auch durch Fernanalyse oder Channeling.

All diese intuitiven Wege sind möglich, denn unsere Essenz ist in all dem enthalten, was wir sind. Selbst mit einer natürlichen Begabung brauchen all diese Methoden viel Geschick und Übung, um sie zu meistern. Oft hängt die Interpretation auch vom Konzept und Glauben des Beraters ab.

Mit dem *Seelenplan* beschreibe ich jedoch eine Methode, die für die meisten Menschen viel einfacher zu erreichen ist. Der *Seelenplan* wird dir nicht nur einen universellen Code liefern, sondern eher so etwas wie eine Bank-Pin-Nummer, die dir den Zugang zu einem viel tieferen Verständnis deiner Lebenserfahrungen ermöglicht. Das wird nicht nur deinen spirituellen Zugang beschleunigen und die bereits vorhandenen intuitiven Fähigkeiten entwickeln, sondern wird dir auch, und das ist entscheidend, eine Struktur und Erklärung für viele deiner Lebenserfahrungen bis heute und darüber hinaus bieten.

Wenn du Psychotherapeut, Heiler, Arzt, Coach, Lebensberater oder ein anderer Therapeut bist, kannst du dich schon vor dem Termin mit dem *Seelenplan* des Klienten befassen. Aus diesem Grund empfehle ich den Beratern in meinen Kursen, dass sie den *Seelenplan* der Klienten vor der ersten Sitzung untersuchen. Dies gibt ihnen wertvolle Einblicke in die „möglichen *Herausforderungen*", mit denen der Klient sich auseinandersetzt.

Der *Seelenplan* hilft dir, den Kern deines Wesens zu entdecken, um deine höhere Bestimmung und deine Richtung herauszufinden. Er wird dir auch zeigen, wie du Dinge klären kannst, die dein volles Potenzial oder deine *„Seelenbestimmung"* blockieren.

Für viele ist das eine große Erleichterung. Dein Selbstvertrauen wird wachsen und du bekommst ein Gefühl für deine Ausrichtung und Bestimmung. Der *Seelenplan* gibt dir auch einen weit größeren Einblick und ein Verständnis deiner wahren Natur und die der anderen.

Der *Seelenplan* ist kurz zusammengefasst, ein lebendiges System mit einer Schwingungsresonanz, die die Natur der menschlichen Erfahrungen beschreibt. Er gibt dir die Möglichkeit, deine verborgenen Energien und Potenziale bewusst zu machen und zu entwickeln.

Bestimmt freut es dich zu wissen, dass die Methode ziemlich einfach ist, um die Grundkenntnisse deines *Seelenplanes* zu erhalten.

Teil 1

ENTDECKE DEINEN SEELENPLAN

"Eine Seele wird in Liebe erschaffen und genährt um in Liebe zu wachsen, und um sich der Einheit mit dem ICH BIN bewusst zu werden."

Frank Alper 1930 - 2007

SCHÖPFUNGSTHEORIE

Schon seit uralten Zeiten wurde durch tiefe Innenschau enthüllt, dass unsere Welt eine Einheit ist, zusammengesetzt aus Schwingung und Licht. Absicht und Schwingung wird durch Bewusstsein ins Sein übertragen. Diese Idee ist nicht sehr weit von den jüngsten Erkenntnissen der Wissenschaft[1] entfernt. Jedoch hat sie eher einen Bezug zu den alten Schöpfungstheorien und Metaphern.

Viele der alten Kulturen der Erde haben eine Schöpfungsgeschichte *„ex nihilo"*, (*„aus dem Nichts")*. „Am Anfang war das Wort" ist für Menschen mit einem christlichen Hintergrund ein vertrauter Begriff. Im Hebräischen wird das oft übersetzt mit „Am Anfang schuf Gott..."

In der hinduistischen Tradition beginnt die Schöpfung mit der Verbindung von Klang und dem universellen Mantra „Aum" (OM) aus dem Sanskrit. Aum war der Ur-Klang und ist die göttliche Äußerung der Schöpfung, durch die unsere Realität erschaffen wurde.

Das System des *Seelenplans* hat seine Wurzeln in der alten hebräischen Gematria, die am häufigsten mit der hebräischen Numerologie in Verbindung gebracht wird. Sie beruht auf dem Konzept, dass jeder Buchstabe einen numerischen Wert besitzt. Es ist ein System der Zuordnung eines Zahlenwertes und das Berechnen der Entsprechung von Buchstaben, Wörtern oder Sätzen. Diese zahlenmäßige Gleichheit ist vermutlich nicht zufällig, weil jeder Buchstabe für eine unterschiedliche kreative Kraft oder Energie steht.

Ein altes Buch mit dem Titel „Sefer Yetzirah" (Buch der Schöpfung) skizziert, wie diese alltägliche Welt der Dualität aus einer ursprünglichen Einheit entstanden ist. Dieses „Buch der Formung" benennt jeden Grundklang und Buchstaben mit den dazugehörenden Energien und Polaritäten, die wir erfahren oder durch die wir im Leben beeinflusst werden.

Fußnote

1 Bericht und sehr lesenswert über gegenwärtiges wissenschaftliches Wissen und die Geschichte, wie sich etwas aus dem Nichts entwickelte und zu Allem wurde, empfehle ich „Eine handliche Geschichte des Universums", Christopher Potter.

Um 1979 begann Frank Alper in seinen wöchentlichen Abendsitzungen "Ein Abend mit Christos" und "Moses und die Bibel" das einzigartige System (spirituelle Numerologie nach Moses) aus der geistigen Welt zu channeln. Es enthält eine bemerkenswerte Methode, den „Stern der Gematria", durch die wir Einblick erhalten, wie diese Grundmuster jeden einzelnen von uns beeinflussen.

Außerdem channelte er eine Reihe von universellen Symbolen und Interpretationen zu den Hauptenergien, die wir auf der Erde erfahren und wie diese Energien mit unserem Leben verknüpft sind.

Ich habe weitere Interpretationen und Channelings hinzugefügt, die durch Erforschung und Meditation über die transzendente Bedeutung der hebräischen Buchstaben inspiriert wurden. Von Anfang an habe ich aufgrund von einigen tausend Seelenplänen zusätzliche Beobachtungen aufgezeichnet, wie sich diese Energien äußern.

Dieses Buch enthält auch Vorschläge zur Überwindung der *spirituellen* und *irdischen Herausforderungen*. Viele Praktizierende nutzen den Seelenplan in ihrer Psychotherapie- oder Heilpraxis und integrieren das System in ihre Therapieausbildungskurse.

Darüber hinaus kannst du auch den Einfluss und Resonanz einer nicht-dualistischen Orientierung erkennen, die teilweise in den *Seelen-Botschaften* und Beschreibungen als transzendentes Potenzial unseres Planes gesehen werden können, der im energetischen Herzen der Methode vorhanden ist.

Worte und Manifestation

Wenn wir ein Gelübde ablegen, sprechen wir es aus. Wenn wir einen Vertrag schließen, unterschreiben wir ihn, um ihm Gültigkeit zu geben. Wenn wir ein Wort in eine Suchmaschine eintippen, bietet uns das Internet eine Menge Wörter und Abbildungen an. Wenn du etwas online bestellen möchtest, gibst du die Bezeichnung ein, klickst auf Bestellung und in Kürze erscheint es in deiner Wirklichkeit. Dieser Ablauf der Manifestation erfolgt zunehmend schneller.

Derselbe Prozess ist allerdings nicht gänzlich neu. Beispielsweise spiegelt er sich in der ägyptischen Mythologie wider, in der Worte, Namen und Schreibweisen so verstanden wurden, dass sie die Macht haben die Dinge zu erschaffen, auf die sie sich bezogen. Das wurde von Toth veranschaulicht, einem ägyptischen Gott, der Gegenstände erschuf, indem er den Klang niederschrieb. So wurden von den alten Volksstämmen bis hin zu den modernen Linguisten[2] und Philosophen wie Wittgenstein Worte universell als eine Kraft der Manifestation betrachtet und notwendig für den bewussten Gedanken.

Auch jenseits dieses Konzepts kommen mehr und mehr Menschen zu der Erkenntnis, dass alles, was existiert, in „einem einzigen Bewusstsein" enthalten ist. Also kann es schließlich nichts anderes geben als "ALLES"! Die Menschen, die Orte, die Geschichten, zukünftige Erwartungen und alles, was in unserem Leben existiert, scheinen sich in einem Bewusstsein zu manifestieren.

Fußnote, Seite 4

2 Aus der Sicht vieler moderner Linguisten und Psychologen wird die Arbeit Edward Sapir, einem Anthropologen aus dem 19. Jahrhundert, in diesem kurzen Auszug vorgestellt. Er studierte die Sprachen von vielen indigenen Völkern und hatte großen Einfluss auf die moderne Disziplin. In einem seiner Essays (herausgegeben in Sprache, Kultur und Persönlichkeit, Essays in Erinnerung an Edward Sapir, redigiert von Leslie Spier; pp. 75-93) schrieb er: „Menschen leben nicht in der objektiven Welt allein, auch nicht nur in der Welt sozialer Aktivitäten, wie dies normalerweise verstanden wird, sind aber sehr abhängig von der jeweiligen Sprache, die das Mittel des Ausdrucks für ihre Gesellschaft geworden ist. Es ist eine völlige Illusion sich vorzustellen, dass sich jemand der Wirklichkeit anpasst, ohne Sprache zu gebrauchen und dass Sprache lediglich ein beiläufiges Mittel ist, bestimmte Probleme der Kommunikation oder Einstellung zu lösen. Tatsache ist, dass die "wirkliche Welt" zum großen Teil unbewusst auf der Sprachgewohnheit der Gruppe aufgebaut ist. Wir sehen und hören oder erfahren größtenteils die Sprachgewohnheiten unserer Gemeinschaft und sind empfänglich für bestimmte Möglichkeiten der Interpretation." Ungeachtet dessen, ob wir die buchstäbliche Wahrheit in den alten Schöpfungsgeschichten sehen oder eine wissenschaftliche Erklärung bevorzugen, die moderne Schöpfungsgeschichte oder Abwandlungen dazwischen, interessieren sich die meisten Menschen für dieses Gebiet und erkennen zunehmend die mögliche Kraft der Manifestation in ihren Leben.

DEIN NAME ENTHÜLLT ALLES

Wie beeinflussen nun Worte, Manifestation und dieses vereinende Prinzip deinen *Seelenplan*?

Zur Aufdeckung deines *Seelenplans* sehen wir uns als Erstes den grundliegenden Aspekt von dem an, wer du bist, indem wir die Schwingung deines vollen Geburtsnamens als deinen „Code" verwenden. Dieser Code wird dann zum Schlüssel, um die Geheimnisse zu enthüllen, die sich in deinem Leben als menschliches Wesen manifestieren.

WESHALB DER GEBURTSNAME?

Dein Geburtsname zeigt dein Erscheinen als einzelnes Wesen an. Dieser Plan und diese Schwingung zusammen mit den kulturellen, geographischen, biologischen und astrologischen Bedingungen, leiten den Prozess der Individualität ein. Normalerweise ist dies ein allmählicher Prozess, denn als Baby hattest du noch kein Gefühl einer eigenen Identität. Es gab keine Trennung zwischen dir, deinen Betreuern und deiner Umgebung, das kam erst später.

Der Name, den du zur Zeit verwendest, ist meistens ein anderer als dein Geburtsname und muss getrennt angeschaut werden. Nur der volle registrierte Geburtsname auf der Geburtsurkunde vermittelt die genaue Interpretation deines *Seelenplans*. Er hat immer den Haupteinfluss.

Der ursprüngliche Name wird meist von den Eltern, oft von der Mutter gegeben, früher durch Betreuer oder innerhalb einer religiösen Zeremonie. Viele glauben jedoch, dass es der verkörpernde Aspekt des Göttlichen (die Seele) ist, der den Namen tatsächlich wählt.

Es gibt auch viele interessante Theorien über Vor-Inkarnationen, vergangene Leben und Leben zwischen den Leben, über Seelen, die diesen Planeten besuchen, um Emotionen zu lernen, progressive Seelenentwicklung und Ideen über die Auswahl der Inkarnation in bestimmte Seelengruppen und eine bestimmte Umgebung.

Auch wenn der Name von den Eltern, den Betreuern oder geistigen Ratgebern kam, wer auch immer den Namen auswählte, er war nur ein Kanal für diese Absicht. Es spielt keine Rolle, wie die Namensgebung zustande kam, dein Name ist wichtig für deine Beziehung zur Welt und deinen Lebensweg. Obwohl du letztendlich viel mehr bist als ein einzelnes Individuum, bleibt dennoch dein Geburtsname ein wesentlicher Bestandteil deiner Identität.
So ist jenseits der Inkarnationstheorien jedes Wesen eine Manifestation des Ganzen: Gott, Göttin, Quelle, „Alles was IST" oder wie immer du die Quelle nennen möchtest, aus der wir kommen. Jeder von uns nimmt sich als eine einzigartige Erfahrung wahr, hineingeboren in verschiedene Umstände, in unterschiedlichen Zeiten und Orten und möglicherweise sogar unterschiedlichen Seelengruppen. Deshalb spielt die Schwingung und daraus die Bedeutung deines vollen Geburtsnamens eine Hauptrolle, die sich in den Umständen deiner persönlichen Erfahrungen dieser Inkarnation widerspiegelt.

Um dies auf einer tieferen Eben zu verstehen und deinen *Seelenplan* herauszufinden, müssen wir die entsprechenden Schwingungen betrachten, die im Klang und in den Buchstaben deines Geburtsnamens enthalten sind. Die Hauptquelle, die uns hilft, die Bedeutung des *Seelenplans* zu entziffern, nennt sich *Sefer Yetzirah.* Das *„Buch der Formung*" oder *„Buch der Schöpfung*" ist die Grundlage für die Interpretation deines Planes.

SEFER YETZIRAH

Viele Experten nehmen an, dass das *Sefer Yetzirah* einer der ältesten, geheimnisvollsten und mystischsten Texte ist, der viele westliche Esoteriker, Kabbalisten und Alchemisten beinflusst. Er stellt eine *ex nihilo* Schöpfungstheorie dar und setzt die entsprechenden Buchstaben-Klänge in Bezug zu den verschiedenen Aspekten, die die materielle Existenz und die Polaritäten der Alltagswelt ausmachen.

Das genaue Datum dieses Ursprungs ist nicht bekannt, aber es wird vermutet, dass es eine der ersten Quellen ist, die die mystische Bedeutung der 22 Buchstaben des alten Hebräisch beschreiben.
Diese Quelle besagt auch, dass die manifestierte Wirklichkeit aus den 22 Buchstaben entspringt. Deshalb bedeuten diese Buchstaben die verschiedenen Facetten und Energien, die diese Welt bilden. Dies ist vergleichbar mit der hinduistischen Vorstellung, dass die scheinbare Realität und alles, was sie enthält, aus den Kombinationen von Sanskrit-Silben gebildet worden sind. Sowohl Hebräisch wie auch Sanskrit sind heilige Sprachen und im Hebräischen hat jeder Buchstabe eine entsprechende Schwingung und Klang. Daraus folgt, dass jedes Wort, jeder Name eine Schwingung und Bedeutung hat, die die unterschiedlichen Aspekte des Ganzen hervorhebt.

Die hebräischen Mutterbuchstaben, Doppelbuchstaben und Einzel- oder Elementarbuchstaben

Die drei Mutterbuchstaben		
א Alef 1	מ Mem 13	ש Shin 21

Die sieben Doppelbuchstaben						
ב Bet 2	ג Gimmel 3	ד Dalet 4	נ Kaf 19	פ Peh 17	ך Resh 20	ת Tav 22

Die zwölf Einzel- oder Elementarbuchstaben					
ה Heh 5	ו Vav 6	ז Zayn 7	ח Chet 8	ט Tet 9	י Yod 10
ל Lamed 12	נ Nun 14	ס Samekh 15	ע Eyin 16	צ Tzadi 18	ק Kuf 19

Aus der Einheit entsteht eine Dreiheit von „Mutterbuchstaben". Die Mutterbuchstaben erzeugen sieben Doppelbuchstaben, die die Polaritäten dieser Welt darstellen. Als nächstes erscheinen spiralförmig die 12 Einzel- oder Elementarbuchstaben, die für die Gestaltung der einzelnen Qualitäten verantwortlich sind.

Darstellung der Spirale des hebräischen Alphabets

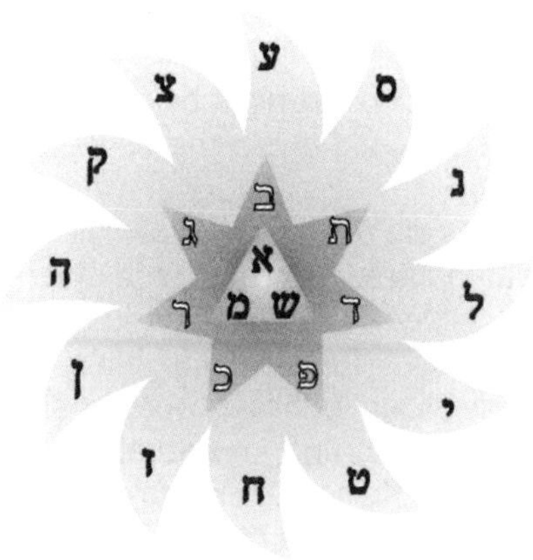

DIE DREI MUTTERBUCHSTABEN

Wie mit dem Aum in Hinduismus geht das *Sefer Yetzirah* von der Voraussetzung aus, dass die Gestalt oder Form der Welt aus dem ursprünglichen Zustand der reinen Einheit entsteht. Aus dieser Einheit taucht eine Dreiheit von „Mutterbuchstaben" auf (siehe Abbildung oben). Diese hebräischen Buchstaben gleichen den deutschen Buchstaben „A", „M" und „SH". und entsprechen den Elementen Luft, Wasser und Feuer. Sie bilden gemeinsam mit der Erde die Gestalt der alchemistischen Grundlage.

DIE SIEBEN DOPPELBUCHSTABEN MIT DEN POLARITÄTEN

Die Mutterbuchstaben gebären sieben „Doppel-Buchstaben", die die Polaritäten darstellen, die wir auf der Erde erfahren, zum Beispiel Leben/Tod, Reichtum/ Armut. Im Hebräischen werden sie Doppelbuchstaben genannt, weil sie auf zwei unterschiedliche Arten betont und ausgesprochen werden können (hart oder sanft).

Entsprechend dem *Sefer Yetzirah* ist den Doppelbuchstaben die Herrschaft über einige der zentralen Polaritäten der Erde zugeordnet. Sie stellen die jeweiligen Zustände dar, die im täglichen Leben erfahren werden können und sind für einige Menschen wichtige Erfahrungen. Reichtum und Armut bildet zum Beispiel je das Ende eines Spektrums. Ohne das Eine ist es nicht möglich, ein Konzept für das Andere zu bekommen.
Eine weitere Polarität auf diesem Planeten ist „Fruchtbarkeit und Unfruchtbarkeit", die sich auf Kreativität, Fülle, Gebärfähigkeit und viele andere Aspekte im Leben beziehen kann. Eine weitere ist „Schönheit und Hässlichkeit". Auch hier hat es mit einer jeweiligen Situation oder Polarität zu tun, die, wie wir später sehen werden, eine große Herausforderung für unser vom Aussehen besessenes Leben darstellt.

Das Symbol der Polarität - ineinandergreifend und voneinander abhängig

DIE ZWÖLF EINZEL- ODER ELEMENTARBUCHSTABEN UND EIGENSCHAFTEN

Den Doppelbuchstaben der Polarität folgen die 12 einfachen, Einzel- oder Elementarbuchstaben, die den bestimmten Eigenschaften, Körperteilen, Jahreszeiten und astrologischen Konstellationen dieses Planeten entsprechen. Diese Eigenschaften besitzen keinen gegensätzlichen Zustand. Entweder sind sie vorhanden oder nicht und enthalten „Geschmack", „Gelächter", „Sehen", „Hören" und so weiter. Dazu später weitere Informationen.

Somit bilden die **drei Mutterbuchstaben** (Elemente), die **sieben Doppelbuchstaben** (Polaritäten) und die **12 Einzelbuchstaben** (Eigenschaften) die 22 Buchstaben des heiligen Hebräischen Alphabets. Diese 22 Buchstaben sind ein Code für die „Energien der Schöpfung".

DAS MENSCHLICHE WESEN IST EIN KLEINES UNIVERSUM

Ein menschliches Wesen wird oft als ein Mikrokosmos der größeren Schöpfung verstanden und verwirklicht und erfährt deshalb alle 22 dazugehörigen Energien der Buchstaben der Schöpfung.

Das Verständnis, wie diese Energien verantwortlich sind für die Zustände eines Individuums, bietet eine Struktur an, um die menschlichen Bedingungen während einer Inkarnation zu verstehen.

Angenommen, es gäbe eine einfache Methode, um deutsche Namen in altes Hebräisch umzuwandeln, hätten wir damit die meisten notwendigen Zutaten, um die Bedeutung eines Namens zu entschlüsseln. Ein guter Numerologe kann dir bereits sehr viel allein aus dieser Information erzählen.

Mit dem *Seelenplan* folgen wir jedoch der Gra[3] Version des *Sefer Yetzirah*, wie es vom verstorbenen Aryeh Kaplan dargelegt wurde, um es in eine völlig einzigartige und andere Richtung zu leiten. Wir benutzen die Schwingungen des gesamten Geburtsnamens, um deinen „Stern der Schöpfung" zu erstellen.

Er entstand dank des großen Beitrags des verstorbenen Frank Alper, der in seinem System „Spirituelle Numerologie nach Moses" eine Ordinal (Ordnungs)-Methode der Gematria vorstellte, die sich um den sechsstrahligen Stern anordnet.

Fußnote

3 Wir folgen der Gra Version, die nur eine Interpretation ist. Andere Interpretationen schreiben andere Polaritäten, Planeten und Qualitäten anderen Buchstaben zu.

Gematria ist eine Berechnungsmethode und Ordinal bedeutet „in Ordnung" (im Hebräischen wird diese Ordinalmethode als *Mispar Siduri* bezeichnet). Frank Alper fügte die geniale Methode dazu, die hebräische Schwingung unseres Namens spiralförmig um den „Stern der Schöpfung" anzulegen.
Das kann als Energie-Struktur angesehen werden, die über einer Person liegt. Wir nutzen diese Methode als Grundlage, um ein Chart zu erstellen, das den *Seelenplan* beschreibt.

DER STERN DER SCHÖPFUNG

Jeder Stern der Schöpfung symbolisiert dann jede Person als eine einzigartige Schöpfung. Führt man diese Idee weiter, kann dieses eine Bewusstsein so gesehen werden, dass es sich selbst als ein getrenntes Individuum in jeder Schöpfung erfährt.

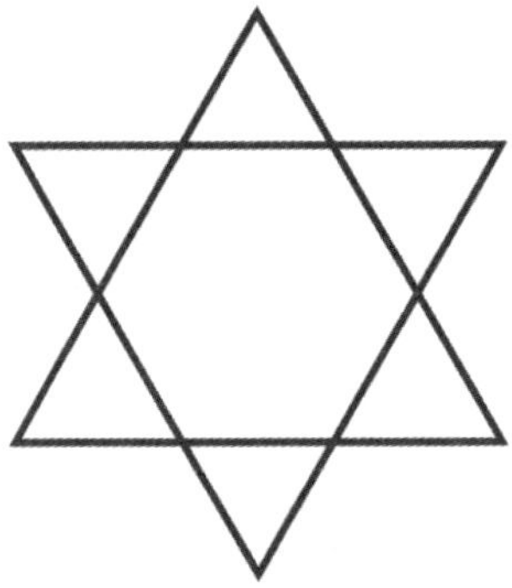

Das uralte Symbol des Hexagramms

Dieses Symbol, im Westen hauptsächlich bekannt als Davidstern, erscheint im Judentum, Islam, Hinduismus und in Geheimwissenschaften als „Satkona" und ist zentral als Darstellung für Anahata, das Herz-Chakra.
Es gibt viele Hebräische Bedeutungen und Interpretationen und in der Kabbala symbolisiert der Davidstern häufig die sechs Richtungen von Oben, Unten, Norden, Osten, Westen und Süden und den siebten Bereich, die Mitte. Die sechs kleineren Dreiecke, welche die Strahlen des Sterns bilden, stellen die unterschiedlichen Bereiche des Ausdruckes und des Lebens[4] dar.

Möglicherweise gibt das *Sefer Yetzirah* den ersten Text-Hinweis auf den Stern, aber interessanterweise in einer dreidimensionalen Form[5], die im Baum des Lebens dargestellt wird. Auch andere[6] haben diese dreidimensionale Richtung intuitiv erkannt. Es mag sehr hilfreich sein, sich den Stern als eine energetische Gestalt vorzustellen, die die menschliche Form überlagert (siehe Bild nächste Seite).
Auf diese Weise kann der Stern die menschliche Merkabah[7] oder das energetische Gefährt symbolisieren.

Das dreidimensionale Sterntetraeder

In der zweidimensionalen Darstellung, dem Stern der Schöpfung (unten), kannst du sehen, dass der Stern aus zwei ineinandergreifenden Dreiecken besteht. Die allgemeine Auffassung ist, dass das Dreieck, das nach unten zeigt, die weibliche Göttlichkeit darstellt (Shakti im Hinduismus) und das nach oben zeigende Dreieck, das Männliche (Shiva). Im Tao-Modell ist es die analoge Verschmelzung von Yin und Yang, die Grundlage der gesamten Schöpfung.

Aus der alchemistischen Perspektive steht das nach unten zeigende weibliche Dreieck für Wasser und Erde, das nach oben zeigende für Luft und Feuer, ein männliches und aktiveres Prinzip. Im Zentrum des von den zwei Dreiecken geformten Hexagramms liegt die Quintessenz oder das, was eine Person als ihre Seelenbestimmung betrachten wird.
Wenn es auf eine Person übertragen wird, dann bedeutet das nach unten ▽ zeigende Dreieck die irdische physische Ausdrucksweise und das nach oben △ zeigende Dreieck die spirituelle Ausdrucksweise.

Fußnoten, Seite 11

4 In der Kabbala werden, je nach Orientierung, den Dreiecken verschiedene Interpretationen zugeordnet, abhängig von der Ausrichtung. Frank Alper betrachtete sie als unterschiedliche Bereiche, die sich z.B. als irdisches Karma zeigen (Ursache und Wirkung, Gleichgewicht und Gegengleichgewicht/Ungleichgewicht).

5 Siehe: http://www.workofthechariot.com/TextFiles/Trees-Merkabah.html

6 Drunvalo Melchizedek verwendet seit vielen Jahren ein dreidimensionales Stern-Tetraeder bei seinen Merkabah Meditationen; http://www.drunvalo.net

7 Merkabah bedeutet „Thron Gottes"' oder „Wagen" auf Hebräisch und wird auch oft als Licht-Gefährt bezeichnet, das von Menschen benutzt wird, die im Geist und in anderen Dimensionen reisen, wie ein Feld, das um Menschen herum als Teil eines Aufstiegsprozesses aktiviert wird.

Der Stern der Schöpfung

Der Stern der Schöpfung hat sechs äußere Dreiecke und jedes Dreieck stellt einen Hauptaspekt des inkarnierten Lebens dar. Diese Kombination der zwei größeren Dreiecke formt sechs äußere Dreiecke, von denen jeweils eines die wichtigsten Aspekte des Lebens darstellt. Im Zentrum ist die *Seelenbestimmung* oder die Quintessenz.

DER IRDISCHE ASPEKT

Der irdische Aspekt (das Dreieck zeigt nach unten) bezieht sich normalerweise auf die erste Phase des Lebens, die dazu dient, sich in der Welt einzurichten.
Wir können diese erste Phase als eine Zeit verstehen, in der wir uns überwiegend damit beschäftigen, unsere Beziehung zur Welt, der Familie, der Gesellschaft aufzubauen und eine Kariere anzustreben.

Was von selbst und ziemlich leicht kommt, im Vergleich zu oben, zeigen die *irdischen Talente*, wenn sie zugänglich sind. Die *irdischen Ziele* beziehen sich auf das weltliche Streben in der ersten Lebensphase. Im Allgemeinen sind das Bereiche im Leben, die man beherrschen möchte, Bereiche, in denen man arbeiten will, Fähigkeiten, die man entwickeln möchte. Dazu mag auch der Wunsch gehören, einen Beitrag oder Dienst für die Menschheit zu leisten.

Irdische Herausforderungen können Blockaden enthalten, negative Verhaltensmuster, immer wiederkehrende Gewohnheiten, Ängste, Schwächen, einschränkende Glaubenssätze oder Begabungen, die verborgen oder schwierig zu erreichen sind. Sie können jene Lebensbereiche umfassen, die ursprünglich die größten Schwierigkeiten darstellen und können sich im Leben bis zu einem gewissen Grad als Gegenteil eines Talents auswirken. Allerdings stellen sie Lektionen und Chancen für Wachstum dar. Wenn sie durchgearbeitet sind, können die *Herausforderungen* in diesem Bereich zu den größten Stärken werden.

DER SPIRITUELLE ASPEKT

Der spirituelle Aspekt (das Dreieck zeigt nach oben), bezieht sich normalerweisen auf die zweite Phase deines Lebens. Unterschiedliche Traditionen und Systeme variieren ziemlich stark in der Schätzung der Zeitdauer, in der sich die meisten Menschen im irdischen Abschnitt befinden. Frank Alper schlug ein ungefähres Alter von 35 vor und meine Beobachtungen mit Klienten bestätigen das. Trotzdem ist es bei jedem anders. Viele Menschen finden, dass irgendwann in ihren 30ern der spirituelle Aspekt wichtiger wird. Bei einigen beginnt es vielleicht mit einer größeren Wahrnehmung ihrer inneren Welt, aber auch mit einem erweiterten globalen Bewusstsein jenseits materieller Belange und ihrer unmittelbaren Umgebung. Oft bringt das die Erkenntnis mit sich, dass wir mehr sind als nur ein Körper.

Es ist interessant, aber nicht die Regel, dass eine spirituelle Öffnung oft davon abhängt, ob die irdischen oder weltlichen Aspekte zuerst durchgearbeitet worden sind. Vielleicht haben viele Leser auch die Einführung in die Spiritualität durch eine Heilkrise oder durch ein tiefgreifendes Ereignis als „Weckruf" erfahren. Wenn das der Fall ist, ist der Weg dramatischer, obwohl es eine erhebliche Entlastung und ein Trost ist, wenn man es aus dieser Perspektive betrachtet.

Für diejenigen, denen seit früher Jugend die spirituelle Dimension bewusst ist, gilt es dennoch, Gleichgewicht, weitere Entfaltung, Integration und Reife zu erreichen. Trotzdem können sie den irdischen Bereichen nicht entkommen. Die Integration des irdischen Abschnitts ermöglicht eine vollere Aktivierung der spirituellen Fähigkeiten und dadurch ein größeres im Fluss Sein und eine bessere Verwirklichung ihrer Fähigkeit im Dienst für die Welt.

Es gibt aber auch diejenigen, die sogar überwiegend spirituelle Energien im irdischen Bereich haben. Wenn sie nicht schon als junge Menschen ihre Nische gefunden haben, werden sie sich in dieser Phase als „nicht geerdet" oder fremd fühlen. Normalerweise verbessern sich die Dinge, wenn sie etwas älter werden oder, richtig geerdet, ihre *spirituellen Talente* angehen.

Als dieser Text geschrieben wurde, gab es noch viele Menschen, die sich hauptsächlich mit den irdischen Angelegenheiten beschäftigten. Für sie werden die *spirituellen Talente* und *Ziele* auch in ihrem späteren Leben nicht aktuell sein.
Wenn es einen Übergang in den spirituellen Bereich gibt, tauchen diese Fragen auf:

- Durch welche spirituellen Lektionen/Chancen arbeitest und wächst du (*spirituelle Herausforderungen*)?
- Zu welchen Fähigkeiten und Aufgaben hast du sofort Zugang (*spirituelle Talente*)?
- Hast du eine spirituelle Aufgabe oder ein höheres Ziel (*spirituelles Ziel*)?

DIE SEELENBESTIMMUNG (ODER QUINTESSENZ)

Die *Seelenbestimmung* stellt einen wesentlichen Aspekt dar, der auch auf dein höchstes Potenzial und dein gesamtes Ziel hinweist. Dieser Aspekt wird kraftvoller, je mehr du dich den Lektionen und *Herausforderungen* stellst und die Energien deiner *Talente* und *Ziele* verwirklichst. Es ist aber auch das, was du auf einer tieferen Ebene bist. So kann es auch in jenen Zeiten durchscheinen, in denen du gut auf deinen *Seelenplan* ausgerichtet bist, oder dann, wenn scheinbar äußere Einflüsse deine Verbindung beeinflussen (z. B. verheißungsvolle astrologische Bedingungen).

Auf einer transzendenten Ebene ist es die Einladung, alles loszulassen und zu nichts anderem zu werden als zu deinem vollständigen wesentlichen Selbst.

GRUNDLAGEN DES CODES

Das *Sefer Yetzirah* stellt die Hauptgrundlage des Codes dar. Frank Alper lieferte den Stern der Gematria. Er channelte die Symbole zu den Buchstaben und Zahlen und lieferte die Grundinterpretationen der Energien. Am wichtigsten war, dass er alles strukturierte und aufgrund der hebräischen Buchstaben den Grundstein für die Beratung legte.

Ich habe weitere Interpretationen angefügt: Manche von ihnen wurden durch Forschung inspiriert, durch Intuition und Meditation, durch die transzendente Bedeutung der hebräischen Buchstaben. Zusätzlich habe ich weitere Beobachtungen hinzugefügt, wie sich die Energien auswirken aufgrund der Untersuchung von vielen tausend *Seelenplänen,* die ich von Anfang an gesammelt habe. Ebenfalls darin enthalten sind Vorschläge zur Überwindung der *irdischen* und *spirituellen Herausforderungen*. Viele davon werden beim *Seelenplan* angewendet und sind in meiner Beratungsarbeit und den Therapietrainingskursen integriert.
Außerdem kannst du auch den Einfluss und Schwingungen aus einer nicht-dualen Orientierung entdecken, die ich in die energetische Schwingung dessen integriert habe, was zum *Seelenplan* geworden ist. Das kann teilweise in der *Seelenbotschaft*

und in der Beschreibung des transzendenten Potenzials unseres Plans gesehen werden. Noch wichtiger aber, es ist im „energetischen Herzen" des *Seelenplans* gegenwärtig.

Letztlich zeigt der Stern die dualen Kräfte, die in unserer wahrgenommenen Wirklichkeit im Spiel sind. Der Mensch ist ein Wesen, das zwischen der Erde und dem Kosmos existiert. Wenn ein alchimistisches Gleichgewicht erreicht werden kann oder auch nur zufällig geschieht, führt das den Mikrokosmos (Mensch) in die größere Harmonie mit dem Ganzen (Universum).

Das ist ein Faktor, der in einem Zustand der Transzendenz oder „Moksha" (Erlösung, Befreiung) führen kann, der die Befreiung von Dualität bedeutet.

Teil 2

DAS ERARBEITEN DEINES SEELENPLANS

"Es gibt die Möglichkeit für unseren Geist, sich hinter die Grenze zurückzuziehen, die wir ihm gezogen haben, ins Jenseits.
Jenseits der Gegensatzpaare, aus denen unsere Welt besteht, fangen neue, andere Erkenntnisse an."

Hermann Hesse (1877-1962), schrieb Hesse im Fabulierbuch 1935

DAS ERARBEITEN DEINES SEELENPLANS

Auf den folgenden Seiten wirst du herausfinden, wie du den Stern der Schöpfung mit seinen begleitenden Schwingungen und Symbolen ausarbeiten kannst. Wenn du diese Information hast, kannst du die folgenden Kapitel dazu nutzen, seine Bedeutung zu interpretieren.

Aus meiner Erfahrung finden die meisten Menschen eine visuelle Ausführung klarer. Aus diesem Grund haben ich ein Video vorbereitet, das dich durch den Prozess führt. Klicke auf den Link zu einem Video in Deutsch und folge den Anweisungen. Youtube-Link auf www.soulplan.co.uk oder www.adamis.ch

Für die Kontrolle deiner Berechnung gibt es einen Gratis-Kontroll-Dienst, der dir ermöglicht einige Namen zu berechnen. Den meisten Menschen macht es Spaß, ihren *Seelenplan* auszuarbeiten und sie wollen wissen, wie man es macht. Wenn du ein bisschen Unterstützung brauchst, benutze den Onlinerechner. Klicke auf den Link für den kostenlosen Namens-Check, auf:
www.soulplan.co.uk/12NameChecking.html

Selbst wenn du es vorziehst, deinen eigenen Plan auszu-arbeiten, kannst du diese wertvolle Quelle benutzen oder wenn du eine schnellere Methode möchtest und mehrere Berechnungen brauchst (zum Beispiel um die Tabellen von Familienmitgliedern oder Partnern zu erstellen).

Um aber den größten Gewinn und ein tieferes Gefühl für die Energien zu bekommen, rate ich, erst das Video anzusehen. Wenn du die geschriebenen Anleitungen vorziehst, folge der Methode der nachfolgenden Beschreibung. Wenn du stecken bleibst oder die Zahlen prüfen möchtest (empfehlenswert), kannst du immer noch auf den Onlinerechner zurückgreifen.

FRAGEN ZUM GEBURTSNAMEN

Bevor wir anfangen, schauen wir uns einige häufig gestellte Fragen zum Geburtsnamen an.

Was ist, wenn ich adoptiert wurde?

Grundsätzlich solltest du deinen ursprünglichen Geburtsnamen benutzen, außer er wurde in den ersten paar Wochen oder Monaten nach deiner Geburt geändert. Wenn es zwei Möglichkeiten gibt, solltest du immer den Stern der Schöpfung für beide Geburtsnamen ausarbeiten und denjenigen verwenden, dessen Deutung stimmiger ist. Wenn du später im Teil 3 die Interpretationen und Bedeutungen ansiehst, besonders jene, die sich auf die *Herausforderungen* beziehen, wird dir sehr schnell klar werden, welcher Name der richtige ist.

Was ist, wenn ich einen Namen mit einer sehr ungewöhnlichen Artikulation oder Rechtschreibung habe?

Nimm einfach den Namen, so wie es an deinem Geburtsort und in der Geburtsurkunde buchstabiert wird. Namen in einer Sprache mit einem völligen anderen Alphabet, zum Beispiel Chinesisch, werden gewöhnlich vorübersetzt. Auf dieses Thema wird später in diesem Buch unter „Besondere Regeln, Eigenarten und Überprüfungen" (Seite 303) eingegangen.
Für den Augenblick benutze bitte die ursprüngliche Buchstabierung.

Was ist, wenn ich meinen Geburtsnamen nicht kenne?

Dies ist extrem selten, in den meisten Ländern sollte es möglich sein, diese Information zurückzuverfolgen. Falls du aus irgendeinem Grund diese Information nicht bekommen kannst, arbeite den Stern der Schöpfung für den Namen aus, den du gegenwärtig verwendest.

Möglicherweise wird das aber nicht so genau sein wie dein Geburtsname. Der Name, den du gegenwärtig bewusst nutzt, bietet ein wichtiges „Overlay", sozusagen eine „Überlagerung" oder „Auflage", also Beeinflussung. In so einem Fall ist der Hauptunterschied, dass du die Energien in Bezug auf *Herausforderungen, Talente* und *Ziele* nicht ablesen kannst, sondern nur als allgemeine Energie, die du erfährst. Später mehr darüber.

BEISPIEL EINES SEELENPLANES

Wir beginnen mit der Erstellung des *Seelenplanes* für den verstorbenen Sänger Michael Jackson.

Wie schon früher erwähnt, ist der ursprüngliche volle Geburtsname der Schlüssel, die Tür zu einem tieferen Verständnis dessen zu öffnnen, wer du wirklich bist. Auch wenn der verstorbene Sänger als „Michael Jackson" bekannt war, benutzen wir seinen vollen ursprünglichen Namen MICHAEL JOSEPH JACKSON.

Auf den folgenden Seiten 22 bis 26, findest du Tabellen. Eine ist das Arbeitsbeispiel von Michael Joseph Jackson. Das zweite ist ein leeres Chart, zudem ein Chart zum kopieren das du benutzen kannst, um deine eigene Tabelle auszuarbeiten. Du könntest aber, anstatt auch einige leere Charts von der Online-Quellenabteilung herunterladen. www.soulplan.co.uk/12NameChecking.html

Das Beispiel von Michael Jackson ist passend, wenn dein voller Geburtsname 10 oder mehr Buchstaben hat. Wenn dein Geburtsname aber neun oder weniger Buchstaben hat, kannst du zu den Seiten 27 bis 32 gehen und deinen *Seelenplan* nach dem Beispiel mit kurzen Namen ausarbeiten.

SEELENPLAN-CHART

Arbeitsbeispiel Michael Jackson

1. Schreibe den Namen mit Trennstrichen zwischen den Buchstaben. Kreise die folgenden Buchstaben ein: **AH, CH, SH, TA, TH, TZ, WH.** Sie sind eine Buchstabenkombination und werden jeweils in ein einziges Feld eingetragen. Die Buchstaben **M** oder **P**, falls sie am Ende eines Namens stehen, sind eine Ausnahme und haben einen anderen Zahlenwert als innerhalb eines Wortes.

Name	M	I	CH	A	E	L	J	O	S	E	P	H	J	A	C	K	S	O	N		
Wert	13	10	8	1	5	12	10	6	15	5	17	5	10	1	11	19	15	6	14		

M – I – C – H – A – E – L – J – O – S – E – P – H –J – A – C – K – S – O - N

2. Setze die Zahlenwerte für die Buchstaben darunter ein. Du findest sie in der Tabelle auf Seite 34.

3. Trage die Zahlen im **Uhrzeigersinn** um den Davidstern ein. Der Anfang ist Position 1, den irdischen Herausforderungen. Füge jeweils vor der nächsten Zahl ein + Zeichen ein. Siehe nächste Seite

4. Die Zahlen einer Position müssen addiert und daraus muss eine Quersumme gebildet werden. Es müssen **zwei ZAHLENPAARE** entstehen:
Die Zahl der ersten Stelle darf nicht größer sein als 22, sonst wird nochmals die Quersumme ermittelt, die Zahl der zweiten Stelle muss einstellig sein:

Beispiel (siehe nächste Seite) *irdische Herausforderungen*
Erster Teil: 13 + 10 + 10 + 14 = 47 = 4 + 7 = **11**
Zweiter Teil: 13 + 10 + 10 + 14 = 47 = 4 + 7 = 11 = 1 +1 = **2**

Daraus ergibt sich eine **11 – 2**.
Das wird „**Zahlenkombination**" genannt.

Beispiel (siehe nächste Seite) *irdische Talente*:
Erster Teil: 8 + 15 + 11 = 34, 3 + 4 = **7**
Zweiter Teil: 8 + 15 + 11 = 34, 3 + 4 = **7**

Daraus ergibt sich eine **7 – 7**. Die Zahlen sind gleich.
Das nennt man **Zahlenpaar"**

ARBEITSBEISPIEL MICHAEL JACKSON

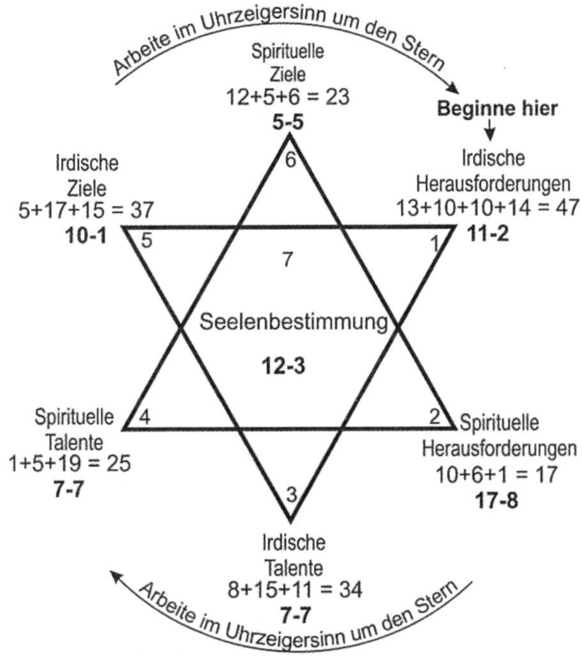

5. Um die *Seelenbestimmung* zu berechnen, addiere den **ersten und zweiten Teil** deiner **ZAHLENPAARE** wie folgt:

Position	Erster Teil	Zweiter Teil
1 Irdische Herausforderungen	11	2
2 Spirituelle Herausforderungen	17	8
3 Irdische Talente	7	7
4 Spirituelle Talente	7	7
5 Irdische Ziele	10	1
6 Spirituelle Ziele	5	5
Summe	57	30
Quersumme (addiere die Zahlen)	5 + 7 = 12	3 + 0 = 3
7 Seelenbestimmung	**12 - 3**	
Dominante Schwingung	**7**	
Das ist die Zahl die am häufigsten erscheint (vier Zahlen oder mehr).		

ARBEITSFORMULAR FÜR DEN STERN DER SCHÖPFUNG

1. Schreibe deinen Namen mit Bindestrichen in die Buchstabenfelder. Kreise die folgenden Buchstaben ein: **AH, CH, SH, TA, TH, TZ, WH.** Sie sind eine Buchstabenkombination und werden jeweils in ein einziges Feld eingetragen.
Die Buchstaben **M** oder **P**, falls sie am Ende eines Namens stehen, sind eine Ausnahme und haben einen anderen Zahlenwert als innerhalb eines Wortes.

Name:																					
Wert:																					

2. Setze die Zahlenwerte für die Buchstaben darunter ein. Du findest sie in der Tabelle auf Seite 34.

3. Trage die Zahlen im Uhrzeigersinn um den Davidstern ein. Der Anfang ist Position 1, den irdischen Herausforderungen. Füge jeweils vor der nächsten Zahl ein + Zeichen ein.

4. Daraus müssen zwei ZAHLENPAARE gebildet werden:
Die Zahl der ersten Stelle darf nicht größer sein als 22, sonst wird nochmals die Quersumme ermittelt, die Zahl der zweiten Stelle muss **einstellig** sein:
Beispiel Michael Jackson, Beispiel *irdische Herausforderungen*

Erster Teil: 13 + 10 + 10 + 14 = 47 = 4 + 7 = **11**
Zweiter Teil: 13 + 10 + 10 + 14 = 47 = 4 + 7 = 11 = 1 + 1 = **2**
Daraus ergibt sich eine 11 – **2**
Das wird **„Zahlenkombination"** genannt.

Beispiel (siehe oben) irdische Talente
Erster Teil: 8 + 15 + 11 = 34, 3 + 4 = **7**
Zweiter Teil: 8 + 15 + 11 = 34, 3 + 4 = **7**
Daraus ergibt sich eine **7 – 7**. Die Zahlen sind gleich.
Das nennt man **„Zahlenpaar"**.

ARBEITSFORMULAR

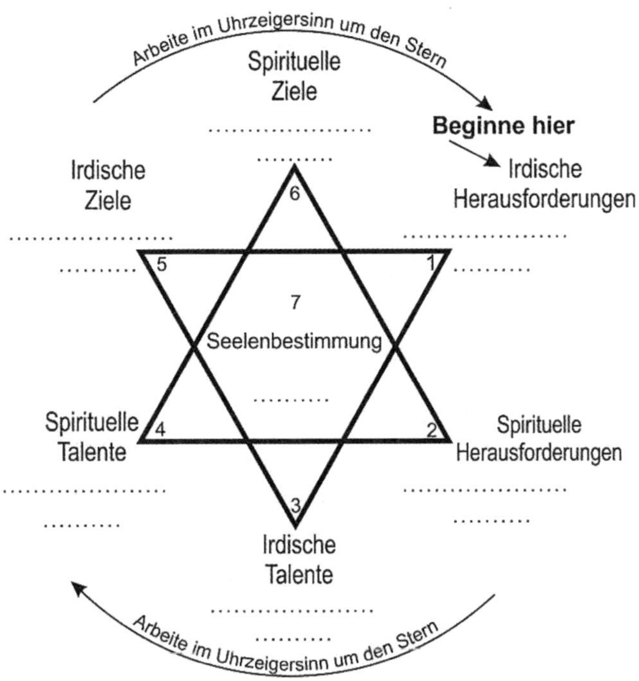

5. Um die *Seelenbestimmung* zu berechnen, addiere den **ersten und zweiten Teil** deiner **ZAHLENPAARE** wie folgt, siehe auch Beispiel von Michael Jackson.

Position	Erster Teil	Zweiter Teil
1 Irdische Herausforderungen	______	______
2 Spirituelle Herausforderungen	______	______
3 Irdische Talente	______	______
4 Spirituelle Talente	______	______
5 Irdische Ziele	______	______
6 Spirituelle Ziele	______	______
Summe	______	______
Quersumme (addiere die Zahlen)	______	______
7 Seelenbestimmung	______	
Dominante Schwingung	______	
Das ist die Zahl die am häufigsten erscheint (vier Zahlen oder mehr).		

Das Erarbeiten des Seelenplans

Name ______________________________

Wert ______________________________

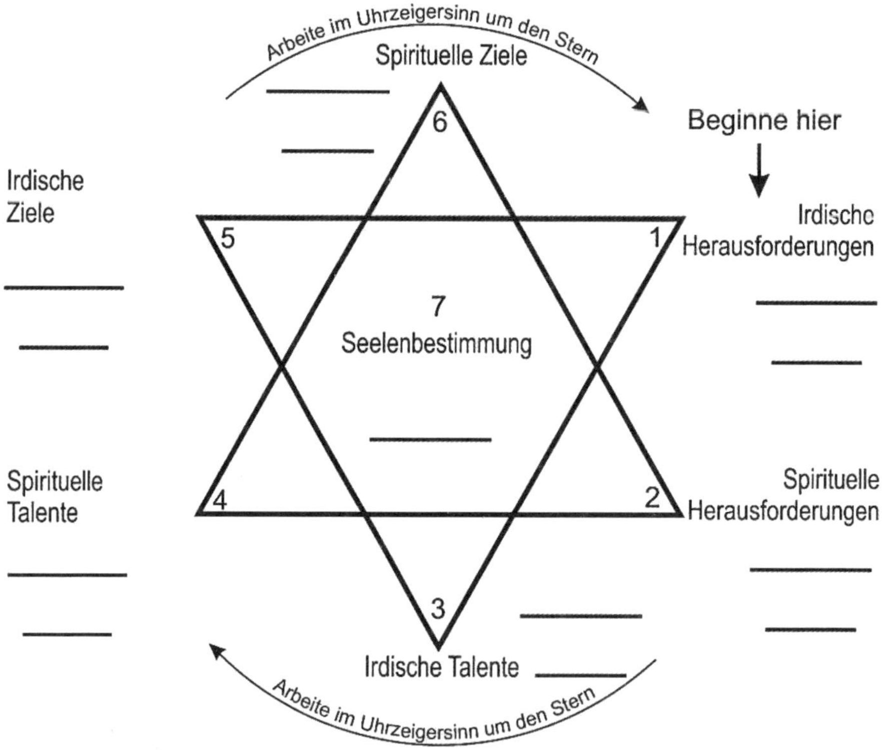

1. Irdische Herausforderungen ____ ____
2. Spirituelle Herausforderungen ____ ____
3. Irdische Talente ____ ____
4. Spirituelle Talente ____ ____
5. Irdische Ziele ____ ____
6. Spirituelle Ziele ____ ____

Summe + Quersumme ____ ____

7. Seelenbestimmung ____ ____

Dominante Schwingung __________

Arbeitsformular zum kopieren

ARBEITSBEISPIEL FÜR KURZE NAMEN

JOE MARKS

1. Schreibe deinen Namen mit Bindestrichen in die Buchstabenfelder. Beachte, dass **kurze Namen 9 oder weniger Buchstaben** haben. Kreise die folgenden Buchstaben ein: **AH, CH, SH, TA, TH, TZ, WH.** Sie sind eine Buchstabenkombination und werden jeweils in ein einziges Feld eingetragen.
Die Buchstaben **M** oder **P**, falls sie am Ende eines Namens stehen, sind eine Ausnahme und haben einen anderen Zahlenwert als innerhalb eines Wortes.

Name	J	O	E	M	A	R	K	S	
Wert	10	6	5	13	1	20	19	15	

J – O – E – M – A – R – K – S

2. Setze die Zahlen unter den Buchstaben ein. Du findest sie in der Tabelle auf Seite 34.

3. Trage die Zahlen im Uhrzeigersinn um das Dreieck ein. Der Anfang ist Position 1, den *irdischen/spirituellen Herausforderungen*. Füge jeweils vor der nächsten Zahl ein + Zeichen ein.

4. Für jede der drei Positionen addiert man die **WERTE** zu einer **Summe**. Z.B. für **Position 3**, *Irdischen/Spirituellen Ziele*: 5 + 20 = **25.**

5. Daraus müssen **zwei Zahlenpaare** gebildet werden:
Die Zahl der ersten Stelle darf nicht größer sein als 22, sonst wird nochmals die Quersumme ermittelt. Die Zahl der zweiten Stelle muss **einstellig** sein:
Beispiel: Joe Marks siehe nächste Seite.

Erster Teil: *Irdische/spirituelle Talente*: 6 + 1 + 15 = **22**,
Zweiter Teil: 2 + 2 = **4**.
Daraus ergibt sich eine **22 – 4**.Das wird als **„Zahlenkombination"** bezeichnet.

Erster und zweiter Teil: *Irdische/spirituelle Ziele*: 5 + 20 = 25, 2 + 5 = **7**.
Daraus ergibt sich eine **7 – 7**. Die Zahlen sind gleich.
Das nennt man **„Zahlenpaar"**.

BEISPIEL – JOE MARKS, FÜR KURZE NAMEN

Mit neun oder weniger Buchstaben

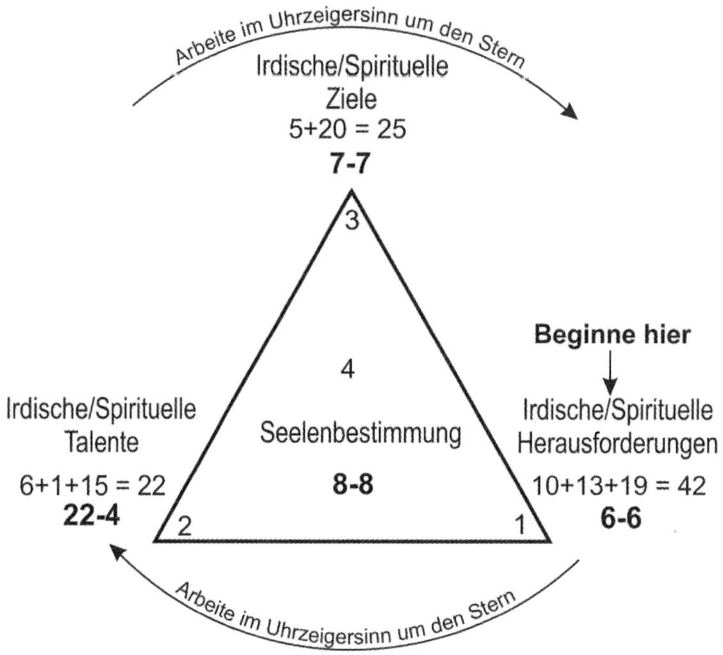

Hier gibt es keine Trennung zwischen den *irdischen* und *spirituellen* Positionen. Es sind hier also keine 6, sondern nur 3 Positionen plus die *Seelenbestimmung*.

6. Die *Seelenbestimmung* wird durch das Addieren der drei verschiedenen Positionen erreicht (Herausforderungen, Talente und Ziele siehe oben).

	Position	Erster Teil	Zweiter Teil
1	Irdische/Spirituelle Herausforderungen	6	6
3	Irdische/Spirituelle Talente	22	4
5	Irdische/Spirituelle Ziele	7	7
	Summe	35	8
Quersumme (addiere die Zahlen)		8	8
7	**Seelenbestimmung**	**8 - 8**	

ARBEITSFORMULAR FÜR KURZE NAMEN

Mit 9 oder weniger Buchstaben

1. Schreibe deinen Namen mit Bindestrichen in die Buchstabenfelder. Beachte, dass **kurze Namen 9 oder weniger Buchstaben** haben. Kreise die folgenden Buchstaben ein: **AH, CH, SH, TA, TH, TZ, WH.** Sie sind eine Buchstabenkombination und werden jeweils in ein einziges Feld eingetragen.
Die Buchstaben **M** oder **P**, falls sie am Ende eines Namens stehen, sind eine Ausnahme und haben einen anderen Zahlenwert als innerhalb eines Wortes.

Name									
Wert									

2. Setze die Zahlen unter den Buchstaben ein. Du findet sie in der Tabelle auf Seite 34.

3. Trage die Zahlen im Uhrzeigersinn um das Dreieck ein. Der Anfang ist Position 1, den *irdischen/spirituellen Herausforderungen*. Füge jeweils vor der nächsten Zahl ein + Zeichen ein.

4. Für jede der drei Positionen addiert man die **WERTE** zu einer **Summe**. Zum Beispiel: für die 2, *Irdischen/Spirituellen Ziele*: 5 + 20 = **25.**
5. Daraus müssen **zwei Zahlenpaare** gebildet werden:

Die Zahl der ersten Stelle darf nicht größer sein als 22, sonst wird nochmals die Quersumme ermittelt.
Die Zahl der zweiten Stelle muss **einstellig** sein:
Beispiel Joe Marks oben.

Erster Teil: *Irdische/spirituelle Talente*: 6 + 1 + 15 = **22.**
Zweiter Teil: 2 + 2 = **4.**
Daraus ergibt sich eine **22 – 4.**Das wird als „**Zahlenkombination**" bezeichnet.

Erster und zweiter Teil: *Irdische/spirituelle Ziele*: 5 + 20 = 25, 2 + 5 = **7.**
Daraus ergibt sich eine **7 – 7.** Die Zahlen sind gleich.
Das nennt man „**Zahlenpaar**".

ARBEITSFORMULAR FÜR KURZE NAMEN

Dreieck mit 9 oder weniger Buchstaben

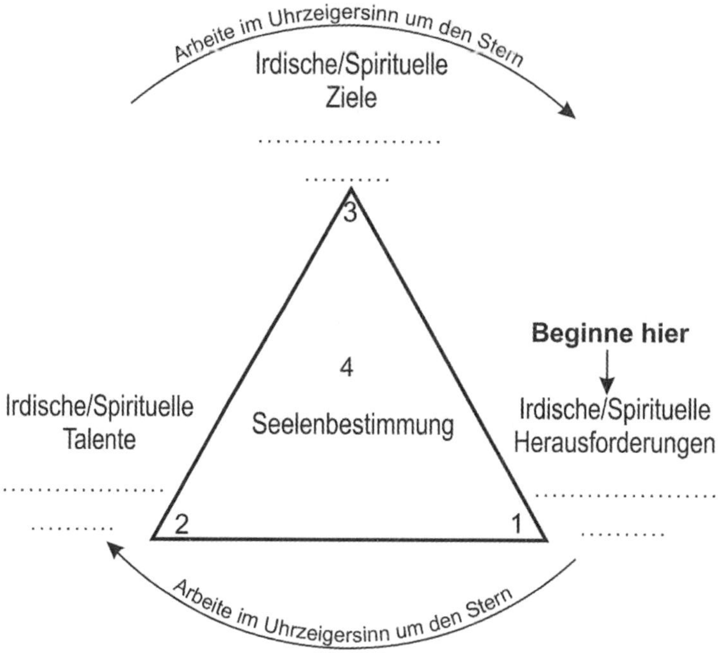

Hier gibt es keine Trennung zwischen den *irdischen* und *spirituellen* Positionen. Es sind hier also keine 6, sondern nur 3 Positionen plus die *Seelenbestimmung*.

6. Die *Seelenbestimmung* wird durch das Addieren der drei verschiedenen Positionen erreicht (*Herausforderungen, Talente* und *Ziele* siehe oben).

Position	Erster Teil	Zweiter Teil
1 Irdische/Spirituelle Herausforderungen	______	______
3 Irdische/Spirituelle Talente	______	______
5 Irdische/Spirituelle Ziele	______	______
Summe	______	______
Quersumme (addiere die Zahlen)	______	______
7 Seelenbestimmung	→ ______ ←	

Name ______________________________

Wert ______________________________

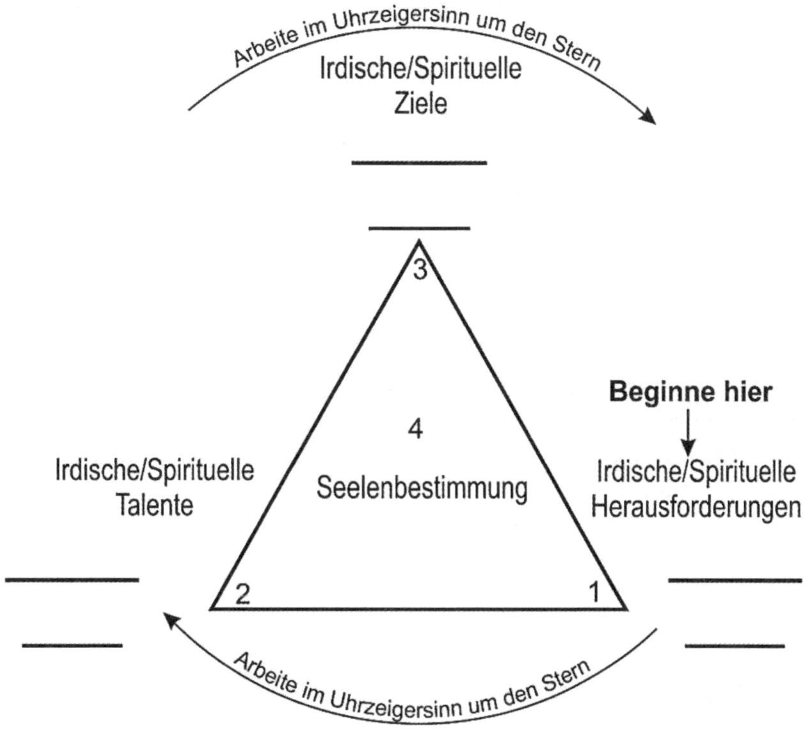

1. Irdische/Spirituelle Herausforderungen _____ _____

2. Irdische/Spirituelle Talente _____ _____

3. Irdische/Spirituelle Ziele _____ _____

4. Seelenbestimmung _____ _____

Arbeitsformular zum kopieren für kurze Namen mit 9 oder weniger Buchstaben.

WEITERE VERWENDUNG DES DREIECKS

Wenn man z.B. die bestenmöglichen Energien für ein Logo, einen Geschäftsnamen oder sonstige Dinge herausfinden möchte, wird immer mit dem Dreieck gearbeitet, auch wenn der Name mehr als 9 Buchstaben enthält oder aus mehreren Worten besteht.

EINZELBUCHSTABEN

Die Energie der Einzelbuchstaben hat bei kurzen Namen einen erheblichen Einfluss. Diese Energien können sich sowohl positiv als auch negativ auswirken, abhängig von den Verhältnissen und wieviel des *Seelenplanes* bereits durchgearbeitet oder verwirklicht worden ist.

KATEGORIEN DER ZAHLENENERGIEN

(Die Kategorien gelten auch für den Sechsstern.)
Auch bei kurzen Namen ist es nützlich, die Hauptkategorien von Spirituell, Kreativ, Irdisch, Unterricht/Kommunikation mit den betreffenden Energien zu untersuchen. Allerdings gibt es Überkreuzungen und offensichtlich Raum für Debatten, gilt aber als Richtlinie, um dir in der Orientierung in dieser Inkarnation zu helfen.

Anmerkung: Natürlich enthalten alle Zahlen auch alle anderen Aspekte. Um Verwirrung auszuschließen, haben wir nur die Hauptkategorie bezeichnet.

Kategorien der Zahlen 1 - 11											
Spirituell	1				5		7		9	10	
Kreativ		2	3			6					
Irdisch				4				8			11
Unterricht/ Kommunikation	1		3		5		7				
Kategorien der Zahlen 12 - 22											
Spirituell		13	14	15			18			21	22
Kreativ	12			15				19	20		22
Irdisch					16	17		19			22
Unterricht/ Kommunikation					16	17					22

INTERPRETATION DES DREIECKS-CHARTS FÜR KURZE NAMEN

Ein kurzer Name mit 9 oder weniger Buchstaben ist kein Nachteil, denn die Eigenschaften in den drei Positionen können sich sehr konzentriert und stark auswirken.

Wenn Menschen mit kurzen Namen bei einer Seeleplanberatung mit dem Dreieck konfrontiert werden, sind sie oftmals darüber entteuscht. Ab und zu wird die Frage gestellt: „Was ist mit dem irdischen Dreieck und weshalb nur das spirituelle Dreieck, bedeutet dies, dass man weniger geerdet ist?"

Deshalb wird lediglich zu Beratungs- und Interpretationszwecken der „Stern der Schöpfung" erstellt. Die Interpretation erfolgt gleich, wie bei Namen mit mehr als 9 Buchstaben.

Beispiel Joe Marks

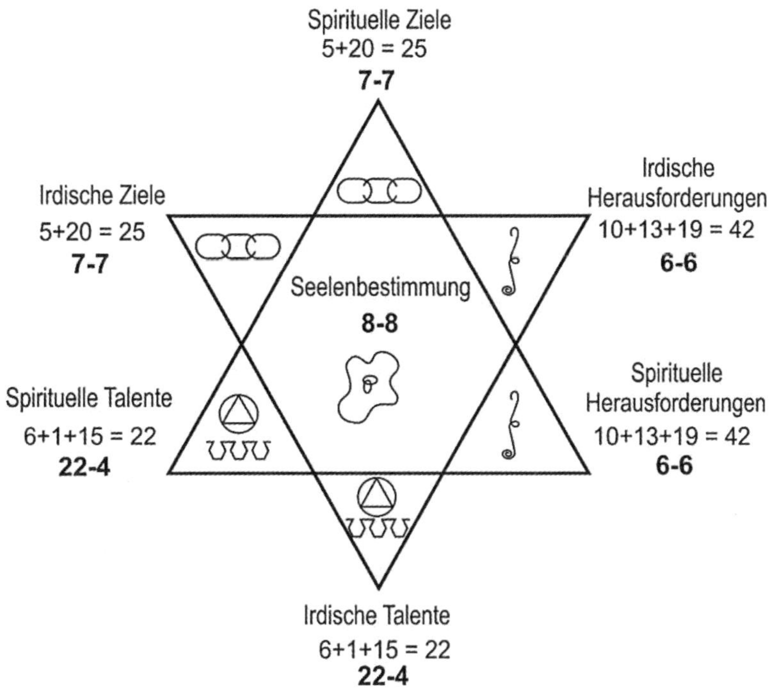

Im Teil 4 „Finde das Beste in deinem Seelenplan" sind weitere Erklärungen zu den Interpretationen.

TABELLE DER BUCHSTABEN UND ZAHLENWERTE

Benutze diese Tabelle zur Berechnung des Seelenplan-Charts

Buchstabe	Wert	Buchstaben Kombination	Wert
A	1	AH	5
B	2		
C	11	CH	8
D	4		
E	5		
F	17		
G	3		
H	5		
I	10		
J	10		
K	19		
L	12		
M	13	M am Ende	12
N	14		
O	6		
P	17	P am Ende	12
Q	19		
R	20		
S	15	SH	21
T	9	TA	22
U	6	TH	22
V	6	TZ	18
W	6	WH	16
X	15		
Y	16		
Z	7		

EINFÜGEN VON FRANK ALPERS SYMBOLEN

Die Symbole der nachfolgenden Seiten sind dazu bestimmt, damit du direkt mit deinem Unterbewusstsein kommunizieren und so deine Intuition unterstützen kannst[8].

Seelenplan von Michael Jackson mit den Symbolen von Frank Alper

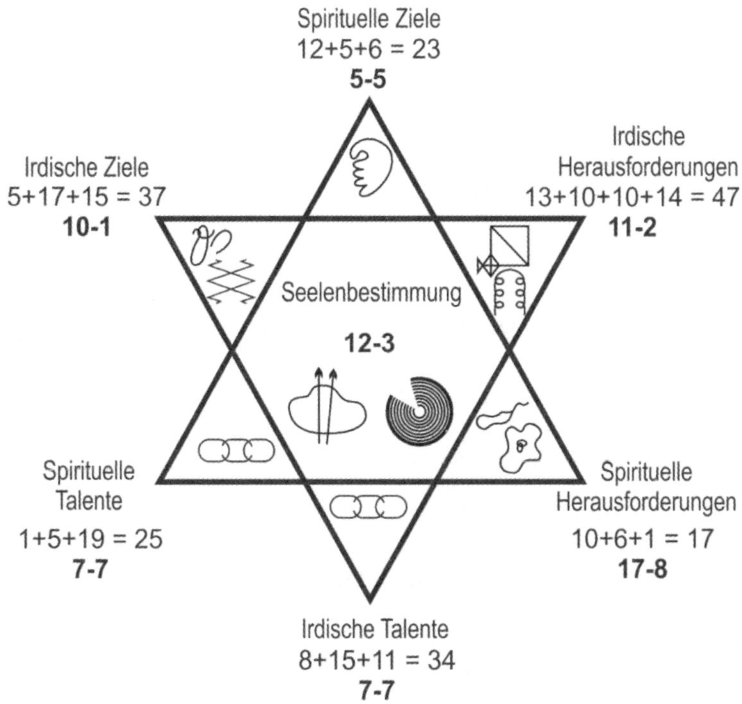

Füge jetzt die Symbole der Zahlen in den Stern deines Charts ein.
Die Kurzbeschreibungen findest du auf den folgenden Seiten. Um dich in die die einzelnen Zahlen, Buchstaben und Symbole eingehender zu vertiefen lese die ausführlichen Beschreibungen ab Seite 85.

Fußnote

8 Ich bezeichne sie als die Frank Alper Symbole, weil er diese mit Namen und Beschreibung den 22 hebräischen Buchstaben in diesem Buch zugeortnet hat. Jedoch sind nicht alle einzigartig, z.B. die Zahl 22 mit dem Dreieck innerhalb des Kreises, das als Zeichen der Gegenseitigkeit bezeichnet wird, ist ein uraltes Symbol und war viele Jahre das Logo der „Anonymen Alkoholiker".

1 A Einheit, Stabilität und fester Zusammenhalt

Hebräisch א Alef Mutterbuchstabe

Symbol

Zwei ineinandergreifende Kräfte kommen in Einheit und Stabilität zusammen. Es sind die starken männlichen Meisterenergien des Göttlichen und somit haben sie eine besondere Kraft. Im Westen wird diese Energie häufig in Zusammenhang mit Erzengel Michael gebracht. Sie hat eine sehr hohe Heilfrequenz. Diese Zahl kommt selten in Geburtsnamen vor, sondern meist in Namen mit höchstens 10 oder 11 Buchstaben.

Positive Eigenschaften
Stabilität, spirituelle Kraft, Menschenliebe, Heilfähigkeiten, Lehrfähigkeit.

Mögliche negative Eigenschaften
Zwanghaftigkeit, Besessenheit, geraten leicht in Versuchung. Machtmissbrauch, Skrupellosigkeit, Verleugnung des Spirituellen, Gier.

Planet/Sternbild	Pluto
Körperzuordnung	Thorax/Brustkorb
Element	Luft
Temperatur/Jahreszeit	mild - Frühling/Herbst
Energiezuteilung	spirituell
Tarotkarte	Der Magier
Bemerkung	Eine Doppelzahl ausgedrückt durch das Zahlenpaar 1-1, auch verbunden mit der 10 als 10-1 und der 19 als 19-1.

2 B	**Väterlicher Ausdruck, innere Kraft – Sprungfeder. Einladende offene Aura** **Hebräisch ב Bet Doppelbuchstabe**

Symbol

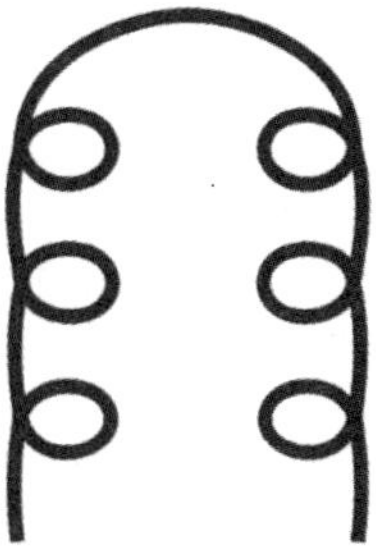

Der väterliche, männliche Schutz wird durch eine zusammengedrückte Sprungfeder symbolisiert. Sie ist voller Energie, elastisch und belastbar. Sie ist aber auch mütterlich, da sie offen für Wissen ist und andere in ihre symbolische Aura aufnimmt, um sie Unterstützung und Wirklichkeit erfahren zu lassen. In dieser Energie sind die männlichen und weiblichen Kräfte vereint.

Positive Eigenschaften
Emotionale Belastbarkeit, Objektivität, Beraterfähigkeiten, mit einer unterstützenden Ausstrahlung. Klug mit einer ganzheitlichen Sichtweise.

Mögliche negative Eigenschaften
Mangelnde Integration der Polarität von Weisheit/Dummheit. Keine emotionale Belastbarkeit, empfindlich, schlechtes Urteilsvermögen.
Der gesunde Menschenverstand fehlt.
Schwäche: das rechte Auge, sie sind nicht fähig das Gesamtbild zu sehen. Emotionale Höhen und Tiefen.

Planet/Sternbild	Mond
Körperzuordnung	rechtes Auge
Richtung	oben
Energiezuteilung	kreativ
Polarität	Weisheit/Dummheit
Tarotkarte	Die Hohepriesterin
Bemerkung	Eine Doppelzahl, ausgedrückt durch das Zahlenpaar 2-2, auch verbunden mit der 11 als 11-2 und der 20 als 20-2.

3 G Innerer Kanal, Labyrinth, Schutz

Hebräisch ג Gimmel Doppelbuchstabe

Symbol

Starke Meisterenergien, die über zusätzliche Kraft verfügen. Das Symbol zeigt eine harte Außenschale wie eine Muschel und innere Energiemuster. Es bietet denjenigen Schutz, die inneres Wissen suchen. Die Energien laden andere dazu ein, in das Labyrinth von Wissen zu kommen, um zu lernen und zu teilen. Durch Zuhören und Kommunikation bekommen sie Mitteilungen aus der Tiefe ihrer inneren Wahrnehmung, um sie nach außen zu bringen und gemeinsam zu nutzen.

Positive Eigenschaften
Ausdrucksstark, Lehr-Schwingung, kreativ, intuitiv, Kommunikation, Führungskraft.

Mögliche negative Eigenschaften
Mangelnde Integration der Polarität von Reichtum/Armut, Armutsbewusstsein, Selbstwert- und Geldprobleme. Sie verbergen ihre Kraft und ihren Ausdruck, teilen ihr Wissen nicht. Egoistisch.
<u>Schwäche</u>: das rechte Ohr, sie hören nicht zu. Aggression oder die Tendenz dazu. Sexuelles Ungleichgewicht.

Planet/Sternbild	Mars
Körperzuordnung	rechtes Ohr
Richtung	Tiefe
Polarität	Reichtum/Armut
Energiezuteilung	kreativ
Tarotkarte	Die Kaiserin/Herrscherin
Bemerkung	Eine Doppelzahl, ausgedrückt durch das Zahlenpaar 3-3, auch verbunden mit der 12 als 12-3 und der 21 als 21-3.

4 D — Fülle durch Vervielfältigung und Vermehrung

Hebräisch ד Dalet Doppelbuchstabe

Symbol

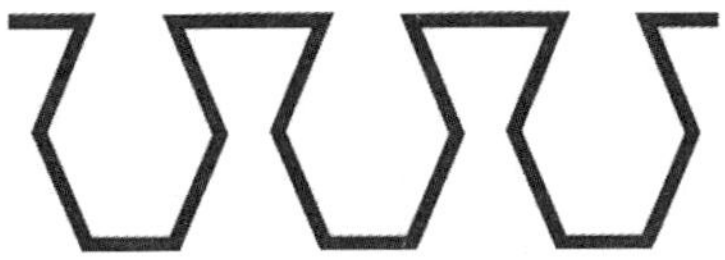

Die Energien der Vervielfältigung werden durch ein geometrisches Symbol definiert, das das Überfließen und die Vervielfältigung seines eigenen Musters darstellt, ein Symbol dafür, dass Ideen aus der Fülle heraus geboren werden, um Wohlstand zu erschaffen.

Positive Eigenschaften

Sehr positive Ausstrahlung, intelligent, wohlhabend, großzügig, wirtschaftliches Geschick. Hat einen sehr guten „Riecher", um das zu riechen, was hinter dem Horizont liegt.

Mögliche negative Eigenschaften

Mangelnde Integration der Polarität von Fruchtbarkeit, Unfruchtbarkeit, Höhen und Tiefen des Reichtums, Themen von Trennung, Verrat, Misstrauen, mangelndem Vertrauen, Isolation. Egozentrisch, verschwenderisch.
Schwäche: die Nase oder der Atem, weil sie den Möglichkeiten des Wachstums ausweichen.

Planet/Sternbild	Sonne
Körperzuordnung	rechtes Nasenloch
Polarität	Fruchtbarkeit/Unfruchtbarkeit
Richtung	Osten
Energiezuteilung	irdisch
Tarotkarte	Der Kaiser/Herrscher
Bemerkung	Eine Doppelzahl, ausgedrückt durch das Zahlenpaar 4-4, auch verbunden mit der 13 als 13-4 und der 22 als 22-4.

5 E / AH — Leben, abstraktes Sein – veränderbarer Fötus

Hebräisch ה Heh Einzelbuchstabe

Symbol

Energien der Abstraktion, wie ein Fötus, der in die physische Welt eintritt und seine Form/Gestalt verändert und Veränderungen und Wachstum unterliegt. Diese Energien symbolisieren Leben und alles was lebendig ist. Sie besitzen eine weiche weibliche Qualität und eine hohe Frequenz ätherischer Schwingungen.

Positive Eigenschaften

Pioniergeist, intuitiv, offen für Spiritualität, abenteuerlustig, kann sich durchsetzen, selbstbewusst, kann sich gut ausdrücken, visionär, kreativ.

Mögliche negative Eigenschaften

Überempfindlich, Mangel an Selbstbewusstsein und Durchsetzungsvermögen, manipulierend, ätherisch, ungeerdet. Sie missbrauchen ihre Intuition. Anpassungsschwierigkeiten. Werden zu Opfern von Missbrauch.
Schwäche: der rechte Fuß. Zu ängstlich, um einen Schritt nach vorne zu wagen. Sie sprechen die Dinge oft nicht aus.

Planet/Sternbild	Widder
Körperzuordnung	rechter Fuß
Qualität	Sprache
Energiezuteilung	spirituell - Unterricht und Kommunikation
Tarotkarte	Der Hohepriester/Hierophant
Bemerkung	Eine Doppelzahl, ausgedrückt durch das Zahlenpaar 5-5. Auch verbunden mit der 14 als 14-5.

6 **O / U V / W** **Umwandelbarer Knoten. Der Funke einer Idee nimmt Form an.**

Hebräisch **ו** **Vav** **Einzelbuchstabe**

Symbol

Der umwandelbare Knoten bedeutet, dass etwas aus dem Nichts kommt. Der Funke einer Idee (oben am Symbol) fühlt sich im Herzen gut an und wird ausgedrückt. Die Idee nimmt dann eine vollständig manifestierte Form an, ein kreativer Prozess.

Positive Eigenschaften
Extrem kreativ und fokussiert, künstlerisch wie geschäftlich. Visionär, anpassungsfähig, Zenartige Konzentration. Anpassungsfähig. Sehr großes Engagement.

Mögliche negative Eigenschaften
Stur, hart, machtbesessen. Isolation, Frustration, Wut. Konzentrationsschwierigkeit, zerstreut. Viel zu viele Ideen und Richtungen.
Schwäche: die Nieren. Das Risiko von Überbeanspruchung und Burnout.

Planet/Sternbild	Stier
Körperzuordnung	rechte Niere
Qualität	Gedanken
Energiezuteilung	kreativ
Tarotkarte	Die Liebenden/die Entscheidung
Bemerkung	Eine Doppelzahl, ausgedrückt durch das Zahlenpaar 6-6, auch verbunden mit der 15 als 15-6.

7 Z	**Verbindendes Glied – magnetische Schwingungen, Katalysator** **Hebräisch ז Zayin Einzelbuchstabe**

Symbol

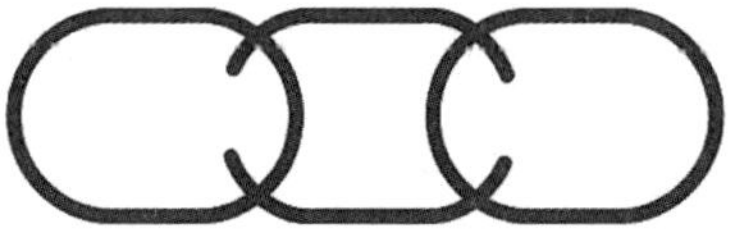

Eine kraftvolle Verbindung, die vereint. Bindeglied zwischen zwei Energien, Menschen oder Situationen.Sie werden durch einen unparteiischen Katalysator in der Mitte zusammengeführt. Es sind Meisterenergien mit der besonderen Kraft eines Katalysators, um Menschen, Energie oder Situationen zusammenzubringen, um Verbindung und Einheit zu erzeugen.

Positive Eigenschaften

Katalysator, magnetisch. Objektiv, logisch, überzeugend. Offenes Herz, charismatisch. Hervorragende Netzarbeiter, Vermittler, vielseitig.

Mögliche negative Eigenschaften

Integrationsunfähig. Sie leugnen ihren eigenen Schatten. Misstrauen, Isoliertheit, Einsiedler, kontrollierend. Anfällig für Phantasien.
Schwäche: der linke Fuß. Zurückhaltend, teilnahmslos.

Planet/Sternbild	Zwillinge
Körperzuordnung	linker Fuß
Qualität	Handlung
Energiezuteilung	spirituell – Unterricht und Kommunikation
Tarotkarte	Der Wagen
Bemerkung:	Eine Doppelzahl, ausgedrückt durch das Zahlenpaar 7-7, auch verbunden mit der 16 als 16-7.

8 CH — Elementare Existenz – Irdische Energien und Emotionen

Hebräisch ח Chet Einzelbuchstabe

Symbol

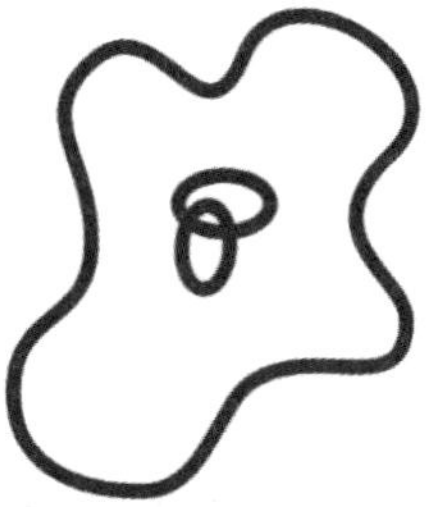

Symbol der elementaren Existenz. Es ist die stärkste irdische Schwingung, die dich buchstäblich an die Erde bindet. Es verleiht die Fähigkeit, sich auf die Erde und die Gesellschaft zu beziehen. Passt sich an wie eine Amöbe, die ihre Form verändert. Die Erde und die Emotionen werden symbolisiert durch die elementare Existenz und es besteht ein hoher Grad an emotionaler Empfindsamkeit, im Positiven wie im Negativen.

Positive Eigenschaften
Gesellschaftsfähig, emotionale Intelligenz, fürsorglich, feinfühlig, geerdet. Gibt anderen Halt. Hellsichtig und kann tief in Menschen und Situationen blicken. Großes Potenzial für gesellschaftlichen Erfolg.

Mögliche negative Eigenschaften
Überempfindlich, ungeerdet, kopflastig, kein Körpergefühl. Wehrt sich gegen diese Inkarnation und das Hiersein. Realitätsfremd. Überanalytisch, Verpflichtungsängste. Märtyrer-Komplex. Steckt in der Vergangenheit fest. Hält an altem Kram fest.
Schwäche: die rechte Hand, sich nicht festlegen und keine Bindung eingehen wollen.

Planet/Sternbild	Krebs
Körperzuordnung	rechte Hand
Qualität	Sehen
Energiezuteilung	irdisch
Tarotkarte	Ausgleichung/Gerechtigkeit
Bemerkung	Eine Doppelzahl, ausgedrückt durch das Zahlenpaar 8-8, auch verbunden mit der 17 als 17-8.

9 T **Macht, Widerstandsfähigkeit, Schutz, Katalysator, Friedensstifter**

Hebräisch ט Tet Einzelbuchstabe

Symbol

In dieser stählernden Schlangen- oder Drachenenergie wird Kraft, Widerstand und Schutz gesehen. Wenn diese Energie voll verbunden ist, dann ist sie sehr machtvoll.

Positive Eigenschaften
Friedensstifter, Katalysator, Stabilität, Schutz für sich selbst und andere. Kraft. Channel, Heiler, ist organisiert. Hellhörig, hört auf die höhere Führung und vertraut der Intuition.

Mögliche negative Eigenschaften
Widerstreben, sie zögern, ihre eigene Kraft anzunehmen. Machtmissbrauch, sehr dramatisch. Benutzt den eigenen Kanal nicht und sucht lieber nach Gurus. Gibt die eigene Macht weg, fragt andere. Ist eitel.
Schwäche: die Nieren. Die Energie dieser Kraft wird nicht gefiltert, was sich körperlich auswirken kann.

Planet/Sternbild	Löwe
Körperzuordnung	linke Niere
Qualität	Hören
Energiezuteilung	spirituell
Tarotkarte	Der Eremit
Bemerkung	Eine Doppelzahl, ausgedrückt durch das Zahlenpaar 9-9, auch verbunden mit der 18 als 18-9.

10 I / J — Potenzielle Manifestation, androgyne göttliche Energie

Hebräisch י Yod Einzelbuchstabe

Symbol

Die Zahl 10 bedeutet potenzielle Manifestation des ewigen Geistes auf der Erde. Dieses Symbol veranschaulicht, wie die Energie sich in Kurven und Kreisen bewegt. Zugleich zeigt es auch die männlichen und weiblichen Genitalien und symbolisiert somit eine komplette Mischung der göttlichen Aspekte des Männlichen und Weiblichen. Dies sind die höchsten Schwingungsenergien, denn sie enthalten das Gleichgewicht von Yin und Yang.

Positive Eigenschaften
Gleichgewicht von Yin und Yang. Männliche und weibliche Balance. Hervorragende Heiler, intuitiv, spirituelle Kraft und Verbindung, spirituelle Fähigkeiten. Gute Ausdrucksform, Channel, dienende Inkarnation.

Mögliche negative Eigenschaften
Verleugnung der Spiritualität, sehr kritisch, Abscheu vor sich selbst. Perfektionist, fühlt sich fremd, unsicher. Muss sich die Spiritualität erarbeiten.
Schwäche: die linke Hand. Will sie helfen oder hält sie sich zurück?

Planet/Sternbild	Jungfrau
Körperzuordnung	linke Hand
Qualität	Arbeit
Energiezuteilung	spirituell
Tarotkarte	Glück/Rad des Schicksals
Bemerkung	Eine Kombinationszahl, immer gepaart mit der 1 als 10-1. (Siehe auch die 1 oben).

11 C — Assimilation – Strukturelle Energien und Harmonie

Hebräisch ג Kaf Doppelbuchstabe

Symbol

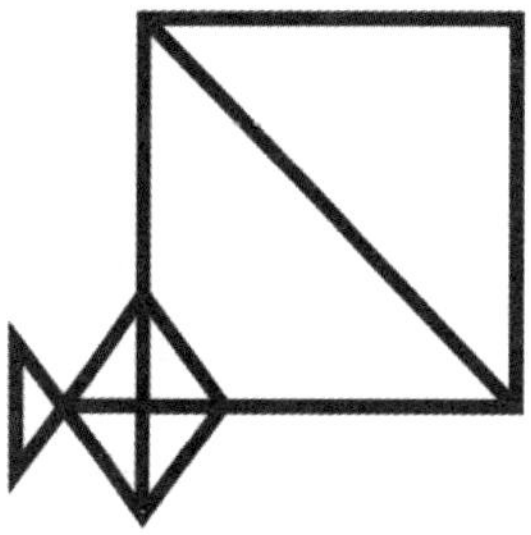

Die Form der Angleichung ist ein geometrisches Gebilde, das alle Formen und Strukturen anpasst. Bestehende Formen können neu gestaltet werden. Es sind Energien des Strukturierens.

Positive Eigenschaften
Sehr intelligent, im positiven Sinne sehr logisch und analytisch. Arbeiten Konzepte aus, verstehen Systeme, z.B. Computer. Sie vergrößern und bauen. Erbauer und Erweiterer. Channel.

Mögliche negative Eigenschaften
Mangelnde Integration der Polarität von Leben/Tod. Haben Verluste zu bewältigen. Angst vor dem Tod, aber auch vor dem Leben. Vermeiden Ziele. Beachtliche Stimmungsschwankungen, Depressionen. Tendenz der Abhängigkeit. Schwierigkeiten, Konzepte zu verstehen. Haben ihre eigenen Wahrheiten und Wege. Übernehmen die Muster anderer.
<u>Schwäche</u>: linkes Auge. Schlechtes Urteilsvermögen.

Planet/Sternbild	Venus
Körperzuordnung	linkes Auge
Richtung	Westen
Polarität	Leben/Tod
Energiezuteilung	irdisch
Tarotkarte	Lust/Kraft
Bemerkung	Eine Kombinationszahl, immer gepaart mit der 2 als 11-2. (Siehe auch die 2 oben).

12 L
M / P
falls am Ende des Namens

Expansion – Liebe und Wissen

Hebräisch ל Lamed Einzelbuchstabe

Symbol

Das sind die Energien der Ausdehnung von Liebe und Wissen. Diese Meisterenergien mit besonderer Kraft sind mit starker Ausdrucksfähigkeit und Energie verbunden (negativ und positiv). Die Energie dehnt sich ständig aus.

Positive Eigenschaften
Tendenz, zu lernen und ihr Wissen zu erweitern, um es mit anderen zu teilen. Lehrer und Berater, mütterlich, liebevoll. Schönheitssinn, romantisch, harmonisch, erfolgreich, starker Gerechtigkeitssinn.

Mögliche negative Eigenschaften
Maßlos, unausgeglichen, Angst vor Versagen, mangelhafte Leistungen, Schuldgefühle, mangelnder Selbstwert, brauchen Bestätigung. Fanatisch. Sexuelle Gehemmheit.
Schwäche: Gallenblase. Innerer Schmerz, Wut oder Groll.

Planet/Sternbild	Waage
Körperzuordnung	Gallenblase
Qualität	Koitus (sexuell)
Energiezuteilung	kreativ
Tarotkarte	Der Gehängte
Bemerkung	Eine Kombinationszahl, immer gepaart mit der 3 als 12-3. (Siehe auch die 3 oben).

13 M — Passive mütterliche Handlung – Energien der göttlichen Mutter

Hebräisch מ Mem Mutterbuchstabe

Symbol

Symbol von Wasser und Weisheit, das Offenbare und das Verborgene. Die Tiefen unter dem Wasser werden aufgedeckt, während die oberen Gewässer zunächst jenseits des Verständnisses liegen. Dies sind die weiblichen Meisterenergien der göttlichen Mutter und besonders kraftvoll. Diese Schwingung der absoluten Liebe zeigt im Seelenplan immer den Anfang einer neuen Ära an. Die Initiation des Wassers enthüllt emotionale Weisheit.

Positive Eigenschaften
Positiv, spirituell, mitfühlend, idealistisch, Berater- und Heilfähigkeiten, sehr liebevoll. Sie können erfolgreich sein und besitzen einen selbstlosen Geist.

Mögliche negative Eigenschaften
Äußerlich eisig, schroff, barsch. Blockade im Herz-Chakra. Maßlos, vernachlässigen die anderen, selbstzerstörerisch. Misstrauen gegen die Motive anderer.

Planet/Sternbild	Neptun
Körperzuordnung	Bauch
Element	Wasser
Energiezuteilung	spirituell
Tarotkarte	Tod und Wiedergeburt
Bemerkung	Eine Kombinationszahl, immer gepaart mit der 4 als 13-4. (Siehe auch die 4 oben).

14 N — Reflektion – übersinnlicher Spiegel

Hebräisch נ Nun Einzelbuchstabe

Symbol

Das sind die Energien der Reflexion und ein Zeichen der ätherischen und individuellen Existenz, reflektiertes Sein. Der „Seelenspiegel" führt dich hinein und bringt dich dann auf der anderen Seite hinaus. Es ist ein Spiegel unserer essenziellen Existenz.

Positive Eigenschaften

Intensiv, positiv, leidenschaftlich, anpassungsfähig. Übersinnlich, kann sich in andere einstimmen. Zeigen anderen, wer sie auf einer tieferen Ebene sind. Inspirieren andere zu einer spirituelleren Sichtweise.

Mögliche negative Eigenschaften

Keine klaren Grenzen. Zu gründlich. Zwanghafte Beziehungen zu anderen. Abgehoben, aber gleichzeitig erdgebunden. Sie können sehr negativ und stur sein.

Schwäche: der Dünndarm ist das zugewiesene Organ, das sich auf die Aufnahme bezieht. Das bedeutet, dass sie körperlich oder geistig zu viel aufnehmen und sich damit überfordern.

Planet/Sternbild	Skorpion
Körperzuordnung	Dünndarm
Qualität	Geruch
Energiezuteilung	spirituell – kreativ
Tarotkarte	Kunst/Mäßigung
Bemerkung	Eine Kombinationszahl, immer gepaart mit der 5 als 14-5. (Siehe auch die 5 oben).

15 S / X Kreisende Bewegung – die innere und äußere Göttlichkeit

Hebräisch ס Samekh Einzelbuchstabe

Symbol

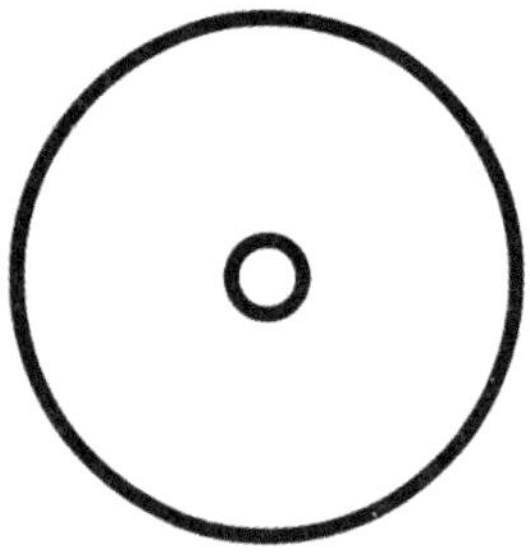

Die verstärkte Verbindung stellt das Göttliche im Innen und Außen dar. Das Individuum muss seine göttliche Natur akzeptieren, was durch den inneren Kreis dargestellt ist. Eine weitere Bedeutung, vermutlich aus der hebräischen Philosophie, weist auf das innere Streben hin, Gelassenheit zu erreichen. In diesem Sinne bewegt sich der innere Kreis spiralförmig, um mit dem äußeren eins zu werden. Es symbolisiert auch Unterstützung und Schutz.

Positive Eigenschaften

Optimistisch, gewissenhaft, hohe Schwingung. Können sich mit der intuitiven Weisheit der Seele verbinden und besitzen einen guten Instinkt. Channeln die Kreativität der Seele. Besitzen einen expansiven Geist.

Mögliche negative Eigenschaften

Unsicher, drehen sich im Kreis. Zu pendantisch mit ihren Plänen. Antriebslos. Befassen sich mit zu vielen Dingen. Ihnen fehlt die Vielseitigkeit und Spontanität. Schwäche: der Magen. Sie sollen dem Bauchgefühl vertrauen. Schlafprobleme können ein Thema sein, wenn sie das spirituelle Erwachen und ihr inneres Leben vermeiden.

Planet/Sternbild	Schütze
Körperzuordnung	Magen
Qualität	Schlaf
Energiezuteilung	kreativ
Tarotkarte	Der Teufel
Bemerkung	Eine Kombinationszahl, immer gepaart mit der 6 als 15-6. (Siehe auch die 6 oben).

16	Y / WH	**Materielle Bedeutung – bringt die spirituelle Energie auf die Erde** **Hebräisch ע Eyin Einzelbuchstabe**

Symbol

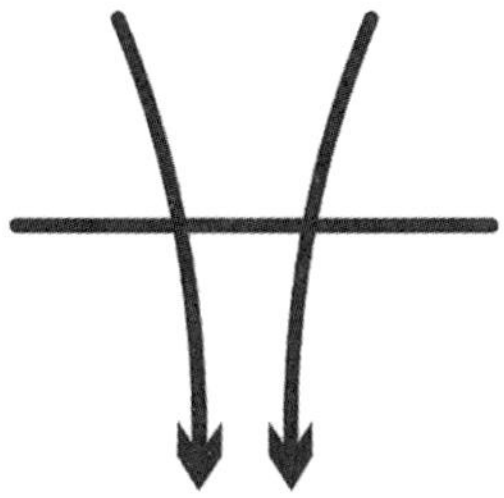

Die beiden Pfeile symbolisieren die spirituelle Energie, die die irdische Ebene erreicht (die Linie, die sie durchstoßen) und das Licht herunterbringt.

Positive Eigenschaften
Sie sind hier, um mit Gruppen zu arbeiten. Sehr liebevoll, offen, positiv, umsichtig, zuverlässig, entschlossen. Führungsfähigkeiten.

Mögliche negative Eigenschaften
Verbergen die Spiritualität, zeigen eine Maske. Leugnen Fehler, weichen aus. Sind negativ und verwickelt in Schwierigkeiten mit anderen. Haben Probleme, Liebe anzunehmen.
Schwäche: Leber (Ärger/Wut).

Planet/Sternbild	Steinbock
Körperzuordnung	Leber
Qualität	Wut/Ärger
Energiezuteilung	irdisch – Unterricht und Kommunikation
Tarotkarte	Der Turm
Bemerkung	Eine Kombinationszahl, immer gepaart mit der 7 als 16-7. (Siehe auch die 7 oben).

17 F / P — Sprache – Kommunikation in der Gesellschaft - Universelle Brüderlichkeit

Hebräisch פ Peh Doppelbuchstabe

Symbol

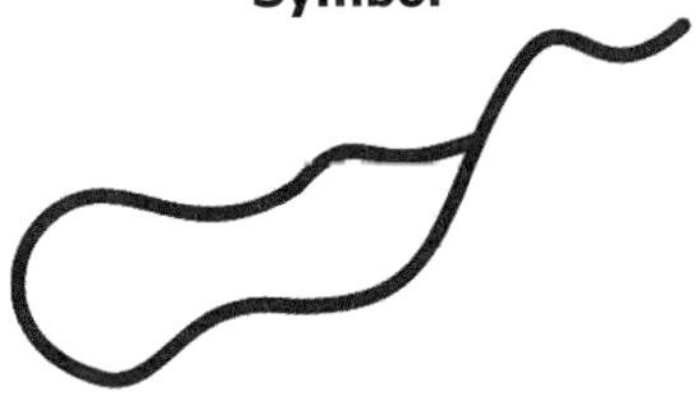

Der 17. Buchstabe bedeutet Sprache und Betonung. Das Symbol ist wie eine Zunge oder Sprechblase, die sich ausdrückt.

Positive Eigenschaften
Großes Vertrauen, öffentliche Redner, Talent für Medien. Treffsicherer Glaube an die Ursachen. Politische Energien, Lehrfähigkeit.

Mögliche negative Eigenschaften
Mangelnde Integration der Polarität von Herrschaft/Sklaverei. Fehlendes Mitteilungsbedürfnis, Gefühl der Wertlosigkeit, z.B. um zu dienen. Belastet durch emotionales Gepäck. Hält den vollen Ausdruck zurück. Erscheint abgeschnitten und nicht geerdet. Zieht unterwürfige Rollen an.
Schwäche: das Hören. Hörprobleme. Dogmatisch und nicht offen, neue Ideen und Konzepte anderer zu hören.

Planet/Sternbild	Merkur
Körperzuordnung	linkes Ohr
Polarität	Herrschaft/Sklaverei
Richtung	Norden
Energiezuteilung	irdisch – Unterricht und Kommunikation
Tarotkarte	Der Stern
Bemerkung	Eine Kombinationszahl, immer gepaart mit der 8 als 17-8. (Siehe auch die 8 oben).

18 TZ — Zeit der Entscheidung, Lösung, Abschluss – (toter) Punkt, an dem wir gegenwärtig stehen

Hebräisch **צ** **Tzadi** **Einzelbuchstabe**

Symbol

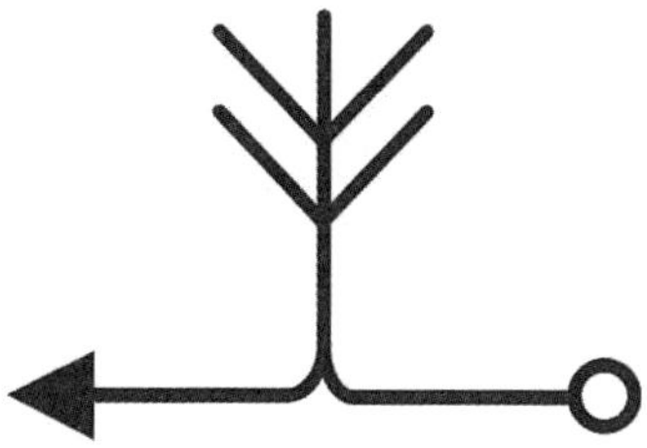

Die Energien der Endgültigkeit und der Lösung. Alte Seelen mit vielen vergangenen Leben sind zusammengekommen, um zu entscheiden, ob sie fließen und eins mit ihrer spirituellen Quelle werden oder nicht. Das wird durch eine Figur mit Ästen symbolisiert, die vergangene Inkarnationen darstellen und ihr die Wahl auf der Waagerechten gibt, in zwei Richtungen zu gehen. Der Pfeil (links) stellt die Entscheidung für den Geist dar und der Kreis (rechts) für die Entscheidung, auf der Erde zu bleiben.

Positive Eigenschaften
Hoch spirituell entwickelt, Fähigkeiten für Projekt-Management, entscheidungsfreudig. Weltreisen. Futuristisch. Sehr oft sind sie Dienstseelen. Unterrichten ständig. Sprechen ihre Wahrheit aus. Selbstvertrauen.

Mögliche negative Eigenschaften
Selbstaufopferung, Schuldgefühle, können sich nicht entscheiden, wer sie sind. Suchen Rat bei Gurus. Werden von vergangenen Leben beeinflusst. Schieben alles hinaus.
Schwäche: Speiseröhre und Schlucken. Die Tendenz, die Wahrheit nicht auszusprechen.

Planet/Sternbild	Wassermann
Körperzuordnung	Speiseröhre/Magen
Qualität	Schlucken
Energiezuteilung	spirituell
Tarotkarte	Der Mond
Bemerkung	Eine Kombinationszahl, immer gepaart mit der 9 als 18-9. (Siehe auch die 9 oben).

19 K / Q

Materielle Existenz in einer Form – Menschenliebe

Hebräisch ק Kuf Einzelbuchstabe

Symbol

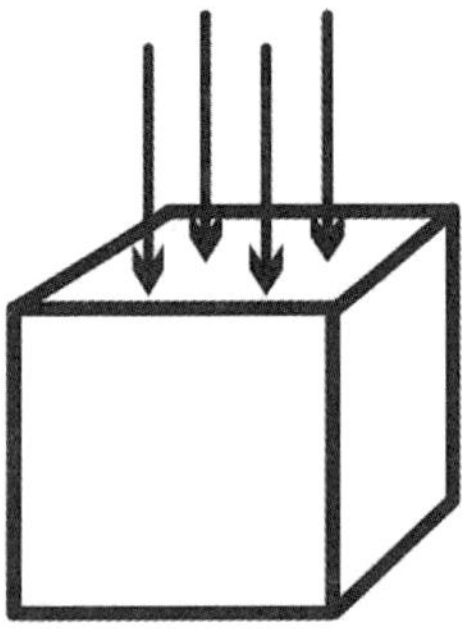

Die physische Manifestation, ein Symbol der materiellen Existenz oder Bedeutung in einer Form. Dargestellt durch vier Pfeile, die auf die irdische Existenz zeigen. Spirituelle Energien durchdringen einen Raum auf der irdischen Ebene, damit spirituelles Wissen Fuß fassen kann.

Positive Eigenschaften
Menschenfreundlich, helfen anderen Ziele zu erreichen.Sie bringen spirituelle Energien in materielle Strukturen z.B. einem Zentrum. Sehr intuitiv, Sinn für Humor, sehr widerstandsfähig gegenüber Einflüssen der Gesellschaft.

Mögliche negative Eigenschaften
Werden durch die Gesellschaft unterdrückt, sind versucht, Macht und Energie zu missbrauchen. Glauben, alles zu wissen. Sehr emotional. Das beinflusste Organ kann die Milz sein. Verlangen nach Süßigkeiten. Emotional sehr fordernd, neigen zu Selbstmitleid. Sind ständig in Sorge, geringes Selbstwertgefühl.
Schwäche: das geschwächte Organ kann die Milz sein.

Planet/Sternbild	Fische
Körperzuordnung	Milz
Qualität	Lachen
Energiezuteilung	kreativ – irdisch
Tarotkarte	Die Sonne
Bemerkung	Eine Kombinationszahl, immer gepaart mit der 1 als 19-1. (Siehe auch die 1 oben).

20 R — Bewegung – Expansiver geistiger Fluss

Hebräisch ר Resh Doppelbuchstabe

Symbol

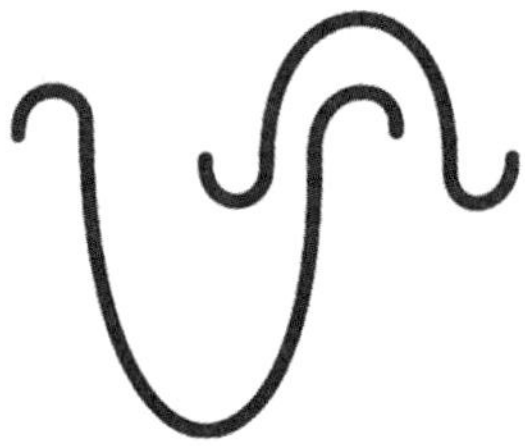

Das Symbol zeigt eine fließende Bewegung, es bedeutet, im Fluss bleiben, keine Mauern errichten. Diese Energien sind unruhig und leicht reizbar. Wie die Wellen im Ozean können sie turbulent oder ruhig sein.

Positive Eigenschaften
Fließende kreative Energien, flexibel, vielseitig, sehr hinterfragend. Großartige Forscher. Gehen nie in den Ruhestand, expandieren ständig, belastbar.

Mögliche negative Eigenschaften
Mangelnde Integration der Polarität von Krieg/Frieden, inszenierte Konflikte, innere Konflikte, unterliegen emotionalen Höhen und Tiefen, halten an altem Glauben fest. Stecken im alten kulturellen Glauben, unflexibel im Glauben. Mangel an Freude.
Schwäche: Schwierigkeiten mit Nase und Atem.

Planet/Sternbild	Saturn
Körperzuordnung	Linkes Nasenloch
Polarität	Krieg/Frieden
Richtung	Süden
Energiezuteilung	kreativ
Tarotkarte	Das Äon/Das Gericht
Bemerkung	Eine Kombinationszahl, immer gepaart mit der 2 als 20-2. (Siehe auch die Zahl 2).

21 SH — Ausdauer – innere Stärke

Hebräisch ש Shin Mutterbuchstabe

Symbol

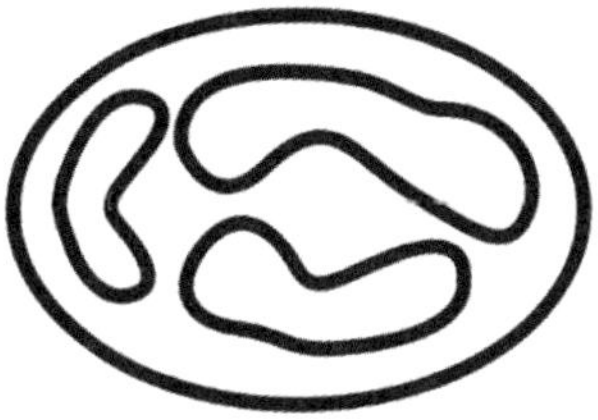

Eine Dreiheit der Energien der Ausdauer: Intelligenz, Dauerhaftigkeit und innere Stärke. Alle Energien sind im Inneren enthalten. Die inneren Muster schwingen hin und her, erzeugen Energie und erhalten sie aufrecht, da es aus diesem Labyrinth keinen Ausgang gibt.

Positive Eigenschaften
Große innere Stärke, kann in Not durchhalten, zielorientiert. Sehr oft eine dienende Inkarnation. Angeborene Intelligenz. Energien der Ausdauer, großzügiger Geist.

Mögliche negative Eigenschaften
Kein Ansporn, Energie-Blockaden. Egozentrisch, nimmt sich selbst zu wichtig. Ego-Themen. Ein Hans-Dampf in allen Gassen. Unruhig, ungeduldig. Macht sinnlose Änderungen. Harte Erfahrungen. „Schwarze Nacht der Seele.“

Planet/Sternbild	Uranus
Körperzuordnung	Kopf
Element	Feuer
Temperatur und Jahreszeit	Hitze und Sommer
Energiezuteilung	spirituell
Tarotkarte	Das Universum/Die Welt
Bemerkung	Eine Kombinationszahl, immer gepaart mit der 3 als 21-3. (Siehe auch die 3 oben).

22 TA / TH — Gegenseitigkeit – Energien der Vollendung

Hebräisch ת Tav Doppelbuchstabe

Symbol

Das ist das Zeichen der Gegenseitigkeit. Es ist mit allen Elementen zum gemeinsamen Vorteil verbunden. Es sind Meisterenergien der Vollendung, die das Göttliche im Menschen symbolisieren, somit ein Portal der Schöpfung. Es sind Energien der Vollendung.

Positive Eigenschaften
Vollkommenheit, totale Kreativität. Fähigkeit in einem bestimmten Bereich sehr versiert zu sein. Dienst- und Rednerqualitäten.

Mögliche negative Eigenschaften
Mangelnde Integration der Polarität von Schönheit/Hässlichkeit.
Extreme Erfahrungen, Nichtverbundenheit, kreative Blockaden, spirituell nicht verbunden. Leiden unter Verfolgung, haben einen Messias-Komplex, sind arrogant und haben ein übersteigertes Selbstvertrauen. Mental sind sie zerstreut.
Schwäche: Mund, blockierter Ausdruck.

Planet/Sternbild	Jupiter
Körperzuordnung	Mund
Polarität	Schönheit/Hässlichkeit
Richtung	Der Tempel, alle Richtungen
Energiezuteilung	spirituell – kreativ – irdisch – Unterricht und Kommunikation.
Tarotkarte	Der Narr
Bemerkung	Eine Kombinationszahl, immer gepaart mit der 4 als 22-4. (Siehe auch die 4 oben).

ÜBERPRÜFEN DER DOMINANTEN SCHWINGUNG

Überprüfe nun, ob es in deinem Plan eine dominante Schwingung gibt. Wenn dieselben Zahlen öfter in deinem Chart erscheinen (vier oder mehr Zahlen), ergeben sie eine dominante Schwingung. Das bedeutet, dass du diese Energien besonders stark erfährst und darin eine bestimmte Seelenbotschaft für dich enthalten ist. Mehr darüber später.

Die vier folgenden Beispiele der *Seelenpläne* sind mit und ohne dominierende Schwingung.

Seelenplan Mark Peter Stephens

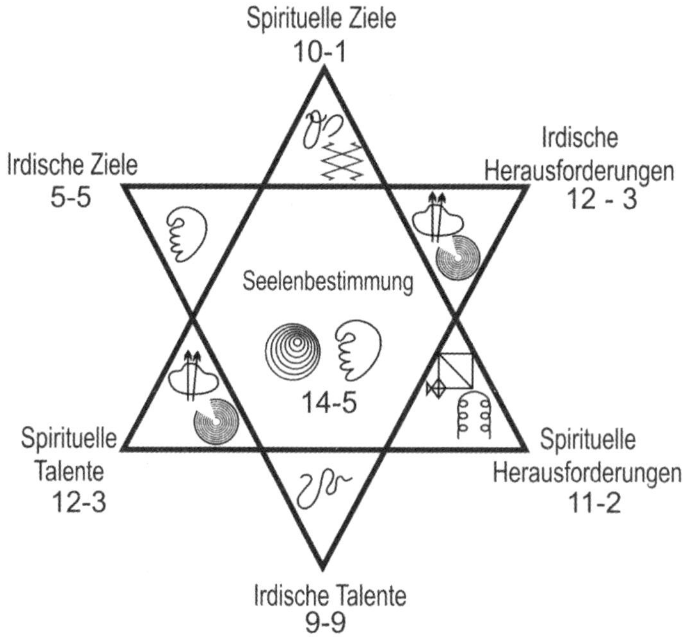

Es gibt keine dominante Schwingung im *Seelenplan* von Mark Peter Stephens

Ungefähr 50% aller Menschen haben eine dominante Schwingung. Es spielt keine Rolle, ob man eine hat oder nicht. Wenn du keine dominante Schwingung hast, wird die Zahl deiner Seelenbotschaft dieselbe sein wie deine Seelenbestimmung.

.

Alice Jane May

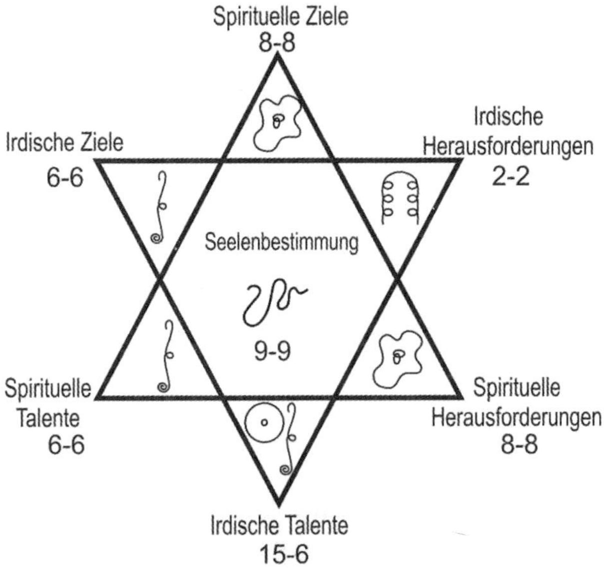

Alice Jane May hat fünf 6er und vier 8er, somit hat sie zwei dominante Schwingungen, einmal die 6 und einmal die 8. Sie wird zwei *Seelenbotschaften* erhalten.

Cheryl Ann Merceri

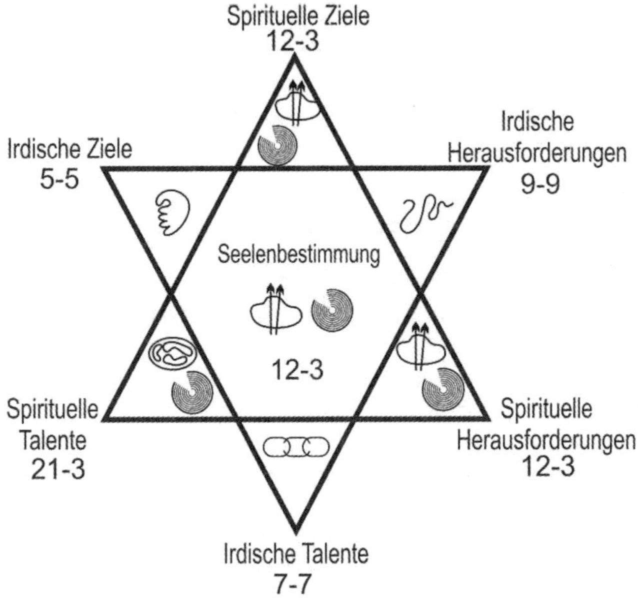

Cheryl Ann Merceri hat vier 3er, somit ist ihre dominante Schwingung eine 3.

Michael Joseph Jackson

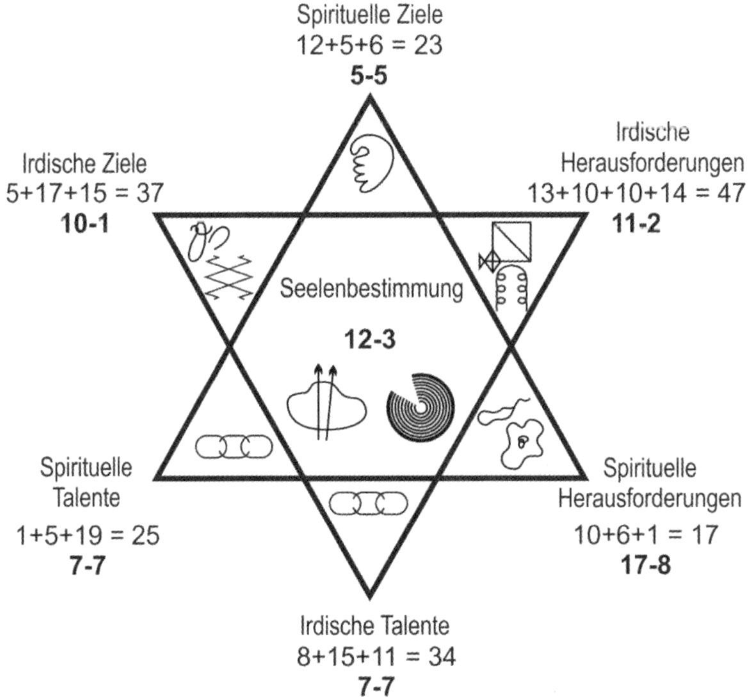

Der *Seelenplan* von Michael Jackson hat vier 7er und somit eine dominante Schwingung der 7.

WAS IST DER NÄCHSTE SCHRITT?

Du hast jetzt den Stern der Schöpfung erstellt oder deine Zahlenschwingung mit dem Online-Rechner ausgerechnet und die Symbole gezeichnet. Du hast jeweils ein Zahlenpaar in jeder Position deiner Tabelle. Wenn du Frank Alpers Symbole und ihre Bedeutung (oben) betrachtest, bekommst Du einen kurzen Vorgeschmack auf die Einflüsse der Energien und ihre Bedeutung. Um deinen Seelenplan tiefer zu verstehen, kannst du im Teil 3 (ab Seite 85) im betreffenden Kapitel jede Energie deines Seelenplans nachlesen.

Deine Fähigkeit zu sehen, wie beim Seelenplan alles zusammenpasst, wird mit ein bisschen Übung rasch zunehmen. Zu der Zeichnung mit dem ersten Beispiel von Michael Jackson habe ich am Ende dieses Kapitels einige Anmerkungen gemacht.

BEISPIEL MICHAEL JACKSON: ZUSAMMENFASSUNG UND INTERPRETATION DES SEELENPLANS

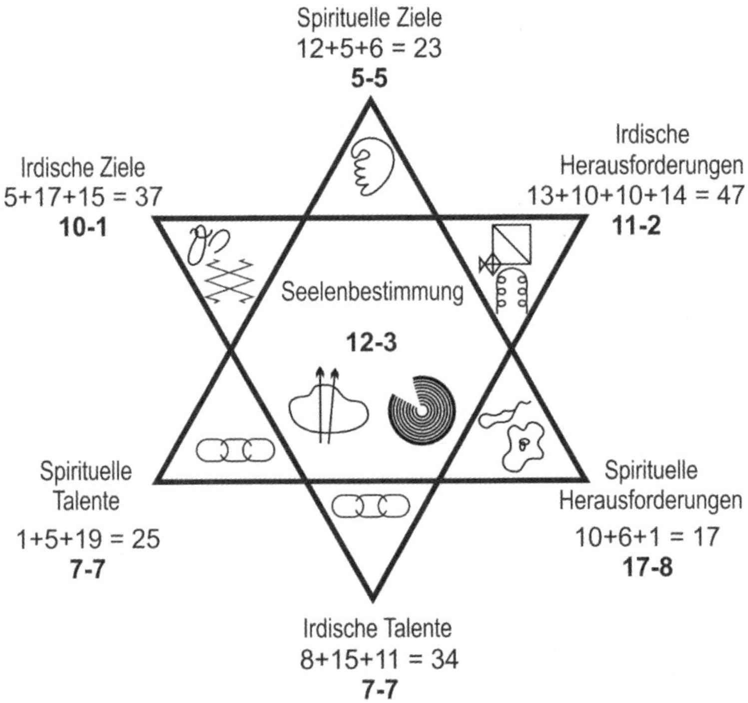

DER STERN DER SCHÖPFUNG FÜR MICHAEL JACKSON

Am Chart von Michael Jackson können wir erkennen, dass er eine sensible Seele hatte, die mit einer 11-2 in den irdischen Herausforderungen kam. Das bedeutet, er hatte seine eigene und ganz besondere Wahrheit. Das machte es schwierig, in dieser Welt Dinge auf konventionelle Weise zu tun. Er erfuhr auch die Herausforderung der Polarität von Leben und Tod. Das betrifft die sich ständig verändernde Natur des Lebens und wie wir mit Verlust umgehen. Wer diese Herausforderungen erfährt, kann sehr oft Stimmungsschwankungen unterworfen sein, bis er sie integriert hat. Oft fühlt sich das Leben an wie eine emotionale Achterbahn.

Einige mit diesen Herausforderungen können Verluste erleben. Das kann in irgendeiner Form sein, zum Beispiel der Verlust eines geliebten Menschen, einer Beziehung oder durch Ablehnung in einer normalen Lebenserfahrung wie Kindheit oder Elternschaft.

Es besteht die Neigung, von anderen abhängig zu werden, um vorwärts zu kommen. Viele mit dieser Herausforderung sind abhängig von Alkohol oder Drogen, die sie als Krücken benutzen, um das Leben zu ertragen.

Auf der positiven Seite der beiden Positionen von irdischen und spirituellen Talenten hatte Michael Jackson aber die Energien der 7-7, einer magnetischen Verbindung, die vereint. Es ist ungewöhnlich, dass dieselben Energien zweimal in den Positionen der Talente vorkommen. Das zeigt, dass dieses Talent besonders stark ausgeprägt war. Außerdem waren diese Energien auch seine dominante Schwingung. Folglich hatte er eine große Kraft von persönlichem Magnetismus und Ausstrahlung und die Fähigkeit, Gruppen anzuziehen und mit ihnen zu arbeiten. Er war das Verbindungsglied in der Mitte.

In seinen irdischen Zielen hatte er die 10-1, was in dieser Position wiederum sehr ungewöhnlich ist. Das bedeutet, dass seine Seele eigentlich keine Ziele im weltlichen Sinn hatte. Wenn du zu den ausführlicheren späteren Kapiteln blätterst, wirst du sehen, immer wenn die 10-1 in den irdischen Zielen auftaucht, wird dieses Ziel auf den spirituellen Bereich übertragen. Du könntest also sagen, dass Michael Jackson im irdischen Sinn nichts erreichen musste. Potenziell war er hier als Dienstseele. In so einem Fall würden wir die irdischen Ziele auf die spirituellen Ziele und auf die Seelenbestimmung verschieben, wie weiter unten beschrieben.

Seine spirituelle Herausforderung der 17-8 enthielt die Auseinandersetzung mit der Polarität von Herrschaft/Sklaverei. Aus diesem Grunde übte er wahrscheinlich bereits seit seiner Kindheit einen herrschsüchtigen Einfluss auf Menschen aus. Im positiven Aspekt dieser Energie liegt jedoch die Fähigkeit, durch den Ausdruck, hier durch das Singen, der Welt eine Botschaft zu senden.

Auf der linken Seite der 17-8 in seinem Chart sehen wir das Symbol, das wie eine Zunge oder Sprechblase aussieht. Das Symbol auf der rechten Stelle der 17–8 sieht wie eine Amöbe aus. Es veranschaulicht die irdische Schwingung und bezieht sich auf die Gesellschaft. Obwohl er diese Zahlenkombination in den Herausforderungen hatte, waren diese Schwingung und die Möglichkeit zur Ausdehnung in gewissem Umfang manchmal vorhanden und er konnte sie nutzen.

Seine spirituellen Ziele mit der 5-5 enthielten die Lektion, Unterdrückung zu überwinden, sich durchzusetzen und auf höchstem Niveau eine inspirierte Botschaft in die Welt zu bringen.

Dieses Lehren auf hoher Ebene, durch Gesang vermittelt, geht von der Seelenebene aus, beinahe so wie „channeln" und kann auch Botschaften über das Thema Einheit und Frieden enthalten.

Interessant ist, dass Michael Jackson ähnliche Ziele hatte wie John (Winston) Lennon, der auch ein ähnliches höheres Ziel hatte. Beide haben auch dieselbe *Seelenbestimmung* von 12-3, die Energien einer wachsenden Liebe und des Wissens (sein Chart ist im Teil 4, Seite 314).

Die zugehörige Eigenschaft der 12-3 ist „Koitus". Deshalb mochten seine Aktivitäten auch durch sexuelle Eigenarten beeinflusst sein. Das könnte sich teilweise auf Tanz und Gesang übertragen haben. Möglicherweise könnte es aber passend zu der Art seiner spirituellen Herausforderung (unterdrückter Ausdruck) teilweise unterdrückt worden sein und zeigte sich als logische Konsequenz, als er sie durcharbeitete.

Die 12-3 in der Seelenbestimmung symbolisiert Ausdehnung. Das wird ihm auch ermöglicht haben, seine Talente in einem großen Rahmen zu nutzen, indem er viele Menschen und große Gruppen erreichte. Mit den höheren Lehren und seinen Botschaften konnte er ein großes Publikum anziehen.

Oft ist es der Zweck einer Seele, in einer Lebenszeit so viel Wissen wie möglich anzusammeln, denn das Ziel ist, so viel Seelenwahrheit wie möglich in das Bewusstsein einfließen zu lassen. Deshalb gibt es zumindest auf der Seelenebene den großen Wunsch, bewusst mit dem Höheren Selbst verbunden zu sein, damit die große Liebe der Seele durchscheinen kann.

Lass uns jetzt tiefer gehen...

Diese Zusammenfassung soll dir einen kurzen Eindruck und Überblick geben, was es mit deinem Chart auf sich hat. Damit du besser verstehst und lernst, wie du deine Hindernisse überwinden kannst, um sie mit deinem Potenzial zu verbinden, lade ich dich nun ein, im Teil 3 mehr über deinen Seelenplan zu erfahren.

Teil 3

DIE INTERPRETATION DEINES SEELENPLANES

*"Wir alle sind Besucher dieser Zeit, dieses Ortes.
Wir ziehen einfach hindurch.
Unser Zweck hier ist, zu beobachten, zu lernen, zu wachsen... und danach kehren wir wieder nach Hause zurück."*

Australisches Sprichwort der Aborigines

INTERPRETATION DER ENERGIEN DEINES SEELENPLANS

Wir werden nun die 22 Energien ansehen, die Auswirkung auf dein Leben haben. Für jede Energie, die sich in deinem *Seelenplan*, im Stern der Schöpfung, befindet, werden wir die positiven und negativen Eigenschaften untersuchen, außerdem mögliche Einflüsse auf deine Gesundheit und auf deine Beziehungen. Wir werden auch die irdischen und spirituellen Ziele betrachten.

Du kannst die Auswirkung deines höheren Zwecks in den Abschnitten „*Seelenbestimmung*, Zweck und Transzendenz" überprüfen und erhältst dann die „*Seelenbotschaft*", die in dir etwas auslöst wie „Das ist es!".
Du findest Vorschläge, die besonders wichtig sind, um deine *Herausforderungen* zu überwinden. Ich wende sie mit Erfolg bei meinen Klienten an. Diese Vorschläge kannst du nutzen, um leichteren Zugang zu den Energien deiner *Talente* und *Ziele* zu erlangen.

Wenn du lediglich deinen *Seelenplan* wissen möchtest, brauchst du nur die entsprechenden Kapitel zu den Zahlen auf deinem Chart zu lesen. Wenn dich aber auch der *Seelenplan* deiner Freunde, deiner Familie oder Klienten interessiert, wirst natürlich mehr über die anderen Energien der Schöpfung lernen wollen. Um deine Integrität zu wahren, musst du sie aber vorher um Erlaubnis fragen. Du selbst kannst davon auch profitieren, denn wir alle werden durch diese 22 Energien beeinflusst, auch wenn sie nicht direkt in einem Chart vorkommen. Vielleicht möchtest du in deinem eigenen Interesse und für deine persönliche und spirituelle Entwicklung alle Zahlen durchgehen und deuten lernen.

Wenn du die folgenden 22 Kapitel liest, wirst du ein besseres Gefühl für die Energien der Schöpfung bekommen und das erweckt in dir ein tieferes Erkennen und eine stärkere Verbindung zu deinem inneren Selbst. Die Schwingung dieses Buches stimuliert die uralten Energien in deinem Sein und wird dir helfen, dich auf deinen *Seelenplan* auszurichten.

Damit du dein Chart am besten verstehen kannst, werde ich kurz die unterschiedlichen Aspekte erklären, die wir in jeder der 22 Energien sehen werden.

DER IRDISCHE ODER SPIRITUELLE AUSDRUCK UND DIE POSITION IN DEINEM CHART

Die Interpretation jeder Eigenschaft enthält mögliche Unterschiede in der Ausrichtung und ist abhängig davon, ob sich die Energien in der *irdischen* oder der *spirituellen* Position befinden. Auch bei den Zielen gibt es Unterschiede zwischen der *irdischen* und der *spirituellen* Ausrichtung.

Es gibt keine festen Regeln, aber einige Energien wirken sich doch in der *spirituellen* Position anders aus als in der *irdischen*. Das ist aber vom ganzen Chart abhängig und wie sehr eine Person innerlich verbunden ist.

Letztendlich wirst du durch das Betrachten vieler Charts einen Sinn und ein Gespür für die Vielfalt der Muster erhalten und wie sich die Energien bei bestimmten Personen auswirken können.

Bevor du anfängst, ist es hilfreich, die folgenden Punkte zu beachten, um dein Chart zu lesen.

EIGENSCHAFTEN DER HERAUSFORDERUNGEN UND ZIELE, DIE SICH POSITIV AUSWIRKEN

Der einfachste Zugang zu den positiven Eigenschaften ist, wenn sich die Energien in den *Talenten* befinden. Bei den *Zielen* arbeitest du normalerweise darauf hin, positive Eigenschaften zu erlangen und erfährst dabei beide Seiten, positive wie auch negative. Wenn du aber deine *Talente* gut nutzt, wird es dir helfen, deine *Herausforderungen* außer Kraft zu setzen, um Zugang zu den positiven Eigenschaften deiner *Ziele* zu bekommen.

Positive Eigenschaften sind normalerweise schwieriger zu erlangen, wenn sich die Energie in der Position der *Herausforderungen* befindet. Hier sind eher einige Erfahrungen der negativen Eigenschaften vorhanden, bis diese durchgearbeitet sind. Jedoch können deine größten Hindernisse schließlich zu deiner größten Stärke transformiert werden. Es ist auch möglich, gelegentlich Zugang zu positiven Merkmalen zu erhalten, bevor du deine *Herausforderungen* voll durchgearbeitet hast. Normalerweise ist dies aber ein Prozess, der Zeit braucht.

UM ZUGANG ZU DEN TALENTEN ZU BEKOMMEN, MUSST DU SIE NUTZEN.

Irdische Talente wie Kreativität, praktische Intelligenz, akademische Bildung, Ausdruck, Logik, Sprache, Charme, Macht, Führung können sich bereits früh zeigen.

Die eher abstrakten *spirituellen Talente* entwickeln sich dagegen meist etwas später im Leben. Darum werden viele Menschen im spirituellen Bereich oft als „Spätzünder" bezeichnet.

Talente enthalten manchmal einen ungewöhnlich hohen Grad an Begabung in einem bestimmten Bereich. Dann sagen wir, jemand ist „begabt". Aber eine solche Gabe kann auch aus den Energien der *Ziele* oder sogar der *Herausforderungen* entstehen. Um weitere Aspekte zum Vorschein zu bringen und dieses Potential weiter zu entwickeln, ist es wichtig deine *Talente* zu nutzen.

Wenn positive Eigenschaften in den *irdischen* oder *spirituellen Talenten* vorhanden sind, bedeutet das nicht, dass du sie automatisch erreichst. Doch es wird wesentlich einfacher sein, deine *Talente* zu entfalten, als deine *Ziele* zu erreichen oder weitaus leichter, als deine *Herausforderungen* zu überwinden.

MÖGLICHE NEGATIVE EIGENSCHAFTEN

Du wirst nicht zwingend das ganze Potenzial der negativen Eigenschaften einer Energie erfahren, auch wenn sie sich in deinem Chart in der Position der *Herausforderungen* befindet. Einige Menschen müssen nur ein oder zwei Bereiche durcharbeiten oder nur einfach achtsam sein, um sich vor auftauchenden Tendenzen oder Versuchungen zu schützen. Es gibt auch jene Menschen, deren Hauptherausforderung es ist, Hindernisse und Blockaden zu überwinden, um die positiven Eigenschaften der Energie zu verwirklichen.

Im Allgemeinen kommen negative Eigenschaften in den *irdischen* und/oder *spirituellen Herausforderungen* vor. Die Energien der *Ziele* können sich aber auch dann negativ auswirken, wenn man sie noch nicht erreicht hat. Und sie können sich sogar negativ in den Energien der *Talente* auswirken, wenn man seine Fähigkeiten nicht nutzt oder missbraucht.

ZAHLENKOMBINATIONEN

Einige Zahlenpaare, zum Beispiel 11-2, 12-3 oder 13-4 sind Kombinationen von zwei unterschiedlichen Zahlen (z. B. die 11-2). Beginne immer mit den Eigenschaften der ersten Zahl, also hier mit der 11. Du schaust dir aber auch die Beschreibung der 2-2 an, weil auch in dieser Zahl wichtige und vielleicht auch negative Eigenschaften vorhanden sein könnten.

ERFAHRUNGEN DER HERAUSFORDERUNGEN

Zu jeder einzelnen Zahl, die wir betrachten, gebe ich einige Beispiele von Menschen, die damit Erfahrungen gemacht haben oder sogar in den negativen Mustern einer bestimmten Energie steckengeblieben sind. Auch wenn diese Beispiele sich auf reale Menschen beziehen, deren Namen wir geändert haben, sind das sehr oft extreme und ungewöhnliche Fälle. Sie veranschaulichen genau, wie sich *irdische* und *spirituelle Herausforderungen* auswirken können.

Allerdings muss ich betonen, dass du vielleicht schon viele deiner *Herausforderungen* durchgearbeitet hast und sogar in die *Talente* derjenigen Energie gekommen bist, die ursprünglich in deinen *Herausforderungen* steht. Wenn eine *Herausforderung* durchgearbeitet ist, wirst du eher die positiven als die negativen Aspekte erleben.

MIT ANDEREN WORTEN: DEINE GRÖßTEN HERAUSFORDERUNGEN KÖNNEN ZU DEINEN GRÖßTEN TALENTEN UND ZUM SCHLÜSSEL FÜR DEINEN VOLLEN AUSDRUCK WERDEN.

Es ist also möglich, dass du bereits Zugang hast zu den positiven Eigenschaften deiner *Herausforderungen*, obwohl du noch einige negative Aspekte daraus erlebst. Deshalb haben einige Menschen, die zwar große Leistungen erbringen, dennoch Schwierigkeiten in bestimmten Bereichen.

Außerdem brauchst du nicht zwingend alle Erfahrungen der negativen Aspekte der Energie deiner *Herausforderungen* zu erleben: Der Grad der Heftigkeit ist von Person zu Person sehr verschieden. Deswegen gibt es kein Richtig oder Falsch und hat auch nichts mit göttlicher Strafe zu tun.

Was wir jetzt *irdische Herausforderung* nennen, wurde ursprünglich *„physisches Karma"* genannt. Aber im *Seelenplan* haben wir uns aus verschiedenen Gründen von dieser Bezeichnung distanziert.

Das Wort Karma wird im Westen notorisch falsch verstanden und interpretiert und sogar im Osten fehlt eine allgemeingültige Einigung darüber. Außerdem waren früher einige Klienten verwirrt, weil sie glaubten, „physisches Karma" könnte sich auf eine physische Behinderung beziehen, was nicht der Fall ist.

Auch wenn „Karma" einerseits für viele Menschen einen negativen Beigeschmack hat, ist andererseits eine *„Herausforderung"* eine positive Sache und wird sogar als Geschenk gesehen. Oft sagen Menschen: „Ich mag Challenges". Natürlich kann eine *Herausforderung*, so gesehen, auch in die falsche Richtung führen.

Wenn sie aber verstanden und korrigiert wird, erhalten wir Weisheit und können dadurch anderen helfen, die in denselben Problemen stecken. Viele Menschen, die einen großen Beitrag für die Welt leisten, mussten ursprünglich Schwierigkeiten überwinden, um Kraft und Antrieb zu entwickeln, um positive Veränderungen in der Welt zu bewirken.

Aus diesem Grund sind oft einfühlsame Menschen Therapeuten, Krankenschwestern, Ärzte, Sozialarbeiter oder ähnliches geworden, wo sie helfen konnten, weil sie selbst viele *Herausforderungen* erlebt hatten. Durch diese Erfahrung und das Ausmaß dessen, was sie durchgemacht haben, sind sie zu einem Vorbild für andere geworden.

Man kann nicht leugnen, dass das Thema Karma, also „Ursache und Wirkung", manchmal eine Begleiterscheinung in der Position der *Herausforderungen* ist. Dies könnte mit dem verursachenden Einfluss zu tun haben, der nicht deiner Kontrolle unterliegt und Energien der Ahnen enthält. Das kann meist geklärt werden. Genetische Bedingungen sind schwieriger zu heilen, da sie ein Ausmaß an Glauben und Vertrauen brauchen, das über das Normale hinausgeht. Wir glauben jedoch, dass es möglich ist.

Wenn wir archetypische Muster oder das Modell vergangener Leben mit hineinbringen, könntest du sagen, dass es von der Seele Einflüsse gibt, die darauf hindeuten, dass bestimmte Bedingungen (meistens unangenehme) sich manifestieren, bis diese begrenzenden Gedankenmuster oder Verhaltensweisen durchgearbeitet oder aufgelöst sind.

Diese Dinge sind in keiner Weise eine Strafe, sondern einfach die Art, wie sich das Leben durch ein menschliches Wesen ausdrückt. Wenn ein bestimmtes Muster, das seinen Ursprung nicht in dieser Inkarnation zu haben scheint, einen Einfluss auf die *„Herausforderungen"* hat, ist es viel gesünder und wirksamer zu überlegen, was aus jeder Situation gelernt werden kann. Wenn wir erkennen, dass wir im jetzigen Augenblick leben, ist es sinnlos, die Verantwortung für die Last der Vergangenheit zu tragen und Schuld oder Reue zu fühlen.

Einige dieser Probleme im irdischen Bereich können geändert oder verbessert werden und verleihen dadurch dem Einzelnen zusätzliche Kraft und Weisheit. Andere Themen sind nicht länger problematisch, wenn sie einfach akzeptiert werden. Das bedeutet ebenfalls ein Wachstum an Weisheit.

Das Ausmaß der Schwierigkeit in der Position der *Herausforderungen* wird von Person zu Person verschieden sein. Damit gibt es kein Richtig oder Falsch, es ist einfach so, wie es ist, genauso wie einige Menschen blaue und andere braune Augen haben.

Wenn du die Beschreibung deiner *Herausforderungen* anschaust, könnte es dir helfen, dich selbst besser verstehen zu lernen und dir mehr Bewusstheit und Vergebung bringen. Das hilft dir auch in der Beziehung zu anderen.

Selbst wenn du ein negatives Verhalten entwickelt hast, wie Machtmissbrauch, mangelnde Wahrhaftigkeit, Selbstsucht, Kontrolle, Intoleranz etc., kannst du Einblick in die darunterliegenden Ursachen erhalten. Das bedeutet eine Chance, der Vergangenheit zu verzeihen, um dich weiter zu entwickeln. Das ist die wahre Bedeutung von „Erlösung".

Wie ich schon früher sagte, wird für einige Menschen das Überwinden einer bestimmten Schwierigkeit in der Position der *Herausforderungen* bedeuten, dass sie genau dadurch ihr größtes *Talent* verwirklichen können. Unzählige erfolgreiche Sänger und Schauspieler hatten ursprünglich die Energien der 3-3 des Ausdruckes in der Position der *Herausforderungen.*

Obwohl wir uns wünschen, unser Leben zu verbessern - und dieser Prozess kann große Freude bringen -, ist der letztendliche Schlüssel, um *Herausforderungen* zu überwinden, eine völlige Akzeptanz. Vielleicht hast du Schwierigkeiten, Dinge auf normale Art zu sehen? Wenn du aber die Umstände so annehmen kannst, wie sie sind, wirst du im Wesentlichen frei von allen negativen karmischen Nebenwirkungen.

EINSCHRÄNKENDE GLAUBENSSÄTZE

Nicht alle erfahren die Energien in den *Herausforderungen* als einschränkenden Glaubenssatz. Ich habe sie trotzdem aufgeführt, weil es häufig begrenzende Überzeugungen sind, die ich während meiner Therapiesitzungen mit einer bestimmten Energie in Verbindung bringen konnte. In einer Sitzung sind wir darauf bedacht sie abzubauen. Zum Glück gibt es eine ganze Reihe von Therapien, die sich mit einschränkenden Glaubenssätzen beschäftigen, z.B. Hypnotherapie, Energiepsychologie (GSH), Matrix Reimprinting, EFT*, geführte Selbstheilung, Theta Heilung®, Neuro-Linguistische Programmierung (NLP), kognitive Verhaltenstherapie etc.

Ich habe oft erlebt, dass Muster einfach verschwanden, nur weil ein Klient eine Seelenplansitzung hatte, nichts anderes. Aus meiner Sicht kann es geschehen, dass der energetische Müll abfällt und wie aus der Tiefe das Licht der Essenz zum Vorschein kommt. Andere Menschen umschreiben es mit dem Ausdruck „das spirituelle Gesetz der Gnade".

AUSDRUCK DER POSITIVEN EIGENSCHAFTEN

Wie bereits erwähnt, ist es einfacher, Zugang zu den positiven Eigenschaften zu bekommen, wenn sich die Energien in den Positionen der *Talente* befinden. In den

Zielen arbeitest du normalerweise darauf hin, die positiven Eigenschaften zu verwirklichen und erfährst dadurch einige Elemente von beiden Seiten, der positiven wie auch der negativen. Wenn du jedoch deine *Talente* nutzt, wird es dir helfen, irgendwelche Aspekte der *Herausforderungen* außer Kraft zu setzen und Zugang zu den positiven Eigenschaften der *Ziele* zu verschaffen.

Positive Eigenschaften sind meist erheblich schwieriger zu erreichen, wenn sich die Energien in der Position der *Herausforderung* befinden. Manchmal zeigt ein Bereich der *Herausforderung* eine positive Eigenschaft, normalerweise aber müssen die *Herausforderungen* erst durchgearbeitet werden, bevor sie in Stärke umgewandelt werden können.

Viele von uns, die den richtigen Umständen ausgesetzt waren, eine liebevolle Erziehung hatten und ermutigt wurden oder sogar eine strenge Erziehung, die sie belastbar machte, bekamen bereits in jungen Jahren Zugang zu ihren positiven *Talenten.* Viele andere aber müssen erst in ihre *Talente* kommen und sie verwirklichen.

Irdische Talente wie Kreativität, praktisches Denken und Handeln, akademisches Können, Ausdruck, Logik, Sprache, Charme, Führungseigenschaften können sich bereits sehr früh im Leben zeigen. Die eher abstrakten *spirituellen Talente* hingegen entfalten sich meistens etwas später im Leben. Deshalb werden viele im spirituellen Bereich oft als „Spätzünder" bezeichnet.
Talente können manchmal ein ungewöhnlich hohes Maß an Geschick in einem besonderen Bereich aufweisen. In diesem Fall bezeichnen wir jemanden als „begabt". Eine solche Begabung kann aber auch von den Energien der *Ziele* oder sogar der *Herausforderungen* ausgehen. Allerdings ist es wichtig, die Eigenschaften der *Talente* weiter zu nutzen, um ihr Potenzial zu erhalten, zu entwickeln und zur Erfüllung zu bringen.

Wenn sich mögliche positive Eigenschaften in den *irdischen* oder den *spirituellen Talenten* befinden, bedeutet das nicht automatisch, dass du sie bereits erreicht hast. Wahrscheinlich wird es jedoch leichter sein, als deine Ziele zu erreichen und meist viel einfacher, als deine Herausforderungen zu überwinden.

KARRIERE, ZIELE UND WIE MAN DAS BESTE AUS DEN TALENTEN MACHT

Eine irdische Karriere kann für die Mehrheit der Menschen Teil der Bestimmung sein. Um einen besseren Überblick zu erhalten, musst du das ganze Chart deines *Seelenplans* anschauen. Meist geben deine Energien in den *Talenten* und den *Zielen* den größten Anhaltspunkt für die ersten Wahlmöglichkeiten. Aber das kann sich ändern und entwickeln, wenn du Zugang zu neuen Bereichen deines *Seelenplans* bekommst.

Es lohnt sich, die Energien der *Herausforderungen* zu nutzen, denn gelegentlich können auch positive Aspekte daraus entstehen, manchmal schon in jungen Jahren.

Obwohl dieses Buch in erster Linie für Menschen mit Interesse an ganzheitlichen und spirituellen Themen geschrieben wurde, weiß ich, dass Spiritualität auf vielfältige Weise ausgedrückt wird und habe deshalb auch eine größere Auswahl an passenden Karrieremöglichkeiten beschrieben. Es ist nicht ungewöhnlich, dass Menschen im ersten Teil ihres Lebens einem Ziel folgen, das sich aber später im Leben durch den spirituellen Einfluss verändert. Beispielsweise fühlen sich Menschen dann zu einem Beruf hingezogen, in dem sie anderen helfen können.

Menschen, die ein eigenes Unternehmen besitzen, möchten vielleicht später, wenn sie spirituell bewusster werden, ihr Geschäft zu einem eher lokalen oder gemeinnützigen Projekt umstrukturieren.

Für einige Menschen sind ihre *Ziele* weniger handfest und das ist auch in Ordnung. Es kann sein, dass sie eine Fähigkeit entwickeln, einige Bereiche ins Gleichgewicht bringen oder insgesamt ihr Leben meistern. Alle diese Dinge können immer noch in einem höheren Ziel oder Beruf verwirklicht werden. In diesem Fall kann es besonders hilfreich sein, die *Talente* in einer passenden Arbeit zu nutzen.

Der höhere Zweck für viele Menschen, besonders für diejenigen mit einem spirituellen Bewusstsein ist, zu unterrichten, ihr Wissen zu teilen oder auf einem Gebiet zu dienen, das du meist als Thema in den *spirituellen Zielen* sehen kannst. Um es aber zu erreichen, musst du in der Regel erst einmal Weisheit, Wissen und Erfahrung sammeln und erkennen, dass das deine Bestimmung und dein Ziel sind.

Ziele sind dann die Eigenschaften, die deine Seele in den verschiedenen Phasen deines Lebens verwirklicht sehen möchte.

BEZIEHUNGEN

Dieser Teil hebt die möglichen positiven und negativen Ausdrucksformen der Energien in Beziehungen hervor. Negative Eigenschaften zeigen sich wahrscheinlich dann, wenn sich die Energien in den *Herausforderungen* befinden oder wenn sie nicht im Gleichgewicht sind. Die ansprechenderen Eigenschaften gelten für jemanden, der die positiven Aspekten verwirklicht oder die *Herausforderungen* durchgearbeitet hat. Es ist meist nicht ungewöhnlich, dass sowohl negative als auch positive Eigenschaften an irgendeiner Stelle des Charts auftreten können. Alles wird dadurch beeinflusst, wie viel du bereits an deiner persönlichen Entwicklung gearbeitet hast, deine *Talente* verwendest und ins Gleichgewicht gekommen bist.

Deshalb kannst du auch nicht wirklich feststellen, wie du oder jemand anderer in einer Beziehung reagieren würde, wenn du nur einen Bereich der Energien studiert hast. Du musst alle (bis zu 14) Hauptenergien zwischen zwei Menschen berücksichtigen und wie die Energien zusammenpassen.

Es ist hilfreich, in Betracht zu ziehen, welche Auswirkungen die Energien haben, die die andere Person mitbringt, denn auch das hat einen Einfluss ungeachtet dessen, wie viel bereits davon ausgeglichen wurde. Zum Beispiel, wenn die eine Person sehr katalytische Energien hat, werden diese Energien eine starke Auswirkung haben, egal ob sie nun durchgearbeitet sind oder nicht.

Du kannst dir bereits jetzt vorstellen, dass das ein ziemlich komplexes Thema ist, das gute intuitive Interpretation verlangt und eine erweiterte und fortschrittlichere Anwendung dieses Systems ist. Wenn du durch das Bearbeiten vieler Charts Erfahrung gesammelt hast, wird sich diese Intuition ganz natürlich entwickeln.

Wenn du das Chart eines Partners oder Freundes betrachtest, ist es sehr wichtig, dass du ihren *Seelenplan* als Werkzeug verwendest, um dein Verständnis und Mitgefühl zu verstärken. Wenn der *Seelenplan* auf diese Weise benutzt wird, kann er mithelfen, in der Beziehung ein besseres Verständnis zueinander herzustellen. Wenn du die energetischen *Herausforderungen* siehst, die die anderen durchmachen, ist es viel einfacher, vorwärts zu gehen und einer alten Beziehung zu verzeihen. Diese Verzeihung und Klärung der Vergangenheit können deine gegenwärtige Beziehung verbessern oder eine neue positivere Beziehung entstehen lassen.

GESUNDHEIT

In der Position der *Herausforderungen* hat jede Energie eine bestimmte Nebenbedeutung, die negative Verhaltensmuster und schwierige emotionale Zustände verursachen kann. Das kann wiederum deine Gesundheit beeinträchtigen.
In diesem Abschnitt werden Bereiche vorgestellt, die du beachten solltest und Neigungen, vor denen du dich hüten musst.

Einige Energien besitzen einen Bezug zu Körperteilen, z.B. Augen, Ohren, Nase oder Extremitäten wie Hand oder Fuß sowie zu Körperorganen, z.B. Leber, Niere etc. Wenn sich diese Energien in den *Herausforderungen* befinden, können sie sich auch als Schwäche äußern, insbesondere wenn ein Grenzverhalten mit im Spiel ist, z.B. die Gewohnheit, nicht zu hören oder nicht hören zu wollen. Das kann dann zu einer Hörschwäche oder sogar zum Verlust des Gehörs führen.

ÜBERWINDUNG DER HERAUSFORDERUNGEN UND AKTIVIERUNG DER TALENTE UND ZIELE

Viele Menschen finden, dass es bereits sehr heilsam ist, sich mit ihrem *Seelenplan* zu verbinden. Manchmal ist es nur notwendig, sich danach auszurichten und weiterzugehen. Für andere hingegen, die sich ihres *Seelenplans* bewusst werden, beginnt ein Prozess, in dem sie lernen müssen, wirksamer zu handeln, um sich auf ihr *Ziel* auszurichten.

In diesem Abschnitt findest du Hinweise, die du sofort in die Tat umsetzen kannst, um deine *Herausforderungen* zu überwinden. Außerdem gibt es „heilende Affirmationen", die mit der Art dieser Energien verknüpft sind, ebenso Vorschläge zu Bach-Blüten®, die du zur Heilung von Emotionen verwenden kannst.

Darüber hinaus findest du einige typische Behandlungsformen, die ich in meinen ganzheitlichen Beratungs- und Heilkursen unterrichte, die auch Absolventen bei der Arbeit mit ihren Klienten benutzen, besonders bei den *Herausforderungen*. Es kann für Heilberufe und Therapeuten hilfreich sein, wenn sie den *Seelenplan* ihrer Klienten als Teil ihrer Behandlungsstrategie verwenden. Es kann dir auch bei der Entscheidung helfen, ob für deine Entwicklung und dein Wachstum professionelle Hilfe gut wäre. (Einige der weniger bekannten Therapien werden im Wörterverzeichnis umfassend beschrieben und sind mit einen * markiert). Seite 333.

SEELENBESTIMMUNG, ZIEL UND TRANSZENDENZ

Deine *Seelenbestimmung* könnte man als deine Quintessenz oder den wesentlichen Kern bezeichnen. Es ist eine alchemistische Verschmelzung des irdischen und des spirituellen Dreiecks mit all seinen Facetten.

Wenn du eine 7-7 in der *Seelenbestimmung* hast, bist du eine Person mit der 7-7 im Herzen und wenn du eine 10-1 in der *Seelenbestimmung* hast, eine Person mit der 10-1 im Herzen, usw.
Diese Qualität wird im Kern deines Wesens vorhanden sein. Es ist dein innerstes Selbst und deine Bestimmung in dem Sinn, dass es vollständig aktiviert wird, wenn du in dein volles Potential und in deine Wahrheit kommst. Wenn du dich durcharbeitest und deinen *Seelenplan* erfährst, kannst du dich tiefer damit verbinden und die verborgene Kern-Qualität zum Vorschein bringen. Sowohl die positiven als auch die negativen Bereiche dieser Energien schwingen dabei mit, das ist Teil der Reise zu deinem Ziel.

Um die Energie deiner *spirituellen Ziele* zu erreichen, ist es der effektivste Weg, deine *Seelenbestimmung* zu aktivieren, denn beide sind eng verbunden.

Diese Integration voll zu verwirklichen, ist der „heilige Gral" unserer irdischen Mission in dem Sinne, dass es das ist, wonach jeder sucht, wenn auch nicht immer direkt. Jede *Seelenbestimmung* oder jeder individuelle Seelenausdruck enthält einen Zugang oder eine Einladung, die scheinbare Trennung zu überwinden. Darauf wird in der *„Seelenbotschaft"* jeweils am Ende der Kapitel mit den 22 Buchstaben hingewiesen.

DIE DOMINANTE SCHWINGUNG

Eine dominante Schwingung entsteht, wenn in deinem Chart eine Zahl viermal oder mehrmals vorkommt.

Wenn du in deinem Chart eine *dominante Schwingung* hast, möchtest du es vielleicht dabei belassen und nur deine *„Seelenbotschaft"* in Bezug zu der *dominanten Schwingung* lesen. Eine dominante Zahl zu haben, ist nicht richtig oder falsch, besser oder schlechter.

Das Wesentliche an einer *dominanten Schwingung* ist, dass sie zeigt, wie wichtig diese Zahl für dich ist. Einerseits kann sie auf eine fixierte Erfahrung hindeuten, die dich zu gewissen Zeiten gehemmt fühlen lässt. Genauso kann sie aber auch bedeuten, dass du die Möglichkeit hast, in ganz bestimmten Bereichen Meisterschaft zu erreichen.

SEELENBOTSCHAFT

Die *Seelenbotschaft* ist der Wunsch oder die Aufgabe, die sich die Seele mit der derzeitig inkarnierten Persönlichkeit erfüllen möchte. Die *Seelenbotschaft* ist ein gechannelter energetischer Auslöser, geschaffen, um das innere Wissen oder Erkennen zu entfachen, manchmal augenblicklich, manchmal langsam wie ein keimender Same. Alle Botschaften können wichtig für dich sein. Doch die *Seelenbotschaft* ist dann zutreffend, wenn Du eine *dominante Schwingung* hast oder sie deine *Seelenbestimmung* ist.

Dieser Aspekt des *Seelenplans* ist eher mystisch. Im tiefsten Sinne liegt er jenseits des menschlichen Denkens. Paradoxerweise entzieht sich das, worauf hingewiesen wird, in der Regel unserer unmittelbaren Wahrnehmung. Diese Botschaft ist eine Einladung, deine wahre Natur zu erkennen.

DEUTE DEINEN SEELENPLAN

1 Zeichne deine Symbole

Wenn du deinen „Stern der Schöpfung" erstellt, die Zahlen um den Stern ausgerechnet und die dazugehörigen Symbole gezeichnet hast, stimme dich auf dein Chart ein, indem du dich darauf konzentrierst oder darüber meditierst.

Auch wenn du die Zahlen aus dem Internet heruntergeladen hast, ist es sehr hilfreich, die Symbole hinein zu zeichnen, selbst wenn du dich künstlerisch nicht begabt fühlst. Das wird dir helfen, deine Intuition zu öffnen und wird dir leichter Einblick geben über den allgemeinen Inhalt dieses Buches hinaus.

Wenn du dich auf das Chart und die Symbole eingestimmt hast, schreibe alle Informationen und Worte auf, die in deinem Kopf auftauchen. Mach es auch dann, selbst wenn die Worte oder Ideen keinen wirklichen Zusammenhang haben, weil sie später mehr Sinn ergeben werden. Dann stimmst du dich nochmals auf das ganze Chart und die Symbole ein mit der Absicht, dass dir eine Geschichte über die Energien erzählt wird, die dein Leben oder das eines anderen beeinflussen.

2. Lies deine Lebensreise wie eine Geschichte, die mit den irdischen Herausforderungen beginnt

Wenn du dich vorbereitet hast, kannst du anfangen, die *irdischen Herausforderungen* anzuschauen, die du im Kapitel bei den entsprechenden Zahlen findest. Ich empfehle, das ganze Kapitel zu lesen, um ein besseres Gespür für die Energien zu bekommen. Vielleicht möchtest du aber dem Teil *„Erfahrungen der Herausforderungen"* besondere Aufmerksamkeit widmen. Einige dieser Informationen sind wahrscheinlich wichtig. Vielen Menschen wird es erklären, weshalb sie so viele Schwierigkeiten im Leben gehabt haben. Das kann dein Verständnis verändern, deine Einsicht verstärken und viele Dinge in die richtige Perspektive rücken.

Beachte auch den Text „Der Ausdruck der positiven Aspekte". Er gibt dir einen Hinweis, wie Energien sich auswirken, wenn sie sich nach dem Durcharbeiten gewandelt haben. Wenn du dich bereits mit einigen Aspekten der positiven Eigenschaften wohl fühlst, kann das sehr ermutigend sein. Dann möchtest du vielleicht jetzt den Abschnitt über „Gesundheit" und „Beziehungen" lesen.

Am wichtigsten ist jedoch der Abschnitt über die *„Überwindung der Herausforderungen und die Aktivierung der Talente und Ziele."* Dort findest du Vorschläge, wie du Begrenzungen auflösen kannst.

ZAHLENKOMBINATIONEN

Wenn Du Zahlenkombinationen in deinem Chart hast, z.B. 10-1, 11-2 etc., solltest du die Kapitel lesen, die sich auf beide Zahlen beziehen. Wenn du z.B. die 10-1 in deinen *spirituellen Zielen* hast, solltest du das ganze Kapitel über die 10 und danach das Kapitel über die 1 lesen, damit du ein Gesamtbild bekommst.

3. Welche Talente helfen dir, deine Herausforderungen zu überwinden?

Schau dir als nächstes in deinem Chart die Energien an, die in deinen *„irdischen Talenten"* stehen. Gehe nun wieder zum Kapitel mit den entsprechenden Zahlen. Wenn du z.B. die 3-3 in den *irdischen Talenten* hast, gehe zum Kapitel mit der Zahl 3. Sobald du den Überblick hast, kannst du dich mit dem Teil *„Der Ausdruck der positiven Aspekte"* befassen. Einige oder vielleicht auch sehr viele dieser Informationen werden zutreffend sein. Dann kannst du überlegen, wie du sie weiterentwickeln möchtest, damit du noch mehr davon profitieren kannst.

Um ein besseres Gefühl für die Übermittlung der Energien der *Talente* zu bekommen, ist es nützlich, auch alle anderen Teile zu lesen. Vielleicht möchtest du dich besonders auf den Abschnitt *„Karriere, Ziele und wie du das Beste aus deinen Talenten machst"* konzentrieren? Du kannst nachschauen, ob es Vorschläge gibt, um sie weiter auszubauen. Wenn du Blockaden in dir spürst, möchtest du wahrscheinlich lesen, wie *Herausforderungen* zu überwinden sind und *Talente* und *Ziele* verwirklicht werden können, um deine Talente „strahlen" zu lassen.

4. Was sind deine irdischen Vorstellungen und Ziele?

Nach den *„irdischen Talenten"* kommen die *„irdischen Ziele"*. Das sind die Fähigkeiten, die deine Seele in den verschiedenen Phasen deines Lebens verwirklicht haben möchte. Die Energien der *Ziele* sind ein Teil von dir, meist aber erst einmal ein schlafendes Potenzial. Lies noch einmal das entsprechende Kapitel und konzentriere dich dann auf den Abschnitt mit den „positiven Aspekten" der *Talente*. Vieles oder fast alles dieser Information wird wichtig für dich sein, je nachdem wie nahe du schon an deine *Ziele* gekommen bist. Vielleicht musst du aber auch erst den Abschnitt mit den *„Erfahrungen der Herausforderungen"* lesen, wenn du aus dem Gleichgewicht bist oder dich nicht in Richtung Ziele bewegen kannst.

Jetzt möchtest du vielleicht auch den Teil *„Gesundheit"* und *„Beziehungen"* als *„Ziel-Energien"* ansehen.
Wie all deine anderen Energien können auch diese beiden Bereiche wichtig sein. Dann ist es ganz wichtig, die Abschnitte zu lesen über „Karriere, Ziele und wie du das Beste aus deinen Talenten machst", um zu sehen, wie du diese Energien nutzen kannst oder bereits nutzt. Der Teil *„Überwindung der Herausforderungen und das Aktivieren der Talente und Ziele"* kann dir auch helfen, Blockaden aufzulösen, um den Weg zu deinen Zielen frei zu räumen und um deine Gaben und Fähigkeiten zu aktivieren.

5. Der Wechsel zur spirituellen Phase

Wende nun das gleiche Verfahren an, um Einblick in die *spirituellen Herausforderungen, spirituellen Talente* und *spirituellen Ziele* zu erhalten.

6. Seelenbestimmung und der höhere Zweck

Die letzte Position ist die *„Seelenbestimmung"*, die die Energie deines Kerns ist. Es ist wichtig, das ganze Kapitel über diese Zahl zu lesen, weil es viele Aspekte enthält, die einen Bezug dazu haben. Es ist dein tiefes inneres Sein und deshalb ist es sehr wichtig, den Abschnitt über *„Seelenbestimmung, Ziel und Transzendenz"* immer wieder einmal zu lesen. Für viele Menschen sind die Energien der *„Seelenbestimmung"* zuerst noch ziemlich unbewusst, bekommen aber mit der Zeit mehr Sinn und werden besser verstanden.

7. Überprüfe eine mögliche dominante Schwingung und empfange deine Seelenbotschaft

Wenn du eine *dominante Schwingung* mit vier oder mehr Zahlen hast, lies auch die *„Seelen-Botschaft"* für diese Zahl. Falls du mehrere Zahlen mit einer *dominanten Schwingung* hast, dann lies die Zahlen in der absteigenden Reihenfolge, außer du wirst intuitiv anders geführt.

Wenn du keine *dominante Schwingung* hast, kannst du die *„Seelenbotschaft"* für die Zahlen deiner *Seelenbestimmung* lesen. Natürlich kannst du auch beide oder mehrere Botschaften lesen, wenn du dich davon angezogen fühlst. Es ist gut, dich in einen entspannten Zustand zu bringen, um die Botschaft zu empfangen.

8. Heilung und Katharsis

Wenn du deinen *Seelenplan* liest, kann es vorkommen, dass alte Erinnerungen aus der Vergangenheit hochkommen, die du bis jetzt vergessen hattest. Manchmal können während einer Sitzung Tränen hochkommen, verbunden mit emotionalen Gefühlen. Begrüße solche Reaktionen. Das sind positive Zeichen des Loslassens.

SEELENPLANINTERPRETATIONEN FÜR FREUNDE

Diese Methode kannst du nutzen, um den *Seelenplan* anderer Menschen zu lesen oder zu interpretieren. Besser ist es, wenn jemand der professionell ausgebildet ist und ein tiefes Wissen über das System hat, eine *Seelenplan*-Sitzung gibt. Er ist fähig, dem Klienten besondere intuitive Informationen zu übermitteln, die nicht im Buch stehen. Einige Therapeuten sehen diese Arbeit als Ergänzung ihrer bereits bestehenden Therapien. Manche Leser möchten ihr Wissen aufgeschlossenen Freunden vermitteln, die bereit sind, solch heilende Einsichten und, als Ergebnis daraus, Veränderung und Inspiration zu erfahren. Der *Seelenplan* kann unter solchen Umständen auf einer nicht professionellen Basis erstellt werden, obwohl ich natürlich empfehle, eine Ausbildung zu besuchen, wenn man die tieferen Anwendungen und Heilmethoden erfahren und professionell ausüben möchte.

Ich würde dir nicht empfehlen, diese Informationen Freunden, deiner Familie oder sogar deinem Partner anzubieten, die nicht bereit oder offen für solche Ideen sind. Wenn du selbst davon tief berührt und über die Genauigkeit deines eigenen Charts überrascht bist, dann bedeutet das, dass du dazu bereit warst. Die Interpretationen werden dir unter der Voraussetzung erteilt, dass du bereits eine Ahnung von ganzheitlichem Wissen hast. Wenn jemand nicht reif für seinen *Seelenplan* ist, wird er ihn wahrscheinlich weder „hören" noch verstehen können. So kann die Erfahrung nicht fließen oder er fühlt sich eingeengt.

Ein anderer Gesichtspunkt ist, dass manchmal Menschen bereit sind, ihren Seelenplan zu bekommen, aber nicht von einem Freund oder von jemandem, der ihnen nahesteht wegen der Eigendynamik dieser Beziehung. Du bist der Freund und nicht ihr Therapeut. In diesem Fall ist es ratsam, einen professionellen *Seelenplan*-Berater zu empfehlen.

DIE 22 ENERGIEN DER SCHÖPFUNG

Die nun folgenden 22 Kapitel enthalten detaillierte Erklärungen aller Energien, die möglicherweise in deinem *Seelenplan* vorhanden sind.

Es ist nur möglich, maximal 14 verschiedene Energien in einem Chart zu haben. Sieben Zahlenpaare mit zwei unterschiedlichen Zahlen ergibt: 7 x 2 = 14. Allerdings werden die meisten Menschen weniger haben, weil manche Zahlenpaare gleiche Zahlen haben, z.B. eine 7-7.

Viele Leser werden eine oder mehrere gleiche Energien in unterschiedlichen Aspekten finden, zum Beispiel dieselbe Energie sowohl in den *irdischen Herausforderungen* wie auch in den *irdischen Zielen* oder in den *spirituellen Talenten*, etc. Das weist einfach darauf hin, dass du eine starke Verbindung mit dieser bestimmten Energie hast. Du wirst dann wahrscheinlich den Abschnitt mit dieser Zahl/Energie genauer lesen wollen.

Vielleicht bist du aber auch stark von den Energien beeinflusst, die aus dem Namen kommen, den du gegenwärtig benutzt, falls er anders ist als dein Geburtsname. Im Teil 4 erkläre ich, wie dies funktioniert.

Am Ende der Beschreibung der 22 Zahlen gibt es einen Teil *„Zusätzliche Regeln, Eigenarten und Überprüfungen"* (siehe Seite 303). Er gilt für alle und ist wichtig zu lesen, weil er einige mögliche Eigenheiten in deinem Chart erklärt und dir Fragen beantwortet, die beim Studieren deines Charts aufgetaucht sind, die mit ungewöhnlichen Energiemustern zu tun haben.

Falls du nach dem Lesen des *Seelenplans* immer noch unbeantwortete Fragen hast, dann lies den Teil mit „Häufig gestellte Fragen" (siehe Seite 317).

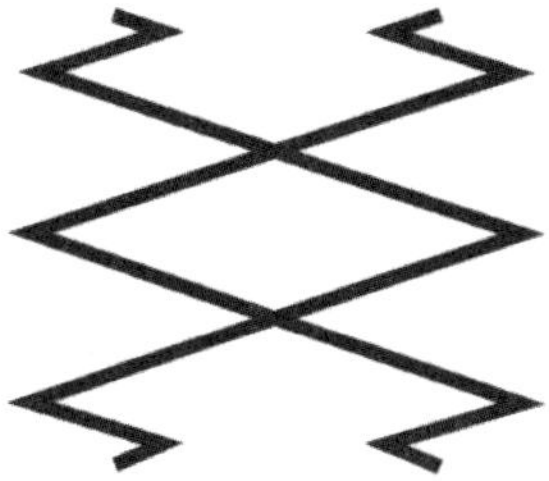

1 EINHEIT

Eigenschaften

- Hebräischer Buchstabe: Alef
- Mutterbuchstabe
- Planet/Sternbild: Pluto
- Körperzuordnung: Brustkorb
- Element: Luft
- Temperatur und Jahreszeit: mäßig und Frühling/Herbst
- Energiezuteilung: spirituell, Unterricht und Kommunikation
- Tarotkarte: Der Magier

Anmerkung: Das Zahlenpaar 1-1 ist auch verbunden mit der 10 als 10-1 oder der 19 als 19-1.

Übersicht

In diesem Symbol kommen zwei ineinander greifende Kräfte wie in einem Schraubstock zusammen. Durch den Versuch, diese Kräfte auseinander zu ziehen, entsteht noch mehr zusammenhaltende Kraft. Dieses Symbol stellt auch einen Schutz dar, für den der Erzengel Michael steht, der in vielen Religionen und Traditionen den männlichen Aspekt des Göttlichen darstellt.

Der erste hebräische Buchstabe ist Alef, einer der drei Mutterbuchstaben, der besagt, dass er die weiteren Buchstaben gebar. Er repräsentiert das Element Luft, im Körper die Region des Brustkorbes und wirkt als Ausgleich zwischen den zwei anderen Mutterbuchstaben Mem, dem Wasser, Kälte und Magen zugeordnet ist und Shin, das Feuer, Hitze und Kopf als Zuordnung hat.

In ihrer höheren Form steht diese Energie im Zusammenhang mit dem Kronen-Chakra.
Im Baum des Lebens erreichen wir einen Punkt der Weisheit, der jenseits von Gut und Böse liegt. Wenn wir aus diesem Bewusstsein heraus handeln, ist es möglich,

von jedem zu lernen, den wir treffen, auch von denen, die normalerweise als „schlecht" oder „böse" gelten. Denn wir alle sind ein Teil des Einen und deshalb alle gleich.

In diesem Sinne bedeutet die Zahl 1 Einheit, Nicht-Dualität und einen Zustand reiner Weisheit vor der Trennung in die Welt der Illusion, im Sanskrit „Maya". Die Welt der Illusion besteht aus Ursache und Wirkung, der Alltagswelt der Polaritäten, die, in Begriffen der Realität gesehen, allgemein gut oder böse genannt wird.

Diese männliche Kraft steht im Zusammenhang mit spiritueller Kraft und der Fähigkeit, durch negative Polaritäten, spirituelle Mauern oder Trennungen hindurch zu sehen. Sie ist beschützend in dem Sinne, dass sie ewig ist und deshalb nicht getrennt werden kann. Paradoxerweise kann das aber aus der Perspektive einer Seele der Beginn eines Individuationsprozesses sein, bei dem eine junge Seele sich in eine Trennung hinein inkarniert. In dieser eher linearen Sicht der Seelenentwicklung reist eine verkörperte Seele durch den gesamten Energiebereich, bevor sie zurück zur Einheit kommt.

Verkörperung der positiven Aspekte

Menschen, die diese Energie in der positiven Ausdrucksweise verkörpern, zeigen Eigenschaften eines archetypischen Heilers und/oder Lehrers, dessen Kraft transformiert. Die 1-1 sind Energien, die durch viele Heiler übertragen werden, die die Schwingungen der Energie auf eine Ebene heben können, in der das alte Problem nicht länger bestehen bleiben kann. Das kann sogar der Fall sein, wenn sich die 1-1 nicht im Chart mit dem Geburtsnamen des Heilers befindet, denn in uns allen sind diese Energien der Schöpfung vorhanden und wir haben Zugang zu ihnen.

Diese Menschen haben ein großes Potenzial, Situationen, Orte oder auch Menschen positiv zu beeinflussen. Das mag sich direkt auswirken, zum Beispiel wenn sie als Ärzte, Heiler, Krankenschwestern oder Lehrer arbeiten. Andernfalls könnte das auch durch die Früchte ihres weltlichen Erfolges entstehen. Ein Beispiel dafür könnte der/die erfolgreiche Geschäftsmann/frau sein, der/die Projekte oder Wohltätigkeitsorganisationen finanziert oder ganz einfach in ihrem Leben Raum schafft, um anderen zu helfen. Dies zeigt das philanthropische Element dieser Energie. Meist ist auch die latente oder offenkundige Gabe der Redekunst oder des Lehrens vorhanden.

Als spirituelles Talent kann das auch die Fähigkeit bedeuten, die Frequenzen einer Umgebung anzuheben, wie ein Feng Shui-Meister, spiritueller Lehrer oder Energiearbeiter, der sich auf Orte fokussiert.

Wenn sich diese Menschen mit Heilarbeit beschäftigen, werden sie feststellen, dass sich ihre Fähigkeiten mit der Zeit und durch Anwendung mehr und mehr entwickeln. Die starke Heilkraft, die im Wesentlichen kanalisierte Heilenergie ist, muss sich möglicherweise erst langsam durch die Blockaden hindurcharbeiten, bis sie mit voller Kraft fließen kann. Wenn sich ihre Fähigkeit entfaltet, ist es möglich, dass sie auch lernen als Individuum auf die Seite zu treten. Dies lässt Transformation und Gnade zu und erlaubt ihnen, dorthin zu fließen, wo ein Bedürfnis und Offenheit dafür vorhanden ist. Wenn sie sich außerdem davon angezogen fühlen, ihre Intuition zu entwickeln, entdecken einige mit der 1-1 die Fähigkeit, durch „spirituelle Wände" in eine mögliche Zukunft zu schauen. Diese Fähigkeit erlaubt ihnen, mit weisem Rat zu dienen und ihre Visionen auszudrücken.

Unter den äußerlichen Höhen und Tiefen des Alltags strahlen sie große Stabilität aus, die durch die zwei ineinandergreifenden und zusammenführenden Kräfte symbolisiert wird. Da ist ein inneres Wissen, dass sie viele Situationen transformieren können, wenn sie unerschütterlich in ihrer Haltung bleiben. Sie haben die Fähigkeit, sich mit einer Art Zeitlosigkeit zu verbinden, unabhängig davon, was in der Außenwelt geschieht.

Menschen, die diese Frequenz auf positive Weise verkörpern, sind stabile, heilende und transformierende Individuen. Ob sie ihre Weisheit nun direkt oder innerhalb der täglichen Arbeit und Umgebung austauschen, sie erscheinen immer als glaubwürdige Autorität. Gleichgültig ob die Energie latent oder offenkundig ist, die Fähigkeit ist vorhanden, Wissen und Weisheit mit Autorität zu verbreiten. Ganz egal ob sie direkt einen heilenden Raum erschaffen oder durch ihr philanthropisches Dasein wirken, andere Menschen profitieren davon.

EINE BEGNADETE HEILERIN

Vor zwanzig Jahren traf ich Margaret Miller (richtiger Name) zum ersten Mal. Damals hatte sie gerade die Diagnose Brustkrebs bekommen und ihre Aussichten waren nicht gut. Jetzt, zwei Jahrzehnte später, ist sie in ihren 70ern und eine begnadete Chi Gong und Seelenplan-Lehrerin. Einer ihrer Freunde, Eckhart Tolle, sagte: „Margaret vermittelt eine kraftvolle Übertragung des Qi, der Brücke zwischen Form und Formlosigkeit.

Margaret verbesserte ihre Gesundheit durch umfangreiche Selbstheilung und Chi Gong* -Heilübungen mit dem Meister Wang Zhixing aus Peking. Oft verbrachte sie zwei Stunden oder länger in einer unangenehmen, aber heilenden Körperhaltung. Darüber hinaus und genauso wichtig bei ihrer Genesung war ihr Engagement, anderen zu helfen. „Diene und dir wird gedient". Sie half einer großen Anzahl Menschen, die schwer krank waren. Auch unterrichtete sie viele Jahre Chi Gong für Frauen, die

Brustkrebs hatten. In den letzten Jahren gab sie Seelenplan-Sitzungen, die das Leben vieler Menschen veränderte oder empfahl geeignete Möglichkeiten der Heilung. Außerdem fand sie Zeit, sich in verschiedenen karitativen und philanthropischen Projekten zu engagieren.

Margaret hat eine dominante Schwingung der 1-1er Energien.
Abgesehen davon, dass sie immer noch eine anmutige und elegante Tänzerin ist, die sich sehr leicht mit ihren weiblichen göttlichen Energien verbindet, channelt sie auch die Energien von Erzengel Michael, die die männlichen göttlichen Energien bedeuten.

Erfahrung der Herausforderungen

Es ist sehr ungewöhnlich, dass jemand die 1-1 entweder in der irdischen oder der spirituellen Herausforderung im Chart seines Geburtsnamen hat. Viele Menschen haben aber diese Energie in einer anderen Position oder in Kombination mit einer 10 oder einer 19. Das kann in Zusammenhang mit versteckten Bereichen stehen, wenn sie nicht im Gleichgewicht sind.

Die Hauptursache für die Erfahrung der Herausforderungen liegt in der Art der Trennung. Da die Essenz der Zahl 1 die Energie der Einheit und des totalen Zusammenhalts ist, spüren diejenigen, die sich durch die Herausforderungen durcharbeiten, diese Trennung sehr stark. Dies kann begleitet sein von Angst, Energieblockaden, Destruktivität, Zerrissenheit oder einer völligen und narzisstischen Überidentifikation mit dem Ego und reicht bis zu Größenwahn.

In den irdischen Herausforderungen kann diese Energie auch zu Machtmissbrauch, Besessenheit und Fanatismus führen. Ein Aspekt der 1-1 ist die willentliche Kraft, aber wenn sie verzerrt wird, wandelt sich der Wille in Zwang. Dies kann sich in zwanghaftem Verhalten, Störungen und Suchtmustern wie Essstörungen äußern. Gier und übertriebene Verhaltensweisen müssen deshalb behandelt werden.

Diese Energie ist stark und die Herausforderung ist, verantwortungsvoll mit ihr umzugehen. Trotzdem kann es eine Tendenz oder auch Versuchung geben, die Macht zu gebrauchen, um andere Menschen zu kontrollieren oder um destruktiv zu sein. Wenn eine Person auf zerstörerische Weise handelt, können die Ursachen dafür intensive emotionale Qual oder Selbsthass sein.

Hier ist die spirituelle Herausforderung, das überwältigende Gefühl der existenziellen Angst zu überwinden, entstanden aus der scheinbaren Trennung von jedem und allen.

Mögliche einschränkende Glaubensmuster

- Ich bin getrennt...
- Ich bin fremd...
- Das Göttliche hat mich verlassen...
- Meine Umwelt ist feindlich...
- Ich bin von den anderen getrennt...
- Ich bin nicht so gut wie die anderen...
- Ich werde bestraft...

Gesundheit

Die Krone des Kopfes hat auf vielen Ebenen eine besondere Bedeutung. In vielen östlichen Kulturen wird sie als der heiligste Teil des Körpers gesehen und aus energetischer Sicht auf unser Gesundheitssystem ist sie der Eintrittspunkt für Yang oder die himmlische spirituelle Energie, die von Natur aus heilend wirkt. Sie ist auch der Verbindungspunkt zum Kosmos. An dieser Stelle kann es anfangs eine Blockade geben, die den Fluss der spirituellen Energie hemmt. Das kann sich als gesundheitliches Ungleichgewicht und/oder in einem Gefühl des Nicht-Verbunden-Seins äußern. Geistiges Ungleichgewicht könnte deshalb ein Thema sein.

Suchtmuster, triebhafte oder zwanghafte Verhaltensweisen haben ihre Ursachen im mentalen und spirituellen Körper, was sich auch auf den physischen Körper auswirken kann, der ebenfalls behandelt werden muss. Dasselbe gilt für wiederholten Missbrauch und Geisteskrankheit, was auch die Ursache für die Symptome sein kann, die mit dieser Energie zu tun haben.

Die meisten Herausforderungen haben ein nachvollziehbares Ereignis als Ursache. Mit einer rein spirituellen Energie in den Herausforderungen ist der Grund meistens ein spirituelles Ungleichgewicht. Spirituelle oder energetische Störungen können in vielen Formen auftreten und das Gefühl, dass Ganzheit fehlt, könnte darauf hinweisen, dass ein Seelenanteil fehlt. Du kannst das Gefühl haben, dass ein Teil von dir fehlt, du fühlst dich wie abgeschnitten sein oder so, als ob ein Teil tot wäre.

Mit fortschreitender therapeutischer Hilfe tritt wahrscheinlich eine Besserung der Gesundheit und des allgemeinen Wohlbefindens ein. Das wird von einem Gefühl eines „bei sich selbst sein" begleitet und einem besseren Zugang zu deinem vollen menschlichen Potenzial.

Überwinden der Herausforderungen und Aktivierung der Talente und Ziele

Wenn die 1-1 im Geburtsnamen vorkommt, würde das eine heftige Herausforderung bedeuten. Aber das ist sehr selten.

Mit der 1-1 in den Herausforderungen ist das Gefühl der Trennung von unserer ursprünglichen Natur verstärkt. Voll verbunden zu sein, wird oft als Einheitsbewusstsein beschrieben. Das andere Extrem ist das getrennte Bewusstsein, das die meisten Menschen immer noch erfahren. Um diesem starken Gefühl der Trennung entgegenzuwirken, können Therapeuten Energieheilung gegen Blockaden, Wut-Management gegen tiefe Frustration und Beratung für die Themen der Sinnlosigkeit, Verwirrung, Angst und Trennung anwenden.

HEIL-AFFIRMATION

Lerne es auswendig und wiederhole es oft:

> Ich bin in meiner vollen Kraft als physisches spirituelles Wesen. Ich respektiere andere und profitiere von ihrer Weisheit. Ich bin ausgeglichen und stabil in meiner Weisheit und Kraft. Ich teile meine Kraft in Liebe und im Dienst.

Selbsthilfemethoden

Selbsthilfemethoden enthalten Meditation oder eine andere Art spiritueller Übung. Bücher, besonders zum Thema „Einheit", sind sehr hilfreich. Es kann auch gut tun, Zeit mit Menschen zu verbringen, die zum Einheitsbewusstsein „erwacht" sind (siehe Satsang*).

Einige Menschen, die an den Herausforderungen mit der 1, und zwar der 10-1 und der 19-1 arbeiten, können von Energiearbeit profitieren sowie von unkonventionellen Behandlungen wie Seelenrückholung*, Channeling des Lichts, heilenden Mantren und Gelübde brechen*, um alle Begrenzungen aufzulösen, die durch sie selbst oder andere entstanden sind, z.B. durch Neid.

*Siehe Wörterverzeichnis Seite 335.

Vorschläge für Bach-Blüten

Holzapfel (Crab Apple) gegen Zwänge, Süchte und zwanghafte Züge.
Weinrebe (Vine) gegen die Tendenz, andere zu dominieren/schikanieren und Machtmissbrauch.
Eisenkraut (Vervain), um eine objektive Sichtweise zu gewinnen, wenn du einen starken Willen und verbissene Ansichten hast und es schwierig findest, den Standpunkt der anderen zu sehen.
Stechpalme (Holly) für Wut-Management.
Walnuss (Walnut) hilft dir, deine Art zu ändern.

ERINNERE DICH, DEINE TALENTE SIND DER DREHPUNKT ZWISCHEN DEN HERAUSFORDERUNGEN UND DEN ZIELEN. DIE VERWIRKLICHUNG DEINER WELTLICHEN UND SPIRITUELLEN FÄHIGKEITEN WIRD DIR HELFEN, DEINE HERAUSFORDERUNGEN ZU ÜBERWINDEN UND DEINE ZIELE ZU ERREICHEN!

Seelenbestimmung, Ziel und Transzendenz

Ein Leben mit der Kernenergie von 1-1 zu führen, kann in gewisser Weise ein Leuchtturm für andere sein, die versuchen, wieder zu einem Gefühl der Einheit in ihrem Leben zurückzufinden. Es ist eine Qualität des Zusammenhalts, das zum Licht für andere wird.

Ob sie als Therapeut, Heiler oder vielleicht als kulturelles Symbol, Führer oder Sprecher arbeiten, im Grunde sind sie jemand, der Wissen verbreitet. Das kann bedeuten, dass du in deinem Leben eine Vielzahl von Erfahrungen machst, Integration erreichst und deine Essenz stabilisierst.

Auf der irdischen Ebene stellt der erste Buchstabe Alef den Anfang dar, den Beginn der Reise im linearen Sinn, die zurück zur Quelle führt. Auf einer transzendenten Ebene jedoch stellt diese Energie auch das Ende dar. Letztendlich kann es die Erkenntnis sein, dass es keinen Anfang und kein Ende gibt.

SEELENBOTSCHAFT

Nimm dir Zeit, dich zu entspannen und dann wiederhole drei Mal oder denke einfach darüber nach:

> Trennung ist die illusorische Erscheinung, die in der Einheit entsteht und unteilbar ist.
> Hier im Jetzt... ist Bewusstsein ohne Trennung, es gibt keine Reisen und keinen Fortschritt. Es ist einfach..., was ist.

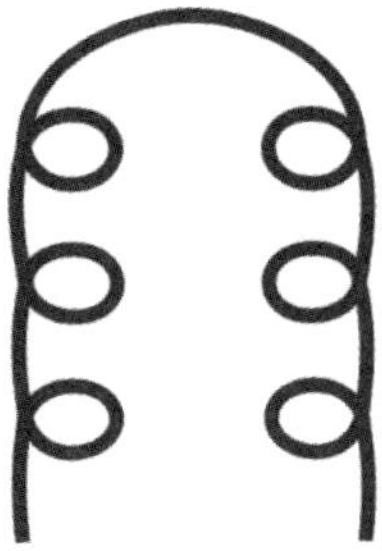

2 WEISHEIT UND UNTERSTÜTZUNG

Eigenschaften

- Hebräischer Buchstabe: Bet
- Doppelbuchstabe
- Polarität: Weisheit/Dummheit
- Planet/Sternbild: Mond
- Körperzuordnung: rechtes Auge
- Richtung: Höhe
- Energiezuteilung: kreativ
- Tarotkarte: Die Hohepriesterin

Anmerkung: Das Zahlenpaar 2-2 ist auch verbunden mit der 11 als 11-2 oder der 20 als 20-2.

Übersicht

Sowohl die männlichen als auch die weiblichen Qualitäten sind in diesem Symbol enthalten. Die flexible Feder ist sprungbereit, voller Spannkraft und offen für Entdeckungen, die durch die männlichen väterlichen Eigenschaften ausgedrückt werden. Das Zeichen ist unten offen, ein Symbol der Annahme, Unterstützung, Fruchtbarkeit und des Mitgefühls und wird in diesem Zusammenhang als weibliche Qualität gesehen.

Dies ist eine ausgewogene Mischung, die Belastbarkeit symbolisiert. Das ist sichtbar in der dämpfenden Wirkung der Feder, die wie eine Matratze auf einer harten Oberfläche Weichheit und Federung bietet.
Die Öffnung an der Basis erlaubt anderen, symbolisch in diesen Raum einzutreten, um Unterstützung zu bekommen. Denn die wörtliche Bedeutung des Wortes „Bet" ist Haus, was symbolisch als der göttliche Aspekt im menschlichen Wesen gesehen werden kann.

Ein Mensch, der im Gleichgewicht ist, wird zum Zufluchtsort und kann jene, die Trost brauchen, willkommen heißen und sie mit seiner Energie unterstützen.

Obwohl das Konzept der Dualität eine Illusion ist, passt es in diesem Sinne vielleicht, dass „Bet" der erste Buchstabe ist, der im *Sefer Yetzirah* der Polarität zugeordnet wird. Bet bedeutet auch „König der Weisheit" und in der Polarität ist es Weisheit und Dummheit.

Verkörperung der positiven Aspekte

Menschen mit diesen Energien in den Talenten sind sehr belastbar. Sie können schwierigen Zeiten, Fehlern und Enttäuschungen im Leben trotzen und erholen sich relativ unbeschadet. Sie besitzen eine Menge angeborene Weisheit und Objektivität, können gut den Überblick behalten und sehen die Dinge aus unterschiedlichen Blickwinkeln.

Das Zeichen der Sprungfeder ist an einem Ende offen. Das erlaubt anderen, in den Schutz dieser starken Ausstrahlung zu kommen, um Unterstützung zu erfahren. Meist sind sie hilfsbereit, mitfühlend und verständnisvoll. Weil man ihnen vertrauen kann, sind sie ideale Berater und Anwälte. Wenn sie erst einmal mit der 2-2 verbunden sind, finden sie es leicht, Mitgefühl zu haben und trotzdem objektiv zu bleiben und anderen mit ihrer starken Ausstrahlung zu helfen. Das sind ideale Eigenschaften, um andere zu unterstützen.

Der zugeordnete Körperteil ist das „rechte Auge". Das ist eine positive Eigenschaft. Die Sprungfeder streckt sich nach oben. Das bedeutet, dass jede Situation aus der Vogelperspektive betrachtet werden kann. Dies bezieht sich wiederum auf Objektivität und mit dem rechten Auge, das einen Bereich der Stärke bedeutet, haben sie auch die Fähigkeit, das größere Bild zu sehen. Dann haben sie den Überblick und können verschiedene Möglichkeiten anbieten.

Sie können äußerst objektive, weise und intuitive Berater sein, besonders wenn die Aspekte in den spirituellen Talenten vorhanden sind. Diese Beschreibung passt zu vielen Beratungs-Absolventen, die ich in meinen Kursen hatte. Viele verkörpern diese Energie, ob sie nun in ihrem Chart ist oder nicht. Ihre Fähigkeit, einen Raum völliger Akzeptanz zu erschaffen, bringt große Heilung und Transformation.

Eine 2-2 in metaphysischen Angelegenheiten kann auch auf die Neigung zur Erforschung höherer Ebenen hinweisen. Sie fürchten sich nicht, sich in höhere Dimensionen auszudehnen, bekommen vielleicht Zugang zu erweiterten und erhöhten Bewusstseinszuständen und können dadurch spirituelle Erfahrung und Wissen vermitteln.

DER BERATER

James ist ein Trauerberater (mit der 2-2 in den spirituellen Talenten). Er besitzt die Fähigkeit, wirklich präsent zu sein und einen Raum für diejenigen zu erschaffen, die sehr schwierige Zeiten erleben. Er arbeitet auch als Berater in Gefängnissen. Beide Rollen erfordern eine enorme Fähigkeit, sich in die Not der anderen einzufühlen und trotzdem eine objektive Haltung zu bewahren. In seiner Freizeit ist er ein begeisterter Astronom, er interessiert sich auch für die Kabbala und erforscht die höheren Dimensionen des „Baum des Lebens".

Erfahrung der Herausforderungen

Dem Buchstaben Bet ist die Polarität der Weisheit zugeordnet und deswegen ist die Herausforderung der 2-2 die Dummheit.

Nur wenige sind klug geboren, jeder muss durch Erfahrung lernen. Um Weisheit durch Erfahrung zu erreichen, brauchen wir Lektionen, um daraus zu lernen, weil es unsere Fehler sind, durch die wir uns auf unserem Lebensweg entwickeln. Das gilt für alle, passt aber besonders für diese Herausforderung.

Die Lektion weise zu werden, setzt einen ursprünglichen Mangel an Weisheit voraus. Das kann sich als Schwierigkeiten in der Bildung oder in der Neigung zu törichten Handlungen zeigen. Für einige kann es bedeuten, dass sie sich unpassend ausdrücken, Unterhaltungen missverstehen oder ihnen mehr oder weniger die Aufmerksamkeit und Wahrnehmung fehlt.

Manchmal ist damit auch Überempfindlichkeit verbunden. Typische Merkmale der 2-2 in den Herausforderungen sind mangelnder Ehrgeiz, fehlende Weitsicht, Misstrauen und eine innere Unruhe. Sie sind oft schüchtern und ängstlich und neigen dazu, sich Sorgen über Veränderungen und neue Situationen zu machen. Außerdem sind einige mit der 2-2 zu penibel. Sie wollen sicher sein, dass immer jemand da ist, der ihnen hilft.

Viele wunderbare empathische Seelen haben eine 2-2 in den Talenten, Herausforderungen oder Zielen. Aber du kannst natürlich auch emphatisch sein, wenn du keine 2-2 in deinem Geburtschart hast. Wenn man lernt, mit der großen Empathie umzugehen, kann das ein wahres Geschenk sein. Bis sie das jedoch gelernt haben, müssen sie oft durch eine Zeit des „Versuchs und Irrtums" hindurch.

FEINFÜHLIGE SEELE

Audrey wollte immer Grundschullehrerin werden. Sie hatte die 12-3 in den irdischen Zielen, was manchmal auf einen Lehrberuf hinweist. Aber die 2-2 war in ihren irdischen Herausforderungen und hielt sie zurück. Als sie zu mir kam, hielt sie ein Buch über hochsensible Menschen umklammert. Das traf genau auf sie zu.

Von mir ermuntert, traf sie dann die Entscheidung, „sich nicht mehr von Leben überwältigen" zu lassen. Sie litt unter verschiedenen Allergien, war sehr empfindlich und ängstlich. Manchmal ließ sie sich durch wenig hilfreiche Ratschläge beeinflussen wie, dass sie es vermeiden sollte, Sonnenuntergänge zu beobachten, weil sie das emotional aufwühlen würde. Vielleicht ist dieser Ratschlag aus dem Zusammenhang gerissen, aber das Ergebnis war, dass sie immer panische Angst vor Sonnenuntergängen hatte.

Sie nahm Ratschläge von Menschen, Zeitschriften oder Medien viel zu wörtlich. Auf diese Weise verlor sie ihr Geld mehrmals an skrupellose Verkäufer und an verschiedene zweifelhafte Projekte.

Sie ging durch Höhen und Tiefen und es gab noch mehr „Fehler", aus denen sie lernte, aber auch einen spektakulären Fortschritt, als sie begann, ihre Herausforderungen durchzuarbeiten. Mit der Zeit wurde sie belastbarer, obwohl sie in bestimmten Situationen immer noch überfordert war.

Schließlich übernahm sie zweimal wöchentlich eine ehrenamtliche Stelle, die zu einer bezahlten Teilzeitarbeit für bedürftige Kinder führte. Ich war so froh für sie, denn ich fand ihre Hingabe und bedingungslose Liebe sehr inspirierend und eine Bestätigung für sie, die sie verdiente.

Im Rückblick war für Audrey (neben der vielen Arbeit mit Desensibilisierung, Rollenspielen und Diskussionen) einer der Knackpunkte, objektive Entscheidungen zu treffen. Nach und nach lernte sie, den begrenzenden Rat von anderen zu erkennen und abzulehnen, z.B. „Mädchen für alles" zu sein, ein Zustand, in dem sie sich sehr machtlos und eingeschränkt gefühlt hatte. Diese Lektionen und Erfahrungen waren Teil ihres Weges, um Weisheit für ihr Leben zu entwickeln.

Das rechte Auge ist das zugeordnete Körpertor, das in der Position der Talente auf eine höhere Wahrnehmung hinweist. Bei den Herausforderungen wirkt es sich jedoch so aus, dass sie das nicht sehen oder vermeiden zu sehen, was für andere ganz klar ist.

Ganz besonders fehlt oft in den irdischen Herausforderungen die Fähigkeit, den Alltag zu bewältigen, man könnte auch sagen, der gesunde Menschenverstand fehlt. Sie haben Angst vor dem Alltag und verhalten sich oft steif und angespannt, besonders wenn sie eine traumatische Kindheit hatten.

Die spirituellen Herausforderungen können sich auf sehr ähnliche Weise äußern, oft aber mit Betonung auf den Mangel an emotionaler Belastbarkeit. Oft verstehen sie Spiritualität auch falsch und schlagen manchmal unrealistische Wege ein. Auf ihrer Suche nach einem tieferen Sinn im Leben können sie auf Praktiken stoßen, die gerade in Mode sind und eine Menge Geld an Methoden verschwenden, die letztlich nichts nützen.

Als allgemeine Herausforderung kann es auch notwendig sein, die weibliche Seite ins Gleichgewicht zu bringen, weil diese Energien mit dem Mond verbunden sind. Das macht sie anfällig für emotionale Höhen und Tiefen. Letztlich geht es um den Ausgleich der Emotionen und der Sensitivität. Diese Veränderung wird oft dadurch erschwert, dass sie keine Kritik annehmen können, selbst wenn sie konstruktiv ist.

Macht ist ein weiteres Gebiet, auf dem sie vielleicht erst Weisheit entwickeln müssen. Es besteht das Risiko, dass sie wegen ihrer Unsicherheit ein allzu großes Interesse an Macht bekommen.

Mögliche einschränkende Glaubensmuster

- Ich bin ein Fehler...
- Das Leben überwältigt mich...
- Ich werde angegriffen...
- Alle kritisieren mich...
- Ich bin fremd...
- Ich brauche jemanden, der mir den Weg zeigt...
- Ich werde es nie verstehen...

Gesundheit

Wegen der hohen Empfindlichkeit und einem Mangel an Widerstandsfähigkeit und Belastbarkeit können sich Abwehrreaktionen entwickeln. Eine Bedrohung kann unbewusst missverstanden werden, so als käme sie von außen. Das kann schlimmstenfalls der Auslöser für eine Allergie-Anfälligkeit sein.

Durch tieferliegende Ängste können auf der emotionalen Ebene innere Spannung und Stress entstehen. In schwereren Fällen sind es Panikattacken aufgrund krankhafter Angstmuster und Angststörungen.

All diese Zustände werden noch verstärkt, wenn sie aus dem Gleichgewicht sind. Dann unterliegen sie Stimmungsschwankungen und spüren die Auswirkung der Mondzyklen.

Ein Mangel an emotionaler Belastbarkeit kann sich dadurch äußern, dass sie sehr empfindlich auf Kritik oder einen vermeintlichen Angriff reagieren. In extremen Fällen kann das zu Paranoia oder ähnlichen Zuständen führen.

Die Richtung, die in Bezug zu dieser Energie steht, ist die Höhe. Man kann Dinge aus einem weiteren und objektiveren Blickwinkel sehen wie aus der Vogelperspektive. Die unbewusste Tendenz, das größere Bild nicht sehen zu wollen, kann sich auch als Höhenangst äußern, denn die Richtung, die *Sefer Yetzirah* dieser Zahl zuordnet, ist die Höhe.

Der entsprechende Körperteil ist das rechte Auge. In der Position der Talente bedeutet es Objektivität. Die Kehrseite davon ist, dass es sich als Sehprobleme mit schlechtem Sehen oder krankhafter Veränderung der Augen manifestiert. Oder es kann auf der Ebene der Wahrnehmung sein, dass sie nicht objektiv sehen oder nicht das Ganze sehen wollen.

Überwindung der Herausforderungen und Aktivierung der Talente und Ziele.

Der 2-2 werden subtilere Vorgehensweisen empfohlen. Wenn es um emotionale Instabilität geht, wird Beratung helfen.

Lindernde und unterstützende Ansätze mit Therapien wie Homöopathie, Bachblüten (siehe unten),

Heilen mit Klang oder Kristallheilung kann ebenfalls helfen. Ich habe auch festgestellt, dass Desensibilisierungstechniken mit Therapien wie Hypnose oder Energietechniken, „Emotionale Freiheitstechnik (EFT)*", Matrix Reimprinting* und Tapas Akupressur Technik (TAT)* hilfreich sein können zur Bewältigung emotionaler Probleme und Phobien. Sehr oft haben Menschen mit diesen Herausforderungen eine Menge Ängste und Verletzungen.

Für Allergiker gibt es viele ganzheitliche Möglichkeiten, bei einer 2-2 sollte man aber übermäßiges Fasten vermeiden oder alles, was den Körper aus dem Gleichgewicht bringen kann, es sei denn, es gibt einen guten Grund dafür und wird unter professioneller Anleitung durchgeführt. Aufrechterhaltung und Förderung des Gleichgewichts sollte immer an erster Stelle jeden Behandlungsprogramms stehen.

HEIL-AFFIRMATION

Lerne es auswendig und wiederhole es oft:

> Ich bin absolut sicher und vollkommen geschützt. Tief in meinem Wesen liegt das innere Gleichgewicht. Tief in meinem Herzen liegt eine wachsende Weisheit.

Selbsthilfemethoden

Weitere hilfreiche Techniken und Methoden könnten Meditationen der „objektiven Beobachtung" sein. Du stellst dir zum Beispiel vor, dass du aus dir heraustrittst und alles um dich herum wie von einer anderen Person aus beobachtest. Das kann eine klarere Perspektive und mehr Weisheit bringen. Die physische Komponente zu einer verbesserten Perspektive, verbunden mit einer besseren Sicht, kann manchmal deutlich mit Augen-Yoga oder der Bates-Methode* verbessert werden. Dafür sollte aber besser ein Fachmann konsultiert werden.

Diejenigen, die eine 2-2 in den Herausforderungen überwinden möchten, können ihre Belastbarkeit auch regelmäßig mit einer Eichenbaum-Meditation aufbauen. Stimme dich auf die Energien einer Eiche ein, entweder draußen in der Natur oder mental. Stell dir vor, dass du eine Eiche bist, die stark in der Erde verwurzelt ist. Mache diese Meditation regelmäßig, am Besten in einer harmonischen natürlichen Umgebung. Diese Meditation wird dir helfen, dich zu erden, sie wird dich mit vitaler Energie versorgen und deine Aura stärken. Eine weitere und sanfte Art, um Widerstandskraft aufzubauen, ist eine weiche Kampfkunst, zum Beispiel Tai Chi. Du kannst auch die Mondzyklen beobachten, denn die 2-2 in den *Herausforderungen* wird mehr als andere von diesen natürlichen Rhythmen beeinflusst.

Wenn du Beratung und Behandlung aus konventionellen oder alternativen Quellen suchst, wäre es für eine 2-2 klug, sich zu erinnern, dass niemand alle Antworten hat. Triff eine intuitive Entscheidung, die sich gut anfühlt, Sinn macht und auch logisch ist. So entwickelst du Weisheit und Urteilsvermögen.

* Siehe Wörterverzeichnis, Seite 335.

Vorschläge für Bach-Blüten

Eiche (Oak), um dir zu helfen, zäh und widerstandsfähig zu sein, damit du fähig bist, die Schläge des Lebens einzustecken und dich nicht unterkriegen zu lassen.
Herbstenzian (Gentian) zur Überwindung von Rückschlägen.
Einjähriger Knäuel (Scelranthus) gegen Stimmungsschwankungen.
Tausendgüldenkraut (Centaury), um emotionale Belastbarkeit aufzubauen.
Eisenkraut (Vervain) für mehr Toleranz und um eine starre Sichtweise loszulassen.

ERINNERE DICH, DEINE TALENTE SIND DER DREHPUNKT ZWISCHEN DEN HERAUSFORDERUNGEN UND DEN ZIELEN. DIE VERWIRKLICHUNG DEINER WELTLICHEN UND SPIRITUELLEN FÄHIGKEITEN WIRD DIR HELFEN, DEINE HERAUSFORDERUNGEN ZU ÜBERWINDEN UND DEINE ZIELE ZU ERREICHEN!

Seelenbestimmung, Ziel und Transzendenz

Um ein Leben zu führen, das auf die Kernenergie der 2-2 ausgerichtet ist, musst du emotionale Widerstandskraft und Weisheit erreichen. Dann wirst du die Qualitäten der Weisheit verkörpern und in der Beratung zu einer reinen Quelle des Trostes werden. Praktisch kann das durch Verwirklichung der Energien der spirituellen Talente und Ziele erreicht werden. Das bedeutet ein Leben voller Möglichkeiten, um anderen als liebevoller, unterstützender, intuitiver und weiser Berater zu dienen.

Wenn du die einschränkende Trennung des Bewusstseins durch die 2-2 überwunden hast, erkennst du, dass alles, was sich in der Welt manifestiert, nur ein Spiegelbild der Einheit ist. Diese tiefere Sichtweise enthüllt, dass es nichts anderes gibt als die Einheit und irgendwelche Ideen, die innerhalb des Ganzen erscheinen, müssen deshalb auch einfach nur ein Teil des Ganzen sein.

Diejenigen, die durch Dummheit zur Weisheit gewandert sind, erkennen, dass diese Vorstellung der Zwei letztendlich eine Illusion ist. Sie können dann mit der erhellenden Einsicht leben, dass scheinbare Trennung einfach nur Aspekte des Ganzen widerspiegelt. Es gibt keine Trennung zwischen Subjekt und Objekt und keine Teilung zwischen dem, wofür wir uns halten und allem Sichtbaren. Wir verlieren unser Ego und erreichen alle und alles.

SEELENBOTSCHAFT

Nimm dir Zeit, dich zu entspannen und dann wiederhole drei Mal oder denke einfach darüber nach:

Als du diesen Traum träumtest, kamst du in die Dualität... eine scheinbare Dualität zwischen dem, wie du dich selbst wahrnimmst und dem, was du tatsächlich bist. Das ist göttliche Dummheit... die Illusion der Trennung. Es ist nur ein Spiel, das wir spielen.
In Wahrheit aber gibt es keine Trennung... das wirkliche „du" ist das wirkliche „ich" und wir sind tatsächlich alles und auch gleichzeitig nichts.

Wisse, dass alles was du siehst und alles, was du wahrnimmst, nichts anderes ist als das, was du wirklich bist... Das ist die Weisheit, die sich in Dir auf dem Weg zurück nach Hause verwirklichen kann.

3 AUSDRUCK

Eigenschaften

- Hebräischer Buchstabe: Gimmel
- Doppelbuchstabe
- Polarität: Reichtum/Armut
- Planet/Sternbild: Mars
- Körperzuordnung: rechtes Ohr
- Richtung: Tiefe
- Energiezuteilung: kreativ, Unterricht und Kommunikation
- Tarotkarte: Die Kaiserin/Herrscherin

Anmerkung: Das Zahlenpaar 3-3 ist auch verbunden mit der 12 als 12-3 oder der 21 als 21-3.

Übersicht

In diesem Symbol sehen wir eine harte äußere Schale mit inneren Energiemustern, die andere zum Lernen und Teilen in ein Labyrinth des Wissens einladen. Die 3-3 „hört" innerlich diese Informationen und strahlt dieses tiefe innere Wissen aus. Die Tiefe des Wissens und das innere Fühlen werden angeregt, dann ausgedrückt und weitergegeben. Somit ist dies eine Lehrer-Schwingung. Die Schale hat eine Öffnung, die zeigt, dass diejenigen die hereinkommen, um sich unter den Schutz und das Wissen des Lehrers zu begeben, immer frei sind zu gehen, wenn sie wollen.

Diese Eigenschaft der Tiefe ist jedoch eine Herausforderung und manche gehen im Irrgarten der unklaren und verwirrenden Gefühle verloren. Das kann aber auch als Unterschlupf für diejenigen dienen, die erst noch lernen müssen, ihre volle Kraft und ihr Wissen auszudrücken.

Der zugeordnete Planet ist Mars, der Initiative und Führung symbolisiert. Um diese Fähigkeiten allerdings konstruktiv zu nutzen, braucht es Disziplin und

Konzentration, weil dies Meisterenergien sind, die sowohl im positiven, wie auch im negativen Ausdruck sehr kraftvoll sein können. Mit der 3-3 in jeder Position ist oft die sexuelle Energie gesteigert. Hier braucht es Gleichgewicht, weil übermäßiger Genuss, Sucht und davon beherrschte Gedanken jemanden leicht aus der Bahn werfen können.

Das sind Energien eines Wohltäters. Die wörtliche Bedeutung des dritten hebräischen Buchstaben Gimmel ist Kamel, ein Tier, das Transport und Nahrung in feindseliger Umgebung bietet. Damit wird eine angeborene Großzügigkeit angedeutet.

Dem Buchstaben Gimmel wird auch die Herrschaft über Reichtum zugeordnet. Die Gegenseite von Reichtum ist Armut. Somit haben wir mit der 3-3 unsere zweite Polarität - Reichtum und Armut.

Verkörperung der positiven Aspekte

Jemand mit der 3-3 in den positiven Aspekten hat große Fähigkeiten in Kommunikation und Ausdruck, entweder angeboren oder er hat sie entwickelt. Er nützt jede Gelegenheit, um Informationen auszutauschen und geht mit seinem Wissen und seinen Fähigkeiten sehr großzügig um. Im Wesentlichen ist es eine kommunikative Schwingung.

Die Gabe des Ausdruckes wird sie oft in eine Lehrerrolle bringen und damit ist meist auch der Drang verbunden, im Mittelpunkt zu stehen. Viele mit dieser Schwingung im Chart befassen sich mit Schauspiel und darstellender Kunst, viele mit der 3-3 lieben auch das Singen. Dies ist die häufigste Energie bei professionellen Sängern. Das kann auch dann zutreffen, wenn sich die Energie in den Herausforderungen befindet, doch hier müssen sie erst ihre Scheu oder Nervosität überwinden. Sogar weniger Extrovertierte mit der 3-3 können normalerweise ihren Charme, ihre Ausdruckskraft und ihre kraftvolle und unterhaltsame Seite zeigen.

Ein klassisches Beispiel für jemanden, der Zugang zu vielen Eigenschaften der Talente hatte, war Elvis A(a)ron Presley, der ursprünglich, abhängig von der korrekten Schreibweise seines Namens, eine 3-3 in den Herausforderungen, eine 21-3 und eine 12-3 in den Zielen hatte. In vielen Biografien wurde der zweite Vorname „Aron" später in „Aaron" geändert.

EIN GROSSZÜGIGER HEILER

Einer der begabtesten Meditationslehrer, den ich je gekannt habe, verkörperte diese Energie. Seine geistige Großzügigkeit erlaubte ihm, ein noch besserer Lehrer zu sein als sein „Meister". Der Meister

> mochte ihm wohl an Wissen überlegen sein und mehr Jahre an Praxis haben, aber er lehrte noch in der alten Tradition der Geheimhaltung. Sein Schüler aber konnte sich nicht zurückhalten und teilte ständig sein ganzes Wissen mit, sehr zum Ärger seines Meisters. Schließlich übernahm der Schüler kleinere Gruppen von Studenten, die mehr praktisches Wissen und Nutzen von ihm erhielten als diejenigen, die die eher schwer verständlichen Weisheiten des Meisters gesucht hatten.

Wie sehr auch die meisten mit der 3-3 im Mittelpunkt der Aufmerksamkeit und Bewunderung stehen mögen, sind sie doch großzügig genug, um andere aus ihrem Schneckenhaus zu holen. Sie haben eine natürliche emotionale Feinfühligkeit und mit der damit verbundenen Richtung „Tiefe" sind sie oft diejenigen, die den Kern eines Problems erkennen und im Interesse von anderen ausdrücken können.

Die Fähigkeit, ein guter Redner zu sein, verbunden mit der Energie und dem Antrieb von Mars, macht sie zu natürlichen Führern. Viele Führungskräfte in Wirtschaft, Politik und der Unterhaltungsbranche nutzen die Kraft der 3-3. Mehrere US-Präsidenten haben eine 3-3 in ihren Charts.

Wenn die Energie in den spirituellen Positionen auftaucht, kann all das zutreffen, was bereits erwähnt wurde. Allerdings kann eher eine Neigung zum spirituellen Austausch von Wissen vorhanden sein. Dann sind sie hervorragende spirituelle Lehrer und nutzen die kraftvolle Energie, um positive Veränderungen bei anderen zu erreichen.

Die Fähigkeit, Dinge auszuloten und tief in sich selbst oder andere hineinzufühlen, kann sich manchmal als interessante spirituelle Gabe offenbaren.
Sie können auch durch das geschriebene Wort lehren. Was auch immer die Art ihres Ausdruckes und Austausches sein mag, es ist sehr wichtig für sie, Ergebnisse davon zu sehen. Sie möchten sicher sein, dass andere davon profitieren können.

Erfahrung der Herausforderungen

Natürlich ist Reichtum ein relatives Konzept und hat mit vielen Bereichen des Lebens zu tun. Es kann sich im „Wert" einer Person widerspiegeln und deshalb sind viele mit der 3-3 in den Herausforderungen „versagensorientiert". Einige mit der 3-3 in den Herausforderungen können auch egoistisch und geizig sein, obwohl sie tief innen eigentlich großzügig sind. Der Mangel an Selbstwert kann sich in einem „Armutsbewusstsein" widerspiegeln. Das kann durch Ereignisse in diesem Leben verursacht sein, aber auch über Generationen hinweg von den Mustern der Ahnen stammen.

Wenn diese Energien durchgearbeitet werden, ist es nicht ungewöhnlich, dass jemand das ganze Spektrum von Reichtum und Armut erfährt. Auf manchem Gebiet kann er wohlhabend sein, auf einem anderen wiederum arm. Ein anderes häufiges Muster in den Herausforderungen kann man bei denen sehen, die ihr Leben unter ziemlich ärmlichen Umständen beginnen. Ihre Herausforderung ist es, diesen Zustand zu verbessern, das einschränkende kulturelle Etikett und falsche Glaubenssätze über das Thema „Armut" und „Geldknappheit" zu überwinden und zu ihrem Selbstwert und ihrer Aufgabe zu finden.

Mit der 3-3 in den Herausforderungen unterschätzt man auch seine Fähigkeit, sich auszudrücken. Ein öffentlicher Auftritt oder eine Vorstellung kann für sie zwar einen Reiz haben, sie aber auch in Angst versetzen. Sie können sehr schüchtern und befangen sein (verstecken sich in einem Schneckenhaus und verbergen ihre Kraft) und sind sehr gut darin, sich unsichtbar zu machen.

Ein „Mangel" an Vertrauen kann sie auch davon abhalten, zu unterrichten, was mit dem „Geldthema" zusammenhängt. Oft können sie sich selbst nicht genug „wert" schätzen. Manchmal ist das eine Hürde für junge Therapeuten mit der 3-3.

ÜBERZEUGENDE AUSDRUCKSFORM

Morgana meldete sich bei mir über Email wegen ihrer „Kommunikationsschwierigkeiten". Sie wollte, wenn möglich, nur eine einzige Sitzung, da sie „sehr arm sei."

Das Thema, das sich bei ihr abzeichnete, ist typisch für viele mit einer 3-3 in den Herausforderungen. Es war sehr leicht für sie, sich durch Singen auszudrücken, wenn sie alleine war oder unter engen Freunden. In jeder Art von Öffentlichkeit machte sie total zu. Sie erzählte mir, dass sie innerlich eine sehr ausdrucksstarke Person ist und ihr Traum sei es, Schauspielerin zu werden. Doch die meisten Menschen beachteten sie kaum.

> Als wir zusammen arbeiteten, kam heraus, dass eine wichtige Ursache dieses Themas mit der Unterdrückung ihrer Ausdrucksweise durch ihre Familie zu tun hatte. Wann immer sie in ihrer Kindheit auf eine übersprudelnde Art redete, fuhren sie ihre ziemlich genervten und konservativen Eltern an: „sei still."
>
> Obwohl sie sich sehr wünschte, sich selbstbewusst auszudrücken, griff ihr Unterbewusstsein immer wieder auf die alte Verdrängung zurück. Mit anderen Worten, ein Teil von ihr fühlte sich immer noch unsicher, wenn sie sich frei ausdrücken wollte oder dachte, dass etwas Schlimmes geschehen würde.
>
> Für viele mit der 3-3 kann es auch das Thema des Selbstwertes sein, das mit den Blockaden der Kommunikation verknüpft ist. In Morganas Fall war dies ein Kernpunkt, der auch ihren finanziellen Status beeinflusste. Sie war in Armutsdenken gefangen und erschuf sich ständig „arme" Umstände. Das eigentliche Thema, das mit Ausdruck zu tun hatte, klärte sich sehr rasch, auch wenn ihre finanziellen Probleme ein wenig länger andauerten, bis sie aufgelöst waren.

Obwohl es bei einigen Anzeichen von Zurückgezogenheit oder Schüchternheit gibt, können bei der 3-3 ironischerweise in den Herausforderungen auch Eitelkeit und Egoismus auftreten. Sie wollen die Kontrolle behalten und die Dinge auf ihre Art tun. Viele könnten das Zuhören lernen und davon profitieren, neigen aber dazu, andere zu unterbrechen. Das kommt daher, dass sie andere nicht wertschätzen, was ihren eigenen Mangel an Selbstwert widerspiegelt.

Wenn sie tief in sich hineingehen (in ihren „inneren Kanal"), erleben sie so vieles, was schwer zu begreifen ist. Das lässt sie verwirrt und unklar zurück darüber, was wirklich ist, wer sie sind und wie sie sich klar ausdrücken können. Durch den Einfluss von Mars fühlen sie sich auf unerklärliche Weise machtlos und so als ob sie vor einer Wand stünden, bis sie herausfinden, was in ihnen vorgeht. Dann wird ihnen klarer, wie sie sich mit diesen Themen fühlen.

Sexuelle Besessenheit, Abhängigkeit, Blockaden oder sogar Ausschweifungen sind mögliche Probleme, wenn der starke sexuelle Einfluss aus dem Gleichgewicht gerät. Natürlich ist Sexualität ein normaler Teil des Lebens, aber für die 3-3 kann das leicht zu einem übermäßigen Brennpunkt werden, es sei denn, es wird durch spirituelle Erfüllung oder durch das Gefühl für einen höheren Zweck ausgeglichen.

Der Schlüssel ist, kurz gefasst, seinen Selbstwert zu entwickeln und seine Fähigkeiten anzuerkennen.

Für viele ist die Hauptlektion, aus ihrem Schneckenhaus herauszukommen und sich auf ehrliche und selbstbewusste Weise zu äußern. Außerdem gilt es zu lernen, ihr Wissen auszudrücken, z.B. durch Kommunikation und Unterricht.

Mögliche einschränkende Glaubensmuster

- Ich bin nichts wert...
- Geld ist sündig...
- Ich bin wertlos...
- Ich werde angegriffen....
- Ich bin unwürdig...
- Ich werde überwacht...
- Die Menschen verurteilen mich...

Gesundheit

Im alten Hebräisch steht der dritte Buchstabe Gimmel im Zusammenhang mit der Kehle. Ich hatte unzählige Klienten, die mit dieser Herausforderung arbeiteten und ein Problem mit der Kehle und dem Ausdruck hatten. Das hat alles mit frustriertem Ausdruck zu tun. Zunächst haben sie Schwierigkeiten, den Kommunikationsfluss aus der symbolischen Muschel herausfließen zu lassen. Das kann zu Halsweh, überschüssigem Schleim, Ohreninfektionen und anderen ernsten Problemen führen.

Gimmel steht auch im Zusammenhang mit dem rechten Ohr. Wenn diese Wege offen sind, kann das ein Bereich der Stärke sein. Es weist auf eine erhöhte Fähigkeit hin, intensiv zuzuhören und Weisheit und neue Denkansätze einfließen zu lassen. Wenn diese Fähigkeit aber zu wenig genutzt wird oder blockiert ist oder wenn sie sich angewöhnt haben, nicht zuzuhören, können manchmal Probleme mit den Ohren oder dem Gehör auftreten.

Im Bereich der geistigen Gesundheit ist die symbolische Richtung die Tiefe. Einige mit der 3-3 fühlen sich in den Tiefen verloren, verwirrt und frustriert. Manche leiden unter Klaustrophobie. Auf der mentalen und psychischen Ebene können wegen des kraftvollen Mars-Einflusses auch unterschwellige, leicht aggressive Energien und ein greifbares Gefühl von innerem Schmerz auftreten. In schwereren Fällen könnte sich eine versteckte oder aktive Neigung zu Gewalttätigkeit zeigen. Oder sie können solche Reaktionen auch bei anderen auslösen.

Zeitweise können innere emotionale Konflikte ihre Arbeit und ihr spirituelles Leben beeinflussen. Das kann eine starke sexuelle Energie sein, wenn sie außer Kontrolle gerät.

In der chinesischen Medizin wie auch in einigen ganzheitlichen Gesundheitssystemen gilt ein zu hoher oder zu schwacher Sexualtrieb als gesundheitliches Ungleichgewicht. Als Teil der Herausforderung kann eine 3-3 beide Extreme erfahren, auch Hemmungen oder eine sexuelle Blockade.

Überwindung der Herausforderungen und Aktivierung der Talente und Ziele

Beratung ist für 3-3 sehr heilsam. Sie hilft die innere Welt zu entdecken. Zunächst ist es schwierig, Zugang zu tieferen Gefühlen und unklaren, nicht greifbaren Emotionen zu bekommen. Einige Menschen profitieren durch Gespräche, andere reagieren sehr gut auf körperzentrierte* Psychotherapie. Das ermutigt sie, leichteren Zugang zu inneren Gefühlen und deren Ausdruck zu bekommen. Auch Klang-Heilung* und Gesangs-Therapie*, z.B. Tönen, hilft dem Klienten, seine innere Welt und die steckengebliebenen Gefühle zu erforschen.

Auf der energetischen Ebene und manchmal im Zusammenhang mit vokalen Heilmethoden habe ich herausgefunden, dass eine Blockade der Kehle bei den 3-3 sehr häufig vorkommt. Ein professioneller Therapeut hat viele Ansätze zur Verfügung, um das Thema zu klären und ein Gleichgewicht herzustellen.

Für eine 3-3 ist die Arbeit mit Glaubenssätzen in den Herausforderungen oft hilfreich. Oft haben sie eine sehr begrenzende Meinung über ihren Selbstwert und ihre Fähigkeiten. Auch über das Thema Reichtum und Geld gibt es einschränkende Vorstellungen und eine negative Sichtweise. Bei vielen Menschen habe ich ein kulturelles oder ein Ahnen-Muster entdeckt, das ein „Armutsbewusstsein" erzeugt. Ein ganzheitlicher Berater kann dieses Thema wirksam angehen mit Behandlungen wie Hypnosetherapie, Teil Arbeit*, NLP oder Energetische Psychologie Techniken*. Dann kann eine Lebensberatung folgen, die diese Themen ziemlich schnell klären kann und hilft, eine neue Lebenseinstellung aufzubauen. Besonders Hypnosetherapie kann denen helfen, die unter Lampenfieber oder Leistungsangst leiden, beides verbreitete Probleme.

HEIL-AFFIRMATION

Lerne es auswendig und wiederhole es oft:

> Mein Kanal der Kommunikation ist offen. Ich drücke Liebe und Wahrheit aus.

Selbsthilfemethoden

Der Schlüssel und innere Drang der Seele für die 3-3 ist es, einen Weg zu finden, um voller Vertrauen ihr ganzes Menschsein und ihre Gaben der Öffentlichkeit anzubieten. In der Position der Herausforderungen ist dieser innere Antrieb aber oft blockiert oder unterdrückt durch eine übriggebliebene Trennung oder durch Ereignisse, die den Fluss blockieren. Der daraus entstehende Konflikt zwischen inneren Bedürfnissen und Zurückhaltung kann sehr viel Angst, Frustration und Verwirrung erzeugen. Situationen, sich auszudrücken, können ein überwältigendes Gefühl von Panik auslösen. Sie finden keine Worte, verkriechen sich in ihrem Schneckenhaus und vergessen alles, usw.

Falls der hier beschriebene Inhalt Teil deiner Herausforderung ist, kann eine Theatergruppe oder ein Chor sehr hilfreich sein. Viele örtliche Erwachsenenbildungszentren bieten sanfte Möglichkeiten an: „Schauspielen für Anfänger", „Singen für Ängstliche" usw.

Für andere ist womöglich das geschriebene Wort die passende Ausdrucksform und manchmal auch der beste Weg. Am einfachsten ist es, regelmäßig an einem Blog zu schreiben oder ein Tagebuch zu führen. Das kann ein hervorragender Weg sein, um in Kontakt mit deiner Intuition zu kommen und deinen „Kanal" zu öffnen.

Tanz ist eine weitere Ausdrucksform, die hervorragend hilft, stagnierende oder blockierte Energien zu befreien, je spontaner, desto besser für 3-3, um ihre Herausforderungen zu überwinden. Empfehlenswert sind „Die fünf Rhythmen von Gabrielle Roth"* oder einige der lateinamerikanischen Tänze, die in den letzten Jahre populär geworden sind. Biodanza* ist eine direkte therapeutische Form davon. Auf der gleichen Linie liegen ausdruckstarke und reinigende Meditationen wie Oshos dynamische Meditation (siehe auch spontane Bewegungen*), die ebenfalls sehr hilfreich sind.

Lebensberatung wird sehr empfohlen, wenn Finanzen und Wohlstand ein Problem sind. Wenn aber die Finanzen noch begrenzt sind, wäre ein Buch über dieses Thema das Nächstbeste, obwohl eine persönliche Beratung viel wirksamer wäre.

Für die, die Herausforderungen der 3-3 erfahren und einen selbstständigen Beruf ausüben, ist die Frage wichtig: „Verlangst du genug für deine Arbeit? Wenn nicht, würdest du darüber nachdenken, deine Preise zu erhöhen?" Manche werden das sehr schwierig finden, aber wenn du anfängst, dich besser wertzuschätzen, werden auch andere Menschen eine größere Wirkung deiner Arbeit spüren.

Wenn du dich durch die Herausforderungen arbeitest, tauchen vielleicht Gelegenheiten auf, bei denen du dein Wissen in irgendeiner Form teilen kannst. Das kann irgendetwas sein, sogar eine ehrenamtliche Arbeit. Es muss nicht dein Hauptberuf sein. Auch wenn du vielleicht ein paar Selbstzweifel hast, werden dir solche Möglichkeiten Wachstum und Entfaltung bringen.

*siehe Wörterverzeichnis, Seite 335.

Vorschläge für Bach-Blüten

Drüsentragendes Springkraut (Impatiens), um deine Geduld zu üben, damit du lernst, zuzuhören.
Lärche (Larch), damit du aus deinem Schneckenhaus kommst und lernst, dich selbstbewusst auszudrücken.
Stechpalme (Holly), um die aggressiven Tendenzen zu beruhigen, z.B. in Gesprächen.
Walnuss (Walnut), um dich zur ermutigen, auf deinem Lebensweg vorwärts zu gehen und standhaft zu bleiben.

ERINNERE DICH, DEINE TALENTE SIND DER DREHPUNKT ZWISCHEN DEN HERAUSFORDERUNGEN UND DEN ZIELEN. DIE VERWIRKLICHUNG DEINER WELTLICHEN UND SPIRITUELLEN FÄHIGKEITEN WIRD DIR HELFEN, DEINE HERAUSFORDERUNGEN ZU ÜBERWINDEN UND DEINE ZIELE ZU ERREICHEN!

Seelenbestimmung, Ziel und Transzendenz

Um diese Energien voll in deinem Kern der Seelenbestimmung zu verankern, musst du ein Gefährt reinen Ausdruckes werden. Du musst die Fähigkeit und den Wunsch entwickeln, Zugang zu dem tiefen Wissen zu bekommen, das in dir liegt. Dieses Wissen wird dann von Herz zu Herz übertragen. Praktisch kann ein solcher Ausdruck nicht nur durch den Austausch aller Talente geschehen, sondern auch durch die Anwesenheit eines Lehrers/Meisters, authentischen Ausdruck und menschliche Weisheit und Freundlichkeit.

Auf der tiefsten Ebene ist es eine Einladung, zu dem Wunder der Kindheit zurückzukehren, zur Freude und Unschuld über die Entdeckung des Schatzes, der in jedem Moment in uns gegenwärtig ist. Danach wirst du alle, die du triffst, unterrichten und inspirieren und bei ihnen dieselbe Erkenntnis auslösen. Dadurch werden die Masken und Verteidigungsmauern schmelzen, die Menschen aufgestellt haben, weil sie es vermeiden wollten, loszulassen – sie können dann einfach nur sein. Sie erkennen, dass jeder Moment ein Geschenk ist.

SEELENBOTSCHAFT

Nimm dir Zeit, dich zu entspannen und dann wiederhole drei Mal oder denke einfach darüber nach:

Gib und du wirst empfangen. Der reinste Ausdruck ist, dein Selbst zu teilen. Einheit kann im Teilen der Liebe gefunden werden.

Höre auf die Einladung, die in jedem Moment da ist und dann strahle diese Freude aus.

Dies ist die Verwirklichung eines tiefgreifenden Austausches.

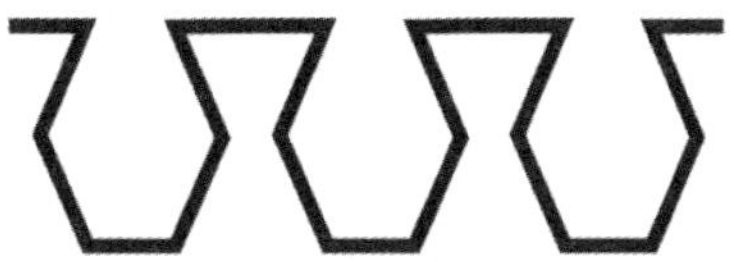

4 FRUCHTBARKEIT UND FÜLLE

Eigenschaften

- Hebräischer Buchstabe: Dalet
- Doppelbuchstabe
- Polarität: Fruchtbarkeit/Unfruchtbarkeit
- Planet/Sternbild: Sonne
- Körperzuordnung: rechtes Nasenloch
- Richtung: Osten
- Energiezuteilung: irdisch
- Tarotkarte: Der Kaiser/Herrscher

Anmerkung: Das Zahlenpaar 4-4 ist auch verbunden mit der 13 als 13-4 oder der 22 als 22-4.

Übersicht

Das geometrische Symbol erschafft sich selbst immer wieder: Es ist der Becher, der überfließt, es sind Energien der Fülle. Fülle durch Vervielfältigung.

Diese Zahl symbolisiert die vier Richtungen der physischen Welt – Norden, Süden, Osten, Westen. Energetisch hat die 4-4 eine physische/irdische Qualität und der vierte Buchstabe Dalet hat die Herrschaft über den Bereich Fruchtbarkeit

Die hebräische Bedeutung von Dalet ist „Türe" und spielt an auf die Idee eines Empfängers. Das kann symbolisiert werden durch das Geben von Almosen an die Armen, die an die Tür klopfen. Des Weiteren sind die wichtigsten Aspekte Großzügigkeit und Freundlichkeit. Im tieferen Sinn bedeutet das auch, sich selbst mit anderen zu teilen.

Die 4-4 repräsentiert die dritte Polarität des in die Form gebrachten Seins, Fruchtbarkeit/Unfruchtbarkeit und den Samen zum Verderben. Fruchtbarkeit kann in diesem Sinne wörtlich genommen werden, grundsätzlich ist es aber ein Konzept der Fülle, das mit Dankbarkeit und Vertrauen verbunden ist.

Verwirklichung der positiven Aspekte

Die, die Energien der 4-4 verkörpern, haben einen sehr intelligenten Verstand und können besonders gut Informationen aufnehmen. Sie haben die Fähigkeit, alles, was sie lernen oder besitzen, genauso zu kopieren und zu vervielfältigen, wie sie es erhalten haben.

Die Energie der 4-4 ist Fülle und einige der reichsten Klienten haben sehr oft diese Energie. Es ist die Energie der wirtschaftlich Begabten und viele haben gelernt oder scheinen einfach zu wissen, dass Fülle noch mehr Fülle erzeugt. Meist unbewusst erkennen sie, dass Großzügigkeit der Schlüssel ist, damit die Energie der Fülle fließen kann. Natürlich gibt es auch viele sehr reiche Menschen, die von Habgier und Mangelbewusstsein angetrieben werden. Sie können auch das Geschick haben, materielle Güter anzusammeln, wenn wir aber in die tiefere Definition von Reichtum oder Fülle gehen, können sie auch einen Mangel daran haben.

Andererseits kann jemand mit der 4-4 Fülle erreichen, wenn er großzügig ist. Das heißt, auch in der Position der Talente muss man daran denken, dass die 4-4 der Polarität Fruchtbarkeit/Unfruchtbarkeit zugeordnet ist. Deshalb können einige mit der 4-4 Veränderungen in Reichtum oder Vermögen erleben, besonders wenn sie erst dabei sind, ihre Talente zu verwirklichen. Das Merkmal einer Person, die diese Energie verkörpert, ist die Fähigkeit, auch in mageren Zeiten die zyklische Natur der Ernte zu akzeptieren und nicht anfällig zu werden für desolate Zustände des Geistes und Umstände, die mit dieser Herausforderung verbunden sind. Es ist immer ein Gefühl des Vertrauens da, dass am Horizont ein Lichtstreifen auftaucht.

In den irdischen Talenten können sie Ideen entwickeln. Sie sind sehr gut mit Fakten und Zahlen und können sehr erfolgreich im finanziellen Bereich sein, wo sie auch oft tätig sind. Ansonsten kann ihre Arbeit auch das Entwickeln und Fördern von Ideen einschließen. Viele mit der 4-4 haben die Fähigkeit, ihr Wissen mit anderen zu teilen, es zu vervielfältigen und zu verbreiten. Diese Fähigkeit der Vervielfältigung könnte sich auch durch ein Magazin, ein Buch oder durch eine Veröffentlichung äußern. Sie sind produktive Geister und verbreiten Ideen im Internet, oft mit einer Konzeptidee oder mit einem Video, das sich wie ein Virus weltweit ausbreiten kann. Insgesamt sind viel Kapazität und Potenzial für bedeutende Leistungen und Erfolg vorhanden.

In den spirituellen Talenten trifft vieles zu, was bereits oben erwähnt wurde, auch wenn die Natur der Fülle sich auf spirituellem Gebiet eher mit der spirituellen Materie befasst, wie zum Beispiel spirituelle Bücher, Internet-Informationen etc. Hier liegt der Schwerpunkt im Gegensatz zu den wirtschaftlichen Elementen eher im Unterricht.

Der vierte Buchstabe Dalet steht in Verbindung mit der Sonne, denn von dort bezieht die 4-4 die Energie. Viele wollen ihren gerechten Anteil an Sonnenschein bekommen. Es ist auch interessant, dass sie meistens eine strahlende und positive Erscheinung sind und eine Art von Reinheit und Licht ausstrahlen.

Die zugeordnete Körperöffnung ist das rechte Nasenloch, das einen Bereich der Stärke bedeutet. Es ist, als würden sie ein weitentwickeltes Radar- oder Warnsystem besitzen, womit sie ahnen oder „riechen" können, was am Horizont auftaucht. Diese Fähigkeit wird auch durch die Richtung des Ostens angezeigt. Die Sonne geht im Osten auf und erhellt das, was am Horizont ist. Das kann zu einer besonders sensitiven Fähigkeit entwickelt werden und viele haben ein Wissen über die Zukunft oder über das, was „um die Ecke liegt".

Wenn sie ihre positiven Fähigkeiten verwirklichen, kann es sehr angenehm sein, mit ihnen zusammen zu sein, da sie so positiv sind.

SELBSTHILFE GURU

Melinda ist eine Bestseller- und Selbsthilfe-Autorin. Sie war schon immer sehr großzügig mit ihrer Zeit und dem Austausch nützlicher und positiver Ideen. Sie hatte sehr, sehr viele Selbsthilfe-Bücher für sich persönlich „absorbiert" und besuchte unzählige Vorträge. Geld war zwar wichtig, spielte aber nicht die Hauptrolle. Sie besaß zwei erfolgreiche Unternehmen. Andere sagten, „alles was sie berührt, wird ohnehin zu Gold". Ihre Ziele aber hatten einen höheren Wert und sie meinte, dass es ihr Zweck war, „praktische Positivität" zu teilen.

Ihre Gabe und ihr besonderer Beitrag waren es, vorhandene immerwährende Weisheit zu nehmen und diese Idee für ein Selbstentwicklungs- und Geschäftspublikum auf den Markt zu bringen. Das hat ihr zu sehr viel Fülle verholfen und auch andere auf dem Weg inspiriert. „Es ist eine „Win-Win-Situation" würde sie sagen.

Erfahrung der Herausforderungen

Gemischtes Glück, Vertrauensthemen und negative Gedankenmuster können Hürden für diejenigen sein, die sich durch die Herausforderungen der 4-4 durcharbeiten wie im Fall von Terry (unten).

HÖHEN UND TIEFEN DES GLÜCKS

Terry ist ein professioneller Pokerspieler. Er hat ein paar Mal ein kleines Vermögen gewonnen, nur um alles wieder zu verlieren und Schulden zu haben. Dies war sein Muster. Er hatte auch in hoch spekulative Goldminen, Öl-Förderung und in andere Firmen investiert, die eher unethisch waren und ausbeutende oder umweltverschmutzende Unternehmen. Sein Schwerpunkt in so einer Lage war immer das eigene Interesse. Aber viele dieser Pläne gingen ins Auge und er hatte mit Menschen zu tun, denen er nicht vertraute.

Als ich ihn traf, war er gerade in einer „Aufwärtsphase" und hatte sich ein Immobilienreich mit einem sehr großen Mieteinkommen aufgebaut. Er litt aber an Schlaflosigkeit und wurde von zwanghaften Gedanken und Reue geplagt und sagte mir, dass es auf der ganzen Welt niemanden mehr gäbe, dem er vertrauen würde. Er fühlte sich vollkommen allein.

Langsam dämmerte ihm, dass es im Leben vielleicht mehr gibt als Gewinn und Anhäufen. Wir schauten uns die Dinge an, die ihn am glücklichsten gemacht hatten und natürlich waren es nicht Dinge von materiellem Wert. Es waren hauptsächlich Ereignisse und Zusammensein mit Freunden und Familie, von denen er sich ironischerweise getrennt hatte. Hypnosetherapie half seiner Schlaflosigkeit. Die Wiederbelebung alter Beziehungen und allmählich den Menschen wieder vertrauen zu lernen, brachten seiner Seele mehr Frieden.

Der Buchstabe Dalet ist der Polarität der Fruchtbarkeit zugeordnet. So bringt die Energie der 4-4 die Herausforderung von Fruchtbarkeit/Unfruchtbarkeit. Fülle und Vermehrung bezieht sich auf alle Bereiche des Lebens.

Seit langem ist bekannt, dass sich Fülle manifestieren kann, wenn bestimmte Bedingungen erfüllt sind. Bewusst diese Bedingungen in sich selbst zu erschaffen und zu erhalten, ist die Haupt-Herausforderung der 4-4. Einige werden viele Gewinne und Verluste, Höhen und Tiefen des Glücks erleben, während sich bei anderen diese Lektion über einen längeren Zeitraum durch materielle Knappheit manifestiert, wenn sie ihre Herausforderungen durcharbeiten.

Es gibt auch jene mit der 4-4 in der Herausforderung, die oberflächliche Fülle im Sinne von irdischem Besitz erleben, aber sie schätzen diesen Wert überhaupt nicht. Sie müssen erst die spirituelle Wahrheit lernen, dass wahrer Reichtum an Zufriedenheit statt an relativen materiellen Dingen gemessen werden kann.

Ein Milliardär mit der 4-4 suchte mich wegen mysteriöser Kreuzschmerzen auf, für die durch konventionelle Untersuchungen keine Ursache gefunden werden konnte. Es fehlte ihm in jeder Hinsicht echte Liebe und Unterstützung. Eine andere sehr wohlhabende Klientin hatte nach außen hin ein faszinierendes Leben und reiste rund um die Welt von einem exotischen Ort zum anderen.

Aber ihr Sauberkeitszwang und ihre Angst vor Krankheit verhinderten, dass sie wirklich die Schönheit und Vielfalt der verschiedenen Städte und Kulturen wahrnehmen konnte, die sie besuchte. So verbrachte sie ihre freie Zeit „isoliert" in einem luxuriösen Hotelzimmer und machte sich Gedanken darüber, wie ihr Essen gekocht war oder ob sich jemand an ihrer Wasserflasche zu schaffen gemacht hatte.

Bei der irdischen Herausforderung der 4-4 fehlt in der Regel auch deutlich das Vertrauen. Sie sind oft sehr unsicher, verbergen das aber unter einer arroganten Maske. Sie haben die Tendenz, mit sich selbst beschäftigt zu sein, gefangen in ihren eigenen Problemen, egozentrisch und blind gegenüber den Bedürfnissen anderer. Diese Eigenschaften, zusammen mit einem grundlegenden Gefühl der Ablehnung, können eine Persönlichkeit formen, die ein heftiges Verlangen nach Aufmerksamkeit hat. Solange der Blick nur darauf gerichtet ist, drehen sich ihre Gedanken und Sorgen immer im Kreis. Für so einen beschäftigten Verstand können Meditationsübungen anfangs sehr schwierig sein.

Mit der 4-4 in den irdischen Herausforderungen werden sich manche nur auf den finanziellen Gewinn konzentrieren. Über die Umwelt machen sie sich keine Sorgen (Umweltverschmutzungen durch Öl oder Abholzung des Regenwaldes im Amazonas). In leichteren Fällen können sie einfach ziemlich verschwenderisch sein. Auf einer tieferen Ebene haben diese Themen der Fülle mit Vertrauen zu tun. Das Gefühl von Verrat und Misstrauen im Weltgeschehen veranlasst sie, sich in sich selbst zurückzuziehen.

Einige mit der Herausforderung in der irdischen Position haben möglicherweise schon in sehr jungen Jahren tiefe Ablehnung erfahren. Das Gleiche gilt auch für die spirituelle Herausforderung der 4-4. Allerdings stammt das Gefühl der Ablehnung eher durch die Erfahrung, sich in eine menschliche Form inkarniert zu haben. Wenn ich mit ihnen arbeite, finde ich auch oft, dass sie sich vom Göttlichen verlassen fühlen. Für beide Positionen der Herausforderungen gilt, dass sie eine starke unterschwellige Angst quält, dass irgendetwas mit ihnen nicht stimmen könnte oder „schlecht" wäre. Das veranlasst sie, sich zurückzuziehen und sich isoliert zu fühlen.

So können sie den Menschen nie voll vertrauen und erschaffen Situationen, in denen sich andere von ihnen trennen. Das verstärkt ihr Gefühl von Verrat, das sich auf unterschiedliche Weise wiederholen kann, bis das Muster durchbrochen wird. Durch das Misstrauen anderen gegenüber und den Abbruch von Freundschaften oder der Vertrautheit mit Partnern schneiden sie sich auch vom Leben und von dem Gefühl der Verbindung mit dem Göttlichen ab.

In Bezug auf körperliche Fruchtbarkeit kann es manchmal auch Komplikationen oder Blockaden geben, beispielsweise Schwierigkeiten, schwanger zu werden oder Kinder zu haben. Doch selbst in den Herausforderungen ist die Energie der

Fruchtbarkeit in ihnen und es geschieht häufig, dass sie eine ungeplante Schwangerschaft erleben. Wenn das geschieht, obwohl es ein großer Schock für jemanden sein kann, der sehr egozentrisch ist, überwiegt in der Regel der Mutterinstinkt und sie wird sich total um das Kind kümmern. Letztendlich ist es eine sehr gute Sache, die viel Wachstum bringen kann. Hier habe ich auch einige mit den 4-4 (Vervielfältigung) -Energien gesehen, die sich zusätzliche Arbeit und Verantwortung aufluden, aber auch Freude, indem sie Mehrfachgeburten, also Zwillinge, Drillinge usw. oder überhaupt eine sehr große Familie hatten.

Mögliche einschränkende Glaubensmuster

- Ich bin wertlos...
- Ich bin unfruchtbar...
- Ich bin blockiert...
- Ich bin alleine...
- Ich bin verlassen...
- Ich werde abgelehnt...
- Menschen sind nicht vertrauenswürdig...

Gesundheit

Das Gefühl, dass grundlegend mit ihnen etwas nicht stimmen könnte, bedeutet, dass man mit der 4-4 in den Herausforderungen manchmal auch Hypochonder ist oder dazu neigt.

Wenn die 4-4 einen chronischen Krankheitszustand erlebt, kann es manchmal schwierig werden, sich ganz davon zu erholen, denn das verlangt, sich von den Mustern der dauernden Beschäftigung mit den eigenen Problemen zu lösen. Sie sind auch anfällig für Krankheiten mit „sekundärem Gewinn", z.B. weil man dann die Aufmerksamkeit anderer dafür bekommt.

Das rechte Nasenloch ist bei der 4-4 ein Bereich der Stärke und bezieht sich auf das optimistische Gefühl für die Zukunft. In den Herausforderungen bedeutet es aber eher eine pessimistische Haltung und/oder Atemprobleme.
Nebenhöhlenentzündungen könnten zum Beispiel die entsprechenden physischen Symptome sein. Ein Allheilmittel mit dieser Energieverbindung zur Sonne ist eine vernünftige Dosis Sonnenschein und kann für Personen mit der 4-4 für ihre körperliche und seelische Gesundheit besonders wichtig sein.

Überwindung der Herausforderungen und Aktivierung der Talente und Ziele

Vertrauen ist das Hauptthema der Herausforderungen und oft Ziel der 4-4. Zur Heilung profitieren sie am meisten von Beratungen und Therapie.

Ich habe auch oft festgestellt, dass Vergebungsarbeit für vergangenen Verrat notwendig ist. Dies wurde meist durch eine frühe Lebenssituation ausgelöst, kann aber auch ein Element der Gottverlassenheit sein, dem Gefühl, von Gott, Göttin, der Quelle, wie immer sie das Göttliche wahrnehmen, verlassen zu sein. Das mag einige weitere Behandlungen erfordern aufgrund der persönlichen Umstände.

Als psychoanalytischer Begriff ist die Herausforderung der 4-4 oft narzisstischer Natur. Oft wird das durch unterschiedliche Grade hypochondrischer Angst und Sorgen und einem Kreisen um sich selbst begleitet. Bedeutender Fortschritt ist erreicht, wenn die allgemeinen Sorgen weniger werden und sie aus ihrer eigenen Welt heraus zu einem erweiterten Blickwinkel gelangen.

Hypnose des Selbstwertgefühls und Manifestationsarbeit mit einer besonderen Ausrichtung auf Dankbarkeit, sind alles nützliche und typische Behandlungsformen für die 4-4.

HEIL-AFFIRMATION

Lerne es auswendig und wiederhole es oft:

> Unendliche Liebe und Fülle umgeben mich. Tief in meinem Herzen ist Dankbarkeit und reine unsterbliche Liebe.

Selbsthilfemethoden

Einige mit der 4-4 finden es schwierig, Informationen aufzunehmen, ganz besonders wenn sie noch jünger sind und möglicherweise Lernschwierigkeiten haben (z.B. Legasthenie). Für diesen Fall gibt es viele innovative Methoden mit unterschiedlichen Lernstilen und erhellenden Ansätzen für die Bildung.

Zusätzlich könntest du von „Karma-Yoga" profitieren, denn die Übung besagt, im Dienst für andere zu sein. Je mehr sich die 4-4 auf andere fokussiert, umso mehr kommt sie aus der Qual des in sich selbst Gefangenseins heraus. Im Wesentlichen geht es darum, die Aufmerksamkeit nach außen und auf den Austausch mit anderen zu richten. Das ist zuerst schwierig, weil sehr viele mit dieser *Herausforderung* kein großes Vertrauen zu anderen haben.

Die Natur des Vervielfältigens der 4-4 bedeutet oft auch, dass sie durch unnötige Gedanken geplagt werden. Hier empfehle ich eine Meditation, die hilft, den Verstand auszuschalten. Anfänglich mag dies aufgrund der Energien für die 4-4 schwieriger sein als für andere. Es könnte sogar der Fall sein, dass zu Beginn noch mehr Gedanken hochkommen. Aber das ist eigentlich ziemlich normal und es scheint, als würde man einen Teich oder ein Schwimmbad reinigen wollen. Denn wenn man auf dem Grund den Schutt und Schlamm umrührt, um ihn an die Oberfläche zu bringen, ist das Wasser zuerst trüb. Schritt für Schritt können wir mit diesem Bewusstsein den schnatternden „Affenverstand" klären und beruhigen.

Wenn das Selbstwertgefühl fehlt, können Bücher mit Themen zum Aufbau von Selbstachtung und Selbstschätzung hilfreich sein. Allerdings kann es klug sein, sich von einigen der „New Age"- Selbsthilfemethoden fernzuhalten, deren Betonung zu sehr auf dem „ich" oder Selbstgefälligkeit liegen.

Hilfreich ist auch, regelmäßig all deine Fähigkeiten aufzuschreiben und sich immer wieder an sie zu erinnern. Das wird dir deine Fähigkeiten und die Gründe, dich „selbst" wertzuschätzen, immer mehr ins Bewusstsein bringen.

Gute Bücher mit den Themen Fülle und Manifestation sind auch hilfreich. Wichtig ist auch, all die guten Dinge wertzuschätzen, die du hast und dafür immer wieder dankbar zu sein, was wiederum Fülle anzieht.

Die 4-4 sind sehr erdige Energien. Mit der 4-4 solltest du viel Zeit in der Natur verbringen und über die Fülle und die Vervielfältigung von Mutter Erde nachdenken und dich von ihr inspirieren und führen lassen.

*Siehe Wörterverzeichnis, Seite 335.

Vorschläge für Bachblüten

Bleiwurz oder Hornkraut (Cerato), um das eigene Selbstvertrauen für die innere Weisheit zu stärken, anstatt bei anderen Menschen nach Rat zu suchen.
Lärche (Larch) für das Selbstvertrauen.
Gefleckte Gauklerblume (Mimulus) hilft Ängste zu überwinden.
Esskastanie oder Edelkastanie (Sweet Chestnut) gegen das Gefühl von Gottverlassenheit.
Sumpfwasserfeder (Water Violet) gegen das Gefühl der Einsamkeit und der Trennung.
Wegwarte (Chicory) gegen Selbstherrlichkeit und den Drang nach Aufmerksamkeit.

ERINNERE DICH, DEINE TALENTE SIND DER DREHPUNKT ZWISCHEN DEN HERAUSFORDERUNGEN UND DEN ZIELEN. DIE VERWIRKLICHUNG DEINER WELTLICHEN UND SPIRITUELLEN FÄHIGKEITEN WIRD DIR HELFEN, DEINE HERAUSFORDERUNGEN ZU ÜBERWINDEN UND DEINE ZIELE ZU ERREICHEN!

Seelenbestimmung, Ziel und Transzendenz

Wenn diese Frequenz als Kernenergie in der Seelenbestimmung erscheint, ist zugleich ein angeborenes positives strahlendes Licht vorhanden. Um diese Energien zu verwirklichen, gilt es, in deinen Kern der Fülle zu kommen. Auf der Seelenebene gibt das einen zusätzlichen Schub, damit du all das erreichen kannst, was du dir vorgenommen hast. Das bedeutet, es gibt einen tiefen inneren Antrieb, um vorwärts gestoßen zu werden. Alles ist möglich, damit das Leben mit seinen Wünschen und Träumen erfolgreich werden kann. Die Verwirklichung der 4-4 auf der Kernebene bedeutet, sich sicher und erfolgreich in der Welt zu fühlen, während das innere Licht sich enthüllt, strahlt und sich anderen mitteilt.

Die Erkenntnis dahinter ist, dass es keine Grenzen gibt in Bezug auf verfügbare Dinge und es gibt keinen Mangel im letztendlichen Sinn. Denn alles, was geschieht, wird als ein Segen betrachtet, auch wenn es nicht sichtbar ist.

Der Zyklus der Jahreszeiten ist ein perfektes Beispiel. Sogar in der Trostlosigkeit des Winters gibt es keine andauernde Knappheit, denn der Winter wird schon bald vom Frühling, dem nächsten Sommer und der Ernte abgelöst. Mit diesem Verständnis des vollkommenen Vertrauens stellt sich tiefe Dankbarkeit ein und Wertschätzung über die innere Schönheit jeder Jahreszeit und allen Geschehens im sich entfaltenden Kreislauf des Lebens.

SEELENBOTSCHAFT

Nimm dir Zeit, dich zu entspannen und dann wiederhole drei Mal oder denke einfach darüber nach:

> Erscheinungen verändern sich und doch bleibt alles. Wirklich erfüllt ist jemand, der zufrieden mit dem Leben ist. Dankbarkeit ist das Werkzeug. Unendliche Liebe und unbegrenzte Fülle sind dein Geburtsrecht. Du kannst alles erschaffen, wenn du erkannt hast, dass du eins bist mit allem.

5 GEIST UND FREIHEIT

Eigenschaften

- Hebräischer Buchstabe: Heh
- Doppelbuchstabe
- Planet/Sternbild: Widder
- Körperzuordnung: rechter Fuß
- Qualität: Sprache
- Energiezuteilung: spirituell, Unterricht und Kommunikation
- Tarotkarte: Der Hohepriester/Hierophant

Bemerkung: Das Zahlenpaar 5-5 ist auch verbunden mit der 14 als 14-5.

Übersicht

Das Symbol zeigt einen ätherischen Fötus, der in die physische Welt eintritt und sich in seiner Form verändert. Es sind hohe spirituelle Schwingungen mit überirdischen, sogar engelhaften Qualitäten. Sie gehören zum Göttlichen und offenbaren es in einer sanften ruhigen Weise.

Der fünfte Buchstabe des hebräischen Buchstabens „Heh" bezieht sich auf den Ausdruck der Schöpfung. Der Klang „Heh" ist müheloser Atem, der die ätherische Natur der Realität symbolisiert. Die Welt besteht nicht nur aus Materie, sie ist auch mit Geist durchtränkt. Etwas kommt ins Sein, das seinen Ursprung im Geistigen hat. Das wird auch durch die tiefere Verschmelzung von Physischem und Geistigen symbolisiert.

Ausdruck entsteht aus Gedanken, Sprache und Handlung. Selbstausdruck bedeutet Vermittlung der eigenen inneren Gedanken durch das Sprechen mit anderen. Handlung ist ein weiterer Schritt, um aus einer nicht greifbaren Idee etwas Greifbares zu machen.

Obwohl diese Energien sehr ruhig sind, sind sie dennoch durchdringend und direkt und drücken das behutsam in Wort und Tat aus. Die Energie trägt die Eigenschaft eines Pioniergeists.

Verkörperung der positiven Aspekte

Menschen, die die Energien der 5-5 im positiven Sinne verkörpern, sind gewöhnlich aufgeschlossen, offen für das spirituelle Wachstum und sehr intuitiv. Sie sind von Natur aus unerschrocken, pionier- und abenteuerfreudig. Das kann bedeuten, dass sie neue physische oder mentale Bereiche erforschen, die jenseits der alltäglichen und normalen Grenzen liegen. Mühelos können sie sich auf abstrakte Ideen auf dem kreativen oder spirituellen Bereich einstimmen. Als „freier Geist" reisen sie gerne oder sind wenigstens sehr oft auf dem Sprung. Solange sie nicht von einer Energie schwerwiegender Herausforderung zurückgehalten werden, werden sie meist nicht zögern, Chancen im Leben wahrzunehmen.

Ihr mutiger Charakterzug erstreckt sich auf menschliche Beziehungen und Kommunikation, sie sind durchsetzungsfähig und sprechen ohne Angst. Die Sprache ist wirklich die für die 5-5 vorgesehene Fähigkeit und sie sind oft sehr wortgewandt. Wenn sie mit ihren Talenten verbunden sind, wie Mitch (Beispiel unten), können sie Schauspieler sein, singen oder Rollen als öffentlicher Sprecher übernehmen.

Aber sie können aus heiterem Himmel ziemlich sprunghaft sein und brauchen Raum, um das auszudrücken. Letztendlich sind es Energien der Abstraktion, die am besten in den eher inspirierten Bereichen des Lebens fließen. Deshalb zieht sie Büroarbeit wahrscheinlich nicht an. Sie neigen eher zu visionären Rollen im therapeutischen Bereich, in Musik, Schauspiel und anderen Künsten.

Wenn die 5-5 im irdischen Aspekt vorkommt, ist es besonders wichtig, so viele Fähigkeiten wie möglich zu aktivieren, um ihre Rolle als eine Brücke zwischen der physischen und der geistigen Welt anzuerkennen. Die Energien der 5-5 sind von Natur aus sehr ätherisch und müssen deshalb so vollständig wie möglich verwirklicht werden, damit sie in der Dichte der Alltagswelt Wirkung zeigen oder in der schwierigen Schwingung einer irdischen Herausforderung. Das heißt, dieses Talent wird dann mehr in den Vordergrund treten, wenn in Zukunft mehr und ganzheitliche Konzepte von der Gesellschaft akzeptiert werden.

Diese Schwingung ist besonders stark und geeignet für die Position des spirituellen Aspekts. Nicht so sehr für den irdischen.

In den spirituellen Talenten dauert es vielleicht ein bisschen länger, um die vollen Fähigkeiten zu erreichen.

Aber wenn sie verbunden sind, haben sie auch Zugang zur Weisheit ihrer Seele und können großartiges Wissen übermitteln. Sie haben die außerordentliche Gabe, spirituelle Konzepte klar auszudrücken.

DER ABENTEURER

Mitch ist ein „Abenteurer", der einige Jahre in Nepal ein Geschäft führte, indem er Abenteuerreisen und Wandertouren anbot. Obwohl er früher, als er jünger war, eher zurückhaltend war, hatte er vor einigen Jahren seine Arbeit einer örtlichen Unternehmungsgruppe vorgestellt. Das brachte ihm nicht nur viele Verbindungen, sondern er wurde auch für seine rhetorischen Fähigkeiten gelobt. Dabei fand er heraus, dass er eine besondere Begabung hatte sich geschickt auszudrücken und die anderen mit seinen Geschichten zu unterhalten. Er hat sich diese Fähigkeit zu Nutze gemacht und hält nun Vorträge in Schulen und Unternehmen. Seine besondere Gabe liegt in der Fähigkeit zu vermitteln, wie der Abenteuergeist und die „Eroberung" neuer Gebiete in Bildung und Geschäftsleben angewandt werden können. Seine Botschaft wird mittlerweile weltweit als Inspiration anerkannt. Kürzlich entwickelte er einen weiteren Geschäftszweig, indem er Abendvorträge hält.

Erfahrung der Herausforderungen

Menschen mit den 5-5 in den Herausforderungen empfinden es oft als sehr schwierig, in die Welt hinauszugehen und sich in die Gesellschaft einzufügen.

Viele von denen, die die Herausforderungen der 5-5 durcharbeiten, besonders den irdischen Aspekt, haben die Energie des archetypischen Einsiedlers am Rande der Gesellschaft oder die einer weisen Kräuterfrau, die im Wald lebt und sich nie wirklich in die Gemeinschaft einfügt. Das führt manchmal dazu, dass sie sich fremd fühlen oder sogar ein unkonventionelles Leben führen. Dieses Gefühl der Entfremdung kann auch bei weniger schwerwiegenden Herausforderungen auf einer gewissen Ebene vorhanden sein. Hauptsächlich ist es das Gefühl, sich anders zu fühlen. Themen wie Anpassung brauchen etwas Arbeit, um sie zu überwinden.

In schwierigeren Fällen leben einige mit der 5-5 in den Herausforderungen, die sie noch nicht ganz durchgearbeitet haben, am Rande der Gesellschaft, wie Juno in unserem Beispiel unten. Üblicherweise ist das der Fall, wenn die 5-5 in der Position der irdischen Herausforderungen erscheint. Das Gefühl der Entfremdung ist verstärkt und es gibt mehr Probleme, um sich den Konventionen und Forderungen der Gesellschaft anzupassen.

DIE EXZENTRISCHE EINSIEDLERIN

Wenn sie sich besser fühlt, beschreibt sich Juno als Künstlerin. Sie lebt zurückgezogen in einem großen Haus außerhalb eines kleinen Küstendorfes in Cornwall, im Südwesten von England. Sie besuchte eine private Mädchenschule und weil sie akademisch begabt war, durchlief sie das College und fing an, Medizin zu studieren. Aber sie hat ihr Studium nie abgeschlossen, denn sie entdeckte die Freiheit als Rucksacktouristin in Thailand. Juno kehrte nicht mehr zu ihrem Studium zurück, verkaufte stattdessen zwei Jahre lang selbstgemachten Schmuck am Strand.

Sie genoss dieses Dasein, konnte es aber nach ihrer Rückkehr nach England nicht mehr wiederholen. Sie war frustriert vom roboterähnlichen Leben anderer, das sie um sich herum wahrnahm und empfand es als sehr schwierig, mit „Alltagsmenschen" umzugehen. Die wiederum empfanden sie mit ihrem ätherischen Auftreten und ihrem exzentrischen Modestil ziemlich „versponnen". Obwohl man vielleicht diese Fähigkeiten und Eigenschaften Junos bei anderen als Stärke angesehen hätte, gab es unglücklicherweise etwas in ihr, was diese Haltung bei ihr nicht erlaubte. Anstatt sich einen Weg zu suchen, um sie selbst zu sein, empfand sie es als immer schwieriger, sich den Menschen anzupassen und entwickelte stattdessen ein Alkoholproblem.

Juno lebt heute alleine auf einem Anwesen, das ihr ihre wohlhabende Familie schenkte, die sie ansonsten ausgeschlossen hat und ihr jeglichen Kontakt verweigert. Immer wieder gerät sie in Streitigkeiten vor Gericht, weil sie selbstverständlichen bürokratischen Verpflichtungen nicht nachkommt, wie zum Beispiel Rechnungen oder Steuern zu zahlen. Manchmal wird sie von Einheimischen um Rat gefragt, den sie mittels Handlesen gibt, das sie auf ihren Reisen gelernt hat. Aber ihre unberechenbaren Launen haben viele abgeschreckt und sie betrachten sie nun als „exzentrische Wein-Eule", wie sie sich auch selbst nennt.

Es gibt extreme Fälle, wie gerade oben beschrieben, in denen viele von ihnen „aussteigen" und sich bewusst entscheiden, anders als alle anderen zu sein. Es gibt aber auch die, die unbewusst diese Tendenz in sich erkennen und sich deshalb zu sehr anpassen und extrem an Regeln und Vorschriften festhalten. Ihre größte Angst ist, von der Gesellschaft ausgestoßen zu werden. Zur Überkompensation enden sie oft in Berufen wie Polizei, Armee oder in einem Kontrollamt für die Gemeinde.

Obwohl es eher selten ist, dass eine 5-5 in der irdischen Herausforderung erscheint, habe ich festgestellt, dass es häufig eine Herausforderung für die Menschen ist, die sich zu Heilung, Therapie und Spiritualität hingezogen fühlen. Wenn sie mit der ätherischen Natur dieser Schwingung nicht klarkommen, kann das auf Probleme mit dem Thema Überempfindlichkeit hinweisen. Sie können durch die Energie anderer Menschen oder auch durch Orte übermäßig beeinträchtigt werden. Da sie sich oft benehmen, als wären sie nicht von dieser Welt, ändern sie ihre Erscheinung ziemlich auffallend von Tag zu Tag. Es ist beinahe, als könnte man zusehen, wie ihre Seele die physische Form in jedem Moment neu erschafft.

Die Welt mag für einige mit der sehr sensitiven 5-5 als brutaler Ort erscheinen und sie haben große Angst davor. Ihnen fehlt oft der praktische Sinn, um sich überhaupt irgendwo zu beteiligen. Sie wünschen sich die Dinge ruhig und friedlich und möchten, dass alle sanft mit ihnen umgehen. Sie werden ärgerlich, wenn sich diese Bedingungen nicht erfüllen, auch wenn sie nicht immer etwas sagen oder sich beschweren. Das liegt an ihrer mangelnden Durchsetzungskraft. Meistens können sie sich überhaupt nicht durchsetzen, oft ziehen sie sogar Missbrauch an oder lassen sich schikanieren. Einige der 5-5, besonders diejenigen, die Zugang zu einer Art persönlicher Macht bekommen haben, gehen ins andere Extrem. Sie sind dann diejenigen, die das Kommando übernehmen, überheblich sind und mit den Schwächen der anderen spielen. Beide Extreme sind möglich, bis alles im Gleichgewicht ist.

Die 5-5 ist sehr intuitiv, nimmt ihre Intuition aber als gegeben hin und glaubt, dass alle Menschen so seien. Interessanterweise habe ich einige Menschen mit diesen Energien getroffen, die auf natürliche Weise die Aura sehen können und glaubten, dass jeder sie sieht, bis sie das Gegenteil herausgefunden haben. Manchmal missbrauchen sie ihre Fähigkeiten auch dazu, die Schwächen anderer herauszufinden und sie auszunutzen. Oder sie sind versucht, durch Manipulation in eine Machtposition zu gelangen.

Besonders in der spirituellen Herausforderung neigen sie nicht dazu, Risiken einzugehen oder die nicht greifbare Seite des Lebens tiefer zu erforschen. Das bringt sie in die eigenartige Lage, sich einerseits der spirituellen Essenz des Lebens bewusst zu sein, andererseits möchten sie sich aber nicht mit Dingen herumplagen, die nicht greifbar sind. Eine unbestimmte Angst ist vorhanden, weil die Erfahrung im Unterbewusstsein gespeichert ist, dass man sehr integer und verantwortungsvoll mit Energie umgehen muss, um keinen Schaden zu nehmen oder anzurichten. Dadurch können sie mit Ideen und Projekten nur sehr schwer vorankommen. Auf einer tieferen Ebene ist es die nicht greifbare Essenz, die die Welt der Dinge beseelt.

Mögliche einschränkende Glaubensmuster

- Was ich nicht sehen/hören/berühren kann, ist nicht real...
- Die Welt ist schwierig und überfordernd...
- Ich muss mich zurückhalten...

- Ich werde überfordert...
- Ich darf nicht den Mund aufmachen...
- Ich gehöre nicht dazu...
- Ich muss mich anpassen...

Gesundheit

Dies ist eine sehr sensible und ätherische Energie. Jene, die diese Herausforderung durcharbeiten, sind meist energetisch sehr offen und lassen sich von der Energie anderer Menschen beeinflussen. Bis sie gelernt haben, starke energetische Grenzen für sich selbst aufzubauen, sind sie eher anfällig für unangenehme Gefühle oder sogar Depressionen.

Es ist ratsam, einen ruhigen Ort zum Rückzug zu haben, einen klaren Zufluchtsort. Sie brauchen Raum, um sich von der Intensität der Umgebung freizumachen, besonders wenn sie in einer Stadt wohnen. Andernfalls kann sich Verspannung und Stress aufbauen und es können sich stressbedingte Symptome zeigen.

Menschen mit dieser Herausforderung können sehr abgehoben und nicht geerdet sein. Oft besteht das Risiko, dass sie ihre Konzentration verlieren und sich dann irgendwo anstoßen oder hinfallen.

Die Energie der 5-5 steht im Zusammenhang mit dem rechten Fuß, der Voranschreiten im positiven Sinne bedeutet. Allerdings kann es in den *Herausforderungen* auch Zurückhaltung bedeuten. So habe ich auch einige mit Problemen am Fuß oder Bein getroffen. Oft ist es das körperliche und psychosomatische Gegenstück der Angst, nach vorne zu schreiten und kann Probleme mit den Füßen oder Beinen erklären, z.B. einen verzerrten Knöchel oder eine Verstauchung, bei der Möglichkeit, sich vorwärts zu bewegen.

Da die Fähigkeit die Sprache ist, kann es auch damit Probleme geben. Meistens geht es um das Aussprechen der eigenen Bedürfnisse und die Gabe sich auszudrücken. Manchmal sehe ich jedoch bei der 5-5 in den Herausforderungen Sprachfehler, Stimmverlust oder am anderen Ende des Spektrums auch Klatsch, weil sie über alle und alles reden.

Überwindung der Herausforderungen und Aktivierung der Talente und Ziele

Ich habe festgestellt, dass Lebensberatung/Coaching oder ein langsames Annähern an die Ziele entscheidend helfen kann, damit die nicht ausgelasteten 5-5er in den Herausforderungen, Zielen oder Talenten im Leben vorwärts gehen und Risiken in Kauf nehmen lernen. Gelegentlich helfen auch Rollenspiele für mehr Selbstbewusstsein oder Selbstbewusstseins-Trainings.

Falls Ängste oder Phobien vorhanden sind, können Energie-psychologische Techniken* oder Hypnosetherapie angewendet werden. Auch für Sprachprobleme, die mit dem Selbstwert zusammenhängen, wie laut und deutlich sprechen und den Mund aufmachen oder Sprachstörungen wie Stottern, kann eine Hypnosetherapie wirksam sein.

Wenn sie durch energetische Wechselwirkungen anderer zu stark beeinflusst werden, werden Erdung, Coaching, Cord Balancing* und EFT* (eine andere Energiepsychologie Technik) empfohlen.

HEIL AFFIRMATION

Lerne es auswendig und wiederhole es oft:

> Ich schreite nun vorwärts und drücke meinen Geist durch Gedanken, Sprache und Handlung aus.

Selbsthilfemethoden

Übungen sind hier angebracht, die dir helfen, körperlich ganz hier zu sein. Erdungs-Übungen mit Kampfsportarten wie Tai Chi, einige Formen von Chi Gong* und Yoga, Tanz und andere Methoden bringen dich in den Körper und helfen bei dieser Integration. Auch Meditationen, in denen du dich mit der Natur verbindest, zum Beispiel, dass du dir vorstellst, du wärst ein starker Baum und lässt die Wurzeln tief in die Erde wachsen. Abenteuer Trainings in der Natur können den Pioniergeist aktivieren, was auch hilft, sich zu erden.

Du musst lernen, klare Grenzen zu setzen und dein Zuhause energetisch rein zu halten, z.B. durch Raumreinigung, durch Blumen oder Kristalle, falls du offen dafür bist. Es ist auch gut, eine Methode zu finden, mit der du dich zentrieren kannst, wenn du in einer unharmonischen oder chaotischen Umgebung bist. Womöglich bist du solchen Energien gegenüber empfindlicher als andere. Meistens reicht es, wenn du dir eine schützende Seifenblase visualisierst. Falls das nicht hilft, musst du nach anderen Methoden suchen.

Diese Energie steht im Zusammenhang mit Sprache, was darauf hinweist, dass einige mit der 5-5 in der Herausforderung lernen sollen, ihre latente Redegabe zu entwickeln, die möglicherweise von etwas zurückgehalten wurde oder noch nicht zu voller Reife kommen konnte. Falls du nicht die Möglichkeit hast aufzutreten, könnte ein Redner- oder Schauspielkurs dir helfen. Für Sänger und Schauspieler könnte eine Hypnosesitzung vor einer Aufführung die Angst erheblich verringern.

Um die Angst zu überwinden und im Leben vorwärts zu kommen, gibt es Literatur über Themen wie Lebensberatung, Durchsetzungsvermögen, Selbstwertgefühl, z.B. Susan Jeffers' Selbsthilfe-Klassiker: „Selbstvertrauen gewinnen: Die Angst vor der Angst verlieren", Kösel-Verlag*. Sie bieten Anregung und einen praktischen Weg nach vorne.

Manchmal ist diese Herausforderung, besonders im irdischen Aspekt, hauptsächlich oder teilweise damit verbunden zu lernen, sich voll in die Gemeinschaft zu integrieren. Das bringt die Erfahrung des Vorteils mit sich, der mit dem Dabeisein entsteht, zum Beispiel gegenseitige Fürsorge, Respekt und das Gefühl des „Dazugehörens". Ich habe viele Menschen mit dieser Herausforderung getroffen, die sie zu einem außergewöhnlichen Grad überwunden haben. Tatsächlich haben viele Leiter und Führer unserer Gesellschaft mit dieser *Herausforderung* begonnen und haben es geschafft, diesen Aspekt *der* Distanzierung und Entfremdung total umzudrehen. Sie sind zu einer bedeutenden Persönlichkeit in der Gesellschaft geworden. Durch Beratung rund um alle Fragen der Entfremdung oder Blockaden, an der Gesellschaft teilzunehmen, können diese Probleme erforscht und in der Regel auch behoben werden.

*Siehe Wörterverzeichnis, Seite 335.

Vorschläge für Bachblüten

Weiße Waldrebe (Clematis) für Erdung und Konzentration.
Lärche (Larch) für Durchsetzungsvermögen.
Gefleckte Gauklerblume (Mimulus) hilft, bestimmte Ängste zu überwinden.
Zitterpappel (Aspen) gegen unbekannte Ängste.
Weißbuche oder Hainbuche (Hornbeam) hilft zur Motivation und der Auseinandersetzung mit Herausforderungen wie auch im Umgang mit Schwierigkeiten.

✡ 5 Heh — Geist und Freihet ✡

ERINNERE DICH, DEINE TALENTE SIND DER DREHPUNKT ZWISCHEN DEN HERAUSFORDERUNGEN UND DEN ZIELEN. DIE VERWIRKLICHUNG DEINER WELTLICHEN UND SPIRITUELLEN FÄHIGKEITEN WIRD DIR HELFEN, DEINE HERAUSFORDERUNGEN ZU ÜBERWINDEN UND DEINE ZIELE ZU ERREICHEN!

Seelenbestimmung, Ziel und Transzendenz

Um die 5-5 im Kern zu verwirklichen, musst du tapfer und selbstbewusst in eine Welt hinaustreten, die du mit deinem Geist voll durchdringst. Auf dieser Reise lernst du ausgewogenes Durchsetzungsvermögen. Du lernst, deine großen intuitiven Fähigkeiten zu nutzen und erkennst ihren Wert. Verbinde dich mit deiner Seele und entwickle deine innewohnende Fähigkeit des sprachlichen Ausdruckes.

In der Transzendenz scheint es, als gäbe es viele mögliche Welten und unendliche Möglichkeiten, aber letztendlich nur dieses eine Bewusstsein für die kreative Kraft, ausgedrückt durch Wort und Sprache. Die diese Energien vollständig verwirklichen, sind eine lebendige Brücke zwischen dem Formlosen und der Form.

SEELENBOTSCHAFT

Nimm dir Zeit dich zu entspannen und dann wiederhole drei Mal oder denke einfach darüber nach:

> Befreie dich von deinen Bindungen; die Jahre der Disziplin und der Gefangenschaft sind vorbei. Das Geheimnis der Verwirklichung ist dein.
>
> Fühle die Bewegung in der Stille. Etwas regt sich in dir. Es ist die Lebenskraft, die alle Dinge antreibt. Sie fließt durch den Körper und befreit den Geist, indem sie sich mit der physischen Manifestation vereinigt. Nun hat dein Geist eine Form erhalten, du bist unschuldig und wirst geliebt. Die Freiheit, die Möglichkeit, die Freude, alles ist vorhanden, um entdeckt zu werden... du wirst für immer geliebt.

6 GEDANKEN UND KREATIVITÄT

Eigenschaften

- Hebräischer Buchstabe: Vav
- Einzelbuchstabe
- Planet/Sternbild: Stier
- Körperzuordnung: rechte Niere
- Qualität: Gedanken
- Energiezuteilung: kreativ
- Tarotkarte: Die Liebenden/Die Entscheidung

Bemerkung: Das Zahlenpaar 6-6 ist auch verbunden mit der 15 als 15-6

Übersicht

Das sind die Energien der kreativen Ideen. Vom Nichts ins Sein. Das Symbol des umwandelbaren Knotens stellt oben einen Lichtfunken dar, der eine Idee repräsentiert, die umgewandelt in eine kreative Realität gebracht wird und sich in der Welt manifestiert. Dies ist ein schöpferischer Prozess.

Die hebräische Bedeutung des sechsten Buchstaben Vav bedeutet Haken. Der Haken bezieht sich auf das, was verbindet, im tieferen Sinne aber zeigt er auf die Verbindung der Schöpfung. Vav verbindet das Physische mit dem Spirituellen, die 22 Energien des Lebens und die ganze Schöpfung. Vav repräsentiert auch das Licht, das aus der Welt strahlt, bevor sie Form wird. Das war der Beginn der linearen Zeit – „Es werde Licht".

Es gibt eine Verbindung zwischen Licht und Schöpferkraft. Wir suchen in den Sternen nach Inspirationen und so wie die Sterne haben Menschen mit diesen Energien eine lichtvolle Ausstrahlung.

Verkörperung der positiven Aspekte

Wir reden hier über kreative Ideen, die Grundlage unserer Existenz sind und sich in äußerst vielfältiger Form manifestieren.

MANN DER IDEEN

Dan ist ein „Mann der Ideen". Er ist auch sehr praktisch und bringt seine Ideen immer zu Ende, sodass sie verwirklicht werden. Ob er nun neue Möglichkeiten für die Touch Screen Technologie erfindet oder an einer klugen Methode für unterhaltsameres Lernen tüftelt, er ist ständig am „Empfangen" neuer Ideen. Anschließend siebt er sie, um den bestmöglichsten Weg zu finden. Sobald er sich entschieden hat, ist er in seiner Begeisterung und seiner Kraft kaum mehr zu bremsen, um sicherzugehen, dass seine Ideen greifbaren und materiellen Erfolg haben.

Menschen mit der 6-6 im Positiven sind höchst kreativ und haben eine unglaubliche latente oder offenkundige Fähigkeit, ihre Aufmerksamkeit wie im Zen zu nutzen. Das zugehörige Sternbild ist der „Stier", ein Bulle, ein Tier, das wegen seines unbezwingbaren Geists respektiert wird. Wenn er sich auf ein Ziel fokussiert hat, dann steuert er stur und beharrlich darauf zu. Wenn ihr Verstand auf etwas fixiert ist, können sie sich durch alle möglichen Hindernisse hindurchpflügen.

Wenn jemand mit der 6-6 fühlt, dass etwas für ihn stimmig ist, entscheidet er sich und konzentriert seine ganze Energie auf dieses Projekt. Es gibt dann kaum etwas, was im Weg stehen kann. Er wird sich voll auf seine Aufgabe konzentrieren mit der Kraft eines Bullen.

In den irdischen Talenten, wenn der Schwerpunkt nicht direkt auf einer künstlerischen Veranlagung liegt, ist es möglicherweise die beste Energie für Unternehmen. In der Kunst sind es Energien der reinen Kreativität. In Kommunikation ist jemand sehr anpassungsfähig und kann mit Menschen auf einem sehr breiten Aufgabenbereich reden und arbeiten.

Wenn die Energien im spirituellen Talent vorkommen, sind sie auch Energien, die sich geistig ausdehnen und den Geist öffnen. Die 6-6 steht im Zusammenhang mit dem Auge, dem Fenster der Seele und der Quelle des Lichts. Wenn wir einen Gegenstand anschauen oder anstarren, konzentrieren wir uns buchstäblich auf Licht. Wenn wir Gedanken entwickeln, fangen wir das Licht ein. Die 6-6 ist eine Energie, die sich ausdehnt und nach außen strahlt. Diejenigen, die sie in sich tragen, bringen die Lichtinformation in die physische Welt.

So sind die mit der 6-6 in den Talenten hervorragende Erschaffer mit einem starken Willen und geistiger Konzentration. Sie wissen, was es braucht, um einer Idee zu folgen, bis sie verwirklicht ist. Ihr Geist ist offen für spirituelle Fülle.

Symbolisch wird in der rechten Niere Kraft gefunden. Nieren sind das Filtersystem des Körpers und damit sind die 6-6 fähig, Unpassendes auszufiltern und ihre Wahrheit zu erkennen, das, was für sie stimmig ist. Es gibt so viele Ideen und Möglichkeiten im Leben, aber sie lassen sich nicht ablenken und tun nur das, was erforderlich ist.

Erfahrung der Herausforderungen

Hier arbeitet man mit den höchsten kreativen Energien, aber als Herausforderung. Diese Kreativität kann mit literarischer Interpretation, mit Kunst und Musik etc., zu tun haben oder aber mit Geschäftsangelegenheiten, Design und Projekten in der Gesellschaft. Grundsätzlich geht es um Gedanken und Ideen, an denen sie meist keinen Mangel haben. Doch es kann eine echte kreative Blockade geben. Die Schwierigkeit liegt aber mehr darin, dass sie keinen Schwerpunkt finden oder keinen Durchblick haben.

Wir haben bereits erwähnt, dass der hebräische Buchstabe Vav Haken bedeutet. Es bedeutet aber auch einen Haken, der Konzepte zusammenfügt. In der Position der Herausforderung kann diese Eigenschaft außer Kontrolle geraten, wenn es zu viele Ideen und Verbindungen gibt, die nicht gründlich ausgesiebt werden. Eine Idee führt zur nächsten und immer so weiter, mit anderen Worten, die Kreativität ist zwar vorhanden aber nicht zielgerichtet, wie das nächste Beispiel zeigt.

ZERSTREUTE ENERGIEN

Lena war ein „Therapie-Junkie“. Sie litt an einer Krankheit, die sie „Adrenalin-Zustand“ nannte, der sie kaputt machte. Um das in Ordnung zu bringen, besuchte sie konventionelle Ärzte und erforschte viele alternative Methoden. Im klassischen Stil der 6-6 war sie von jeder neuen Heiltechnik sehr begeistert. Sie hatte bereits Yoga ausprobiert, Tai Chi, Transzendentale Meditation, Reiki, NLP, Stimm-Workshops, kreatives Schreiben und so weiter.

Natürlich sind das alles selbst großartige Übungen und es ist gut, sich mit verschiedenen Möglichkeiten vertraut zu machen. Wie so oft passen unterschiedliche Methoden zu unterschiedlichen Menschen, Krankheiten und Zuständen. Aber Lena hat nichts wirklich länger als höchstens ein paar Wochen durchgezogen. Sehr oft geschah es, dass sie einen Workshop bereits nach der Hälfte abbrach, wenn sie wieder eine neue fantastische Methode kennenlernte. So wurde sie wie besessen, fanatisch, war nicht zu bremsen in ihrer Bemühung, immer mehr zu erfahren und meldete sich schon für die neueste Heilmethode an. Jedes Mal war sie davon überzeugt, dass das jetzt die Antwort auf all ihre Gebete war. Das geschah immer wieder, bis ihr Körper und Geist sie bremsten und sie zusammenbrach.

Der Durchbruch kam, als sie herausfand, dass dies alles Teil ihrer Herausforderungen war. Obwohl es für einen Außenstehenden leicht zu erkennen ist, dass sich jemand in einem Kreislauf der Unausgeglichenheit bis hin zur Erschöpfung befindet, ist es für den Betroffenen selbst schwierig, dieses Muster zu erkennen. Lenas Immunsystem war geschwächt, ihre Energien waren abgehoben und nicht geerdet und ihr spirituelles Licht trüb.

Brian erfuhr ein ähnliches Muster wie Lena und so viele andere, die die 6-6 in den Herausforderungen durcharbeiten, aber bei ihm bezog sich das auf seine Karriere. Auch wenn er eine robustere Gesundheit besaß, hatte er alle paar Wochen eine andere Arbeitsstelle. In einem Moment war er im Finanzgeschäft, in der nächsten Woche im Informatikbereich, als nächstes verkaufte er Nahrungsergänzungsmittel und wechselte dann zur Werbung für Webseiten. Immer wieder kam er mit neuen Geschäftsideen oder Erfindungen, aber er brachte nie wirklich etwas zustande.

Mit der 6-6 in der Herausforderung kann es in der Ausdrucksweise an Flexibilität und Spontanität mangeln. Sie fühlen sich unsicher, wenn sich Pläne ändern. Von neuen Projekten oder Interessen sind sie kurze Zeit sehr begeistert, bleiben aber dann ohne wirkliche Sicherheit oft stecken. Sie schaffen es nicht, die Sache zu Ende zu führen und Chancen zu ergreifen, die ihnen erlauben würden, sich in der Zukunft zu vergrößern.

Es ist schwierig für irdische Beschäftigungen Zusagen zu erhalten und dies gilt noch mehr im spirituellen Bereich. Die an den *spirituellen Herausforderungen* arbeiten, befassen sich mit abstrakten Ideen und die Sicherheiten, nach denen sie suchen sind noch unsicherer. Die ganze Begeisterung, die anfangs vorhanden ist, verfliegt aber bereits vor der nächsten kreativen Idee. Es ist quasi dasselbe mit den *irdischen Herausforderungen*, obwohl die Unsicherheit größer ist, eine Idee zu verwirklichen, weil eine unbewusste Angst vor dem nicht Greifbaren vorhanden ist. So kann man viele spirituelle Ideen haben, alle mit verschiedenen Themen und Energien, mit dem Endergebnis, dass sie alle nicht verwirklicht werden.

Es ist nicht ungewöhnlich, dass eine Menge Wut da ist, die teilweise auf Frustration in der Kindheit zurückverfolgt werden kann. Eine solche Frustration kann auch die Kommunikationsfähigkeit beeinflusst haben. Das erscheint manchmal als Blockade, Mangel an Kommunikation oder eine etwas steife Ausdrucksweise. Dieser Umstand kann zeitweise zu Isolation und Einsamkeit führen.

Auch kann oft eine anormale Machtbesessenheit vorhanden sein und manche mit der 6-6 in den Herausforderungen missbrauchen ihre Macht. Wenn sie sich auf etwas konzentrieren und damit loslegen, werden alles und alle, die im Weg stehen, mit der Art eines „Bullen im Porzellanladen" zur Seite getrampelt. Das Ergebnis ist dann aber oft, dass die ursprüngliche Idee nur eine kurze Lebensdauer hat, sobald etwas Neues ihr Interesse gepackt hat.

Kurz gesagt, wenn jemand diese Herausforderung erfährt, kann es damit enden, dass er zu vielen Projekten und Ideen nachjagt, aber nichts zu Ende bringt. Die Herausforderung ist zu lernen, sich auf den großartigen kreativen Impuls zu fokussieren.

Mögliche einschränkende Glaubensmuster

- Andere blockieren mich...
- Meine Kreativität ist blockiert...
- Ich bin unkonzentriert...
- Ich kann nichts beenden...
- Es gibt keinen Ausweg...
- Ich muss Lösungen finden...
- Ich stecke fest...

Gesundheit

Die Tendenz, zu viele Ideen zu verfolgen, ist sehr anstrengend, deshalb muss sich die 6-6 vor Burnout schützen. Da diese Energie eine Verbindung zur rechten Niere hat, wird der 6-6 geraten, sich um ihre Nieren zu kümmern. Für die Nieren und Nebennieren werden Maßnahmen empfohlen, die Stress verhindern oder mildern. Nierenprobleme können sich manifestieren, wenn es Schwierigkeiten mit der Filterung gibt. Man muss lernen zu unterscheiden, was ist richtig und was falsch, denn man kann nicht alles mit an Bord nehmen. Wenn die Nierenenergie (Vitalität) zu stark verbraucht ist, entsteht Erschöpfung und Burnout. Das alles geschieht, wenn man zu viel macht.
Mit den Herausforderungen der 6-6 habe ich mehr Klienten getroffen, die an Burnout oder ME (Myalgic Encephalomyelitis = Entzündung von Gehirn und Rückenmark) litten, als mit irgendeiner anderen der 22 Energien.

Sie neigen auch dazu, viel Wut, Ärger, Groll und Frustration aufzustauen. Wenn das nicht angesprochen wird, kann unausgesprochene Wut, nicht loslassen können und Starrheit zu mehr oder weniger ernsthaften gesundheitlichen Störungen führen wie z.B. Arthritis.

Auf der mentalen Ebene neigt man mehr dazu zerstreut zu sein und zu Schusseligkeit. In ernsthafteren Fällen kann es zu wirren geistigen Zuständen kommen und zu einer gespaltenen Persönlichkeit.

Überwindung der Herausforderungen und Aktivierung der Talente und Ziele

Denjenigen mit einer 6-6 in der Herausforderung und allen, die sich auf ein Ziel mit diesen kreativen Schwingungen konzentrieren, kann spirituelle Lebensberatung sehr helfen, um diese kreative Energie in die richtigen Bahnen zu lenken. Das wird helfen, Prioritäten zu setzen und ihre Ziele in überschaubaren Schritten ansteuern zu lernen.

Therapie dient auch als wichtiges Ventil, um Gefühle der Frustration und Wut auszudrücken, die diese Energie normalerweise begleitet. Sie ist auch hilfreich, um über mögliches Suchtverhalten zu sprechen wie Esssucht, Alkohol, Drogen usw. Wo sich die Wut nach innen gerichtet hat und sich zum Beispiel als Depression äußert, ist ebenfalls Beratung notwendig. Aggression ist der andere Pol von Depression. Da braucht es sehr viel Energieheilung und Ausgleichung der Symptome.

Diese Herausforderung durchzuarbeiten, kann sehr viel Stress machen. Deshalb können Entspannungs-Therapien, Wut-Management, Beratung und „Frontal Occipital Holding"* Entlastung bringen. Auch Hypnotherapie kann bei kreativen Blockaden und allen oben genannten Zuständen helfen und die Lebensberatung zusätzlich verstärken.

HEIL-AFFIRMATION

Lerne es auswendig und wiederhole es oft:

> Die Kreativität des Universums fließt durch mich, wenn ich meine Gedanken auf das eine Ziel richte, von meiner Seele erleuchtet zu werden.

Selbsthilfemethoden

Es gilt zu lernen, dass du dich nur auf eine Aufgabe auf einmal konzentrierst. Wenn du dafür keinen Lebensberater möchtest, kann dir auch ein Buch über Coaching helfen. Der Schlüssel ist, Prioritäten zu setzen und dir das, was dir wirklich wichtig ist, aus einer wahrscheinlich langen Liste all deiner Interessen und Ideen herauszusuchen. Danach gilt es, das Ziel in Schritte oder Teilziele aufzuteilen und einen Schritt nach dem anderen zu machen.

Wichtig ist also, sich jeweils auf eine einzige Handlung zu konzentrieren und trotzdem das Ziel im Auge zu behalten. Dadurch wird man auch dann dran bleiben, wenn die anfängliche Begeisterung verschwunden ist. Es gilt auch zu lernen, die Konzentration auch dann auf das Ziel zu richten, wenn einmal weniger Inspiration da ist. Wenn man sich tiefer darauf einlässt, wird sich auch die Faszination vertiefen und neue Ebenen werden sich zeigen.
Freizeitaktivitäten können helfen, die Konzentration zu fördern und zu entwickeln, wie Meditation, Schach etc.

Wenn Wut ein Thema ist und du möchtest nicht mit einem einzelnen Therapeuten arbeiten, könnte es sich lohnen, ein Wut-Management Seminar zu besuchen, das dir hilft, mit Wut umzugehen.

* Siehe Wörterverzeichnis Seite 335.

Vorschläge für Bachblüten

Stechpalme (Holly) zur Überwindung von Wut.
Weinrebe (Vine) gegen Aggression, gegen das zur Seite drängen von Menschen, um Ziele zu erreichen, gegen Machtbesessenheit.
Einjähriger Knäuel (Scleranthus) gegen das Herumhüpfen von einem Projekt zum nächsten und gegen Konzentrationsmangel.
Kirschpflaume (Cherry Plum) gegen Burnout und das Gefühl, die Selbstkontrolle zu verlieren.

ERINNERE DICH, DEINE TALENTE SIND DER DREHPUNKT ZWISCHEN DEN HERAUSFORDERUNGEN UND DEN ZIELEN. DIE VERWIRKLICHUNG DEINER WELTLICHEN UND SPIRITUELLEN FÄHIGKEITEN WIRD DIR HELFEN, DEINE HERAUSFORDERUNGEN ZU ÜBERWINDEN UND DEINE ZIELE ZU ERREICHEN!

Seelenbestimmung, Ziel und Transzendenz

Jemand, der die Energien der 6-6 im Kern, also in seiner Seelenbestimmung hat, ist im Wesentlichen voll auf Kreativität ausgerichtet. Er hat einen Ort der inneren Harmonie erreicht, von dem aus sich Kreativität in jeden Aspekt des Lebens hinein entfalten kann.

Auf der transzendenten Ebene hast du dich als Lichtwesen erkannt. Das ist jemand, der Licht in der Welt verbreitet und Harmonie manifestiert.

Ein Lichtfunke trägt den Gedanken, der in der Welt eine Form annimmt. Aber wenn du tief in diese Form hineinschaust, erkennst du es als dasselbe Licht. Das Licht, das leuchtet, ist das ein und dasselbe. Es ist immer in dir, mit dir und um dich. Zuerst glaubtest du, du bist getrennt, dann lernst du dich als Mitschöpfer erkennen und schließlich als das eine und dasselbe Licht.

SEELENBOTSCHAFT

Nimm dir Zeit, dich zu entspannen und dann wiederhole drei Mal oder denke einfach darüber nach:

> Das Leben ist ein Spiel, manchmal scheinbar ein Irrgarten. Doch die Liebe ist immer vorhanden, überall.
>
> Liebe, Stärke, Flexibilität und Fülle sind Dein. Das Licht, das leuchtet, ist ein und dasselbe. Es ist immer in dir, mit dir und um dich.
>
> Du bist nicht länger isoliert, in deiner menschlichen Form bist du ein Mitschöpfer, aber in Wahrheit jemand, dessen schöpferisches Licht leuchtet.

7 INTEGRATION UND BINDEGLIED

Eigenschaften

- Hebräischer Buchstabe: Zayin
- Einzelbuchstabe
- Planet/Sternbild: Zwillinge
- Körperzuordnung: linker Fuß
- Qualität: Aktion
- Energiezuteilung: spirituell, Unterricht und Kommunikation
- Tarotkarte: Der Wagen

Bemerkung: Das Zahlenpaar 7-7 ist auch verbunden mit der 16 als 16-7.

Übersicht

Das sind katalytische Meister-Energien, die durch ein kraftvolles magnetisches „Bindeglied" symbolisiert werden. Das mittlere Verbindungsglied ist an zwei Seiten offen, damit alle, die magnetisch davon angezogen werden, kommen und wieder gehen können. Sie werden nicht festgehalten.

Die Hebräische Bedeutung von Zayin, dem siebten Buchstaben, ist „Schwert". Die Energie ist dynamisch und vereinend, denn es ist spirituelle Manifestation in Aktion und ohne die Einheit mit dem Geist, der die materielle Welt durchdringt, kann sie nicht existieren.

Die Zahl 7 kann auch die menschliche Essenz als einen zentralen Punkt in Bezug auf die sechs physischen Richtungen Norden, Süden, Osten, Westen, oben und unten, darstellen. Die Richtungen stellen den irdischen Einfluss dar, der aus der Umwelt und von anderen Menschen kommt. Der Mensch versucht im Wesentlichen zu integrieren, zu erhalten und inmitten solcher komplexen und unterschiedlichen Einflüsse zu einem Punkt der Wahrhaftigkeit und Echtheit zu kommen. Muss man sich von den Einflüssen anderer isolieren oder aber sich engagieren und beteiligen und dadurch alles in ein größeres Ganzes integrieren?

Wenn du den zweiten Weg wählst, entstehen katalytische Energien, die die anderen Energien stärken und die Menschen zusammen bringen.

Verkörperung der positiven Aspekte

Jemand, der die 7-7 verwirklicht, hat die Fähigkeit, Menschen an sich zu ziehen, besonders Gleichgesinnte und Geistesverwandte. Er besitzt Magnetismus und die Fähigkeit, sein Herz zu öffnen und hat eine besondere magnetische Fähigkeit, sich mit anderen Menschen zu verbinden. Es ist ein fantastisches Talent und in allen Bereichen des Lebens sehr nützlich. Es ist die katalytische Meisterenergie, die Kraft in alles fließen lässt, was er tut.

Die Stärke der 7-7 ist, sich zu vernetzen, sich mit gleichgesinnten Seelen zu treffen und sozial, gesellig und überzeugend zu sein. Wenn sie einmal in ihrem Element sind, sind sie meistens sehr beliebt.

ENERGETISCHER EINFLUSS

Vor ein paar Jahren habe ich Chantelle durch eine soziale Organisation kennengelernt und war von ihrer Offenheit und ihrer Herzenswärme stark beeindruckt. Sie wuchs in einer Musikerfamilie auf und bereits seit früher Kindheit war klar, dass sie mit allen Menschen auskam und nichts lieber mochte, als sie mit Musik, Witzen und Geschichten zu unterhalten.

Als Teenager hatte sie ihre musikalischen Talente bereits entwickelt und da sie auch eine großartige Netzarbeiterin ist, schaffte sie es, auch alle anderen jungen Koryphäen in der lokalen Musikszene kennenzulernen. Unter ihnen gab es einen Sänger und Liedermacher, der ziemlich viel Aufsehen erregte. Er hatte den Ruf, eine scharfe Zunge zu haben und andere einzuschüchtern, obwohl es viele gab, die gerne mit ihm zusammen gearbeitet hätten.

Für Chantelle war das kein Hindernis. Sie bezauberte ihn schnell und schon kurz darauf arbeiteten sie zusammen und waren viele Jahre lang sehr erfolgreich.

Darüber hinaus stellte sie noch weitere Verbindungen zur Musikwelt her und ist bei den unterschiedlichen Musikern jeder Musikrichtung sehr beliebt. Wann immer sie ein Wohltätigkeitskonzert organisiert, melden sich auch immer freiwillig eine Menge Künstler. Außerdem ist sie als Sprecherin und Verfechterin in vielen Veranstaltungen tonangebend, die vielen jungen Menschen geholfen und ihr Leben verändert haben.

Offensichtlich ist Chantelle musikalisch sehr begabt, sie hat aber auch die besondere Fähigkeit, andere Menschen zusammenzubringen. Das macht klar, dass dies nur eine Art ist, wie sich diese katalytischen Energien der 7-7 zeigen können.

Sehr oft sind es Schlüsselfiguren mit Einfluss, die diese Energien tragen. Wir könnten erwarten, dass diese Kraft als eine charakteristische oder vorherrschende Schwingung innerhalb von Organisationen oder Gruppen globale Veränderung im Denken einleitet. Aus all den 22 Energien ist die 7-7 möglicherweise die herausragende Energie, die große Veränderungen in der Gesellschaft bewirken kann, wie die Geschichte von Chantelle zeigt (oben).

Als Katalysator können sie bei Menschen oder in Situationen Veränderungen einleiten. Oft werden sie auch als Mediator oder Vermittler bezeichnet, weil sie beide Seiten gleichermaßen gut sehen können. Das kommt aus ihrer inneren Logik, die ihnen erlaubt, offen zu sein und alle Geschichten und Meinungen von beiden Seiten zu betrachten. Es ist ein starker innerer Drang vorhanden, für sich selbst oder andere Entscheidungen zu treffen und Lösungen zu finden.

Sie sind hervorragende Netzarbeiter, sowohl im Geschäftsbereich wie auch im Leben und können im Team arbeiten. Da sie anpassungsfähig und vielseitig sind, können sie Gruppen von Menschen zusammenführen. Sie sind in der Regel recht aktiv – „Aktion" ist die Qualität, die dem siebten Buchstaben Zayin zugeordnet ist.

Die Fähigkeit, Menschen zusammen zu führen, dehnt sich auch auf den spirituellen Bereich aus und viele Seminarleiter und spirituelle Lehrer haben die Energien der 7-7. Wenn sie sich berufen fühlen, in diesem Bereich zu arbeiten, werden sie ihre Energien nutzen, um gleichgesinnte Seelen anzuziehen, ganz gleich, ob sich die Energien im irdischen oder spirituellen Aspekt ihres Charts befinden.

Sobald aber die 7-7 in Talenten und Zielen stark aktiviert ist, fühlt man sich mehr dazu hingezogen, spirituelle oder therapeutische Gruppen zu leiten. Auf höherer Ebene des Ausdrucks werden sie ein Gefühl der Vereinigung vermitteln, ohne jedoch Kontrolle auszuüben oder andere festhalten zu wollen.

Erfahrung der Herausforderungen

Die sich durch die Herausforderung der 7-7 arbeiten, erfahren meist, dass sich ein wichtiger Teil von ihnen mehr oder weniger wünscht, sich vor der Welt zu verstecken. Vielleicht haben andere auch diesen Wunsch, sich allem fern zu halten, zu einem Einsiedler zu werden und möglichst den Menschen fern zu bleiben. Denn in der Herausforderung ist diese Energie in dieser Position die Lektion der Untätigkeit, wie die Geschichte von Mark zeigt.

DER EINSIEDLER

Mark sagte, dass er Interesse an Spiritualität, aber nicht an Menschen habe. Im Alter von 22 zog er in sein erstes Schweige-Retreat in einer spirituellen Gemeinschaft und genoss es, nicht reden zu müssen. Allerdings war er sich der Gegenwart der anderen Menschen noch zu stark bewusst. So trug er in seinem nächsten Retreat eine Kapuze, was er auch bei einigen aus dem harten Kern der Gruppe gesehen hatte. Sie wollten nur alle Außenreize ausschalten, er aber wollte sich noch mehr von den anderen isolieren. Als er das Retreat verließ, trug er weiterhin auch bei öffentlichen Anlässen entweder eine Kapuze oder ein Kapuzenhemd.

Er begann, bei einem Online-Computer-Geschäft zu arbeiten, was ihm die Möglichkeit bot, zu Hause tätig zu sein. Als sein Einkommen wuchs, konnte er es sich leisten, in seine eigenen Einzel-Retreats zu fliehen. Das hatte auch seine gute Seite, denn schließlich hatte er einen Zusammenbruch, als er während einer Meditation erkannte, dass er sich nicht für immer isolieren konnte und das ganze Leben annehmen musste.

Weil er von der Gesellschaft getrennt war, nie wirklich daran teilgenommen hatte und weil er viele Ängste hatte, seine Komfortzone zu verlassen, war sein Fortschritt zwar langsam, aber stetig. Er schrieb einen Blog und begann, sich mit Menschen online zu verbinden. Ein mutiger und hervorragender Anfang war, einige seiner spirituellen Einsichten mitzuteilen. Tatsächlich war das Mitteilen der Hauptschlüssel, denn so viele mit der 7-7 in den Herausforderungen haben damit Probleme und sind anderen gegenüber oft sehr misstrauisch.

Interessant war auch, dass er eine große Anzahl an Online-Fans um sich scharte. Schließlich traf er auch seine Partnerin über das Internet, seine erste ernsthafte Beziehung in der physischen Welt. Obwohl sich die 7-7 in seinen Herausforderungen befinden, sind diese magnetischen Energien zugleich auch seine dominante Schwingung, denn er hat die 7-7 in beiden Positionen der Herausforderung im irdischen wie auch im spirituellen Aspekt, also viermal.

Die Tendenz geht über eine physische Isolation hinaus. Auf einer alltäglichen Ebene kommt es sehr oft vor, dass sie wahre Gefühle nicht ausdrücken und das verbergen, was wirklich in ihnen vorgeht. Sie verstecken ihre wahren Energien und wer sie in Wirklichkeit sind.

Vereinzelt habe ich während einer Sitzung bemerkt, dass das bis dahin gehen kann, die Beachtung ihres tieferen Selbst unbewusst zu blockieren. Das ist eine Art Kontrolle, die hier auch ein wichtiges Thema ist.

Als Teil dieses Musters sich zu verstecken habe ich festgestellt, dass diese Tendenz häufiger ist, wenn der Geburtsname mehr als einen Namen hat. Manchmal benutzen sie dann einen alten Spitznamen, manchmal den Mädchennamen oder den Ehenamen, dann wieder den zweiten Vornamen und ein andermal wieder einen anderen und so weiter. Das kann auch eine unbewusste Strategie sein, um sich der Erkenntnis zu entziehen, zu wissen, wer sie sind oder es könnte symptomatisch sein für einen Mangel an Integration.

Einige üben Kontrolle und Einfluss auf andere aus, während bei anderen die Kontrolle überwiegend auf das eigene Ich gerichtet ist. Wenn es sich bei der 7-7 auf das Ich bezieht, kann das enorme körperliche Einschränkungen bedeuten (siehe Abschnitt Gesundheit).

Einige mit 7-7 in den Herausforderungen sind sehr introvertiert, sogar bis zu dem Punkt, dass sie sich nur selten auf andere einlassen und ein ziemlich isoliertes Leben führen. Ich habe einige getroffen, die berichteten, dass sie eine Zeit hatten, meistens als sie jung waren, in der sie aufgehört hatten mit anderen zu reden.

Die Herausforderung bedeutet, sich zu einer einheitlichen Person zu integrieren, ihr wahres Gesicht zu zeigen und glaubwürdig zu werden. Das ist nicht einfach in einer Welt, in der wir so viele Rollen haben.

Darüber hinaus gibt es zuerst meist einen grundlegenden Mangel an Integration. Bei der 7-7 können die widersprüchlichen Persönlichkeitsanteile mit jeweils unterschiedlichen Plänen viel Verwirrung schaffen. Natürlich führt dies zu Unentschlossenheit, ein wichtiges Merkmal und eine Eigenschaft dieser *Herausforderung*.

Manchmal besteht die Neigung, nur die helle Seite zu zeigen und den Schatten zu verleugnen.

Wir sehen manchmal Menschen, die sich auf der einen Seite in der Öffentlichkeit sehr freundlich zeigen, während sie andererseits in einer Mail oder einem Brief sehr verletzend und beleidigend sein können. Sie nutzen diese andere Art, um ihre Schattenseite zum Ausdruck zu bringen. Wegen mangelnder Integration oder Harmonie zwischen diesen verschiedenen Aspekten erscheinen sie auf der „Licht-Seite" etwas unecht, während die Schattenseite darunter unnötigerweise aggressiv ist.

Diese Neigung ist besonders bei vielen Therapeuten, Gurus und Lehrern im spirituellen Bereich weit verbreitet. Sie zeigen nur ihre „erleuchtete" Seite und verleugnen ihre Schattenseite.

Mit der 7-7 in den spirituellen Herausforderungen können auch Fantasien und falsche Vorstellungen rund um die Spiritualität entstehen. Sie neigen eher zum idealistischen und weniger authentischen Ende des Spektrums. Es gilt zu lernen und anzuerkennen, dass wir alle Wut und andere Aspekte menschlicher Emotionen in uns haben und lernen müssen, diese zu integrieren. Diese Akzeptanz ist wirklich eine der Eigenschaften eines tieferen spirituellen Bewusstseins.

Im irdischen Aspekt können sich Wahnvorstellungen durch Fehlinterpretation ihrer Beziehungen zeigen. In extremen Fällen bilden sie sich Beziehungen oder sogar Liebesbeziehungen ein, die nicht der Wirklichkeit entsprechen.

Besitz und Teilen kann ein weiterer Bereich der 7-7 sein. Im irdischen Bereich können sie sehr besitzergreifend und überempfindlich auf Menschen reagieren, die ihnen zu nahe treten. Im spirituellen Aspekt kann es Widerstände geben, ihre spirituellen Gaben oder ihren spirituellen Dienst mit anderen zu teilen.

Das wird beispielsweise entschuldigt mit dem Vorwand, „die Menschen müssen erst bereit dazu sein". In einigen Fällen kann es sich in der Therapie zeigen, dass das aus kulturellen oder historischen Einflüssen stammt, z.B. aus einer archetypischen Geschichte oder aus einem früheren Leben, in dem sie verfolgt wurden, weil sie Talente, Gaben oder Informationen geteilt haben. Dann ist auf einer tieferen Ebene Angst vorhanden, etwas von sich selbst mitzuteilen.

In beiden Aspekten arbeitet man sich durch das dazugehörige Sternzeichen mit den Lektionen der „Zwillinge". Im Inneren können sie große Träumer oder sogar Visionäre sein, aber durch die Erfahrung der Herausforderungen können sie Hindernisse erschaffen, die diese Verwirklichung verhindern. Da sie sehr unentschlossen sind, können sie manchmal ihr Potential nicht ausschöpfen.

Letztlich halten sie sich zurück, am Leben teilzunehmen. Um aber nach vorne schreiten zu können, ist der Schlüssel echte Teilnahme am Leben. Der linke Fuß, der damit im Zusammenhang steht, hält sie zurück und sie bleiben in den alten Mustern stecken.

Gesundheit

Entsprechend, wie stark man den negativen Ausdruck kontrolliert, versuchen die 7-7 oft die Kontrolle über alle Bereiche zu erreichen einschließlich der körperlichen Prozesse und Funktionen. Das kann Nahrung sein, was zu einer Essstörung führen kann. Mit dieser Herausforderung habe ich eine Anzahl Magersüchtige angetroffen. Einige konnten es überwinden, aber traurigerweise können viele es nicht. Eine Klientin mit der 7-7 in den Herausforderungen erzählte, dass sie quasi ein Jahr lang von einer Tafel Schokolade pro Tag gelebt hat.

Diese Kontrolle kann sich auch in körperlicher Unbeweglichkeit und Steifheit zeigen. Daraus kann sich Arthrose entwickeln. Bei denen, die sich durch die Energien der Herausforderungen arbeiten, werden oft mysteriöse Krankheiten und Zustände festgestellt, die sie hindern, am Leben teilzunehmen.

Die Kontrolle kann auch auf den spirituellen Bereich in einer Weise übergreifen, die die Gesundheit schädigt. Einige der 7-7 fühlen sich zu extremen asketischen spirituellen Übungen hingezogen, zum Beispiel zu langen Meditationen in einer anstrengenden Position und zu unausgewogener Ernährung.

Der damit verbundene Körperteil ist der linke Fuß, mit dem einige der 7-7 Probleme haben, beispielsweise mit einem verstauchtem Knöchel oder anderen Zuständen, die das Gehen erschweren. Auch jene mit einem chronischen Müdigkeitssyndrom haben normalerweise Schwierigkeiten beim Gehen. Natürlich gibt es zu all diesen Zuständen medizinische Erklärungen, andererseits kann alles als eine physische Manifestation der Verweigerung angesehen werden, vorwärts zu schreiten und am Leben teilzunehmen.

Im Bereich der mentalen Gesundheit kann sich in seltenen und extremen Fällen der Mangel an Integration in einer gespaltenen Persönlichkeit zeigen. Psychiater würden das als schizophren bezeichnen.

Mögliche einschränkende Glaubensmuster

- Ich muss nur meine beste Seite zeigen...
- Ich bin nicht vollständig...
- Ich werde angegriffen...
- Ich werde beurteilt...
- Ich bin gefangen...
- Ich muss die Situation unter Kontrolle halten...
- Ich muss so tun als ob...

Überwindung der Herausforderungen und Aktivierung der Talente und Ziele

Die Herausforderung der 7-7 ist, sich anderen gegenüber öffnen zu lernen und ihr wirkliches authentisches Selbst zu zeigen. Deswegen ist Psychotherapie oder Beratung ein guter Anfang. Um Fortschritte zu machen, wird jedoch Lebens-Coaching zunehmend wichtiger. Viele Menschen fühlen sich in einer sicheren und nicht wertenden therapeutischen Sitzung wohl und sprechen Dinge aus, die sie nie zuvor gesagt haben. Deshalb ist es wichtig, einen Therapeuten zu finden, dem sie vertrauen, denn sonst ist eine Therapie weniger wirksam. Sie müssen sich in den Sitzungen ehrlich und authentisch öffnen können – indem sie über sogenannte negative Aspekte, Gefühle oder Handlungen reden können und wenn notwendig auch über Themen rund um Kontrolle, Kontrolle, die sie sich selbst oder ihrem Körper auferlegt haben, wie Essen und Nahrung oder auch Kontrolle über andere. Das wird ihnen helfen ihre Schattenseite* zu integrieren.

Lebens-Coaching wird dann wichtig, um ihnen zu helfen, ihre Ängste in Bezug auf Vorwärtsgehen anzuschauen, was mit einer langsamen Herangehensweise Schritt für Schritt erreicht werden kann. Nützliche Ansätze für die 7-7 sind auch Voice-Dialogue*, Gestalt-Therapie*, Parts Work*

HEIL-AFFIRMATION

Lerne es auswendig und wiederhole es oft:

> Indem ich lerne zu vertrauen, öffne ich mein Herz. Indem ich mein Herz öffne, lerne ich zu vertrauen.

Selbsthilfemethoden

Falls Unentschlossenheit dich zurückhält, versuche es mit dieser spontanen Entscheidungstechnik: Wenn Du eine Entscheidung im Alltag treffen musst, nicht über Leben und Tod, teile die Entscheidungen ein in intuitive Entscheidungen, also Bauchgefühl und Entscheidungen aus dem Kopf. Denk nicht länger als fünf Sekunden über jede Möglichkeit nach und spüre, was sich besser anfühlt. Dann entscheidest du dich für das, mit dem du dich besser fühlst. Falls du dich trotzdem nicht entscheiden kannst, nimm die erste Wahl, also den ersten Gedanken, der in dir aufblitzt. Auch wenn deine Wahl möglicherweise nicht funktioniert, wird sich trotzdem dein Leben generell verbessern. Außerdem wird es dich aus deinem Kopf herausholen, in dem du stecken geblieben bist. Falls du deine Entscheidung bereust, erinnere dich immer wieder an diese größeren Vorteile, an das, was du daraus gelernt hast.

Zu empfehlen ist Meditation, um dein Herz zu öffnen, z.B. eine buddhistische, Yoga oder spontaner Ausdruckstanz, um dich von der Steifheit und Kontrolle zu befreien, von denen diese Energie oft begleitet wird und sich in einer steifen körperlichen Haltung zeigt. Wenn du bereit dazu bist, in einer Gruppe zu sein, hast du große Fortschritte gemacht.

Hilfreich ist Literatur über Lebens-Coaching oder über den Umgang mit Ängsten. Auch empfehlenswert sind Bücher über Voice-Dialogue* von Hal und Sidra Stone und die Arbeit von Carl Jung zu dem Thema „Schatten"* oder zeitgemäß „Schattenarbeit" von Debbie Ford.

*Siehe Wörterverzeichnis, Seite 335.

Vorschläge für Bachblüten

Sumpfwasserfeder (Water Violet) hilft Selbstisolation zu überwinden.
Wasser aus heilkräftigen Quellen (Rock Water) hilft beim Loslassen zu starker Selbstkontrolle, die zu einem gewissen Grad Selbstverleugnung ist.
Odermennig (Agrimony), um andere sehen zu lassen, wer hinter der Fassade ist.
Lärche (Larch) für das Selbstvertrauen.
Gefleckte Gauklerblume (Mimulus) gegen Ängste.

ERINNERE DICH, DEINE TALENTE SIND DER DREHPUNKT ZWISCHEN DEN HERAUSFORDERUNGEN UND DEN ZIELEN. DIE VERWIRKLICHUNG DEINER WELTLICHEN UND SPIRITUELLEN FÄHIGKEITEN WIRD DIR HELFEN, DEINE HERAUSFORDERUNGEN ZU ÜBERWINDEN UND DEINE ZIELE ZU ERREICHEN!

Seelenbestimmung, Ziel und Transzendenz

Um diese Energie voll zu verwirklichen, wirst du die Berufung gefunden haben, dich mit Menschen zu verbinden, um als Katalysator, Verbindungsglied oder Schiedsrichter zu wirken. Du führst Gleichgesinnte zusammen und hilfst anderen bei der Integration oder arbeitest vielleicht in irgendeiner Weise mit Gruppen. Du hast gelernt, dein Herz zu öffnen und dich als authentische Person zu integrieren, die andere magnetisch anzieht. Auf einer größeren Ebene werden diejenigen, die sich angezogen fühlen, deine katalytischen Energien erfahren, die ihnen helfen, sich zu integrieren und eins zu werden. Du wirst auch denen helfen, mit denen du zusammenarbeitest, Verbindung und Gemeinschaft herzustellen.

Auf der transzendenten Ebene offenbart eine Integration des Seins die Perspektive des Einheitsbewusstseins. Das integrierte Ganze ist ohne Zentrum. Der Einzelne hat kein Zentrum.

Es ist klar, dass jedes Wesen innerhalb des Spiels ein Aspekt des Ganzen ist. Jeder im Spiel des Lebens wird geliebt, integriert und akzeptiert.

In deiner Kernessenz hast du die Energie, die andere vereinigt. Das sind Energien des Magnetismus, der Handlung und Integration. Es ist die katalytische Kraft, die Menschen zusammenführt, sodass auch sie selbst eine Integration erfahren können.

Je mehr du dein Herz öffnest, umso stärker strahlst du diese magnetische und vereinigende Schwingung aus. Du verbindest dich mit dem Ganzen und die, die du erreichst, werden auch in diese tiefere Verbindung hineingezogen.

SEELENBOTSCHAFT

Nimm dir Zeit, dich zu entspannen und dann wiederhole drei Mal oder denke einfach darüber nach:

> Werde wieder eins, öffne dein Herz und führe alle, die du triffst in den Tempel, der keine Mitte hat. Akzeptiere sie alle als einen Teil von dir.
>
> Wenn du in die Welt hinaustrittst, wird die Liebe und der Magnetismus deines (integrierten) Herzens alle zu dir ziehen, die zuhören wollen. Sie werden sich als Teil derselben Quelle erfahren. Vereint mit dir und vereint mit ihrem Selbst...

8 ERDE, EMOTIONEN UND GESELLSCHAFT

Eigenschaften

- Hebräischer Buchstabe: Chet
- Einzelbuchstabe
- Planet/Sternbild: Krebs
- Körperzuordnung: rechte Hand
- Qualität: Sehen, Sicht
- Energiezuteilung: irdisch
- Tarotkarte: Ausgleichung/Gerechtigkeit

Bemerkung: Das Zahlenpaar 8-8 ist auch verbunden mit der 17 als 17-8.

Übersicht

Dies ist ein Symbol der elementaren Existenz. Es gleicht einer Amöbe und ähnlichen Gebilden und passt sich seiner Umgebung an wie eine Amöbe, die die Form verändern kann. Es sind die kraftvollsten irdischen Energien.

Der achte hebräische Buchstabe Chet kann als grundlegendes Leben und Transzendenz verstanden werden. Es ist die stärkste irdische Schwingung, die uns alle buchstäblich mit der Erde verbindet. Sie erlaubt uns, uns auf den Planeten und die Aktivitäten des Alltags in der Gesellschaft einzulassen. Das schließt auch die Emotionen ein, die eine einzigartige Funktion für unsere Kommunikation und unsere Erfahrung auf der Erde haben.

Verkörperung der positiven Aspekte

Mit der Verbindung zur Erde und zur Gesellschaft hat die 8-8 einen großen Spielraum zur Nutzung ihrer Talente. Auf der irdischen Ebene neigt sie dazu, diese Fähigkeiten hauptsächlich in der Gesellschaft zu nutzen.

Sie können sich in der Regel gut anpassen und ziemlich leicht eine Vielzahl von Rollen in der Gesellschaft einnehmen. Peters Geschichte (unten) zeigt uns, dass das auf ein enormes Potenzial für Leistung und Erfolg hinweist, wenn man es wählt.

GESCHÄFTSSINN

Peter (mit der 8-8 in den irdischen Zielen) hat ein sehr erfolgreiches Geschäft. Früher inserierte er in Magazinen, wechselte dann aber noch vor seiner Konkurrenz zur Internetwerbung. Er besitzt auch mehrere Ferienhäuser und verbringt regelmäßig Zeit auf dem Lande.

Er lernt Neues und lässt sich nicht unter Druck setzen, solange es sinnvoll für seine Arbeit ist. Aus diesem Grund ist er auch offen für neue Technologien. Auch wenn er zu der Generation gehört, die nicht mit Computern aufgewachsen sind, beschreibt er sich selbst als durchaus kompetent im Umgang mit ihnen.

Er ist mit jedem Bereich seines Lebensmittelunternehmens zufrieden und beschreibt sich selbst als sehr praktisch. Sein größter Vorzug und auch ein wesentlicher Aspekt eines Geschäfts ist die Fähigkeit, mit allen und jedem umgehen zu können und er hat das Gespür dafür, wie die Menschen ticken. Er fühlt sich im Umgang mit Menschen in allen Bereichen wohl, ob er nun mit den Gemüsehändlern über Rabatte diskutiert oder sich mit Behörden auseinandersetzt. Er rühmt sich selbst als pfiffig.

Peter zeigt die Fähigkeiten einer typischen 8-8, die in die Welt hinaus geht und sich sehr geschickt durch die Gesellschaft manövriert.

Eine weitere Gabe ist ein tiefes Einfühlen in Menschen und Situationen. Die Energien der 8-8 stehen in Verbindung mit dem Sternzeichen Krebs. Mit dieser positiven Schwingung ist man fürsorglich und einfühlsam und besitzt oft ein hohes Maß an emotionaler Intelligenz, bewusst oder unbewusst, je nachdem, mit welchen Energien man es in den Herausforderungen zu tun hat.

Diese emotionale Intelligenz wurde in der Gesellschaft bis jetzt unterbewertet. Allerdings ändert sich das jetzt, weil in Geschäftsbeziehungen und Geschäftsführung langsam neue Möglichkeiten akzeptiert werden. Dadurch erfährt dieses Einfühlungsmögen stärkere Anerkennung und kann sogar mehr Erfolg bringen.

Manchmal kann diese Energie auch in eine humanitäre Richtung gehen, besonders wenn sie in den spirituellen Aspekten auftaucht.

Diese Position erschafft eine starke spirituelle und irdische Verbindung, die verwendet werden kann, um spirituelle Energien in die Gesellschaft zu bringen. In solchen Fällen können die, die diese Energie aktiviert haben, hellsichtige Fähigkeiten an sich entdecken. Sie werden Energien deuten oder tief in Menschen, Situationen oder Ereignisse hineinblicken können.

Diejenigen mit der 8-8 in den spirituellen Talenten können auch bei Verhandlungen im Alltag profitieren, aber nur wenn es einem eher spirituellen Zweck dient. Normalerweise haben sie weniger Ehrgeiz, konventionellen Erfolg zu erzielen. Sie neigen eher dazu, ihre Fähigkeiten zu nutzen, um spirituelle Energien oder Werte in der Gesellschaft zu fördern. Die Fähigkeit, ihre Energien zu verändern und anzupassen, ist in dieser Position verstärkt, da sie ihre Energien denen anpassen, mit denen sie gerade zu tun haben. Das ist ein Werkzeug, das sie nutzen, um ihre Arbeit verwirklichen zu können.

Eine 8-8 ist auch hilfreich, wenn die anderen Zahlen im Chart nur auf Spiritualität und Dienst ausgerichtet sind. Die 8-8 wird helfen, die hohen Frequenzen auszugleichen. Das wirkt besonders dort, wenn die 8er-Energien in den spirituellen Talenten, spirituellen Zielen oder der Seelenbestimmung sind.

Erfahrung der Herausforderungen

Mit der 8-8 in den Herausforderungen ist man oft nicht geerdet, zu sehr im Kopf, emotional instabil und realitätsfern. Man hat Schwierigkeiten, die Vergangenheit loszulassen und hat Angst vor Veränderungen und Verpflichtungen.

Das Durcharbeiten der irdischen Energien als Herausforderung kann auch Widerstand gegen das Hiersein bedeuten, schließlich ist es die stärkste irdische Schwingung. Es ist die Energie, die uns mit dem irdischen Leben verbindet und einige möchten nicht auf der Erde sein. Das ist keine einfache Herausforderung, ganz besonders wenn sie in den irdischen Aspekten erscheint. Wenn es jedoch durchgearbeitet ist, hilft es dir, auch deine anderen Energien zu erden und stellt sicher, dass auch andere sich auf deine Ziele einlassen können.

Mit starker Abwehr und einer oft traumatischen Vergangenheit kann die Intensität der Emotionen so extrem werden, dass sie schließlich aus dem Gleichgewicht geraten. Bis das angesprochen wird, verbringen sie ihr Leben oft in einem leicht traumatisierten Zustand.

Es ist oft tatsächlich ein tiefes Trauma, das sie aus dem Körper hinauskatapultiert und einen Kreislauf ausgelöst hat, indem sie sich Praktiken zuwenden, die sie „aussteigen" lassen, ob das nun Drogen sind, Esssucht, um die Emotionen hinunter zu stopfen oder geistig abzuschalten z.B. durch stundenlanges Fernsehen, endlose Computer-Spiele bis hin zu spirituellen Praktiken, um sich in einen vernebelten Zustand zu bringen.

Letztlich geht es um emotionale Sensibilität und ironischerweise ist es gerade der Widerstand, sich mit Emotionen zu befassen, der sie dazu bringt, die Fähigkeit zu verlieren, tiefe wohltuende Emotionen und Gefühle zu erfahren. Das kann manchmal zu einer distanzierten analytischen Haltung führen - obwohl das durchaus eine intellektuelle Gabe ist -, letztlich werden die Dinge zu sehr im Kopf erwogen.

Eine weitere weniger günstige Folge von Kopflastigkeit kann Unentschlossenheit sein. Im Zusammenhang damit – und auch durch ihren mangelnden Wunsch, sich in der Welt zu verpflichten - kann eine ausgesprochene Angst vor Verpflichtungen stehen. Diese Zurückhaltung kann sich auf Beziehungen oder andere Bereiche des Lebens auswirken. In schwereren Fällen mit der 8-8 in den Herausforderungen sind sie zum Beispiel nicht fähig, sich zu irgendeiner Art Arbeit zu verpflichten.

Natürlich kann das Leben zeitweise schwierig sein. Als ich noch mehr mit Psychotherapie arbeitete, traf ich viele Leute aus dem Unternehmungsbereich oder der Erziehung, die mit der 8-8 in den Herausforderungen schwer zu kämpfen hatten. Das zeigte sich an ihren Schwierigkeiten mit dem täglichen Leben. Es kommt vor, dass manche sogar Selbstmordgedanken haben, besonders wenn die 8-8 in den irdischen Herausforderungen steht. Jeder Psychotherapeut weiß, dass solche Gefühle nicht ungewöhnlich sind, aber den meisten Menschen ist es peinlich, über dieses Thema zu sprechen. Jedoch scheinen jüngere Erwachsene eher davon beeinflusst zu werden als ältere. In welchem Alter auch immer, wenn sie sich durch die Herausforderungen arbeiten, sich tiefer auf ihren Seelenplan einlassen und eine tiefere Bedeutung darin entdecken, werden diese Gefühle zu einem großen Teil abklingen.

Die sich durch die spirituellen Herausforderungen arbeiten, machen sehr oft unterschiedliche Erfahrungen in spirituellen Dimensionen, weil sie sich nicht mit dem Irdischen befassen möchten und auch nicht mit Emotionen. Dennoch erleben sie sich als ins Leben hineingestoßen, in den Kreislauf einer Tretmühle scheinbar nie endender emotionaler Themen. Das kann manchmal sehr belastend sein.

Eine weitere große Herausforderung ist, die Vergangenheit loszulassen, die in den verschiedensten Formen auftaucht. Sie halten nicht nur an Besitz, sondern auch an Emotionen fest und schleppen oft viel emotionales Gepäck mit sich herum. Manchmal ist Widerstand gegen Veränderung da und die Schwierigkeiten, sich selbst

und/oder anderen zu vergeben. Sie brauchen oft Reinigung ihrer Wohnung, können nicht Ordnung machen und sammeln sowohl Dinge wie auch Psychisches, z.B. sind sie abhängig von Leuten oder Dingen.
Das soll nicht heißen, dass sie materialistisch veranlagt sind. Viele haben einfach keine Lust, sich um ihren Status, um die neueste Ausrüstung oder um Konsumgüter zu kümmern und sind sicher auch nicht die Ersten, die die neueste Technik besitzen müssen. Es ist fast so, als wären sie sich der alltäglichen Dinge nicht bewusst. Mit ihrem Aussehen sind sie oft nachlässig und kümmern sich nicht so sehr um ihren eigenen Körper. Sie stürzen leicht oder stoßen sich, weil sie kein Gleichgewicht haben. Sie sind - mehr als alle anderen - nicht geerdet.

LOSLASSEN

Sherry kam zu mir, weil sie seit neun Jahren keine Beziehung mehr hatte und nun jemanden finden wollte. Sie hatte eine ziemlich anspruchsvolle Wunschliste: Er sollte gut aussehen, intelligent sein, offen, jüdisch, Tierliebhaber, wohlhabend, Vegetarier und noch einiges weitere, was nicht durch die Zensur kommen würde.

Ihre 8-8er Themen kamen ihr damit in die Quere, denn schließlich ging sie nicht nach draußen oder nahm am Leben teil. Sie kümmerte sich auch nicht wirklich um ihren Körper und um ihre äußere Erscheinung.

Das Wichtigste von allem aber war, dass sie an der Vergangenheit und an einer alten Beziehung festhielt, die sie seit fast 10 Jahren hatte. Sie bewahrte auch noch das auf, was wir scherzhaft als „Heiligtum" bezeichnen, alte Fotos, Briefe und andere Erinnerungsstücke. So war es vielleicht keine Überraschung, dass sie erleichtert war, sich davon zu verabschieden. Der große Durchbruch kam, als sie diesen einstigen Liebhaber loslassen und ihre Verletzungen heilen konnte. Mit Vergebung, Voranschreiten und geführten Meditationen der Manifestation fand sie ihren Traumpartner.

Dasselbe habe ich auch bei vielen anderen gesehen, die mit demselben Thema kamen. Aber sie war wohl der treffsicherste Fall mit der Manifestation der genauen Details und Eigenschaften, weil ihr nächster Partner alle diese Kriterien erfüllte und noch viel mehr.

Bei den meisten Energien sehen wir beide Seiten der Polarität, auch bei der 8-8 gibt es keine Ausnahme.

Wenn sich auch viele mit der 8-8 in den Herausforderungen von Verpflichtungen fern halten, können sie sich andererseits zu sehr in die Angelegenheit anderer Leute einmischen, manchmal bis zur Selbstaufopferung. Sie übernehmen die Verantwortung für andere und sorgen sich um deren Gesundheit, vernachlässigen aber ihre eigenen Bedürfnisse. In schweren Fällen werden sie zu Märtyrern. Viele enden als Betreuer, ohne selbst Hilfe zu suchen oder sie tappen in die Falle einer co-abhängigen Beziehung, ein weiteres Mittel, vor ihrem eigenen Leben zu flüchten.

Mögliche einschränkende Glaubensmuster

- Ich sollte nicht hier sein...
- Ich bin in einem Körper gefangen...
- Ich oder ein Teil von mir ist tot...
- Gefühle werden mich gefangen halten, überfordern, umbringen...
- Es ist ein Fehler, dass ich hier bin, z.B. durch ungewollte Schwangerschaft, ich bin ein Fehler...
- Ich muss meinen Körper ablehnen...
- Die Erde ist feindlich...

Gesundheit

Da sie nicht geerdet sind, kann das eine Kettenreaktion auf die geistige und körperliche Gesundheit haben. Es kann sie anfällig für Unfälle machen. Wenn sie nicht geerdet sind, sind auch ihre Energien verletzlicher, denn sie sind den Energien der Umwelt gegenüber offener und sensibler. Oft vernachlässigen sie ihren Körper, weil er ihnen mehr oder weniger gleichgültig ist. Sie kümmern sich nicht um ihr körperliches Gefährt, geben ihm nicht die angemessene Ruhe, Entspannung, Hygiene oder regelmäßige Nahrung. All diese Dinge fordern ihren Tribut.

Einige der 8-8 glauben fälschlicherweise, Spiritualität bedeute, sich vom physischen Körper zu trennen und werden manchmal von Praktiken angezogen, die versprechen, den Körper zu transzendieren. Das kommt ihrer Neigung zur Weltflucht entgegen, die viele Formen annehmen kann. Anstatt wie andere Entspannungs-Drogen zu nehmen, die eine Flucht aus dem normalen Leben bieten, bringen sie solche Praktiken noch weiter aus ihrem Körper und führen vielleicht zur Trennung vom Körper, was weniger angenehm ist und im schlimmsten Fall sogar zu einer Geisteskrankheit führen kann.

Eine weitere Möglichkeit, dich zu vernachlässigen, ist den Blick nur auf andere zu richten. Dies ist ein Merkmal der klassischen Co-Abhängigkeit*, wenn eine Person ihr eigenes Selbst durch andere definiert: „Ich muss dein Leben ordnen, um mich gut zu fühlen."

Auch wenn es gut sein mag, anderen zu helfen, muss eine 8-8 hier Gleichgewicht lernen, denn Helfen ist eine weitere Art, seine eigenen Bedürfnisse zu vernachlässigen.

Der 8-8 fehlen die Gegensätze und sie können energetisch, körperlich und emotional ziemlich aus dem Gleichgewicht sein, weil das natürlich alles zusammenhängt. Wenn die männlichen und weiblichen Energien nicht im Gleichgewicht sind, kann sich das auch in undefinierbaren Schmerzen auf einer Körperseite oder in hormonellem Ungleichgewicht äußern.

Emotionen spielen eine Hauptrolle für die geistige Gesundheit und das Gleichgewicht. Sie laden sich zu viel Verantwortung für andere auf, nehmen zu viel auf sich und empfinden das Leben als „Kampf". Das führt als Krönung schließlich zu einer Märtyrerhaltung. Dies alles sind Faktoren, die die 8-8er anfällig machen für Probleme, die durch Emotionen und Stress verursacht wurden.

Der zugeordnete Körperteil ist die linke Hand, die Probleme haben könnte zum Beispiel mit Arthrose, Sehnenscheidenentzündung usw., weil Wut und andere Gefühle abgeblockt werden und dem Leben nicht erlaubt wird, durch den Körper zu fließen.

Überwindung der Herausforderungen und Aktivierung der Talente und Ziele

Aus der Sicht eines Therapeuten finde ich es hilfreich, wenn die 8-8er sich erden und sich ganz mit ihren Emotionen und mit ihrem Körper verbinden. Das ist oft ein wesentlicher Bestandteil der Behandlung. Wichtig ist auch Beratung und Psychotherapie für diejenigen mit einer schwereren Herausforderung in der 8-8 oder für alle, die sich abmühen, einfach nur am Leben zu sein. In der Therapie ist es ein zentrales Thema, das heutzutage sehr viele Menschen betrifft. Wenn sie den richtigen Therapeuten finden, können sie eine Menge Hilfe bekommen. Es ist erstaunlich, wie so ein Zustand der Verzweiflung sich wandeln kann, auch wenn erst alles ganz aussichtslos erscheint.

Denjenigen, die Schwierigkeiten haben, die Vergangenheit loszulassen und sich zu sehr in die Probleme anderer verwickeln, können „Cord Balancing"* und Heilung helfen, sich von ungesunden Bindungen zu befreien.

Empfehlenswert sind auch „Psychologischen Energietechniken"* und „Boundary Tapping"* gegen die Tendenz, sich zu sehr in die Probleme und Themen anderer verwickeln zu lassen.

Wenn einschränkende Glaubenssätze bestehen, kann auch Heilung, Chakren-Ausgleich und –Reinigung notwendig und hilfreich sein. Wenn die Grundursache ein starker Wunsch nach Sterben ist, kann in der Regel ein „Soul-Retreaval"* angebracht sein. Raumreinigung und Vergebungsarbeit kann auch helfen, die Vergangenheit loszulassen.

HEIL-AFFIRMATION

Lerne es auswendig und wiederhole es oft:

> Während ich meinen Körper akzeptiere und einbeziehe, freue ich mich, lebendig zu sein.

Selbsthilfemethoden

Zuallererst ist es das Wichtigste, geerdet zu sein, weil es dir hilft, besser mit Sensibilität und Verletzlichkeit äußeren Energien gegenüber umzugehen. Es führt auch zu einer größeren Bewusstheit deines Körpers und bekämpft die Neigung zur Vernachlässigung. Qi Gong* und andere Übungen mit dem Schwergewicht auf Erdung sind hilfreich, denn sie verbinden dich mit der Erde und auch Yoga und Meditation helfen dir, ein Bewusstsein für deinen Körper und deine Emotionen zu entwickeln.

Ich rate erst einmal von Praktiken ab wie „geführte Astralreisen", „unbewusstes Wiederholen von Mantren", Trance und alle Arten von inneren Reisen, bis du dich vollständig mit deinen Emotionen und deinem Körper verbunden hast. Ironischerweise finden die 8-8er diese Praktiken einfacher als die meisten anderen, aber auf der Seelenebene versuchst du die Polaritäten auszugleichen. So wirst du dich anfangs voll auf den physischen Körper konzentrieren. Wenn du vollständig mit ihm verbunden bist und den Emotional-Körper zu einem gewissen Grad integriert hast, wirst du mehr Nutzen aus solchen Übungen ziehen können. Allerdings sollte der Schwerpunkt immer auf Erkenntnisse, Lernen und den Nutzen der physischen Welt gerichtet sein und auf das Ziel, zu entdecken, dass es letztlich keine Trennung gibt.

Raumreinigung ist aus zwei Gründen für die 8-8 wichtig. Erstens, weil man dazu neigt, seine unmittelbare Umgebung zu vernachlässigen und sich dadurch Kram ansammelt. Das hat den Effekt, dass der Verstand unkonzentriert und schusselig wird. Zweitens halten sie oft an ihrer Vergangenheit fest.

Das erschwert es, Menschen und Dinge loszulassen. Kram blockiert den „Raum" und verhindert, dass sich neue Dinge manifestieren können z.B. Wohlstand oder Beziehungen. Um zu lernen mit Emotionen umzugehen, kann es anfangs gut sein, sich jemandem anzuvertrauen und über seine Gefühle zu sprechen. Vielleicht möchte man auch erst einmal mit einem Haustier beginnen. Tiere sind vollständig mit Erde verbunden und in ihrer Beziehung bedingungslos. Das kann der 8-8 mit ihrem Verpflichtungswahn helfen.

Da es generell einen Widerstand gegenüber Zusagen und Verpflichtungen gibt, kann ein erster Schritt sein, das zu überwinden, sich für kleinere Pflichten und Verbindlichkeiten zu engagieren.

Die 8-8er, die bereits an sich gearbeitet haben und bereit sind, anderen zu helfen, ohne sich zu sehr zu involvieren, können dann lernen, eine einfühlsame Führung durch ein System wie I Ging oder Seelenplan anzubieten. Das könnte helfen, allmählich den latenten tiefen Einblick in die Muster des Lebens zu entwickeln. Wenn es irgendwelche Probleme mit den physischen Augen gibt, kann Yoga für die Augen oder die „Bates Augen - Methode"* helfen, damit sie Dinge jenseits des physischen Bereichs wahrnehmen können. *Siehe Wörterverzeichnis, Seite 335.

Wenn du eine Entscheidung im Alltag treffen musst (nicht über Leben und Tod), unterscheide zwischen intuitiven Entscheidungen, also Bauchgefühl und Entscheidungen aus dem Kopf. Denk nicht länger als fünf Sekunden über jede Möglichkeit nach und spüre, was sich besser anfühlt. Dann entscheidest du dich für das, mit dem du dich besser fühlst. Falls du dich trotzdem nicht entscheiden kannst, nimm die erste Wahl, also den ersten Gedanken, der in Dir aufblitzt. Auch wenn deine Wahl möglicherweise nicht funktioniert, wird sich dein Leben trotzdem generell verbessern. Außerdem wird es dich aus deinem Kopf herausholen, in dem du stecken geblieben bist. Falls du deine Entscheidung bereust, erinnere dich immer wieder an diese größeren Vorteile, an das, was du daraus gelernt hast.

Vorschläge für Bachblüten

Stechginster (Gorse) für Hoffnung, wenn du die Hoffnung verloren hast.
Edelkastanie (Sweet Chestnut) hilft gegen Gefühle der Verzweiflung, Niedergeschlagenheit, Freudlosigkeit und Hoffnungslosigkeit.
Weiße Waldrebe (Clematis) zur Erdung und gegen Abgehobensein.
Geißblatt (Honeysuckle) hilft die Vergangenheit loszulassen.
Wasser aus heilkräftigen Quellen (Rock Water) hilft gegen die Märtyrer-Tendenz.
Odermennig (Star of Bethlehem), um vergangene Traumata in den Zellerinnerungen zu neutralisieren und für Trost.
Einjähriger Knäuel (Scleranthus) für Entscheidungsfähigkeit.

ERINNERE DICH, DEINE TALENTE SIND DER DREHPUNKT ZWISCHEN DEN HERAUSFORDERUNGEN UND DEN ZIELEN. DIE VERWIRKLICHUNG DEINER WELTLICHEN UND SPIRITUELLEN FÄHIGKEITEN WIRD DIR HELFEN, DEINE HERAUSFORDERUNGEN ZU ÜBERWINDEN UND DEINE ZIELE ZU ERREICHEN!

Seelenbestimmung, Ziel und Transzendenz

Die Verwirklichung dieser Seelenbestimmung ist es, Spiritualität als Beitrag im Alltag umzusetzen. Es gibt viele Menschen, die durch diese Seelenbestimmung einen großen Beitrag für die Welt geleistet haben. Ihre Gegenwart und ihre Taten haben den Alltag mit einer transzendenten und inspirierten Weise durchdrungen und dadurch Veränderung bewirkt.

Wenn diese Energie im Kern verwirklicht ist, sind die Emotionen gemeistert, ihr tieferes Verständnis zeigt die innere Verbindung an. Traurigkeit kann sich dann zu Wut, kann sich zu Ärger, kann sich zu Freude etc. wandeln. Emotionen können sich auch in ihre höheren Eigenschaften umwandeln, z.B. Wut in Kraft, Traurigkeit in Gnade und Heiterkeit.

Auf einer noch tieferen Ebene kommt man zu der Erkenntnis, dass wahre Transzendenz allumfassend ist.

SEELENBOTSCHAFT

Nimm dir Zeit, dich zu entspannen und dann wiederhole drei Mal oder denke einfach darüber nach:

> Wenn du den Wunsch hast, dich tief in die Welt der Natur einzustimmen, aktivierst du eine tiefere Sicht, die dir erlaubt, durch den Schleier zu sehen.
>
> Du hast eine starke Verbindung mit der Welt der Naturwesen, bewusst oder unbewusst. Du kannst die Naturkräfte nutzen, die binden oder befreien können.
>
> Im Gleichgewicht mit dem Geist des Dienstes befreit dich diese Verbindung und offenbart diese wahre allumfassende Transzendenz.
> Sie umfasst das Alltägliche und das Außergewöhnliche. Sie umfasst das Physische und das Spirituelle. Sie umfasst die Erde und den Körper und alles, was wahrgenommen wird und alles, was IST.

9 FRIEDLIEBEND, KRAFT UND SCHUTZ

Eigenschaften

- Hebräischer Buchstabe: Tet
- Einzelbuchstabe
- Planet/Sternbild: Löwe
- Körperzuordnung: linke Niere
- Qualität: Hören
- Energiezuteilung: spirituell
- Tarotkarte: Der Eremit

Bemerkung: Das Zahlenpaar 9-9 ist auch verbunden mit der 18 als 18-9.

Übersicht

Die stählerne Schlange symbolisiert Kraft, Widerstand und Schutz. Die Bedeutung des hebräischen Buchstaben Tet ist „Schlange". Wegen ihrer harten verbundenen Art bezeichnen wir diese Energie manchmal auch als Drachenenergie. Sie besitzt auch eine elektrische Kraft und jemanden mit dieser Energie könnte man als „unter Strom stehend" bezeichnen.

Das hebräische Zeichen kann man auch als ein Symbol der „Güte" ansehen. Das bedeutet nicht zwangsläufig unmittelbare Vorteile, weil oft scheinbar ungünstige Ereignisse zu besseren Umständen führen können. Dieses Konzept, das beschreibt, wie man einen weisen Überblick über die Ereignisse des Lebens bekommt, bezieht sich auch auf die katalytische Natur dieser Energie. Denn sie kann Wachstum und Lernen in uns selbst und in anderen beschleunigen. Ähnlich wie ein Zeitraum mit Therapie oder mit persönlichem Wachstum kann das zuweilen unangenehm sein, führt aber gewöhnlich zu einer besseren Lebensqualität.

Wer diese Energien in seinem Chart hat, wird von der Kraft des Schutzes profitieren können. Sie spüren, dass sie behütet sind. Weil sie aber so stark verbunden sind, kann es sein, dass sie es als körperlich anstrengend empfinden, wenn die Energie blockiert ist.

Das bedeutet, wenn möglich, stark und ausgeglichen zu sein und körperlich aktiv, um im Fluss zu bleiben und Stillstand zu vermeiden.

Verkörperung der positiven Aspekte

Es gibt diejenigen, die Macht missbrauchen und jene, die Angst davor haben und solche die danach hungern, beispielsweise einige Politiker. Dann gibt es auch noch jene, die sich mit ihrer eigenen Macht wohl fühlen, das sind die, die die positiven Aspekte der 9-9 verkörpern. Sie haben einen sicheren und stabilen Glauben an sich selbst.

Menschen, die die 9-9 verkörpern, sind normalerweise sehr stark und stabil. Sie haben ein großes Selbstvertrauen und wenn es hart auf hart geht, kann ihr Selbstwert auch nicht von oberflächlichen Selbstwertproblemen erschüttert werden.

Wenn dies ihre wirkliche Veranlagung ist, sind sie normalerweise auch bescheiden und demütig, denn es gibt nichts, was sie beweisen müssen. In schwierigen Situationen bleiben sie standfest und besitzen die Gabe, Konflikte zu lösen. Oft finden sie sich in der Rolle eines Friedensrichters.

Sie sind gut organisiert, entweder schon von Jugend an oder sie haben es gelernt. Da sie an ihre Fähigkeiten glauben, kommen für sie viele unterschiedliche Berufe in Frage. Im Wesentlichen ist es jedoch eine Energie, den Menschen zu dienen. Es ist klug, sich an die Worte zu erinnern: „Diene und dir wird gedient". Deshalb wäre ein spiritueller Dienst ideal, ganz gleich welcher Art.

Da diese Energie mit spiritueller Verbindung und Dienen zu tun hat, ist es möglich, dass sie schon in jungen Jahren für spirituelle Bereiche offen sind, ganz gleich ob diese Energien im irdischen oder im spirituellen Teil des Charts vorhanden sind.

Wenn sie aber erst einmal mit dem spirituellen Bereich verbunden sind, werden sie wahrscheinlich diese Energie in einem direkten Beruf des Dienens benutzen. Sehr oft sind sie hervorragende Channels und Heiler. Das Channeling-Chakra hinten an der Basis des Schädels wird sich schon sehr früh in ihrem Leben öffnen. Du wirst dort ein Kribbeln spüren, wenn es aktiv ist.

Wer sich zur Spiritualität hingezogen fühlt, hat auch einen starken Heilkanal. Für sie hat „Heile und du wirst geheilt werden" eine Bedeutung. Die Eigenschaft dieser Energie ist das Hören und so sind einige „hellhörend", eine Fähigkeit, die auch in Therapien oder auf spirituellem Gebiet genutzt werden kann.

Wenn diese Energie in der Position eines *Talents*, eines *Ziels* oder der *Seelenbestimmung* vorkommt, wird sie durch ihre starke katalytische Kraft auch alle anderen Energien im Plan dieser Person stärken. Manchmal wird es auch ein Anreiz sein, das Durcharbeiten der *Herausforderungen* zu beschleunigen. Hier muss man wissen, wenn diese 9-9er Energien vorhanden sind, werden sie auch eine katalytische Auswirkung auf andere haben. Natürlich ist dies positiv, aber es gibt auch welche, die diesen Bereich von sich selbst ziemlich heftig spüren. Außerdem müssen sie sich um ihren Körper kümmern, weil diese Energie sehr anstrengend sein kann, wie viele, die channeln, bemerkt haben werden.

Außer Selbstvertrauen ist auch das starke Gefühl da, geschützt zu sein. Ich habe beobachtet, dass dies auf unterschiedliche Art erfahren werden kann je nach Glaubenssystem und spiritueller Richtung. Wenn ich mit meinen Klienten darüber spreche, beschreiben zum Beispiel einige davon, dass es scheint, als hätten sie neun Leben. Andere fühlen, dass sie durch das Göttliche, durch ihren Schutzengel, einen spiritueller Führer oder einen Ahnengeist geschützt sind. Andere haben ein inneres Wissen, das aus einem starken Gefühl der Einheit stammt und der Akzeptanz der Ereignisse, die sich entfalten. Damit verbunden ist auch ein inneres Wissen, wann sie einen Ort verlassen müssen und wie sie gefährliche Umstände vermeiden können.

Die 9-9 bedeutet nicht unbedingt, sich mit Heilung oder Spiritualität befassen zu müssen. Sie weist aber darauf hin, dass eine starke Verbindung zur schöpferischen Lebenskraft vorhanden ist und ihnen das geben kann, was gebraucht wird, ganz besonders, wenn es anderen dient. Dies erfordert einen starken Glauben an sich selbst und ihre innere Kraft. Wenn du dich mit der 9-9 verbindest, hast du tatsächlich ein großes Potenzial zur Verfügung, das zu erreichen, was auch immer es sein mag, was wichtig für dich ist.

LEISTUNGSSTARKE SELBSTSICHERHEIT

Patricia arbeitet auf dem wachsenden Gebiet der Konfliktverhandlung und Lösung. Beide Parteien mit unterschiedlichen Programmen willigen ein, ihre Schlichtung anzuhören, denn sie wird respektiert. Selbst unter Spannung kann sie klar denken und hat eine praktische Intelligenz, aber vor allem besitzt sie persönliche Integrität und große Stabilität.

David kämpft für natürliche Gesundheit. Er hat sich gegen große Pharmaunternehmen durchgesetzt und gegen viele, die ein eigennütziges Interesse daran hatten, seine Fürsprache zu unterdrücken. Aber er scheint unempfindlich zu sein gegen alle Bedrohungen und allen Spott, die ihm in seiner Arbeit begegnen.

Als ich Edith traf, war sie bereits weit über 70. Sie war seit 45 Jahren eine Heilerin und sagte mir, auch wenn ihr Körper schwächer wäre, dass die Energien, die durch sie strömen, in diesen Tagen stärker wären. „Das hat nichts mit mir zu tun. Ich wende mich einfach nach oben und man sagt mir, was zu tun ist.“

Erfahrung der Herausforderungen

In der Herausforderung bedeutet es in der Regel Machtlosigkeit und/oder Widerstand, voll zu vertrauen und sich mit der eigenen spirituellen Essenz und Intuition zu verbinden. Viele, die an dieser Herausforderung arbeiten, fühlen sich schwach oder blockiert. Sie können eine Menge Ängste haben und sich sehr verletzlich fühlen.

Ich bin aber auch einigen begegnet, die keine Probleme haben, sich mit der energetischen Kraft zu verbinden, sondern dazu neigen, diese Energie durch Kontrolle und Manipulation anderer zu missbrauchen. Sie können zum Beispiel im weltlichen Sinn andere kontrollieren, indem sie ihr Wissen missbrauchen. Schlimmstenfalls können sie in Gaunereien oder Verbrechen verwickelt sein, in denen sie andere kontrollieren oder ausbeuten.

Im spirituellen Bereich gibt es viele hilflose Menschen, die nach einer Antwort suchen, um diese Herausforderung durchzuarbeiten und das ist ein verbreiteter Weg, um Macht auszuüben. Aber es gibt auch diejenigen, die bereit sind, diese Menschen auszunutzen, die paradoxerweise selbst an einem anderen Aspekt der gleichen Herausforderung arbeiten.

MACHTMISSBRAUCH

Ende der 1990er wurde mir durch einen gemeinsamen Freund eine Person vorgestellt, die die Energien ihrer 9-9 missbrauchte. Sie wollte eine Hypnotherapie-Sitzung und Heilung. Während unserer Sitzung war sie niedergeschlagen, aber sie hatte eindeutig eine sehr starke Guru-ähnliche Ausstrahlung und war durchaus in der Lage, Menschen anzuziehen, wo immer sie hinging. Es wurde auch deutlich, dass sie ein ziemliches Nomadenleben führte. In jedem Ort, den sie besuchte, zog sie durch ihr katalytisches „Transformiere dein Leben“ Gruppen von Geschäftsleuten, Studenten und spirituell Suchenden an. Das war noch vor dem Internet und sozialen Netzwerken und ohne jede Hilfe von Medien oder Werbung. Diese Gruppen „verdonnerten“ Menschen dazu, ihr Leben radikal zu verändern und sie war sicherlich auch fähig, Heilenergie zu übertragen.

> Aber sehr bald wurde ihr langweilig und sie wechselte zu einem zerstörerischen Verhalten. Sie missbrauchte, manipulierte oder benutzte (auch finanziell) alle, die sie erwischen konnte. Obwohl sie viele bessere Eigenschaften hatte, brachte unsere Sitzung eine tiefe existentielle Angst und einen inneren Selbsthass ans Licht. Es war eine Projektion dieser inneren Unruhe, die dann die Menschen um sie erfuhren. Wenn die unvermeidlichen Reaktionen und negativen Folgen kamen, packte sie einfach und zog an einen anderen Ort. Obwohl wir einige Fortschritte machten, verschwand sie eines Tages spurlos.

Für einige mit der 9-9 können diese Herausforderungen relativ mild ausfallen und es geht wirklich nur darum, sich zu verbinden, der eigenen Intuition voll vertrauen zu lernen, die eigene Macht ins Gleichgewicht zu bringen und dies in einer dienenden Rolle oder zum Wohle anderer zu nutzen.

Für die meisten mit den Energien der Kraft und des Schutzes in den *Herausforderungen* kann sich die Lektion auf zwei verschiedene Arten manifestieren, aber auch in einer Kombination von beiden.

Die erste Möglichkeit bezieht sich auf verschiedene Grade blockierter Macht und/oder einer Zurückhaltung, seine Macht für sich selbst zu beanspruchen. Meistens ensteht das durch irgendeine Form von Missbrauch in der Kindheit. Es kann sein, dass ihnen ihre Macht weggenommen wurde und sie in jungen Jahren von einer dominierenden Person missbraucht oder übermäßig kontrolliert wurden, z.B. von einem Familienmitglied. Das Thema, die Macht entweder an sich zu reißen oder sie abzugeben, wird solange fortgesetzt, bis sie gelernt haben, sie wieder für sich selbst zurückzugewinnen.

Die zweite Möglichkeit ist, obwohl sie Machtlosigkeit oder Missbrauch erlebt haben, dass sie trotzdem Zugang zur eigenen Macht bekommen haben. Aber sie ist verzerrt und wird nun missbraucht. In diesem Fall heißt die Lektion, das richtige Gleichgewicht im Umgang mit Macht zu finden. Wenn das nicht angepackt wird, kann es sich in einem zerstörerischen Verhalten äußern als Missbrauch und Kontrolle anderer oder es kann sich nach innen wenden und zu einem selbstzerstörerischen Verhalten führen, z.B. zu Drogenmissbrauch, Selbstverletzung oder sich unnötig in Gefahr bringen.

Eine andere Herausforderung kann sein, dass sie ihrem eigenen Kanal nicht trauen und deshalb süchtig nach Guru-ähnlichen Beziehungen sind. Eine weitere Herausforderung, die eigene Macht abzugeben. Viele mit dieser Energie fühlen sich von östlichen oder westlichen „Gurus" oder „Meistern" angezogen. Auch viele Therapiesüchtige, die von einem Therapeuten zum anderen rennen oder ständig Hellseher oder ein Medium konsultieren, machen diese Erfahrungen.

Anstatt diese spirituellen Führer als Unterstützung in schwierigen Zeiten oder für ihr Wachstum zu nutzen, sind sie hörig und verlassen sich lieber auf den Kanal eines anderen und nicht auf ihre eigene Verbindung. Auch hier ist die *Herausforderung*, ihre Macht zurückzugewinnen. Wenn sie andauernd die Meinung anderer suchen, sabotieren und hemmen sie das Wachstum ihres eigenen Potenzials für wunderbare Intuition und Verbindung.

Kurz gesagt, ist es weise, sich daran zu erinnern, dass diese Energie sehr kraftvoll ist und sich nicht von der Persönlichkeit beherrschen lässt. Sie ist unendlich größer als eine Persönlichkeit. Alle Versuche werden letztlich scheitern, diese Verbindung für Missbrauch und Kontrolle zu benutzen.

Mögliche einschränkende Glaubensmuster

- Ich bin machtlos...
- Die anderen haben die Antworten...
- Ich kann mir selbst nicht vertrauen...
- Ich brauche Dramen, um mich lebendig zu fühlen...
- Menschen haben es auf mich abgesehen...
- Ich hasse mich...
- Ich muss Schwierigkeiten machen, um bemerkt zu werden...

Gesundheit

Als erstes kann diese Energie anstrengend für den Körper sein. Es kann sich anfühlen, als wäre man energetisch oft „eingeschaltet". Bis man schließlich fähig ist, sich einzustimmen oder zu verschließen, ist man sehr sensibel gegenüber Kräften und Energien um sich herum. Deshalb ist es ratsam, körperlich stark zu bleiben, die Konstitution zu stärken und zu lernen, wie man sich erdet.

Außerdem sind einige, bis sie die Energien der 9-9 in der Herausforderung durchgearbeitet haben, anfälliger dafür, die Energie in einer verzerrten Art zu erfahren. Das kann zu Selbstzerstörung führen und sich negativ auf die Gesundheit auswirken.

Das dazugehörige Organ ist die linke Niere, ein Filtersystem. So könnten sie sich vielleicht fragen, ob sie ihre eigene Wahrheit filtern (finden) oder ob sie immer auf andere hören und/oder ob sie die Energien immer angemessen benutzen. Wenn die Energien nur für Missbrauch benutzt werden, z.B. um andere zu kontrollieren, wirkt sich das krass aus und schadet letztendlich.

Mit solch einem starken Vorstoß in Richtung Seelenebene steigt die Tendenz, zu viel zu tun und diese Energie ist schwierig zu zügeln.

Sie ist gleichzeitig auch mit der Rolle der Nieren verbunden und beeinflusst die Vitalität und die Lebenskraft. Bei Überforderung kann es die Nieren aus dem Gleichgewicht bringen und dadurch können Burnout und ähnliche Müdigkeitssyndrome entstehen. Aber die Angst sich zurückzuhalten, kann Stagnation und Blockaden dieser starken Kraft verursachen. Deshalb ist es wichtig ein Gleichgewicht zu finden, was nicht immer einfach ist.

Die Eigenschaft des Hörens ist diesem Zeichen zugeordnet und deshalb können manchmal Hörprobleme auftreten. In diesem Fall weist wiederum der psychologische Aspekt darauf hin, dass sie zu viel auf andere hören statt auf ihre innere Stimme oder ihre Seele. Sie trauen ihrer Intuition nicht.

Überwindung der Herausforderungen und Aktivierung der Talente und Ziele

Wenn es einen bewussten Machtentzug und oder Missbrauch gab, ist Beratung und Heilung notwendig. Hier kann auch Wut-Management helfen, denn es kann viel innerer Frust und Groll da sein, was sich manchmal als Selbstzerstörung, Missbrauch oder Zerstörungswut zeigt.

Vom Gesichtspunkt des Therapeuten aus ist die Schwierigkeit, dass viele mit der 9-9 unfähig sind, ihre Gewohnheiten zu durchbrechen, da sie sich selbst und ihrer inneren Weisheit nicht vertrauen. Viele der 9-9 verlassen sich lieber auf Hellseher, Gurus, Berater oder Psychotherapeuten, die über sie bestimmen und ihnen sagen, was sie tun sollen.

Sie haben ihre eigene Verbindung und ihren intuitiven Kanal und wenn sie andere nach Ratschlägen fragen, geben sie ihre eigene Macht ab. Das Dilemma ist jedoch oft ihr starkes Bedürfnis nach Heilung und Unterstützung.

Manchmal muss ein Therapeut erst als Autorität auftreten, um Unterstützung anzubieten. Letztendlich geht es aber um die Selbstermächtigung des Klienten, die das therapeutische Ziel sein sollte. Andere Berater werden im Idealfall unterstützen, zuhören und ihnen helfen, sich ihre eigene Meinung zu bilden und daraus ihre Schlüsse zu ziehen.

Chakren-Ausgleich/-Reinigung und Heilarbeit kann dabei helfen, den eigenen Kanal zu klären, damit ihre starke spirituelle Verbindung fließen kann. Dies ist auch der Grund, weshalb viele mit der 9-9 sich nach einer Sitzung sehr stark öffnen können, sie sprechen zum Beispiel von einem Erwachen oder einer Einweihung (z.B. bei Reiki).

Einige, die die 9-9 durcharbeiten, können auch anfällig dafür sein, ihre Macht an verschiedene energetische Erscheinungen oder Überlagerungen abzugeben. Dies ist in der Regel nicht so unheimlich, wie es klingt und bedeutet, dass sie ihre Macht an energetische Gedankenformen in religiösen Organisationen abgeben, die auch gutartige Absichten haben können. In solchen Fällen kann ihnen ein geführtes Gelübde-Brechen* ihre eigene Macht zurückbringen.

HEIL-AFFIRMATION

Lerne es auswendig und wiederhole es oft:

> Als physisches spirituelles Wesen beanspruche ich meine volle Kraft und respektiere und nutze die Weisheit anderer. Ich bin ausgeglichen und fest in meiner eigenen Weisheit und Kraft und teile sie mit anderen in Liebe.

Selbsthilfemethoden

Diese Herausforderung kann hart sein und braucht wahrscheinlich Beratung und Heilung. Allerdings wäre es klug, Guru-ähnliche Therapeuten oder sogar religiöse Gurus zu vermeiden und zu versuchen, die eigene Entscheidungsfähigkeit zu entwickeln, denn die 9-9 neigen dazu, ihre Macht und ihre Kraft abzugeben.

Wirklich in die Kraft der 9-9 zu kommen bedeutet, dich mit deiner spirituellen Natur zu verbinden und einen Weg zu suchen, um anderen dienen zu können.

Es gibt unterschiedliche spirituelle Übungen wie Kampfsport, Qi Gong, Meditation und Yoga. Sie alle bieten Möglichkeiten, sich mit diesem starken Energiefluss zu verbinden.

Trainings oder Bücher zum Thema Konfliktlösung werden helfen, die Energie eines „Friedensstifters" zu entwickeln. Um deine Macht zurückzugewinnen, sind auch Durchsetzungs-Trainings oder Bücher darüber hilfreich.

*Siehe Wörterverzeichnis, Seite 335.

Vorschläge für Bachblüten

Walnuss (Walnut) für ein Gefühl des Schutzes, wenn du mit spiritueller Arbeit beschäftigt bist.
Weinrebe (Vine) hilft bei Themen mit Macht.
Odermennig (Star of Bethlehem), um vergangenen Missbrauch und Machtentzug zu heilen.
Wegwarte (Chicory) zur Überwindung der Ichbezogenheit.

Knospe der Rosskastanie (Chestnut Bud) hilft vorwärts zu kommen, indem man aus vergangenen Erfahrungen lernt.
Stechpalme (Holly) für Wutmanagement.
Gefleckte Gauklerblume (Mimulus), um Ängste zu vertreiben.
Lerche (Larch) für Vertrauen.

ERINNERE DICH, DEINE TALENTE SIND DER DREHPUNKT ZWISCHEN DEN HERAUSFORDERUNGEN UND DEN ZIELEN. DIE VERWIRKLICHUNG DEINER WELTLICHEN UND SPIRITUELLEN FÄHIGKEITEN WIRD DIR HELFEN, DEINE HERAUSFORDERUNGEN ZU ÜBERWINDEN UND DEINE ZIELE ZU ERREICHEN!

Seelenbestimmung, Ziel und Transzendenz

Auf der persönlichen Ebene geht es um das Verwirklichen des angeborenen Selbstvertrauens und inneren Wissens. Es geht darum, deine volle persönliche Kraft und dein Potenzial zu beanspruchen und zu verwirklichen. Es geht um ein Leben im Dienst, mit dem du Wachstum bei anderen einleitest und dir deiner Fähigkeit sicher bist, in frustrierenden Situationen ruhig zu bleiben und Gelassenheit, Diplomatie und Mitgefühl auszustrahlen.

Du hast erkannt, dass keiner dir die Wahrheit sagen kann, die du durch Worte suchst, auch wenn es viele mit Wissen gibt. Nur du allein kannst deine vollkommene Leere und deine vollkommene Ganzheit sehen. Wenn du zur bewussten Einheit mit deiner Seele kommst, drückst du die innere Göttlichkeit aus und wirst eins mit der Liebe und Stabilität, die du verkörperst.

SEELENBOTSCHAFT

Nimm dir Zeit, dich zu entspannen und dann wiederhole drei Mal oder denke einfach darüber nach:

Diene und dir wird gedient, denn du hast jetzt Kraft, Schutz und Liebe.

Vertraue deiner Verbindung, denn sie führt dich in dein wahres Zuhause.

Jetzt bist du eins mit derselben Kraft, die dich in die Schöpfung gebracht hat.

Drücke deine höchste Wahrheit aus, denn du bist der lebendige Ausdruck deiner Essenz.

10 POTENZIELLE MANIFESTATION

Eigenschaften

- Hebräischer Buchstabe: Yod
- Einzelbuchstabe
- Planet/Sternbild: Jungfrau
- Körperzuordnung: linke Hand
- Qualität: Arbeit
- Energiezuteilung: spirituell
- Tarotkarte: Glück/Rad des Schicksals

Bemerkung. Die Zahl 10 ist eine Kombinationszahl und immer verbunden mit der 1 als 10-1.

10 – 1

Siehe auch **Zahl 1 Einheit**, Seite 85.

Übersicht

Dies sind androgyne Energien des Göttlichen. Das Gleichgewicht des Männlichen und Weiblichen wird durch die männlichen und weiblichen Geschlechtsorgane symbolisiert. Es stellt die potenzielle Manifestation des ewigen Geistes auf der Erde dar.

Der 10. Buchstabe des hebräischen Alphabets ist Yod. Im alten hebräischen Piktogramm (Bildzeichen) wird er als Hand und Arm gezeigt. Wörtlich bedeutet das „geschlossene Hand". Die symbolische Bedeutung ist „tun" und „arbeiten" im Sinne einer vollendeten Arbeit.

In der Gematria bedeutet die 10, die auch im Zusammenhang mit der 1 (als 10-1) gesehen werden muss, Vollkommenheit. Die Summe aller anderen Zahlen ist in der Zahl 10 enthalten. Deshalb ist es die Zahl des verborgenen Potenzials, da es die Summe all dessen enthält, was ist.

Das kann bedeuten, ein Ziel zu erreichen, eine Fähigkeit als Dienst in einem Bereich zu vervollkommnen oder in der *Herausforderung* zuweilen eine vollständige Verweigerung dieses ganzen Bereichs.

In anderer Sichtweise auf die *Seelenbestimmung* könnte man auch sagen, dass jemand mit der 10-1, der diese Energie vollkommen verwirklicht hat, eine hohe Seele ist und eine Inkarnation des reinen Dienstes lebt. Man könnte auch sagen, dass er reif ist, um aus dem Inkarnationszyklus auszusteigen.

Verkörperung der positiven Aspekte

Die 10-1 ist verbunden mit reinem Dienst, aber das ist sehr unterschiedlich innerhalb eines *Seelenplans*. Wie du in den Beispielen unten sehen kannst, gibt es jene, die still und freiwillig dienen oder ihr Leben lang anderen helfen. Aber es gibt auch solche, die die Gesellschaft wachrütteln und sie zum Besseren verändern oder auf andere Art Freude und Inspiration ins Leben der Menschen bringen.

DIENSTSEELEN

Sally wusste schon immer, dass sie Krankenschwester werden wollte. Das geschah auch und sie hat Freude an einer Arbeit, mit der sich die meisten Menschen schwer tun würden. Sie lässt sich in der Arbeit nicht auf Politik ein und macht sich keine Gedanken über die Gründe, warum Patienten gekommen sind. Sie ist einfach da und kümmert sich um sie. Abends, wenn sie nach Hause geht, lässt sie das Krankenhaus hinter sich. Sie wird schon bald in Pension gehen und fühlt, dass sie zum richtigen Zeitpunkt geht, denn wegen finanzieller Schwierigkeiten und Misswirtschaft des Krankenhauses hatte sie in den letzten Jahren weniger Möglichkeit, wirklich nur Krankenschwester zu sein. Sie freut sich nun auf eine ehrenamtliche Tätigkeit in einem Hospiz in ihrer Nähe.

Tommy kam Ende der 1950er aus Irland nach London und arbeitete auf dem Bau. Dort stieg er zu einer hohen Position auf. Das erforderte seine harte und zähe Seite, er hatte aber auch eine weiche. Nie vergaß er, wie stark er damals zu kämpfen hatte, um in einem neuen Land Fuß zu fassen. Deshalb ist sein unbezahltes lebenslanges Hobby, dass er für andere, vorwiegend junge Landsleute, die hier ankommen und hoffen, einen Job zu finden, Unterkunft und Arbeit sucht. Die letzten

Abschiedsworte vieler irischer Mütter, deren junger Sohn nach England geht, sind: „Vergiss nicht Tommy anzurufen, wenn du ankommst."

James, einen Arzt und Onkologen, traf ich das erste Mal, als einer unserer Seelenplan - Abschluss-Studenten ihn zu einem Wohltätigkeitsvortrag einlud. Schon vor seinem Medizinerberuf war er, was sehr selten ist, ein spirituell Suchender und lebte als junger Mann einige Jahre in einem indischen Ashram. Er genoss diese Erfahrung, eines Tages aber erhielt er einen inneren Ruf, dass er sich als Arzt ausbilden lassen sollte. Er folgte diesem Ruf und stellte fest, dass er sich am meisten zu Krebspatienten hingezogen fühlte. James zeigte großes Mitgefühl für seine Patienten. Das hängt teilweise auch damit zusammen, weil sein Vater an Krebs starb, trotz aller Bemühungen der Familie, jede nur mögliche Behandlung zu finden. Damals hatten sie die beste allopathische und medizinische Versorgung zur Verfügung. James war sich der Diagnose bewusst und sehr einverstanden mit der biologischen und westlichen Sichtweise. Aufgrund dieser Erfahrung und seiner spirituellen Einstellung führte James auch alternative und komplementäre Methoden ein. Diese Erfahrung erlaubte ihm, Grenzen und Vorzüge beider Vorgehensweisen zu sehen. Er war ein Pionier der integrativen Medizin, indem er das Beste aus allen Behandlungsformen miteinander kombinierte.

Das sind die höchsten Schwingungen, die es gibt, denn sie enthalten das irdische und kosmische Shiva/Shakti, Yin/Yang, das Gleichgewicht des männlichen und weiblichen Aspektes des Göttlichen.

Wenn die androgyne Natur des Göttlichen mit der reinen spirituellen Kraft der 1 kombiniert wird, ist es eine Verschmelzung der höchsten Frequenzen. Da jedoch der 10. hebräische Buchstabe Yod der kleinste Buchstabe ist, bedeutet es auch Demut und Selbstlosigkeit.

Wer diese Energie im irdischen Talent hat, ist wahrscheinlich ein hervorragender Heiler, Künstler oder Erfinder und hat Fähigkeiten im spirituellen Bereich. Er hat auch die Gabe der Ausdruckskraft im Sinne eines „reinen Kanals".
Dies ist vor allem eine Energie des Dienens und bietet all jenen mit dieser Energie die Möglichkeit, eine direkte Verbindung zum Göttlichen zu bekommen. Es ist diese Verbindung, die den Kanal zur Intuition öffnet. Das Ergebnis ist ein inneres Wissen.

Wenn diese Frequenz in den irdischen Positionen erscheint, sogar als Talent oder Ziel, haben sie oft Schwierigkeiten mit der Dichte der alltäglichen Welt und das Gefühl, nicht dazu zu passen.

Wenn sich diese Energie in den irdischen Talenten und irdischen Zielen befindet, haben sie keine besondere Ausrichtung auf ein Talent oder Ziel, sondern nur auf das Dienen.

In den irdischen Talenten ist alles vorhanden, dennoch müssen sie direkt dienen können. Wenn sie anderen helfen, blühen sie auf und werden innerlich genährt. Sie sind von Natur aus Heiler, aber wie sie dienen, kann sehr unterschiedlich sein. Wenn sie sich erst einmal für einen Dienst verpflichtet haben, wird sich die Art und Richtung zeigen. Was ihnen weiterhilft, ist ein inneres Gleichgewicht, direkte Intuition, Stabilität und eine direkte Verbindung zum Göttlichen.

Wer diese Energien im spirituellen Aspekt hat, findet es ebenfalls schwierig, sich an die physische Welt zu gewöhnen, außer er hat ein greifbares irdisches Talent. Die Fähigkeiten sind ähnlich wie in den irdischen Talenten, allerdings müssen sie ihre Verbindung aktivieren. Wenn sie das aber getan haben, stehen ihnen viele Fähigkeiten zur Verfügung und ein großes Potenzial im spirituellen Bereich.

Sie sind hervorragende Heiler. Sie sind auch sehr stabil und haben die Fähigkeit, sich vollständig mit ihrer Seele zu verbinden. Sie konzentrieren sich stark auf die innere Kraft, um sie für ihren Dienst zu nutzen.

Erfahrung der Herausforderungen

Die 10-1 ist eine Dienstenergie und manchmal kann sie sich nur als eine mildere Herausforderung zeigen. Tatsächlich kann es hier eher die Verantwortung bedeuten, sich mit seiner spirituellen Kraft und Fähigkeit zu verbinden. Für einige aber kann das besonders schwierig sein und weist auf ein starkes Ungleichgewicht und einen ernsthaften Kampf hin. Dazwischen gibt es viele Abstufungen. Wie auch die 5-5 hat die 10-1 die größte spirituelle Energie. Allerdings können einige mit der 10-1 in den *Herausforderungen* den spirituellen Aspekt des Lebens völlig verleugnen. Interessant ist auch, dass viele einen sehr großen Widerstand gegen den spirituellen Bereich haben und ihn ablehnen.

Aufgrund der hohen Schwingungen der 10-1 fühlen sie sich als Außenseiter und viele haben Schwierigkeiten, mit der physischen Welt zurechtzukommen. Sie haben vielleicht sogar eigenartige spirituelle Symptome, wie nicht greifbare Gefühle, Energieschübe und ein Nicht-Geerdet-Sein, lehnen aber immer noch ihre tiefere Essenz ab. Die Ablehnung solcher Erfahrungen verstärkt nur die tiefe Unsicherheit, die normalerweise diese Herausforderung begleitet. Sie sind übernervös, manchmal neurotisch und ziemlich zwanghaft in ihren Handlungen.

Kombiniert mit einer Erfahrung, dass alles mühsam ist, kann das Verbitterung und Groll auslösen.

Sehr oft sind sie überkritisch anderen gegenüber oder der Gesellschaft im Allgemeinen, was mit dem eigenen Perfektionismus zu tun hat. In ernsteren Fällen sind sie unverbesserlich intolerant und haben diskriminierende Ansichten. Sogar in milderen Fällen neigt die 10-1 dazu zu jammern.

Die Verbindung mit dem spirituellen Bewusstsein und dem Gefühl einer größeren Freiheit im Leben ist eine Reise, die anfangs einige Beharrlichkeit abverlangt. Man erhascht flüchtige Einblicke oder erfährt Phänomene der spirituellen Welt, findet es aber verwirrend und neigt dazu, alles zu verwerfen. Wenn eine gewisse Verbindung zum spirituellen Bereich erreicht ist, hat man die Tendenz, wieder in die „Normalität" zurückzufallen und „verliert" zuerst schnell wieder alles.

Sehr oft erschafft man sich Hindernisse und kreiert sabotierende Muster, die blockieren und vom spirituellen Wachstum abhalten können. Ungeachtet ihrer oft arroganten Haltung, fallen einem die Dinge anfangs nicht einfach in den Schoß, man muss sie sich verdienen und schätzen lernen. Ein Grund dafür kann beispielsweise sein, dass es archetypische Geschichten oder vergangene Leben gibt, in denen sie ihre spirituellen Gaben missbrauchten oder sie nicht geteilt hatten.

PERFEKTIONISMUS

„Ich weiß, dass ich absolut jämmerlich bin und ich hasse mich dafür" sagte Charlotte in Bezug auf ihre Flugangst. Wie viele mit der 10-1 in den Herausforderungen war sie eine Perfektionistin und sehr kritisch sich selbst gegenüber. Es zeigte sich, dass ihre Flugangst nur die Spitze des Eisbergs war und sie schon die meiste Zeit ihres Lebens durch eine barsche innere Stimme geplagt wurde. Aus diesem Grund versuchte sie, jeden Bereich ihres Lebens radikal zu kontrollieren einschließlich ihres Gewichts. Sie litt an Bulimie und es gab Zeiten, in denen sie sehr „streng" mit sich selbst war. Zwangsläufig machte sie dann „Fehler", weil sie versuchte, an unmöglich hohen Standards festzuhalten, die sie nicht einhalten konnte. Das löste ein tiefes Gefühl von Selbsthass in ihr aus. Die damit verbundene Angst löste wiederum übermäßiges Essen aus, darauf folgten Reue und selbst herbeigeführtes Erbrechen. Das wiederum führte zu weiteren kritischen Gedanken in einem Teufelskreis.

Manchmal können kritisierende Stimmen und Gedanken durch mentale Methoden wie NLP (Neurolinguistische Programmierung) oder kognitive Verhaltenstherapie angegangen werden.
Die *Herausforderung* mit der 10-1 bedeutete aber für Charlotte erst einmal, eine Reihe von tiefen unbewussten Überzeugungen „Das Leben ist ein Kampf", „Ich bin nicht gut genug" etc., zu klären.

Sie war fest davon überzeugt, dass jede Lösung enorm viel „harte Arbeit" erforderte und ähnliche nutzlose Vorstellungen, die sich durch ihre eigene Vorstellung selbst erfüllten. Relativ gesehen, war es ein langer Weg bis zu einer Lösung. Sie hatte bereits verschiedene Behandlungen ausprobiert, fand aber für nichts und niemanden gute Worte, was offenbar ein Teil ihres Themas war und nichts mit den Methoden oder Therapeuten zu tun hatte. In unserer Sitzung zeigte sie große Widerstände und war sehr kritisch gegenüber der Methode, die ich ihr anbot. Glücklicherweise erreichten wir einen Durchbruch, als sie das als eine Art Gegenwehr annehmen konnte.

Schließlich gelang es ihr, sich von ihrer kritischen Stimme zu lösen, die sich als unbewusster Einfluss extrem kritischer Eltern und als Muster früherer Ahnen zeigte und sie konnte ihre Herausforderung erfolgreich überwinden.

Teil der *Herausforderungen* der 10-1 ist zu lernen, irdisches Gleichgewicht zu finden und die Gegensätze auszugleichen. Zu diesem Thema sehen wir manchmal auch Probleme mit dem Gleichgewicht der männlichen und weiblichen Seite. Unabhängig von Geschlecht oder sexueller Orientierung neigen sie dazu, den Ausdruck dieses Bereichs überzubewerten. Zum Beispiel können sie, ob sie nun männlich oder weiblich sind, Merkmale und eine Lebenseinstellung aus der ausschließlich männlichen Perspektive aufweisen und eine eher forsche, analytische, konkurrierende Haltung einnehmen.

In der Position der *spirituellen Herausforderung* muss die Lektion angeschaut werden, die Arbeit und ein solides Talent erfordert, das in der Welt verwirklicht werden kann. Mit anderen Worten, sie müssen den Dienst in praktisches Tun umsetzen. Die Seele veranlasst, dass bestimmte Umstände eintreten, um sicher zu gehen, dass die Herausforderung durchgearbeitet wird – obwohl dieser Prozess ziemlich unangenehm sein kann.

Oft gibt es aber in dieser Position keine allzu schwierigen Herausforderungen und falls es weitere 10-1er im Plan gibt, zum Beispiel in den spirituellen Zielen oder in der Seelenbestimmung, ist es eher ein Anzeichen für eine Ausrichtung zum Dienen.

Für einige Menschen kann die *Herausforderung* in dieser Position jedoch schwierig sein.
Sehr selten könnte es jemand sein, der beispielsweise eine extreme Trennung des Bewusstseins durchlebt, Selbsthass, Quälerei, überhaupt kein Mitgefühl und totale Ablehnung der essenziellen Verbindung mit anderen. Bis sie diese Herausforderung durchgearbeitet haben, haben solche Menschen ein unangenehmes Energiefeld und besitzen möglicherweise ziemlich zerstörerische Tendenzen.

SELBSTHASS

Dante war ein extrem gut aussehender junger Mann, trotz seiner gebrochenen Nase. Aber er hasste sein Aussehen und fand sich selbst „fett und hässlich". Frauen konnte er nur treffen, wenn er sehr betrunken war und diese Beziehungen endeten in bedeutungslosem Sex.

Schließlich schafften wir es, die Ursache für diesen Selbsthass zu finden, der von schwerem Mobbing herkam. Dieses Mobbing und die Kritik wurden von einer kritischen Subpersönlichkeit verinnerlicht, die dann Selbstquälerei und innere Kritik auslöste. Er brach sich zum Beispiel seine Nase, als er von sich selbst angewidert seinen Kopf mit großer Wucht gegen einen Spiegel schlug.

Sehr wichtig für eine erfolgreiche Heilung war, wie oft in so einem Fall, eine Sitzung mit dem Thema Selbstvergebung, Parts Work, Theta Heilung, Hypnosetherapie und eine radikale Veränderung seiner Ansichten. Bei einer folgenden Sitzung erfuhr Dante ein nicht-duales Erwachen. Er bekam Zugang zu seiner Kreativität und der Fähigkeit, sich mit anderen zu verbinden. Danach brauchte er keine weiteren Sitzungen mehr. Einige Jahre später schrieb er mir: „Ich erinnere mich an den schrecklichen Schaden, den ein verzerrtes Selbstbild 15 bis 20 Jahre lang in mir angerichtet hat. Es ist erstaunlich, dass ich seit der letzten Sitzung dieses Gesicht nie wieder im Spiegel gesehen habe".

Zusammenfassend lässt sich sagen, auch wenn die *Herausforderungen* für viele Menschen schwächer sind, ist die Aufgabe, die ansteht, sich vollständig auf den Weg des Dienens einzustellen. Der Schlüssel ist, sich mit dem Aspekt des Dienstes zu verbinden, Mitgefühl zu entwickeln und anderen zu helfen. Gleichgewicht zu finden und innere Ruhe, ist ein guter Weg vorwärts. Es gibt Höhen und Tiefen und Ablenkungen, aber letztlich werden sie sich mit einem Bewusstsein jenseits des Üblichen verbinden und mit einer harmonischeren Lebensanschauung. Paradoxerweise sind die tiefere spirituelle Vision, die Gaben und die Möglichkeit auch dann schon vorhanden, wenn man sich noch auf dem Weg dorthin befindet.

Mögliche einschränkende Glaubensmuster

- Ich bin getrennt...
- Ich bin fremd...
- Ich bin vom Göttlichen verlassen...
- Ich muss perfekt sein...
- Ich hasse mich...
- Ich bin fehlerhaft...
- Andere sind fehlerhaft...

Gesundheit

Viele der 10-1er erfahren eine Anzahl Symptome wegen ihres blockierten Energieflusses. Wenn die Energien nicht richtig fließen können, entsteht Energiestillstand. Wie Akupunktur-Therapeuten oder Heiler wissen, kann das eine Anzahl von Symptomen auslösen, chronische Müdigkeit ist eines davon. Wenn männliches /weibliches Gleichgewicht ein Thema ist, können hormonelles Ungleichgewicht oder energetische Probleme oder Durchblutungsstörungen in einer Körperhälfte entstehen.

Einige der 10-1er klagen über eigenartige energetische Symptome, die auf konventionelle Weise nicht leicht zu erklären sind. So können sie fortwährend eine Menge störende kleine Zipperlein haben. Positiv gesehen, können diese eigenartigen kleinen Schmerzsymptome aber auch ziemlich schnell wieder verschwinden.

Eine energetische Blockade im Kronen-Chakra kann manchmal durch einen physischen Aufprall mit dem Kopf entstehen. Ich habe auch das Gegenteil erlebt, dass bei Menschen, die mit dem Kopf angestoßen sind, sich das Kronen-Chakra geöffnet hat. Das soll allerdings nicht als Rezept dienen.

Was die geistige Gesundheit betrifft, können 10-1er Hypochonder sein, die sehr viel Angst spüren. Das ist auch eine Frage der Stärke der *Herausforderungen* und wie viel davon bereits durchgearbeitet ist. Es können unterschiedliche Stufen von Dysmorphophobie, (eine Wahrnehmungsstörung des Körpers, man fühlt sich z.B. hässlich), gestörtem Essverhalten, Neurosen und Zwangsvorstellungen auftreten.

Der mit der 10 verbundene Körperteil ist die linke Hand. Obwohl sie normalerweise frei von körperlichen Symptomen ist, ist sie ein Symbol für „Geben und Nehmen".

Um wahre Lebenskraft und Lebensfreude zu bekommen, müssen wir uns auf unsere Umwelt und andere einlassen.

Wenn wir geben, empfangen wir auch. In einem ernsteren Fall könnte es Probleme wie Arthritis in den Handgelenken geben oder sogar eine verkrüppelte Hand, obwohl ich bis jetzt nur eine einzige gesehen habe.

Überwindung der Herausforderungen und Aktivierung der Talente und Ziele

Um diese Energien durchzuarbeiten, braucht es eine Menge Unterstützung, um im Gleichgewicht zu bleiben, weil so viele Ablenkungen auftauchen. Die Basis ist immer die spirituelle Verbindung. Sie kann flüchtige Augenblicke der Einheit bringen oder spirituelle Erfahrungen, die Ängste auslösen und das Gefühl, die Kontrolle oder Identität zu verlieren. Unglücklicherweise führt das manchmal zu Lustlosigkeit oder zur Ablehnung der Spiritualität und der energetischen Übungen. Daher kann Unterstützung durch einen Berater, der eine feste spirituelle Verbindung hat, einen akzeptiert und nicht wertet, ein Leuchtturm sein bei der „Arbeit" der Neuausrichtung.

Manchmal braucht die 10-1 energetische Heilmethoden, um verschiedene Blockaden im System zu behandeln, die Beschwerden auslösen, die der konventionellen Medizin trotzen. Spirituelle Heilung, Chakren-Ausgleich, Energie-Heilung, z.B. Reiki oder Reconnective Therapie (RCT)*, sowie Arbeit an einem bestimmten Energie-Kreislauf oder Energie-Zentrum können manchmal sehr gut helfen.

Hypnosetherapie oder Übungen aus dem NLP, um den inneren Kritiker zum Schweigen zu bringen, oder Beratung für alle möglichen körperlichen Selbstbild-Probleme sind hier auch angebracht.

In einigen Fällen hilft Chakren-Ausgleich, um die männlichen/weiblichen Aspekte ins Gleichgewicht zu bringen, zum Beispiel durch Teile von Parts Work*/Voice Dialogue*, Gelübde-Brechen* und spirituelle Übungen der Achtsamkeit, damit man lernt, Eigenverantwortung für seine frustrierten Gefühle zu übernehmen und zu entdecken, niemand ist schuld.

HEIL-AFFIRMATION

Lerne es auswendig und wiederhole es oft:

> Ich bin vollkommen mit dem Göttlichen verbunden, mit meinem Höheren Selbst und der grenzenlosen Weisheit der Quelle. Ich bin ein göttlicher Funke und offenbare das Sein. Ich bin eins mit Allem. Ich bin DAS...ICH BIN...

Selbsthilfemethoden

Um wirklich Zugang zu dieser Energie zu bekommen, musst du dich mit deinem Dienst und mit deiner Spiritualität verbinden. Auf dem Weg tauchen viele Ablenkungen auf und das verlangt Arbeit. Alles, was diese Verbindung und den Dienst vereinfacht, wird nützen, alles ist hilfreich, was diese Verbindung und das Dienen leichter macht. Ehrenamtliche Arbeit für eine Wohltätigkeitsorganisation oder eine Arbeit, mit der man anderen helfen kann, sind Anregungen dazu. Es gibt bestimmte Arten der Meditation, zum Beispiel buddhistische, die das Mitgefühl entwickeln und verbessern können. Je weniger du dich um dich selbst drehst und loslässt, umso besser können deine Energien fließen.

Es gibt viele Möglichkeiten sich zu „verbinden", je nach individueller Vorliebe, Überzeugung und Orientierung, z.B. Meditation, Einstimmen in das Engelreich, übliche spirituelle Praktiken, Heilübungen, Teilnahme an Satsang*, Übungen mit Erdenergie oder Zeit in der Natur zu verbringen und sich mit ihr zu verbinden.

Empfohlen werden auch spirituelle Literatur oder Bücher über inspirierende Menschen, die der Welt gedient haben.

Vermeide im Alltag Klatsch und Gejammer, falls das ein Thema ist, denn das könnte deine kritische Neigung zur Unzufriedenheit verstärken und ist sehr auslaugend.

*Siehe Wörterverzeichnis, Seite 335.

Vorschläge für Bachblüten

Rotbuche (Beech) gegen zu große Kritik und Intoleranz.
Schottische Kiefer (Pine) gegen Selbstvorwürfe und gegen das Gefühl, nie gut genug zu sein.
Weinrebe (Vine) hilft bei Themen der Macht.
Walnuss (Walnut) um Veränderungen zu erleichtern.
Waldtrespe (Wild Oat) hilft, den wahren Lebensweg zu finden.

ERINNERE DICH, DEINE TALENTE SIND DER DREHPUNKT ZWISCHEN DEN HERAUSFORDERUNGEN UND DEN ZIELEN. DIE VERWIRKLICHUNG DEINER WELTLICHEN UND SPIRITUELLEN FÄHIGKEITEN WIRD DIR HELFEN, DEINE HERAUSFORDERUNGEN ZU ÜBERWINDEN UND DEINE ZIELE ZU ERREICHEN!

Seelenbestimmung, Ziel und Transzendenz

Deine treibende Kraft war, die bewusste Persönlichkeit zu vervollkommnen und zu meistern. Das weckt den Wunsch, all deine Handlungen und Beziehungen vollkommen zu machen.

Die 10-1 in der Seelenbestimmung bedeutet, den starken Ansporn zu haben, die irdischen und spirituellen Ziele zu meistern, denn im Grunde besitzen sie eine Dienstenergie. Im Idealfall findest du eine Plattform, um dies auszudrücken und zu dienen.

Der Schlüssel ist Gleichgewicht und damit kann sehr viel erreicht werden. Durch Gleichgewicht kannst du in einen bewussten Ausdruck deiner Seele kommen. Praktisch bedeutet das, dass du in Einklang mit deiner Essenz kommst jenseits von Persönlichkeit und Ego. Du kannst gewissermaßen sagen, dass du eins mit deiner Seele bist.

Ganz gleich, ob diese Ausrichtung durch die Krönung einer lebenslangen Arbeit erreicht wird, mit dem Erwachen des Bewusstseins oder in einem plötzlichen Lichtblitz, der als transzendente Verwirklichung angesehen wird, wird erkannt, dass ironischerweise der Wunsch nach Vollkommenheit ein Teil der Trennung war. Du erkennst und akzeptierst, dass das, was du bist und schon immer warst, vollkommen ist.

SEELENBOTSCHAFT

Nimm dir Zeit dich, zu entspannen und dann wiederhole drei Mal oder denke einfach darüber nach:

> ALLES WAS IST... ist Liebe. ALLES WAS IST... ist jetzt. ALLES WAS IST...
> ist ewige Schönheit. ALLES WAS IST... ist Licht.
> Tief durchdrungen, sicher, unerschütterlich und eins mit dieser Kraft,
> fließt du leicht durch diese scheinbare Realität.
>
> Nimm Zuflucht zu dem WAS IST... es gibt keinen anderen Weg...
> Alle scheinbaren Entscheidungen waren auch ein Teil davon...
> Alle scheinbaren Entscheidungen sind auch ein Teil von dir...

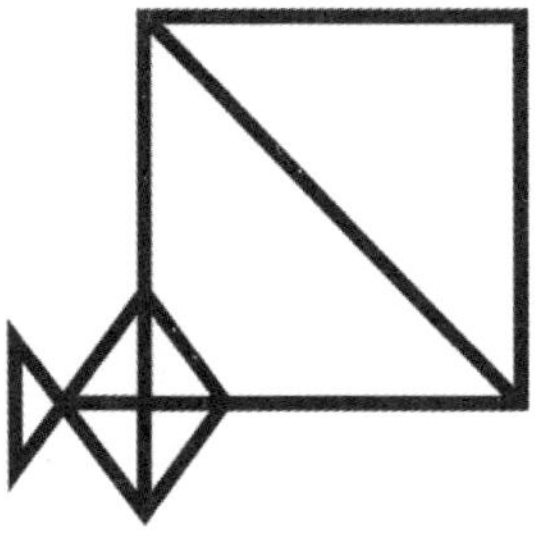

11 ASSIMILATION, STRUKTUR UND HARMONIE

Eigenschaften

- Hebräischer Buchstabe: Kaf
- Doppelbuchstabe
- Polarität: Leben/Tod
- Planet/Sternbild: Venus
- Körperzuordnung: linkes Auge
- Himmelsrichtung: Westen
- Energiezuteilung: irdisch
- Tarotkarte: Lust/Kraft

Bemerkung: Die Zahl 11 ist eine Kombinationszahl und immer verbunden mit der 2 als 11-2.

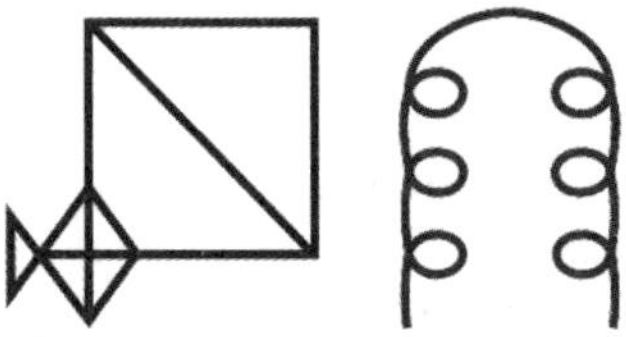

11 – 2

Siehe auch Zahl **2 Weisheit und Unterstützung**, Seite 93.

Übersicht

Das Symbol zeigt eine Form der Angleichung. Diese zusammengesetzte geometrische Struktur kann man so sehen, als hätte sie viele Seiten und Ecken, die verschiedene Aspekte der Schöpfung enthält und erschafft. Das kann sich auf materielle Strukturen beziehen wie Gebäude oder Technik oder geistige und spirituelle Systeme, Ideen und Konzepte, zum Beispiel Philosophie. Der Geist entfaltet sich auf unbegrenzte Weise.

Die wörtliche Bedeutung von Kaf ist „Handfläche" oder „offene Hand". Die symbolische Bedeutung ist, entweder die Hand zu verschließen oder sie zu öffnen. Aus der Handfläche oder der offenen Hand kann das Potenzial der arbeitenden Hand verwirklicht werden.

Im Prozess der spirituellen Manifestation wird eine Struktur in einem Bereich errichtet, die der Schöpfung erlaubt zu fließen.

Diese Energie mit ihrer Eigenschaft der Ausdehnung und der praktischen Anwendung gehört zusammen mit der 4 und der 8 zu den eher irdischen Energien.

Dem Buchstaben Kaf wird auch die Polarität von Leben/Tod zugeordnet. In der Herausforderung enthält das auch Themen wie Vergänglichkeit des Lebens und Verlust.

Die Energie der 11 ist immer gepaart mit der 2, den Energien der Wahrnehmung, Weisheit und Objektivität. Das erlaubt, symbolisch gesehen, die Dinge von verschiedenen Seiten zu betrachten.

Verkörperung der positiven Aspekte

Menschen, die die Energien der 11-2 verkörpern, sind meistens sehr intelligent. Sie besitzen einen logischen Verstand und sind fähig die Spreu vom Weizen zu trennen. Mit anderen Worten, sie lassen alles weg, was nebensächlich ist, alle Schnörkel und jede Ablenkung und kommen ohne Umschweife zum Kern einer Sache. Das bedeutet eine sehr praktische Lebenseinstellung.

Sie besitzen einen analytischen Verstand, der sie führt und Strukturen versteht. Das kann sich auf Bauten, Architektur, Technik, Design oder auch auf Systeme wie Computer beziehen. Es ist eine geerdete Energie, die ihnen erlaubt, praktische Menschen zu sein, die Ideen verwirklichen und umsetzen können. Wenn sie Ideen anderer Menschen verwirklichen, werden sie sie häufig noch verbessern, erweitern oder eine wirkungsvollere oder zumindest einzigartige Arbeitsweise finden.

Eine angeborene Eigenschaft ist Anpassungsfähigkeit und wenn diese Energien tatsächlich verwirklicht sind, sind sie besonders belastbar bei sogenanntem Versagen. Solche Erfahrungen merken sie sich und erforschen sie. Fehler werden als Lernmöglichkeiten angenommen und als Chance, die Dinge aus einer anderen Perspektive zu sehen, die nur zu Innovation führen können.

EIN AUßERGEWÖHNLICHES TALENT

Steven Paul Jobs, der Mitbegründer von Apple und Pixar-Animationen, war eine sehr charismatische Persönlichkeit mit einer dominanten Schwingung der 7-7. Da sie sich aber in den beiden Positionen der Herausforderungen befanden, erfuhr er ohne Zweifel die schwierigeren Aspekte dieser Energien.

Kurz nachdem ich den ersten Entwurf meines Buches beendet hatte, starb er. Er war ein außerordentlich begabter Mann, der von vielen Menschen verehrt wurde. So schaute ich mir seinen Seelenplan an. Ich war nicht überrascht, als ich herausfand, dass sich die 11-2 in seinen irdischen Talenten befand. Deshalb ist es angebracht, ihn hier zu erwähnen. Wenn diese Energie in der Position der irdischen Talente erscheint, sind diese Menschen überproportional häufig mit Design und Konstruktion von IT Systemen beschäftigt. Wenn sie nicht auf diesem Gebiet arbeiten, ist ihr Interesse an Computern und ihrer Verwendung trotzdem viel höher als allgemein.

Bereits als junger Mann lernte Steve Radios und Fernseher auseinanderzunehmen und sie wieder zusammenzusetzen. Dieses Auseinandernehmen und wieder Zusammensetzen ist der Inbegriff der Energie von 11-2 in Aktion. Später wurde er einer der innovativsten und visionärsten Designer, der auf den Kommunikationsbereich (und den Trickfilm) einen massiven Einfluss hatte.

Die 11-2er können nicht nur bauen oder ein Original rekonstruieren, sie erfinden auch oft Neues und verbessern es bei der Entwicklung.

In der spirituellen Arena können sie sich ausdehnen und sind Philosophen, die ein hohes Maß an Wahrheit channeln können. Ich habe einige mit der 11-2 in den spirituellen Talenten beobachtet, die, wenn sie spirituelle Philosophien oder Systeme angepasst oder Heiltechniken gelernt haben, diese neuen Ebenen jenseits der ursprünglichen Angaben mit anderen teilen. Um jedoch spirituell wachsen zu können, müssen sie zuerst den irdischen Aspekt verwirklichen, um einen starken Mentalkörper und Geist zu bekommen.

Diese Energie kann auch sehr gut zu Beratung verwendet werden. In einer Gruppe oder einer Einzelberatung können sie eine harmonische Atmosphäre herstellen, in der andere Menschen sich unterstützt, sicher und geliebt fühlen. Außerdem besitzen sie emotionale Stabilität, die andere unterstützt und ihnen gut tut.

Die Stabilität der 2er Energie stellt die Ausstrahlung bereit, denen zu helfen, die sich mit schwierigen Themen befassen. Die 11 erlaubt ihnen, eine Struktur und Verständnis zu vermitteln, um anderen ihr Wachstum zu erleichtern.

Erfahrung der Herausforderungen

Möglicherweise ist dies eine der schwierigsten Herausforderungen, da sie zwei Polaritäten enthält, die 11, Polarität von Leben/Tod und die 2, Polarität von Weisheit/Dummheit.

Der hebräische Buchstabe Kaf wird der Polarität von Leben/Tod zugeordnet und die 11-2 bietet Herausforderungen um das Thema der Vergänglichkeit der physischen Existenz. Alles ist in andauernder Veränderung und in unserem Leben kommen und gehen auch die Menschen. Dieser Aspekt des Lebens ist für uns alle schwierig. Manche mit dieser Energie werden Verlust und Schmerz erleben, was die Voraussetzung dafür verstärkt, sich mit der wichtigen Natur der Wirklichkeit zu befassen.

DEM TOD INS AUGE SCHAUEN

Keith kam zu mir, weil ihm gesagt wurde, dass er an einem posttraumatischen Stress-Syndrom litt.

Als er jünger war, überlebte er ein Zugunglück, bei dem andere Menschen umgekommen waren. Er kam relativ unbeschadet davon, obwohl er in den grauenvollen Stunden, in denen er im Zug eingeschlossen und bei Bewusstsein war, überzeugt davon war, sterben zu müssen. Er meinte aber, dass diese Erfahrung unbedeutend war im Vergleich zu dem, wie er sich fühlte, als er in der Armee entführt und als Geisel festgehalten wurde. Er beschrieb ein „Albtraum- Szenario" von fast zwei Monaten Gefangenschaft, in der er vor seiner möglichen Freilassung dem Tod fast ständig ins Auge schaute. Einmal war er davon überzeugt, hingerichtet zu werden. Er beschrieb eine außerkörperliche Erfahrung, in der er vollkommen losgelöst tiefes Mitgefühl für seine Entführer empfand. Das war wirklich eine sehr befreiende Erfahrung auf der spirituellen Ebene, trotzdem litt er immer noch an schweren Belastungs-Symptomen, die Beratung und andere Behandlungen erforderten.

Für einige ist es eine Angst vor dem physischen Tod, ihres eigenen oder dem eines nahestehenden Menschen. Auf der spirituellen Ebene kann es eine Angst sein, sich selbst oder die eigene Identität zu verlieren.

Interessant ist, dass im Sefer Yetzirah der 11 die Richtung Westen zugeordnet wird, in dem die Sonne untergeht, ein Symbol für das Ende. Bis die Energien durchgearbeitet sind, kann Abschied nehmen und ein Ende im Allgemeinen ein emotional schwieriges Thema sein.

Die Zahl 11 ist mit der 2, der Polarität Weisheit/Dummheit gepaart. Bei der Zahl 2-2 kannst du mehr darüber lesen. Das könnte möglicherweise auf einen weiteren Teil der Herausforderungen hinweisen, beispielsweise, dass in bestimmten Bereichen ein schlechtes Urteilsvermögen vorhanden ist.

Die, die 11-2 durcharbeiten, können im Alltag unter ziemlichen Stimmungsschwankungen leiden. Das reicht von „voll Tatendrang und putzmunter im Leben sein" bis hin zu Depressionen, wie gelähmt sein und „sich abgeschnitten fühlen". In schwierigeren Fällen, besonders wenn sich die 11-2 in den spirituellen Herausforderungen befindet, könnte das bis zu einer bipolaren Störung (früher manisch-depressiv) gehen.

Die Herausforderung der 11-2 bedeutet auch, dass die Struktur fehlt und man Schwierigkeiten hat, Informationen aufzunehmen. Sie sind buchstäblich ein bisschen verloren im Leben, bis sie ihre Erfahrungen einordnen können. Einige Klienten mit einer 11-2 *Herausforderung* eröffneten die Sitzung mit diesen Worten: „Ich bin total verloren" oder „Ich bin so durcheinander".

Üblicherweise gibt es einen bestimmten Lebensbereich, der für sie besonders schwer zu verstehen ist, sei es, dass sie Schwierigkeiten mit der Orientierung an Orten haben, beim akademischen Lernen in der Schule, wie Dinge funktionieren oder emotional zu verstehen, wie die Leute ticken. Natürlich kann sich die Verwirrung in einigen Fällen sogar auf alles beziehen. Ich habe beobachtet, dass einige mit dieser Herausforderung dazu neigen, alles wortwörtlich zu nehmen, obwohl das kein allgemeines Merkmal ist. Es ist wichtig, Dinge sehr klar zu erklären, zum Beispiel wenn man Anweisungen gibt oder im Unterricht.

Oft sind sie intelligent, aber nicht in der Lage, das auf eine herkömmliche Weise praktisch umzusetzen oder durch Rückschluss auf andere Bereiche. Beispielsweise sind sie sehr begabt mit Computern, aber ohne gesunden Menschenverstand. Sie können auch ihre ganz eigene Ansicht haben, wie man Dinge tut, oft jedoch sehr kompliziert und ohne Bezug zum Alltag. Daher können manche Lernsituationen nicht einfach für sie sein. Viele 11-2 hatten Schwierigkeiten in der Schule, andere wiederum fanden das Studium leicht. Ihre physische Koordination war jedoch mangelhaft oder vielleicht das Verstehen der nonverbalen Kommunikation oder emotionaler Nuancen.

Tatsächlich sind einige der 11-2 so sehr daneben, auch wenn sie sehr intelligent sein mögen, dass ihre ganze Denkweise im Widerspruch zu den Konventionen steht. Wenn sie herausfinden können, wie Dinge praktisch funktionieren oder sich wenigstens durchmogeln können, können sie ein Spätzünder werden mit einem interessanten Beitrag für die Gesellschaft. Wenn sie es nicht schaffen, kann das Leben sehr verwirrend sein. Ihnen fehlt eine Nische, sie fühlen sich als „Versager" und sie können sich von den anderen abgeschnitten fühlen – nicht mit dem Leben verbunden.

Hinzu kommt eine emotionale Verletzlichkeit, die angesprochen werden muss. Sie neigen zu Versagensangst, ihnen fehlt die Stärke, sich mit eingebildeten oder wirklichen Fehlern im Leben zu befassen. Die ständige Angst kann alles noch schwieriger machen und auch bewirken, dass sie vermeiden, ihre Ziele zu erreichen. Deshalb ist es oft schwer für sie, sich zu entwickeln und zu wachsen und es kann die Tendenz vorhanden sein, sich von anderen abhängig zu machen. Diese Abhängigkeit kann sich bei einigen mit der 11-2 auf andere „Requisiten" wie Drogen und Aufputschmittel ausweiten, um mit ihrem Leben umgehen zu können.

ABHÄNGIGKEIT

> Shelly hatte ein paar schwere Monate hinter sich, Arbeitslosigkeit, den Tod ihrer besten Freundin und zwei Hauseinbrüche im Jahr vor unserem Treffen. Ihr Vater starb, als sie noch sehr klein war. Sie wurde von ihrer Mutter, einer behinderten Alkoholikerin erzogen. Jetzt pflegt Shelly ihre Mutter und wurde ihre Betreuerin.
>
> Sie hatte nur eine ernsthafte Beziehung und nach zwei Jahren verließ ihr damaliger Partner sie grundlos. Das empfand sie als besonders traumatisch. Sie nahm noch immer Medikamente und war, wie sie sagte, davon sehr „abhängig" und „brauchte" sie, um alles zu verkraften. Sie fragte oft: „Können die Dinge noch schlimmer werden"? Nach einiger Zeit und ausgiebiger innerer Erforschung verkündete sie eines Tages: „Ich gebe nun die Medikamente auf. Ich habe mich durch all die Dinge durchgekämpft und bin immer noch hier, vielleicht brauche ich jetzt keine Drogen mehr." Dies war eine Erkenntnis, die sie zu einem Punkt der Akzeptanz brachte. Sie fühlte, es gab nichts mehr zu verlieren und ironischerweise fand sie mit dieser Schlussfolgerung auch ihre Freiheit.

Ich möchte schließlich noch ergänzen, dass Menschen mit dieser Energie in unterschiedlichen Positionen, auch in den *Herausforderungen*, getroffen habe, die „Nah-Tod- Erfahrungen" gemacht hatten.
Letztlich war es meist eine positive Erfahrung, die sie augenblicklich aus ihrer Begrenzung in eine tiefere Wertschätzung für das Leben brachte.

Mögliche einschränkende Glaubensmuster

- Ich bin verloren...
- Ich brauche dich, damit ich wachsen kann...
- Ich werde es nie verstehen...
- Ich bin ein Versager...
- Erfolg wird mich umbringen...
- Ich werde es vermasseln...
- Ich bin nicht bereit...

Gesundheit

Die 11-2er sind sehr oft körperlich empfindlich und müssen dann darauf achten, diese Empfindlichkeit und ihre ganze körperliche Konstitution im Gleichgewicht zu halten. Einige sind im Rahmen dieser Herausforderung bereits in jungen Jahren auf irgendeine Weise erkrankt. Für andere, die normalerweise robust sind, können dennoch von Zeit zu Zeit gesundheitliche Probleme oder Stimmungsschwankungen auftreten. Doch im „wahren Licht" der Weisheit und Erfahrung wird dies alles lediglich als Zyklen angesehen oder als Wachstumsschmerzen, wie das Ablösen einer alten Haut.

Die Körperzuordnung ist das linke Auge, das bedeutet, wie wir die Wahrheit sehen oder unterscheiden können. Damit verbundene Probleme können Kurz- oder Weitsichtigkeit, grauer Star oder bestimmte Probleme mit einem Auge sein.

Was die seelische Gesundheit angeht, können einige der 11-2 emotional extrem empfindlich sein und unter Ängsten oder Phobien leiden. In einer schwierigeren Herausforderung können sie auch anfällig sein für eine Depression und bipolare Störungen. Auf Energien anderer Menschen reagieren sie oft empfindlich und neigen dazu, sich zu sehr mit den Leiden anderer oder deren gestörtem Verhalten zu identifizieren. Sie können sogar die Charakterzüge anderer Menschen als Teil einer Co-Abhängigkeit übernehmen, zum Beispiel eine Depression.

Überwindung der Herausforderungen und Aktivierung der Talente und Ziele

Wenn sie in ihrem Leben einen schweren Verlust erlitten haben, ob das eine geliebte Person war, eine Beziehung oder etwas anderes, was sehr wichtig für sie war, wird die Arbeit mit einem Therapeuten, der sich auf Trauer oder Beziehungen spezialisiert hat, sehr vorteilhaft sein. Das wird ihnen helfen, diese unvermeidlichen Ereignisse zu verarbeiten.

Menschen mit den Herausforderungen der 11-2 können mehr als alle anderen von den guten alten Beratungsmethoden profitieren, die helfen, ihre Belastbarkeit und Akzeptanz der Veränderungen im Leben aufzubauen. Wenn es um Co-Abhängigkeit* und Muster der Abhängigkeit geht, sind auch Beratung, Psychotherapie oder Selbsthilfegruppen hilfreich.

Der andere Bereich, auf dem psychologische Unterstützung wichtig und hilfreich ist für die 11-2er, wird neuerdings bipolare Störung genannt. (alte Bezeichnung manisch-depressiv).

Natürlich gibt es auch ein paar Fälle mit ernsten klinischen Depressionen oder einer bipolaren Störung, die für eine Weile Medikamente brauchen, wenigstens in einem Stadium dieses Zustandes. Ich würde aber immer (unter professioneller Aufsicht) natürliche Alternativen oder Ergänzungsmittel empfehlen, z. B. Ernährungsberatung, Beratung und verschiedene ganzheitliche Therapien. Mein Vorbehalt gegen den Einsatz von Arzneimitteln ist, dass in diesen Zeiten unseres überforderten Gesundheitssystems viele von Psychopharmaka abhängig werden, auch wenn dies vielleicht mit einem alternativen Ansatz hätte vermieden werden können. Das ist ein schwieriger Bereich, weil es in schweren Fällen Phasen gibt, in denen Arzneimittel eine wichtige Rolle spielen. Hier sollte aber immer ein ausgebildeter Mediziner oder ein ganzheitlicher Experte (z.B. ein Heilpraktiker) konsultiert werden.

Cord Balancing* und Emotionale Freiheitstechnik, EFT* sind hier angebracht als nützliche energetische Eingriffe, um Muster der Abhängigkeit aufzulösen, die offensichtlich eine energetische oder seelische Komponente aufweisen.

Wenn es ihnen erst einmal besser geht und das ist gewöhnlich der Fall, wenn die Herausforderung weniger stark ist, hilft ein Coaching, um ihre Versagensangst mit ihren Stimmungsschwankungen zu überwinden, die oft diese Herausforderung begleiten.

HEIL-AFFIRMATION

Lerne es auswendig und wiederhole es oft:

Ich bin voll unterstützt und kann nur gewinnen. Denn meine Seele kennt nur Freiheit.

Selbsthilfemethoden

Ergreife die Gelegenheit, ein System mit Themen zu lernen und zu integrieren, die dich interessieren und das dir hilft, eine Struktur aufzubauen. Es kann sehr hilfreich sein, den Umgang mit Computern zu lernen, in einem Bereich, auf dem du schwach bist. Viele der 11-2er können ungewöhnlich gut mit Computern umgehen, sogar wenn sie die 11-2 in den Herausforderungen haben. Wenn das so ist, rate ich, auf ein anderes Gebiet zu wechseln, auf dem ihre Schwäche liegt, z.B. Landkarten lesen.

Literatur, die inspiriert und Trost bringt, wie zum Beispiel in der taoistischen Tradition (Lao Tse), in der ein Schwerpunkt auf der Akzeptanz des Lebensflusses liegt, passt sehr oft für diese Herausforderung. Es ist auch hilfreich, das Thema Vergänglichkeit durch Meditation zu erforschen, z.B. buddhistische.

*Siehe Wörterverzeichnis, Seite 335.

Vorschläge für Bachblüten

Doldiger Milchstern (Star of Bethlehem) für den Umgang mit Verlust und Trauer.
Herbstenzian (Gentian) für den Umgang mit Rückschlägen und Schicksalsschlägen.
Weißbuche oder Hainbuche (Hornbeam) zur Überwindung von Zögern und Aufschieben und für Belastbarkeit.
Einjähriger Knäuel (Scleranthus) gegen Stimmungsschwankungen und inneres Ungleichgewicht.
Bleiwurz oder Hornkraut (Cerato) gegen Abhängigkeit von anderen und für Selbstvertrauen.

ERINNERE DICH, DEINE TALENTE SIND DER DREHPUNKT ZWISCHEN DEN HERAUSFORDERUNGEN UND DEN ZIELEN. DIE VERWIRKLICHUNG DEINER WELTLICHEN UND SPIRITUELLEN FÄHIGKEITEN WIRD DIR HELFEN, DEINE HERAUSFORDERUNGEN ZU ÜBERWINDEN UND DEINE ZIELE ZU ERREICHEN!

Seelenbestimmung, Ziel und Transzendenz

Die 11-2 zu verwirklichen bedeutet, Belastbarkeit und Struktur in deinem Leben zu entwickeln.

Zuerst wirst du im irdischen Bereich verstanden haben, wie die Dinge auf der Erde und in der Gesellschaft funktionieren. Du wirst auch Weisheit und ein Verstehen der Menschen und Emotionen aus spiritueller Sicht erlangt haben. Insbesondere hast du gelernt, das Leben zu akzeptieren, ganz gleich was kommt. Auch wenn du eine warmherzige und liebevolle Person bist, wirst du dennoch die Vergänglichkeit der Menschen und Dinge philosophisch sehen können.

Wahrscheinlich bist du integer, drückst deine Wahrheit aus und strahlst Stabilität und Trost aus für alle, mit denen du in Berührung kommst.

Das transzendente Verständnis der 11-2 ist, nicht überraschend, zu einen ziemlich logischen Schluss gekommen: alles, was wahrgenommen wird, ist gebaut und wahrgenommen von dem, das wahrnimmt. Alles was wahrgenommen wird, ist das, was wahrnimmt.

SEELENBOTSCHAFT

Nimm dir Zeit, dich zu entspannen und dann wiederhole drei Mal oder denke einfach darüber nach:

> Unendliche Welten, unendliche Schwingungen. Jeder Gedanke kann auf irgendeiner Ebene erscheinen. Trotzdem ist das, was wahrgenommen wird, nur ein Teil dessen, was wahrnimmt.

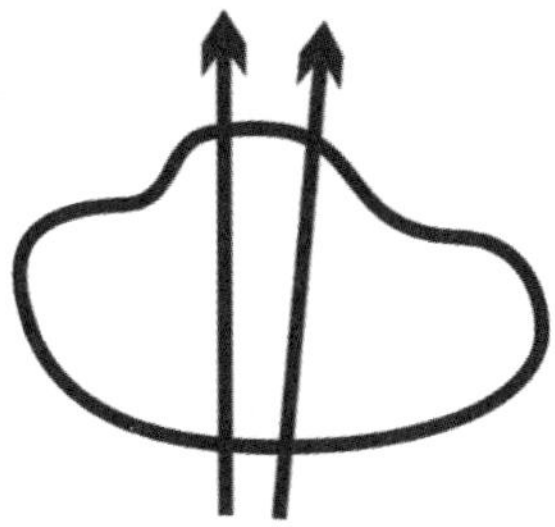

12 LIEBE UND WISSEN

Eigenschaften

- Hebräischer Buchstabe: Lamed
- Einzelbuchstabe
- Planet/Sternbild: Waage
- Körperzuordnung: Gallenblase
- Qualität: Koitus (sexuell)
- Energiezuteilung: kreativ
- Tarotkarte: Der Gehängte

Bemerkung: Die Zahl 12 ist eine Kombinationszahl und immer verbunden mit der 3 als 12-3 (siehe auch 3 Ausdruck Seite 000).

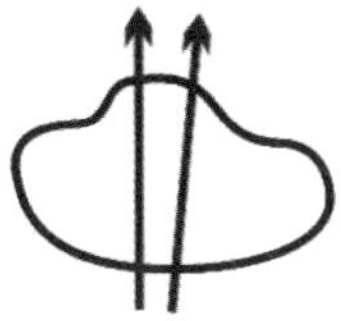

12 – 3

Siehe auch **Zahl 3 Ausdruck**, Seite 103.

Übersicht

Das Symbol repräsentiert Ausdehnung. Es ist ein starkes Bedürfnis vorhanden, Liebe und Wissen aufzunehmen, zu erweitern und es dann zu teilen und zu lehren.

Das sind Meisterenergien der Ausdehnung, die mit außergewöhnlicher Kraft erscheinen. Auf der tiefsten Ebene repräsentieren sie die alchemistische Suche nach einem körperlichen und geistigen Gleichgewicht.

Das hebräische Zeichen für den 12. Buchstaben Lamed ist das größte und dehnt sich über alle anderen aus, weil es symbolisch bis ins Unendliche reicht und sich ausdehnt, um das Göttliche zu treffen.

Im Hebräischen bedeutet „Lamed" „Lehren" und in seiner tiefsten spirituellen Bedeutung ist oft ein tiefgründiger Bereich des Lehrens oder des Ausdrucks gemeint. Harmonie, Gleichgewicht, Liebe und Ausdehnung, alles ist mit eingeschlossen.

Die 12 ist immer gepaart mit der 3, die die Schwingung des Lehrens und des Ausdrucks ist. Die 12 sammelt Liebe und Wissen und die 3 verteilt sie.

Verkörperung der positiven Aspekte

Wenn sich eine 12-3 in der Position eines Talents zeigt, gibt es einen zusätzlichen Anreiz und eine gute Chance für Erfolg im Leben, denn es sind sehr stark motivierende und expansive Energien. Sie haben auch die wunderbare Energie der Fülle, die diese Menschen dazu anspornt, ihr Wissen zu erweitern und es mit anderen zu teilen.

Die 12-3er sind Menschen, die expandieren und ihre Lernbegeisterung kennt keine Grenzen. Während andere Menschen Forschung als lästige Pflicht empfinden, sehen sie es als Hobby an. Allerdings müssen sie sich davor hüten, zwanghaft oder fanatisch zu werden, selbst wenn die Energie sich in einer Talentposition befindet.

Sie haben eine wunderbar tiefe Liebe mit der Welt zu teilen, eine mütterliche Eigenschaft, und sehen die Schönheit in allem und jedem. Sie lieben es, andere zu fördern und zuzusehen, wie sie wachsen, was eine ideale Fähigkeit für Unterrichten ist. Die 12 erwirbt Wissen und vergrößert ihre Liebe und die 3 kann diese große Liebe ausdrücken und teilen. Sie können sehr romantisch sein und wenn sie diese Energie verwirklicht haben, kann sie weiter werden und sich trotzdem sehr harmonisch anfühlen.

In den irdischen Bereichen funktioniert das sehr gut in jeder Art von Unterricht, Bildung oder Forschung. Wenn der Schwerpunkt mehr auf Forschung oder akademischen Studien liegt, könnte man das idealerweise irgendwann an die Öffentlichkeit bringen. Manchmal kommt das später in der Karriere.

Als spirituelles Talent ist hier eine enorme Fähigkeit und Motivation vorhanden, Liebe und spirituelles Wissen zu empfangen und zu teilen. Denn auch der Wunsch, Wissen anzusammeln, ist so weitreichend, dass das bis ins herkömmliche Lehren oder in eher weltliche Beschäftigungen hineinreichen kann.
Wenn sie jedoch an spirituelle Dinge gelangen und sich darauf konzentrieren, gibt es für sie keine Grenze für die Menge an Wissen, das sie aufnehmen. Im spirituellen

Bereich können sie sehr erfolgreich sein als Autor, Lehrer oder Redner. Auch in Positionen wie z. B. als Therapeut oder Berater, in der sie andere ermutigen, können sie sehr erfolgreich arbeiten. In dieser Hinsicht werden viele der 12-3 zu Philanthropen oder Wohltätern. Wie die 3-3 und die 21-3, möchten auch sie das Ergebnis ihrer Arbeit sehen.

BEDINGUNGSLOSE LIEBE

Als ich Katie zum ersten Mal traf, war sie eine erfolgreiche Fernseh- und Bühnen-Schauspielerin. Spirituell bewusst und offen, folgte sie ihrer Intuition und kam zu einer Sitzung zu mir. Wir arbeiteten an ihrem Seelenplan und es zeigte sich, dass sie auf dem richtigen Weg war. Sie hatte Zugang zu ihrer 12-3 in den Talenten, hatte viele ihrer irdischen Ziele erreicht und steuerte gerade ihre spirituellen Ziele an, die sie in den nächsten Jahren erreichen wollte.

Katie hatte einen Abschluss in Literatur und einen Master in Theologie und verbrachte viel Zeit damit, zu lernen und alle möglichen Gebiete zu erforschen. Sie hatte sich auch intensiv mit Therapie und Spiritualität beschäftigt und überall auf der Welt spirituelle Retreats und Kurse besucht. Sie war viel qualifizierter als viele andere Therapeuten und hätte auf diesem Gebiet leicht eine Karriere aufbauen können. Zu dieser Zeit war jedoch Schauspiel ihr Fokus, um ihre Ausdrucksfähigkeit (12-3 in ihren Talenten) zu verwirklichen.

Interessant war, dass sie vor ihrer Schauspielkarriere Religionsunterricht für kleinere Kinder gegeben hatte, bei denen sie beide Eigenschaften dieser Energie einsetzen konnte, die spirituellen Aspekte des Lehrens und die mütterlichen Eigenschaften. Wenn wir unsere Talente nutzen, führen sie zum Ziel. Hier sehen wir ein nettes Muster, wie sie Wissen ansammelte, es dann mit anderen teilte, nur um zu entdecken, dass dabei Chancen für ihre Schauspielkarriere auftauchten.

Einige Menschen bleiben in ihren irdischen Zielen stecken und erlauben dem spirituellem Aspekt, dass er sich nur hier entwickelt, aber Katies Ziele waren letztlich auf das Dienen gerichtet. Sie entwickelte sich weiter und leitet heute eine Stiftung für Kindererziehung.

Erfahrung der Herausforderungen

Die übergeordnete Herausforderung für jemanden, der die 12-3 durcharbeitet, ist ein physisches und spirituelles Gleichgewicht zu erreichen. Dazu muss er aber erst seine übertriebene Neigung zu irgendetwas überwinden, sonst besteht die Gefahr, dass er aus dem Gleichgewicht gerät. Man könnte sagen, dass er hier ist, um sich in allen Bereichen auszugleichen, doch sind die Emotionen oft der Schlüssel dazu.

Anfangs scheinen die Dinge bei der Durcharbeitung der Herausforderung im einen oder anderen Extrem zu sein. Manchmal kann eine Macke oder ein Tick dazu führen, dass sie sich zwanghaft entwickeln und dadurch vielleicht sogar fanatisch werden. Sie sind immer in Eile, haben nie genügend Zeit und riskieren damit ein Burnout.

Andere wiederum scheinen unbewusst diese möglichen Extreme zu erkennen und bekommen Angst vor ihrer eigenen Macht oder häufig auch Angst vor Versagen, ein weiteres sehr wichtiges Thema. Dadurch wird ihre Antriebskraft blockiert, sie stecken fest, bringen schwache Leistungen und werden lustlos und träge.

Sogar bei jenen, die schon früh im Leben Erfolg haben, kann das subtile Gefühl auftreten, dass sie Möglichkeiten nicht wahrgenommen oder nicht genutzt haben. Das Gefühl von Versagen, aber noch mehr Selbstverurteilung begleiten diese Energien in der negativen Ausdrucksform. So ist es nicht ungewöhnlich, dass einige mit dieser Energie nichts erreichen.

Das führt zu Selbstwertproblemen, was sie dazu bringt, ihre Fähigkeiten zu unterschätzen, besonders auf dem Bereich, ihr Wissen auszudrücken. Da sie bereits in jungen Jahren ein großes Bedürfnis haben und auf der Suche nach Liebe sind, was mit Unsicherheit einhergeht, entwickeln viele das Muster, nach Anerkennung zu suchen. Sie brauchen eine Menge Bestätigung und suchen sie bei anderen.

SUCHT-MUSTER

Mary suchte mich zuerst wegen ihrer wachsenden Spielsucht von Online-Glücksspielen auf, die ihr aus der Hand glitt. Sie bezeichnete sich nicht als „ausgewachsene" Alkoholikerin, vielmehr hatte sie eher eine „Hass-Liebe" zum Alkohol. Eine Folge des Trinkens war, dass es zu mehreren „bedauerlichen" sexuellen Affären führte. Die Wirkung des Alkohols, der ihre Hemmungen lockerte, kombiniert mit schwierigen emotionalen Problemen, führte dazu, dass sie sexuelle Affären suchte.

Hinterher quälten sie Schuldgefühle, geprägt von ihrer irisch-katholischen Erziehung. Paradoxerweise bezeichnete sie sich ohne Alkohol als komplett „frigide".

Als ich sie traf, hatte sie wieder einmal mit Hilfe eines ziemlich intensiven Entziehungsprogramms mit dem Trinken aufgehört. Doch sie ersetzte den Alkohol durch Spielsucht. Es war Teil ihres Musters, wenn sie „trocken" war und sehr streng mit sich selbst, dass ein emotionales Ereignis, zum Beispiel, wenn sie eine Menge Geld in den Online-Spielen verlor, wieder das Trinken in Gang setzte. Im Gegenzug ersetzte sie ihr gesundes Essverhalten mit Unmengen von Fastfood. Dadurch nahm sie an Gewicht zu und wurde unzufrieden, was wiederum zu diesem übertriebenen sexuellen Verhalten führte, mit dem sie sich nicht wohl fühlte. Nach so einer Periode startete sie wieder einen Versuch, sich mit strengen Entgiftungsmethoden und strikten Diäten zu reinigen. Und so entstand ein Teufelskreis.

Die Ursache dieser Probleme lag wie so oft in einem jahrelangen sexuellen Missbrauch in ihrer Kindheit.

Neben Beratungen, die diese Themen ansprachen, profitierte Mary auch von mehreren spirituellen Retreats, einige davon im Schweigen. Sie hatte schon unzählige Bücher über Selbstentwicklung gelesen, aber nie wirklich an Kursen teilgenommen oder einfach nur Zeit allein mit sich selbst verbracht. Es war ein langer Prozess, aber schließlich fand sie ein besseres Gleichgewicht.

Sexualität ist die Eigenschaft, die mit der 12-3 verbunden ist, die oft zu einem Thema werden kann. Sie besitzen eine starke Liebe und das Bedürfnis, sie zu teilen. Allerdings kann dies wiederum ein Ungleichgewicht verursachen. Auf der einen Seite manifestiert sich das Ungleichgewicht in sexuellen Blockaden, unterdrückter Leidenschaft bis hin zum Zölibat. Auf der anderen Seite kann sich das Gegenteil entwickeln, mit einem Übermaß an sexuellem Interesse, Sex-Sucht und -Abhängigkeit, vielen sexuellen Partnern und der Verwechslung zwischen Sex und Liebe. Wie extrem dies sein kann, ist sehr unterschiedlich. Es ist sogar möglich, dass sie beide Extreme bis zu einem gewissen Grad durchleben, bis sie lernen, ein sexuelles Gleichgewicht zu finden.

Die irdische und spirituelle Herausforderung sind hier sehr ähnlich. Was oben bereits beschrieben wurde, bezieht sich auf beide Fälle. Aber in der spirituellen Position kann die ganze Frage des Gleichgewichts erst später im Leben ein Thema werden. Wenn sie sich für Spiritualität interessieren, und das wird für viele mit der 12-3 der Fall sein, habe ich gesehen, dass diese Herausforderung wie ein Pendel ist, das

zwischen dem irdischen und dem spirituellen Fokus hin- und herschwingt. Manchmal beschäftigen sie sich ausschließlich mit Spiritualität und immateriellen Dingen, dann wieder richten sie ihre Aufmerksamkeit nur auf materielle Dinge. Sie lernen schließlich, dass wahre Spiritualität ein Gleichgewicht zwischen beidem ist.
Kurz gesagt, ein wesentlicher Anteil ihrer Lebensbestimmung ist, das Materielle und das Spirituelle ins Gleichgewicht zu bringen, ihre Fähigkeiten schätzen zu lernen und sie zu nutzen.

Mögliche einschränkende Glaubenssätze

- Ich habe nicht genug Zeit...
- Ich fürchte meinen eigenen Erfolg...
- Ich brauche deine Liebe...
- Ich brauche deine Anerkennung...
- Ich werde bewertet...
- Ich bin ein Versager...
- Ich muss es vollenden...

Gesundheit

Wie die 6-6 ist auch die 12-3 in jeder Position anfällig für Stress, besonders aber in den Herausforderungen. Das expansive Naturell ist immer auf der Suche nach einem neuen Entwicklungsgebiet und so stehen sie ständig unter Druck. Dadurch forschen und suchen sie immer, aber auf eine unproduktive Art.

Die 12-3er können in allen Lebensbereichen sehr maßlos und extrem sein. Sie müssen lernen, sich um sich selbst zu kümmern (zum Beispiel weil sie zu wenig oder zu viel schlafen, zu viel arbeiten, zu viel essen oder zu viel Alkohol trinken). Viele sind süchtig und hier können Drogen, Spielsucht und Alkohol ernsthafte körperliche oder geistige Gesundheitsprobleme machen. Leider wächst die Zahl derer mit der 12-3 in den Herausforderungen, die in den letzten Jahren spielsüchtig geworden sind.

Einige der 12-3er wehren sich gegen Wachstum und Expansion. Aus Angst entwickeln sie ein zwanghaftes Bedürfnis nach Harmonie und Erhaltung des Gleichgewichts. Sie wollen Frieden um jeden Preis und können dennoch nicht den natürlichen Fluss der Veränderungen und Ereignisse kontrollieren. Deshalb können sie in einer lauten chaotischen Umgebung, die für sie sehr anstrengend ist, überreagieren. Die unbewusste Angst vor ihren angeborenen Energien der Ausdehnung kann Stagnation und Trägheit erzeugen. Für Gesundheit und Wohlbefinden ist es aber wichtig, dass diese Energien ungehindert fließen können.
Sexualität ist eine typische und natürliche Eigenschaft dieser Energie. Sie kann auf verschiedene Weise aus dem Gleichgewicht geraten. Ein scheinbarer Mangel an

Sexualtrieb, unterdrückte Sexualität oder sexuelle Gefühlskälte können Zeichen eines Ungleichgewichts sein. Das andere Extrem ist übermäßiger Genuss, Besessenheit, Fetischismus oder Abhängigkeit. Perversion mit Sexualität kann eventuell das Risiko für Geschlechtskrankheiten erhöhen oder das System auslaugen und andere gesundheitliche Schäden verursachen.

Die Gallenblase ist das Organ, das der 12 zugeordnet ist. Es ist ratsam, sich ganz besonders um dieses Organ und auch um die Leber zu kümmern. Die Gallenblase ist für das Filtern der Galle verantwortlich, was symbolisch mit Themen von Verurteilung, inneren Schmerzen und starken Emotionen zu tun hat.

Wenn die Emotionen aus dem Gleichgewicht sind, entsteht tiefer innerer Schmerz, Wut, emotionaler Aufruhr und Selbstkritik. Diese negativen Emotionen können andere Bereiche der Gesundheit beeinflussen und einen Teufelskreis einleiten.

Der Schlüssel für all das ist Gleichgewicht.

Überwindung der Herausforderungen und Aktivierung der Talente und Ziele

Wenn diese Energie in den *Herausforderungen* erscheinen, kann das letztlich sehr aufreibend und emotional anstrengend sein. Sehr gute Maßnahmen dagegen sind emotionale Beratung gegen inneren Schmerz und Frustration und emotionaler Stress-Abbau.

Einige der 12-3 werden die Tendenz haben, sich im Leben zu stark auszudehnen, andere wiederum werden stagnieren aus Angst vor Fehlern oder Versagen. In beiden Fällen ist ein guter Coach oder Berater eine große Hilfe. Für die blockierte Erweiterung wird ihnen eine „Schritt für Schritt-Ziel"- Methode helfen, ihre Versagensängste und das Hinausschieben der Dinge zu überwinden. Bei chaotischem Zwang nach Ausdehnung kann eine geführte Entdeckungsreise hilfreich sein, damit sie erfahren können, dass sie mit weniger Tun oft mehr erreichen können. Ein Coach kann ihnen dabei helfen zu erforschen, welche Lebensaufgabe ihnen gut tun würde und einen Zeitplan aufstellen, damit sie genug Zeit für sich selbst übrig haben.

Die Qualität, die mit dieser Energie verbunden ist, ist Sexualität. Hier brauchen einige in seltenen, aber eher extremen Fällen vielleicht sogar psychosexuelle Beratung, um die sexuelle Abhängigkeit oder Blockade zu überwinden und in ein Gleichgewicht zu kommen.

HEIL-AFFIRMATION

Lerne es auswendig und wiederhole es oft:

> All meine Wünsche sind ausgeglichen; ich besitze Begeisterung und fühle mich gut mit mir selbst.

Selbsthilfemethoden

Wenn du dich durch die *Herausforderungen* der 12-3 arbeitest, gibt es ein grundlegendes Ziel, das diese Lektion begleitet. Dieses Ziel ist, die irdischen und spirituellen Bereiche deines Lebens ins Gleichgewicht zu bringen.

Wer diese *Herausforderung* durcharbeitet, hat die Fähigkeit, sich auszudehnen, die aber außer Kontrolle geraten kann. Das kann zu einem übermäßigen Verhalten in Bezug auf maßloses Trinken, Essen, Drogen und Sex führen. Auf der anderen Seite kann eine Blockade und Stagnation da sein durch unbewusste Ängste, dass Dinge außer Kontrolle geraten könnten. Das Dilemma ist, wie gleicht man solche Tendenzen aus?

Für die 12-3 wäre es weise, den Leitspruch zu beachten, dass „weniger mehr ist". Oft tun sie viel mehr als nötig und verbringen zu viel Zeit damit, sich mit demselben Thema zu befassen, was nicht wirklich Expansion ist.

Um dieses Thema anzugehen, werden Bücher empfohlen wie „Sei jetzt hier" von Ram Dass oder „Die Macht im Jetzt" von Eckhart Tolle. Das bremst die Tendenz, dauernd Pläne für die Zukunft zu machen, was Ängste hervorruft. Für einen ähnlich praktischen, aber weniger anspruchsvollen Zweck sind Bücher über Zeitmanagement, Lebensberatung und Berufsberatung nützlich, wenn Überforderung in der Arbeit ein Problem ist. Fast alle der 12-3 können auch von Retreats, Entspannung, Pausen und stressfreien Feiertagen und Ferien profitieren, die friedlich, ruhig und ohne Ansprüche an sich selbst sind.

Zu lernen, deine Sexualität als spirituelle Erfahrung zu schätzen, kann dir einerseits helfen Blockaden zu überwinden und andererseits ausschweifende körperliche Begegnungen auszugleichen. Bücher oder DVDs mit modernen Ansätzen von Tantra können in dieser Hinsicht nützlich sein.

*Siehe Wörterverzeichnis, Seite 335.

Vorschläge für Bachblüten

Knospe der Rosskastanie (Chestnut Bud) hilft Blockaden zu lösen.

Gefleckte Gauklerblume (Mimulus) gegen die Angst vor Versagen und Risiken einzugehen.
Wasser aus heilkräftigen Quellen (Rock Water) gegen zu hart mit sich selbst umzugehen und um Mitgefühl mit sich selbst zu lernen.
Lärche (Larch) für Themen des Selbstwertes.
Bleiwurz oder Hornkraut (Cerato) gegen das Bedürfnis, Bestätigung von anderen zu bekommen.
Walnuss (Walnut) hilft bei Veränderungen.
Holzapfel (Crab Apple) gegen Besessenheit und Zwanghaftigkeit.

ERINNERE DICH, DEINE TALENTE SIND DER DREHPUNKT ZWISCHEN DEN HERAUSFORDERUNGEN UND DEN ZIELEN. DIE VERWIRKLICHUNG DEINER WELTLICHEN UND SPIRITUELLEN FÄHIGKEITEN WIRD DIR HELFEN, DEINE HERAUSFORDERUNGEN ZU ÜBERWINDEN UND DEINE ZIELE ZU ERREICHEN!

Seelenbestimmung, Ziel und Transzendenz

Wenn deine Fähigkeit wächst, die Schönheit in anderen zu sehen und dein Wissen und deine Liebe zunehmen, möchtest du sie mit der Welt teilen.

Wenn diese Energie in der Seelenbestimmung ist, gibt es auch den steten Wunsch, sich tief innen zu entwickeln, deiner Seele zu begegnen und eins mit ihr zu werden. Deshalb gibt es wahrscheinlich in deinem Leben großes Wachstum, weil du in dir einen großen Anreiz für Ausdehnung fühlst – außer etwas blockiert deinen Weg. Auf der praktischen Ebene kannst du dich innerlich gedrängt fühlen, Dinge abzuschließen und das Gefühl haben, dass zu wenig Zeit dafür ist. Deine Persönlichkeit fühlt sich angespornt, Dinge zu entdecken und dein Bewusstsein mit einer tieferen Wahrheit der Seele zu verschmelzen.

Auf der transzendenten Ebene ist die wirkliche Lösung immer und augenblicklich vorhanden. Du kommst zu der Erkenntnis, dass du bereits die Liebe bist, die du suchst. Dann verschmilzt du mit einer Ausdehnung, die keine Grenzen kennt.

SEELENBOTSCHAFT

Nimm dir Zeit, dich zu entspannen und dann wiederhole drei Mal oder denke einfach darüber nach:

> Jeder Moment ist einzigartig. Die Freude, nach Wissen zu suchen, kann mit der Neugierde eines Kindes gesehen werden. Jeder Moment ist einzigartig, frisch und neu. Veränderung wird als die Basis des Lebens anerkannt.
> Wenn man von Unzufriedenheit getrieben wird, geht die Reise endlos weiter und weiter.
> Wenn man liebt, gibt es keinen Anfang und kein Ende.

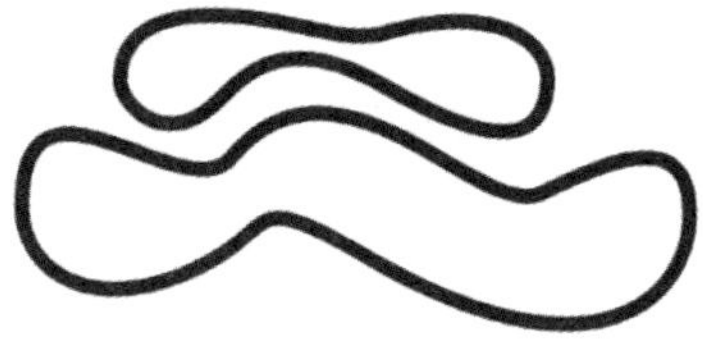

13 GÖTTLICHE MUTTER

Eigenschaften

- Hebräischer Buchstabe: Mem
- Mutterbuchstabe
- Planet/Sternbild: Neptun
- Körperzuordnung: Nabel
- Element: Wasser
- Temperatur und Jahreszeit: Kälte und Winter
- Energiezuteilung: spirituell
- Tarotkarte: Tod/Wiedergeburt

Anmerkung: Die 13 ist eine Kombinationszahl und immer verbunden mit der 4 als 13-4.

13 - 4

Siehe auch Zahl **4 Fruchtbarkeit und Fülle**, Seite 113.

Übersicht

Das Symbol der Zahl 13 steht für zwei wasserhaltige Körper und weist auf die Wasser der Schöpfung hin. Das untere Gewässer enthüllt Seen, Meere und Flüsse und stellt die offensichtliche Schönheit der göttlichen Manifestation dar. Das obere Gewässer liegt jenseits des menschlichen Verstehens und repräsentiert das „Nicht-Wissen" und das, was mit dem menschlichen Verstand nicht erfasst werden kann. Man kann in den zwei Formen auch einen Walfisch sehen, der beschützend unter seinem Jungem schwimmt. Er steht als Symbol für die mütterliche Ausdrucksform des Göttlichen.

Der 13. Buchstabe Mem ist einer der drei Buchstaben in der Triade der Mutterbuchstaben und steht für Wasser und Weisheit, das, was sich offenbart und das, was verborgen ist.

Anders gesagt: Mem repräsentiert Lehren und Wissen, das entweder verhüllt oder esoterisch, also verborgen ist. In der Vergangenheit wurde zu viel Wissen als nicht geeignet erachtet, um es öffentlich preiszugeben. Ob dies gut gemeint war oder nicht, möchte ich nicht diskutieren. Klar ist aber, dass in unserer heutigen Zeit viele der verborgenen Lehren enthüllt werden. Viele Informationen im Seelenplan fallen in diese Kategorie. In diesem Sinne befinden wir uns in einer Zeit der Enthüllung.

Mit dem Mem wird auch eine Qualität des Reifens gleichgesetzt, die aus der normalen Gematria der 40 stammt. Es ist die Zeit, in der Dinge zur Erfüllung kommen und Früchte tragen. Ebenso wie 40 ein Alter ist, in dem idealerweise die Einweihung des Wassers abgeschlossen ist, um emotionale Klugheit und Einsicht zu entdecken. Die Zahl 4 repräsentiert reine Weisheit, Mem bringt eine Eigenschaft der Weisheit durch Verstehen. Dies, in Verbindung mit „Früchte tragen" und den Qualitäten der Fülle, enthüllt, dass dies die weiblichen Meisterenergien des Göttlichen darstellt.

Dies ist eine reine Liebesschwingung. Immer mehr Seelen haben sie in ihrem Plan, besonders Kinder, die diese neuen Energien des Miteinander und der Zusammenarbeit der 11 hierherbringen, manchmal bekannt als Strahlen-Kinder, wie Indigo, Regenbogen, Kristall und so weiter.

Die 13 ist immer gepaart mit der 4, den Energien der Vervielfältigung. Die 13 strahlt stille Liebe und Weisheit aus und die 4 erschafft und vervielfältigt diese liebevollen und fürsorglichen nährenden Energien.

Verkörperung der positiven Aspekte

Die stille, sanfte und liebevolle Qualität, die die 13-4er verkörpern, ermöglicht ihnen, Menschen anzuziehen, besonders diejenigen, die Fürsorge und Unterstützung brauchen. Sie fühlen sich sicher, behütet und sehr wohl, wenn sie damit in Berührung kommen. Sie bieten ihnen einen geschützten Raum, in dem sie sich sicher genug fühlen, etwas zu wagen. Sie haben natürliche Weisheit, Mitgefühl und ein intuitives Verständnis. Dies ist sehr nützlich in Unterricht, Therapie und beim Heilen.

HEILENDE UMARMUNGEN

Mutter Meera und Amma sind zwei bekannte indische spirituelle Lehrerinnen, „Göttliche Mütter", die durch ihre Umarmung ihren Anhängern und Besuchern Darshan (Segen) anbieten. Ob wir nun einen Sinn in dieser frommen Ausübung sehen oder nicht, auf jeden Fall ist es ein klassisches Beispiel des spirituellen und hegenden Aspekts dieser Energie. Menschen kommen aus der ganzen Welt angereist und stehen für viele Stunden in der Warteschlange, um bedingungslose Liebe und Segnung durch eine Umarmung zu empfangen. Viele berichteten danach von einer Heilung oder anderen Wohltaten.

Jenny ist eine sehr begnadete, wenn auch leicht unorthodoxe Heilerin und einfühlsame Therapeutin, die auch die Energien der göttlichen Mutter verkörpert. „Ich weiß, dass ich nicht genug Geld verlange", sagte sie während einer Seelenplan-Sitzung. Sie hat immer noch ein paar Probleme mit der 3-3 in den irdischen Herausforderungen mit dem Thema Reichtum und Armut. Nichtsdestotrotz hat sie ohne Zweifel einen beachtlichen Einfluss auf das Leben von „Strolchen und Vagabunden", wie sie sie nennt, also Menschen ohne Geld. Sie scheint jene anzuziehen, die in furchtbarer Not sind und jemanden mit der bedingungslosen Liebe einer Mutter brauchen.

Sie beschrieb mir ihre typische Sitzung, die, zugegeben, von vielen Therapeuten als sehr unorthodox angesehen würde. Jede Sitzung beginnt mit einer liebevollen Umarmung für den Klienten, die oft einige Minuten dauert, gefolgt von der Heilung mit „vielen Tränen" und endet wieder mit einer sehr langen Umarmung.

Jenny glaubt, dass diese Umarmungen ein wichtiger Bestandteil ihrer Behandlung sind. Auch wenn das für einige grenzwertig sein könnte, kann man nicht abstreiten, dass es für viele Menschen eine heilende Wirkung hat. Denn viele von ihnen bekommen keine Zuneigung und körperliche Berührung in ihrem Leben.

Die großzügige Natur dieser *Talente* deutet auch auf Fähigkeiten im Geschäftsbereich hin, wie faire und vorurteilsfreie Verhandlungen, Trainings und Menschenführung. Mit dieser Energie fühlt man sich sehr erfolgreich. Sie haben eine weiche, aber kompetente Ausstrahlung, die ihnen Respekt verleiht und anderen eine unbewusste Sicherheit vermittelt. Menschen vertrauen ihnen sogleich und fühlen sich wohl in ihrer Gegenwart.

Im irdischen Aspekt ist oft auch eine starke und natürliche Verbindung mit der Erde vorhanden. Das kann sich manchmal auf sehr geerdete fürsorgliche Weise zeigen (Mutter Erde), zum Beispiel im Beruf eines Bauers, Gärtners oder Försters usw. oder auch in einer Person mit einer Menge körperlicher Fähigkeiten. Interessant ist, dass mir mehr als eine weibliche Athletin mit diesem Talent begegnet ist. In welcher Weise auch immer sie ihre Talente nutzen, normalerweise sind sie sehr harmonisch und respektvoll der Natur gegenüber und natürlich auch spirituelle und positive Menschen.

Im spirituellen Talent können sich diese göttlichen Mutter-Energien sehr stark und trotzdem sanft als heilende Kraft zeigen. Viele, die diese Energien verkörpern, können als Lehrer, Berater, spirituelle Leiter oder Heiler vollkommene Liebe anbieten.

Wenn sie lächeln oder wenn sie ihr Herz öffnen und sich auf jemanden einstellen, kann man sehen, dass sie tatsächlich die Fähigkeit haben, emotionale Blockaden „schmelzen" zu lassen und die Herzen anderer zu öffnen. So überrascht es nicht, dass ich diese Energie im spirituellen Aspekt auch bei Menschen mit Down Syndrom gesehen habe, die bekannt sind für ihre Ausstrahlung der bedingungslosen Liebe.

Das ist die Energie von jemand, der eine andere Person anlächelt, wenn diese ärgerlich, traurig oder sorgenvoll ist, und augenblicklich fühlt sich diese Person besser. Wenn diese Energie eine Person einhüllt, fühlt sie sich unterstützt und spürt, dass alles in Ordnung ist.

Erfahrung der Herausforderungen

In schwereren Fällen, wie anschließend beschrieben, habe ich beobachtet, dass einige mit dieser *Herausforderung* sich in ihrer Jugend aus allen möglichen Gründen nicht richtig mit ihrer Mutter verbunden haben, beispielsweise einer Mutter, die an einer postnatalen Depression litt, dem Kind keine Zärtlichkeit zeigte, zu kritisch war, etc. Das kann manchmal ihre Fähigkeit beeinträchtigen, ihren mütterlichen bzw. elterlichen Instinkt zu aktivieren.

EMOTIONAL ENTERBT

Irgendwo unter der äußerlich frostigen Schicht liegt ein Herz aus Gold, aber es dauerte einige Zeit, um das mit Felicity zu ergründen. Ihre übliche Begrüßung wurde stets von Beschwerden über verschiedene Menschen begleitet, die bestimmt schon ihre bissige Zunge kennengelernt hatten. Felicity traute keinem und deshalb hatte sie nie geheiratet oder eine Familie gehabt.

Sie erbte eine beträchtliche Summe von ihrer Familie, aber wie sie sagte, „dies war alles, was ich von ihnen bekommen hatte". Traurigerweise gab es Komplikationen während ihrer Geburt. In ihren ersten Lebenstagen konnte sie ihre Mutter nicht kennenlernen, weil diese in der Zwischenzeit in so etwas wie eine postnatale Depression gefallen war, die aber niemals diagnostiziert wurde. Schon als Baby hegte Felicty eine unerklärliche Wut auf ihre Mutter. Als sie älter wurde, hatte sie immer das Gefühl, dass sich ihre Mutter niemals mit ihr wohl gefühlt hatte.

Auch wenn das für die meisten mit der 13-4 nicht zutrifft, war diese frühe Ablehnung für Felicity die Wurzel vieler Probleme, besonders in ihrer Beziehung zu anderen Menschen. Als sie nach einiger Zeit „weicher" wurde, kam ihr erstaunlicher Sinn für Humor zutage und wenn sie ihr Herz öffnete, war ihre Energie wunderschön.

Andere Menschen mögen in eine Umgebung hineingeboren sein, wo es ihnen anfangs nützte, nicht offen ihre Gefühle und Zuneigung zeigen zu müssen. Wahrscheinlich haben wir alle in Geschäftssituationen Menschen getroffen, die zurückhaltend und knallhart waren, weil sie glaubten, das wäre notwendig, um Erfolg zu haben.

Einige können sich mit den magnetischen Qualitäten dieser Energie verbinden und andere anziehen, aber nur zu ihrem eigenen Nutzen und um sie danach wieder zu ignorieren.

Im Großen und Ganzen ist die 13 jedoch eine der Herausforderungen, die in vielen Fällen relativ mild ist. Wenn sie erst einmal Vertrauen entwickelt haben, können sie anfangen, die mitfühlenden Qualitäten dieser Energie zu aktivieren. Es kann aber auch sinnvoll sein, der Herausforderung der 4-4 etwas Aufmerksamkeit zu schenken. Wie auch immer ihre maßgebliche Erfahrung war und zu welchem Maß sie ihre Herausforderungen durchgearbeitet haben, wird ein mehr oder weniger großer Anteil von ihnen immer noch misstrauisch sein, kommt als kalt herüber, als nicht fürsorglich oder sogar rücksichtslos. Sie können ein hartes Äußeres zeigen mit einem scheinbar verschlossenen Herzen, sehr rücksichtslos sein und andere missachten.

Wenn sie nicht unabsichtlich Kinder bekommen oder den herkömmlichen kulturellen Erwartungen folgen, was bedeutet zu heiraten, eine Familie zu gründen etc., werden sie solange keine Kinder haben, bis ihre Energie sich gewandelt hat. Sie können es ablehnen, Verantwortung für andere zu übernehmen.

Die spirituelle Lektion in den *Herausforderungen* ist der irdischen ziemlich ähnlich. Aber die Probleme mit Selbstwert und insbesondere Selbstakzeptanz können noch verstärkt sein. Wie überhaupt bei Unsicherheit kann sich dieser Zustand als

Arroganz, Unnahbarkeit und Überheblichkeit zeigen, ähnlich wie ein herablassender Therapeut, Arzt oder Heiler, der sich selbst auf ein Podest stellt und sich viel zu ernst nimmt.

Tief innen haben sie Schwierigkeiten, sich selbst als göttliches Wesen anzuerkennen. Das blockiert ihre Fähigkeit, andere zu fördern und zu nähren und sich des Respekts und der Bedürfnisse anderer bewusst zu werden.

Die letztendliche Lektion ist, die mütterliche Energie zu aktivieren, die in deinem System blockiert war. Das muss nicht nur in der Rolle als Elternteil sein, man braucht es auch in vielen anderen Lebensbereichen.

Je mehr diese Herausforderung durchgearbeitet wird, umso beständiger und öfter wird dein wahres Herz aus Gold durchscheinen.

Mögliche einschränkende Glaubensmuster

- Ich werde nicht geliebt...
- Ich kann nicht lieben...
- Ich werde abgelehnt...
- Ich bin verlassen...
- Menschen kann man nicht vertrauen...
- Ich bin nichts wert...
- Ich muss die/der Beste sein...

Gesundheit

Sehr oft zeigt sich die Herausforderung der 13-4 durch ein blockiertes Herz-Chakra, was die Ursache verschiedener physischer Symptome sein kann. Deshalb ist für sie die Herzöffnung sehr wichtig und wird die Probleme in den zugehörigen Bereichen des Körpers lindern.

Viele der 13-4 sind üblicherweise emotional blockiert. Es ist, als hätten sie einen inneren Damm aufgebaut, der den Fluss des Wassers (Emotionen) zurückhält. Natürlich brauchen diese gestauten Energien einen Abfluss, sonst kann das zu Gesundheitsproblemen wie Kreislaufstörungen führen. Auch kann sich negative emotionale Energie stauen, was manchmal zu Problemen wie Arthritis führen kann.

Manchmal kann sich diese *Herausforderung* auch in einem Ungleichgewicht der männlichen/weiblichen Energien äußern. Das wirkt sich auf der körperlichen Ebene beispielsweise in hormonellen Problemen aus.

Auf der mentalen Ebene können die 13-4er trotz ihrer Selbstwertprobleme ziemlich narzisstisch und hemmungslos sein. Diese Selbstbesessenheit kann zu Hypochondrie oder ständiger Sorge und Angst in Bezug auf die Gesundheit führen.

Überwindung der Herausforderungen und Aktivierung der Talente und Ziele

Beratung und idealerweise Vergebungs*-Arbeit sind wichtig, da es möglicherweise Erfahrungen von Verrat und Vernachlässigung aus der Kindheit gibt. Wenn das so ist, überrascht es nicht, dass sie sehr viel Groll in sich tragen und sich ziemlich zynisch über andere äußern können.

In seltenen Fällen der Herausforderungen der 13-4 fehlte ihnen als Kind die richtige Bindung an ihre Mutter oder ihre Eltern. Das können sie mit einem spirituellen ganzheitlichen Berater bearbeiten, der ihnen Heilung bieten kann.

HEIL-AFFIRMATION

Lerne es auswendig und wiederhole es oft:

> Ich bin Liebe, ich gebe Liebe, ich akzeptiere Liebe, ich bin Liebe, ich strahle Liebe aus, ich werde in Liebe gebadet... (Pause)
> Ich bin geliebt... Ich bin Liebe... Ich bin geliebt... Ich bin Liebe... Ich bin geliebt... Ich bin Liebe...

Selbsthilfemethoden

Die Herausforderung der 13-4 ist zu lernen, das Herz zu öffnen und zu vertrauen. Zunächst sind sie nicht mit den nährenden mütterlichen Energien verbunden. Kinder zu bekommen kann die perfekte Gelegenheit sein, sich damit zu verbinden, auch wenn es für einige anfangs als Elternteil anstrengend ist. Für diejenigen, die keine Kinder möchten, kann es gut sein, einen Weg zu finden, um Verantwortung für Kinder zu übernehmen oder vielleicht für Haustiere. Auch irgendeine freiwillige Arbeit oder ein Beruf, in dem sie sich um Bedürftige kümmern, wird helfen, diese Herausforderung zu überwinden.

Meditation der Herzöffnung, zum Beispiel buddhistische, wie auch einige Praktiken von Tantra können die Herzöffnung leichter machen.

Auch wenn ich Bhakti Yoga – den Weg der Hingabe – nicht allen empfehle, kann er für diese Herausforderung einen Wert haben. Hingebungsvolles Singen (Chanten) – Verbindung mit der Sehnsucht nach dem Göttlichen – kann ebenfalls als Übung zur

Herzöffnung dienen. Das Hören von Quawwali Gesängen (Sufi Andachtsmusik) kann guter Anfang für die sein, die gerne Musik hören.

*Siehe Wörterverzeichnis, Seite 335.

Vorschläge für Bachblüten

Sumpfwasserfeder (Water Violet) für ein hartes Äußeres und ein scheinbar geschlossenes Herz. Hilft, sich zu öffnen und anderen näher zu kommen.
Schottische Kiefer (Pine) hilft dich selbst in liebevoller Weise zu akzeptieren.
Lärche (Larch), um Zugang zu deinem Selbstvertrauen zu bekommen und zu lernen, dir selbst zu vertrauen.
Rotbuche (Beech), um Verständnis, Mitgefühl und Toleranz zu lernen.

ERINNERE DICH, DEINE TALENTE SIND DER DREHPUNKT ZWISCHEN DEN HERAUSFORDERUNGEN UND DEN ZIELEN. DIE VERWIRKLICHUNG DEINER WELTLICHEN UND SPIRITUELLEN FÄHIGKEITEN WIRD DIR HELFEN, DEINE HERAUSFORDERUNGEN ZU ÜBERWINDEN UND DEINE ZIELE ZU ERREICHEN!

Seelenbestimmung, Ziel und Transzendenz

In der Seelenbestimmung lädt diese Energie den „Inhaber" ein, sich mit denen zu verbinden, die eine neue liebende und weise Energie in unsere Welt bringen. Wenn sich die Flut vom alten Ufer des patriarchalischen Modells des Konkurrierens entfernt, kann eine neue Ära des Miteinander eingeleitet werden. Neuere konventionelle Wege zum Verständnis der Welt begünstigten die Denkweise für das Überleben des Stärkeren, während ein ganzheitliches Verständnis das Miteinander und die Zusammenarbeit als besseres Mittel vorschlägt, um Wohlstand zu erhalten.

Die weichen fürsorglichen und fließenden Energien bilden wohltuend die Eigenschaften einer weisen Führerschaft. Dies ist eine Kombination, die erlaubt, sehr erfolgreich zu sein, welchen Bereich auch immer sie wählen.

Zuerst wirst du deine Energien integrieren und dein Herz stets offen halten müssen, damit andere deine unermessliche Liebe spüren können.
Je mehr du deine männlichen/weiblichen Qualitäten integrierst, umso größer ist das Potenzial, um viele weitere Menschen für deine Projekte, deinen Dienst und deine Arbeit anzuziehen. Wenn du bedingungslose Liebe ausstrahlst, wird alles für dich weiter werden.

Auf der transzendenten Ebene symbolisieren diese Energien die Mysterien des Unbekannten, des Unbewussten und der großen Leere. Mit Weisheit kommt die Akzeptanz dessen, was wir letztendlich wirklich sind – ein einziges Sein/

Bewusstsein/Quelle/Liebe –, was durch menschliches Verständnis nicht fassbar ist. Es liegt verborgen in dem Sinn, dass die Einheit und Liebe nach der wir suchen, keinen bestimmten Ort hat. So ist für das einzelne menschliche Wesen keine Kontrolle vorhanden, außer sich in unschuldigem Vertrauen dem „Nicht Wissen" hinzugeben.

Du kommst nach Hause, wenn du aufhörst zu suchen und siehst, dass du bereits angekommen bist.

SEELENBOTSCHAFT

Nimm dir Zeit, dich zu entspannen und dann wiederhole drei Mal oder denke einfach darüber nach:

> Liebe hat keinen Ort. Dem Verstand bleibt sie verborgen.
>
> Gib dich dem Nicht-Wissen hin, dann werden Liebe und Stille in dir bleiben.

14 SEELENREFLEKTION

Eigenschaften

- Hebräischer Buchstabe: Nun
- Einzelbuchstabe
- Planet/Sternbild: Skorpion
- Körperzuordnung: Dünndarm
- Qualität: Geruch
- Energiezuteilung: spirituell
- Tarotkarte: Kunst/Mäßigung

Bemerkung: Die 14 ist eine Kombinationszahl und immer verbunden mit der 5 als 14-5.

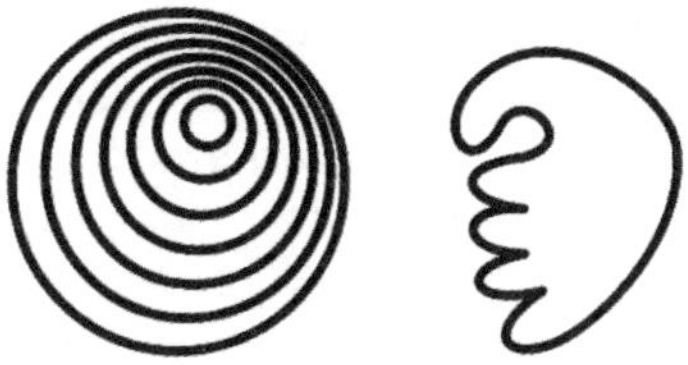

14 - 5

Siehe auch **Zahl 5 Geist und Freiheit**, Seite 123.

Übersicht

Die Zahl 14 zeigt die Energien der Reflektion, die durch einen spiralförmigen Spiegel symbolisiert werden. Sie bedeuten die ätherischen und persönlichen Bereiche des Lebens. Das Spiegelbild zieht dich hinein und bringt dich auf der anderen Seite wieder hinaus. Es ist der Spiegel unserer essenziellen Existenz.

Es gibt zwei Bedeutungen für den hebräischen Buchstaben Nun, „Seele" und "Kontinuität". Die Kerze wird oft als Symbol der Seele als göttlicher Funke im Individuum benutzt. Das ist der Aspekt, der niemals stirbt, weil er Teil des ewigen Ganzen ist. Dennoch erscheint er für kurze Zeit als ein getrenntes einzelnes Wesen. Die 14 erscheint immer gepaart mit der 5, die die abstrakte ätherische Energie des Geistes ist, der Form annimmt. Wenn die 5 mit diesen hohen spirituellen Energien verbunden ist, erlaubt dies der 14, abstrakte Konzepte widerzuspiegeln und auch unsere spirituelle Essenz.

Verkörperung der positiven Aspekte

Wer die 14-5 in ihrem positiven Ausdruck verkörpert, hat die Fähigkeit entwickelt, mit Leichtigkeit mit spirituellen und eher abstrakten Angelegenheiten umzugehen.

Ich habe herausgefunden, dass Menschen – mit Ausnahme einer ernsthaften Herausforderung – mit diesem *Talent* spirituelle Konzepte vollständig verstehen und einen angeborenen ganzheitlichen Verstand besitzen. Man muss den 14-5ern ein abstraktes System wie Homöopathie oder die Schwingung eines Klangs nicht beweisen, weil sie die Idee oder das Konzept unmittelbar verstehen. Sie sind auf natürliche Weise eingestimmt auf das Gesetz der Synchronizität und wissen, dass alles miteinander verbunden ist. Dass es mehr im Leben gibt als die herkömmliche Weisheit, war nie fraglich für sie.

Zugleich nehmen sie aber die feinstofflichen Bereiche des Lebens wahr und können deshalb Lehrer und Inspiration für ihre Freunde oder Klienten auf dem spirituellen Weg sein. Intensiv, positiv und mit Leidenschaft verhelfen sie anderen zu einem tieferen Verständnis und einer eher magischen Vision. Sie können sich auf Menschen einstimmen und ihnen das widerspiegeln, was in ihnen vorgeht. Das ist Hellsichtigkeit oder, wenn man möchte, eine intuitive Fähigkeit, die sich entwickelt, wenn man sie benutzt. Im Grunde genommen können sie anderen zeigen, wer sie spirituell sind.

Mit dieser Energie habe ich auch viele Liedermacher getroffen, die ihre Lieder von diesen offenen reflektierenden spirituellen Energien durchdringen lassen – entweder ganz bewusst, manchmal aber unbewusst. Sie sind auch sehr einfallsreich und manche mit diesen Energien sind künstlerisch hoch begabt, z.B. in Musik, Malerei oder Schreiben.

In der irdischen Position befinden sie sich oft in einer Rolle, in der sie sich ausdrücken müssen. Wenn sie in einem herkömmlichen Beruf sind, inspirieren sie andere an ihrem Arbeitsplatz.

Wenn sich die Energie später im spirituellen Teil des Charts zeigt, wird sich oft der „Seelen-Channel" öffnen, nachdem sie sich mit einer regelmäßigen spirituellen Praxis verbunden haben. Ich habe unzählige Menschen getroffen, die einen normalen Beruf hatten, bei denen sich der Kanal öffnete, als sie 40 oder älter waren.

INSPIRIERTE ARBEIT

Max ist ein Künstler, Liedermacher und Schamane, dessen Arbeit eine Vielzahl von Kunstwerken umfasst, die aus der spirituellen Inspiration seines Herzens entstehen. Seine Kunstwerke werden manchmal „psychedelische Kunst" (bewusstseinserweiternde Kunst) genannt und seine Freunde, von denen viele spirituelle Berater sind, benutzen seine Werke als Mandalas oder Meditations-Werkzeug. Seine Arbeit hat auch noch ein breiteres Publikum, denn er bekommt Aufträge und verkauft Arbeiten an Fotostudios, an Werbekampagnen, Webseiten-Design etc. Natürlich wurde er dadurch auch in der Öffentlichkeit bekannt, was dazu beitrug, dass sich einige Gönner einschalteten und er dadurch noch eine andere Dimension in seine Arbeit einbringen konnte.

Max hatte schon immer eine Verbindung zum unsichtbaren Bereich des Lebens und war auf eine Weise „irgendwie energetisch bewusst", obwohl er eine konventionelle Kunstausbildung besucht hatte. Eine neue Richtung entstand nach einer transzendenten spirituellen Erfahrung während eines Meditationskurses, die sein Interesse an spiritueller Kunst und Praxis weckte, die später seine Arbeit inspirierte, aber auch radikal veränderte.

Erfahrung der Herausforderungen

Da dies eine ätherische Energie ist, sind die Menschen, die diese Herausforderung durcharbeiten, oft nicht geerdet und abgehoben, aber sie können das nur schwer erkennen. Sie stecken oft in banalen irdischen Sorgen und sind darin gefangen. Bildlich gesprochen, können sie nicht darüber hinaussehen. Das kann bedeuten, dass sie es zunächst als schwierig empfinden, sich mit spirituellen Übungen zu verbinden, die auf eine größere Wirklichkeit jenseits unserer physischen und materiellen Existenz hinweist.

Ein Vorschlag wäre, ihnen eine Praxis zu empfehlen, die ihnen helfen würde, ihre spirituelle Sichtweise zu erweitern. Sie sollten vermeiden, sich zwanghaft mit Spiritualität zu befassen, dafür aber lernen, ein gesundes Urteilsvermögen zu entwickeln.
Viele der 14-5er werden irgendwie von spirituellen Gruppen und Workshops angezogen und lernen Systeme wie Yoga oder Meditation. Meistens können sie nicht

wirklich erklären, warum sie hier sind und es ist, als ob ihre Seele sie hierher führen würde. Wenn sie einmal auf dem Weg sind, gibt es aber für einige mit der 14-5 in den *Herausforderungen* weitere Vorsichtsmaßnahmen, falls sie sich mit spirituellen oder therapeutischen Praktiken befassen, ohne sich zu erden oder klare Grenzen zu setzen. Das Risiko besteht, wenn sie sich immer noch in der zwanghaften Phase des Suchens befinden, dass sie ganz leicht in unterschiedliche Sekten hineinrutschen können oder in einer zwanghaften Guru-Beziehung gefangen sind. Sie finden möglicherweise auch eine praktizierende Heilgruppe, in der sich auch andere durch ihre Themen arbeiten. Das können sie als besonders intensiv empfinden, wenn sie sich zu stark mit den Gefühlen und Themen der anderen identifizieren.

Wenn sie aus dem Gleichgewicht sind, kann ihre Ausdrucksweise manchmal sehr negativ, stur und sogar vernichtend sein. Oft haben sie Schwierigkeiten, die Talente anderer anzuerkennen. Es kann eine Tendenz vorhanden sein, die sie verletzlich gegenüber negativen Energien macht, bis sie gelernt haben, Grenzen aufzubauen.

BEGRENZTE WAHRNEHMUNG

Seamus kam wegen seiner Berufswahl und Ausrichtung zu mir. Er warnte mich von Anfang an, dass unsere Sitzung eine Gefahr für ihn sein könnte, da er ziemlich zwanghaft in Bezug auf diese Sitzung werden könnte. Ich hatte aber schon gesehen, dass er eine 14-5 in den irdischen Herausforderungen hatte. Durch frühere Erfahrungen wusste ich, dass es wichtig war, klare Grenzen zu setzen. Nicht, dass dies jetzt auf alle oder die meisten Menschen mit der 14-5 in den Herausforderungen zutrifft, natürlich kommt es auf die Heftigkeit der Herausforderung an. Doch wenn eine Neigung vorhanden ist, kann gerade diese eine von allen Herausforderungen eine zwanghafte Bindung erzeugen.

Bei seinem zweiten Besuch stellte ich fest, dass er ein nervöses Zucken entwickelt hatte und seine Aussprache hatte einen schleppenden nordamerikanischen Akzent angenommen. Als ich ihn daraufhin ansprach, kam heraus, dass er ein Wochenende bei seinem Onkel in New York verbracht hatte. Erschreckend war aber, dass er auf der Rückreise im Flugzeug neben einer Person mit nervösen Zuckungen gesessen hatte, die er vorübergehend angenommen hatte.

Es stellte sich heraus, dass er nicht wusste, wer er war oder sein sollte. Deshalb übernahm er fast krankhaft die Muster, Manieren und sogar Akzente anderer Menschen.

Seamus, (oben), war ein ziemlich schlimmer Fall mit der 14-5 in den *Herausforderungen*. Aber diese Art mit Themen der Abgrenzung kann auch ihre schwächeren Gegenstücke haben, denn häufig ist die Erfahrung der 14-5, dass sie sich mit der Energie anderer Menschen überfordert fühlen.

Bis das Muster verarbeitet ist, kann es für jene mit der 14-5 in der Herausforderung sehr anstrengend sein, denn sie erfahren eine starke Spiegelung in anderen. Ihr Leben kann eine Reihe von heftigen Begegnungen enthalten, wobei sie ständig durch ihre Spiegelung in anderen herausfinden wollen, wer sie wirklich sind. Deshalb könnte es sehr schwierig für sie sein, eine ausgewogene Beziehung aufzubauen.

Mögliche einschränkende Glaubensmuster

- Ich bin wertlos...
- Ich zähle nicht....
- Ich bedeute nichts ...
- Ich brauche Beweise...
- Ich bin verloren...
- Du musst mir zeigen, wer ich bin/ich brauche andere, die mir zeigen wer ich bin...
- Ich muss die Schmerzen und Emotionen anderer auf mich nehmen, damit ich fühle, dass ich lebe ...

Gesundheit

Viele der Gesundheitsprobleme der 14-5 entstehen dadurch, dass sie keine klaren Grenzen setzen können. Mit anderen Worten, sie wissen nicht, wo sie selbst als energetisches physisches Wesen aufhören und wo andere anfangen.

Als Folge nehmen sie energetisch oft zu viel in sich auf und überfordern so ihren geistigen Zustand. Wenn sie versuchen, sich selbst in anderen Menschen zu finden, besteht die Gefahr, dass sie die ganze Bandbreite anderer Charaktere und Eigenschaften in sich aufsaugen, was natürlich zu einem gespaltenen geistigen Zustand führen kann.

Sehr viele mit der 14-5 sind schwer co-abhängig* und auch imstande, die Muster anderer wie einen Ausweis für ihr Leben mitzutragen.
Wenn sie die negativen Muster und Angewohnheiten anderer Menschen spiegeln, kann das zerstörerisch sein und der Gesundheit schaden. Auf der körperlichen Ebene kann es Probleme mit dem Geruchsinn oder den Nebenhöhlen und der richtigen Nahrungsaufnahme geben. Sie können entweder zu viel oder andererseits nicht genügend aus der Nahrung aufnehmen, beispielsweise Mineralstoffe.

Nicht geerdet zu sein ist auch ein Problem. Ihnen fehlt die Körperwahrnehmung und sie sind anfällig, sich anzustoßen oder in Gegenstände hineinzulaufen.

Überwindung der Herausforderungen und Aktivierung der Talente und Ziele

Philosophische Erforschung ihres Wesens durch einen erfahrenen Berater kann denjenigen helfen, die sich mit dieser *Herausforderung* befassen. Sie erhalten mehr Struktur im täglichen Leben und es erleichtert den Umgang mit anderen Menschen. Das kann wahrscheinlich das langfristige Ziel einer Therapie sein.

Allgemeine Paarberatung kann auch angezeigt sein, denn manche haben in Beziehungen die Angewohnheit, entweder den anderen besitzen zu wollen oder die Partnerschaft zu beenden aus Angst vor Ablehnung oder Veränderung.

Was die energetische Seite betrifft, so können Cord Balancing* und Anhaftungen ausgleichen wichtige Behandlungen sein, denn sie neigen unbewusst dazu, von anderen abhängig zu werden. Auch Psychologische Energietechniken* wie das Boundary Tapping* kann helfen, ihre Grenzen und ihren persönlichen Freiraum zu klären.

Meditation wird unter „Selbsthilfemethoden" aufgeführt, anfangs wird es jedoch nicht einfach sein, ihren Verstand über das unmittelbar Körperliche hinauszuführen. Eine geführte Meditation kann ein guter Anfang dazu sein.

Vereinzelt ist es ratsam, den Klienten zu Beginn klare therapeutische Grenzen zu setzen, denn sie können eine starke Übertragung auf den Lehrer bilden und von ihm abhängig werden. Auch das ist Teil des Lehrens und Teil ihres Lernens.

HEIL-AFFIRMATION

Lerne es auswendig und wiederhole es oft:

> Ich bin völlig sicher, ich bin vollkommen geschützt und ich weiß tief in meinem Inneren, dass alles vollkommen ist; alles ist in Ordnung.

Selbsthilfemethoden

Ein Widerspruch für jene, die diese *Herausforderung* durcharbeiten, ist, dass diese Energie sich im Ganzen spiegelt und mit ihm verschmilzt. Obwohl man sich gezwungen fühlen mag, einerseits zu reflektieren und zu verschmelzen, kann das Bewusstsein zuerst nicht über die materielle Welt hinaus sehen. Deshalb kann man sich schwer tun, Grenzen energetisch zu überwinden und das Gefühl haben, verloren zu sein.

„Wo ende ich und wo beginnst du?", ist die Frage, mit der viele der 14-5 sich herumschlagen, oft sogar unbewusst. Natürlich sind wir auf einer tieferen Ebene als spirituelle Wesen alle miteinander verbunden. Dennoch sind wir alle auf einer praktischen Ebene individueller Ausdruck des Ganzen und das tägliche Leben verlangt, dass wir so leben.

Jede Übung, die dich mit deinem Körper verbindet wie Yoga, kann ein guter Anfang sein. Vipassana, eine Achtsamkeits-Meditation, hilft den Menschen, sich ihres Körpers und ihrer energetischen Form gewahr zu werden und auch jede andere Praxis, die Achtsamkeit in Bezug auf energetische Grenzen lehrt, kann gut helfen, z.B. Qi Gong*.

Es hilft auch zu lernen, sich mit nicht greifbaren Bereichen der Wirklichkeit zu verbinden. Meditation wird dir helfen, dein Bewusstsein über den physischen Körper hinaus zu erweitern. Klassen oder Kurse für Durchsetzungsvermögen, Grenzen setzen wie auch zwischenmenschliche Kommunikation können sehr gut helfen. Die physische Seite dieser Abgrenzungsprobleme kann sich oft in einem Körper zeigen, der zu viel absorbiert und oft auch Giftstoffe festhält. Deshalb wird eine regelmäßige sanfte Entgiftung und gesunde Ernährung empfohlen.

Falls du also die *Herausforderung* so erlebst, wie sie hier beschrieben wird, wird es dir helfen, langsam zu essen und dir immer bewusst zu sein, was du zu dir nimmst. Das wird deine natürliche Fähigkeit schärfen, die für deinen Körper am besten geeigneten Nahrungsmittel auszuwählen.

*Siehe Wörterverzeichnis, Seite 335.

Vorschläge für Bachblüten

Eisenkraut (Vervain) hilft dir, weniger heftig, impulsiv und angestrengt zu sein.
Weiße Waldrebe (Clematis) hilft zu erden.
Einjähriger Knäuel (Scleranthus) gegen Sprunghaftigkeit von Beziehungen und um deinen Verstand kennen zu lernen.
Holzapfel (Crab-Apple), um zwanghaftes Verhalten zu überwinden.
Gefleckte Gauklerblume (Mimulus) gegen die Angst, verlassen zu werden.
Herbstenzian (Gentian) hilft gegen Rückschläge und veränderte Umstände.
Walnuss (Walnut) hilft, angesichts Veränderungen stark zu sein.

ERINNERE DICH, DEINE TALENTE SIND DER DREHPUNKT ZWISCHEN DEN HERAUSFORDERUNGEN UND DEN ZIELEN. DIE VERWIRKLICHUNG DEINER WELTLICHEN UND SPIRITUELLEN FÄHIGKEITEN WIRD DIR HELFEN, DEINE HERAUSFORDERUNGEN ZU ÜBERWINDEN UND DEINE ZIELE ZU ERREICHEN!

Seelenbestimmung, Ziel und Transzendenz

Die Energie der 14-5 im Kern zu verwirklichen bedeutet, ein Spiegel zu sein für andere. Wenn sich deine Seele der Verbindung mit der Schöpfung öffnet, wirst du inspirierte Informationen übermitteln oder andere dazu ermuntern, eine erweiterte Wahrnehmung zu bekommen, damit sie das Außergewöhnliche im Gewöhnlichen sehen können.

Wenn jemand diese Energie auf der transzendenten Ebene völlig verwirklicht, ist die Suche für ihn vorbei. Die heftigen Gefühle für andere, die verwirrenden Grenzen und all die Suche außerhalb des Selbst sind jetzt verstanden und akzeptiert. Du erkennst, dass du dich selbst nicht in einem Ding außerhalb von dir entdecken kannst, weil das, was du bist, kein Außen hat. Du bist jenseits von Trennung. Wer du bist, ist jenseits der Trennung.

Schau in den Spiegel und auf das, was wahrgenommen wird. Es spiegelt niemanden wider, es spiegelt keinen Verstand wider. Im Sein gibt es keine Mitte.

SEELENBOTSCHAFT

Nimm dir Zeit, dich zu entspannen und dann wiederhole drei Mal oder denke einfach darüber nach:

Als dein Licht des Bewusstseins das erste Mal in dieser Welt schien, war die Widerspiegelung verzerrt und verwirrt. Du fühltest dich verloren, einsam und wusstest nicht einmal, wonach du suchst. Alles fühlte sich dunkel an, schwer zu begreifen, verschwommen und in sich immer verändernder Form.

Du suchtest außen, aber was du bist, hat kein Außen. Es hat keine Vorder- oder Rückseite, kein Oben und kein Unten. Es hat keine Grenze und keine Mitte.

Durch die Stabilisierung der Wasser der Erfahrung wird deine Wahrnehmung geschliffen und der Spiegel reflektiert jetzt das Licht, von dem du glaubtest, dass es verloren war ... In Wahrheit war es die ganze die Zeit da.

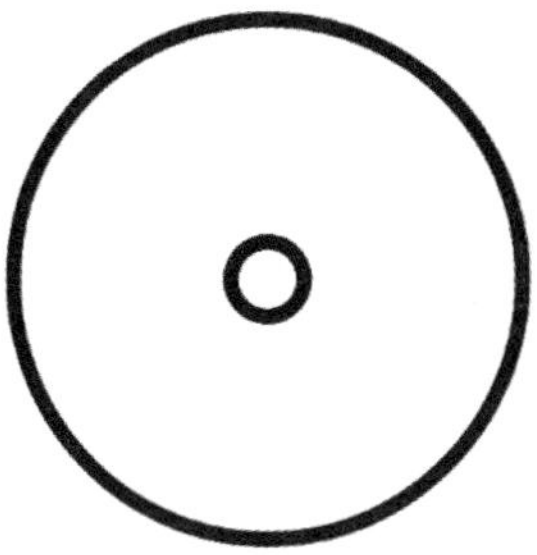

15 INSPIRATION DER SEELE, SELBSTAKZEPTANZ, GELASSENHEIT

Eigenschaften

- Hebräischer Buchstabe: Samekh
- Einzelbuchstabe
- Sternbild/Planet: Schütze
- Körperzuordnung: Magen
- Qualität: Schlaf
- Energiezuteilung: spirituell, kreativ
- Tarotkarte: Der Teufel

Bemerkung: Dies ist eine Kombinationszahl und immer gepaart mit der 6 als 15-6.

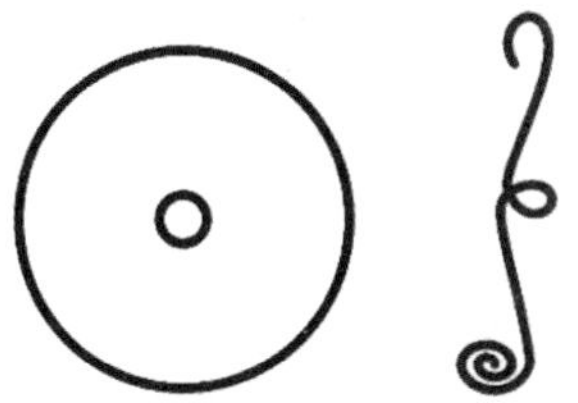

15 – 6

Siehe auch Zahl **6 Gedanke und Kreativität**, Seite 133.

Übersicht

Symbolisiert von der verstärkten Verbindung und in sich selbst zurückgekehrt, erscheint ein kleinerer Kreis innerhalb eines größeren Kreises. Das sind die Energien des Mikrokosmos innerhalb des Makrokosmos. Sie stellen das Göttliche und das Seelenbewusstsein innerhalb der äußeren Ausdrucksform dar.

Der 15. Buchstabe Samekh bedeutet auch Unterstützung und Schutz. Das wird sichtbar durch die eingeschlossene runde Form. Sie gibt Unterstützung und Schutz, um Risiken einzugehen und sich spiralförmig zu entwickeln und zu wachsen. In diesem Fall ist das Wachstum ausgewogen und harmonisch, denn diese Energie steht im Zusammenhang mit „zentriert sein". Es ist die Kernessenz im Inneren, die manchmal inmitten des schönsten Chaos erscheint, das uns umgibt. Sie ist immer integriert und ausgewogen in Bezug auf das Ganze und symbolisiert den Zustand des Gleichgewichts und der Akzeptanz des Göttlichen in uns. Die 15 ist verbunden mit der 6, den Energien der Kreativität und diese Kraft des Stiers hilft der 15, sich weiterzuentwickeln in die Akzeptanz der Seele und zeigt sich als Kreativität durch die Inspiration der Seele.

Verkörperung der positiven Aspekte

Die 15-6 gibt dir die Fähigkeit, dich tief mit deinem inneren Sein zu verbinden. Auch wenn dies letztlich eine spirituelle Fähigkeit ist, können wir sie manchmal auch in einem irdischen Rahmen finden, wie die folgende Geschichte von Shelton (15-6 in den irdischen Talenten) beschreibt.

WEITBLICK

Schon als Kind hatte Shelton unglaubliche Kontrolle über seinen Magen, das Organ, das mit dem 15. hebräischen Buchstaben Samekh verbunden ist. Willentlich konnte er sich krank machen, wenn er nicht zur Schule wollte. Diese innere Verbindung zu „meinem Bauchgefühl" war später das Instrument, mit dem er sein Vermögen erwarb.

Als Erwachsener baute er sich ein globales Unternehmen auf mit gewissenhaftem und ethischem Geschäftsgebaren, aber mit einer beträchtlichen Risikobereitschaft. Irgendwie besaß er auch Weitsicht und änderte schnell seine Geldanlagen, bevor der Markt zusammenbrach. Dann tauchte er wieder auf wie ein Phönix, gründete neue Unternehmen und Projekte und nutzte die Vorteile von günstigeren Preisen und Kosten. Deshalb bekam er von seinen Kollegen den Spitznamen „Nostradamus".

In den irdischen Positionen sind dies hoch intuitive und spirituelle Qualitäten. Sie können als Intuition oder Bauchgefühl im täglichen Leben genutzt werden, zum Beispiel im Geschäft oder vielleicht auch, um Visionen zu verwirklichen und der Gesellschaft vorzustellen. Es sind oft mutige Menschen mit „Feuer im Bauch" und einer optimistischen Ausstrahlung. Ihre Einstellung „Alles ist möglich" ist für andere sehr inspirierend.

✡ 15 Samekh — Inspiration der Seele, Selbstakzeptanz ✡

Um diese Energie positiv zu verwirklichen, muss man zeigen, dass innere Sicherheit und Intuition vorhanden sind, die durch den Kontakt mit der inneren Mitte entstehen. Ganz gleich, ob dies schon ein vorhandenes aktiviertes Talent ist, ein erreichtes Ziel oder eine Herausforderung, die durchgearbeitet wurde (da gibt es Unterschiede), deutet das oft auf eine weise Seele hin.

Wenn man Geduld hat, bekommt man zu dieser Energie leichter Zugang. Es wäre klug, sie zu erlangen oder weiterzuentwickeln. Denn wenn man in die Stille kommt und sich zentriert, kann man sich mit dem größeren Ganzen verbinden, bekommt Zugang zur Weisheit der Seele und zu Kreativität und wird von der Seele inspiriert.

Im spirituellen Bereich drückt sich diese Energie oft ganz anders aus und bietet eine Fähigkeit, sich mit der Kreativität ihrer Seele zu verbinden. Ein gutes Beispiel dafür war Frank Alper, der die Symbole, die Methode der Gematria, dem Stern der Schöpfung und viele Basisinterpretationen zu diesem System gechannelt hatte. Er channelte auch viele Heiltechniken und die wunderschönen Heilklänge der Atlantischen Gesänge (siehe letzte Seite). Er hat eine 15-6 in den spirituellen Talenten. Die Verbindung mit solchen archetypischen Energien ist eine Möglichkeit des Channeling für diejenigen, die das kreative Potenzial ihrer Seele öffnen möchten.

Wenn wir uns auf einer tieferen Ebene vollkommen mit unserer Seele verbinden, überschreiten wir die Grenze der individuellen Persönlichkeit. Das erkennen mehr und mehr diejenigen, die die 15-6 verwirklicht haben und natürlich auch jene mit anderen Frequenzen.

Wenn man die spirituellen Eigenschaften betrachtet, ist es hilfreich sich zu erinnern, dass die 15 mit der 6 verbunden ist. Die 6 ist die Energie der Kreativität und der Ideen, die einen zielgerichteten Fokus erlaubt. Sie ist auch mit Licht und Leuchtkraft verbunden, erhellt den Verstand, erweitert ihn und öffnet ihn dem Wissen der Seele.

Der Kreis im Zentrum könnte als schöpferischer Funke des göttlichen Bewusstseins in einer Person gesehen werden, der den einzelnen mit dem kreativen Geist des Ganzen verbindet. So können sie sich als bewusster Co-Schöpfer erfahren, auch wenn es auf der transzendenten Ebene keine Trennung oder Partnerschaft gibt.

Jemand mit einer eher spirituellen Neigung kann damit Zugang zum kreativen Unbewussten und Seelenwissen bekommen. Es überrascht nicht, dass viele mit diesen Energien ausgezeichnete kreative Channels werden.

Erfahrung der Herausforderungen

Wenn Menschen sich über unsere Kurse informieren, betonen wir immer, dass es eine intuitive Entscheidung sein soll. Wenn wir jedoch fühlen, dass es für jemanden klar ist und wir merken, dass sie mit der 15-6 arbeiten, geben wir ihnen noch einen kleinen Schubs, um sich zu entscheiden. Sonst kommen sie zurück mit immer weiteren Fragen. Dieses klassische übertriebene Nachforschen führt zu einer Art Hinausschieben und die ursprüngliche Leidenschaft erlischt. Bevor wir diese Regel einführten, gab es Anfragen von Interessenten, die diese *Herausforderung* durcharbeiten und uns mit einer Menge Fragen bombardierten... Wenn wir sie beantwortet hatten, hörten wir Monate, manchmal sogar Jahre nichts mehr von ihnen, bis sie wieder mit einem Haufen Fragen auftauchten und dieser Zyklus immer so weiterging.

Die Herausforderung der 15-6 kann von „risikoscheu" bis zum anderen Extrem reichen, wo alles hinterfragt und bis ad infinitum erforscht wird, bis sie so viele mentale Energien verbraucht haben, dass die anfängliche Begeisterung längst verschwunden ist. Wenn sie sich erholt haben, beginnt oft das Muster von neuem.

Sich im Kreis zu bewegen ist der negative Aspekt des Symbols. Deswegen fühlen sie sich oft sehr müde in den Zeiten, in denen ständig Ideen in ihrem Kopf herumschwirren. Wenn dieses Muster in das tägliche Leben projiziert wird, wird alles sehr anstrengend und frustrierend. Wut, tiefe Frustration und Ungeduld sind sehr oft Symptome dieser *Herausforderung*.

Wer diese *Herausforderung* durcharbeitet, lehnt es oft ab, sich nach innen zu wenden und seine tieferen Gefühle und spirituelle Essenz anzuerkennen.

Man läuft im Kreis herum, versucht vor der zugrundeliegenden Angst zu flüchten, die aus einer tief verwurzelten Furcht vor dem Unbekannten stammt. Schlimmstenfalls benutzt man Drogen oder andere Fluchtmittel oder verbeißt sich in seine Arbeit (Workaholic). Hier besteht das Risiko, dass sie das Muster wiederholen und nie das Potenzial für sich selbst oder ihre Arbeit voll ausschöpfen.

Auch könnten sie in Versuchung geraten, skrupellos zu sein (Geschäft). Sie denken, sie könnten Abkürzungen machen und kleinere Risiken eingehen, anstatt zu expandieren und dabei ein grösseres Risiko eingehen zu müssen.

Sowohl in den irdischen wie in den spirituellen Herausforderungen kann eine Ablehnung des spirituellen Selbst und ein Widerwille und Pessimismus vorhanden sein, sich für einen spirituellen Pfad zu entscheiden oder zu interessieren. Wenn dieser Teil merklich überwunden ist und sie ihr inneres Sein angenommen haben, zeigt das, dass viel von dieser *Herausforderung* durchgearbeitet ist.

Für viele mit dieser *spirituellen Herausforderung* kann sich aber zuerst dieses Unvermögen, sich mit dem inneren Leben oder dem spirituellen Bereich auseinanderzusetzen, noch verschärfen. Denn schließlich ist dies die größte abstrakte und scheinbar nicht greifbare Idee von allem. Mit anderen Worten, sie verleugnen ihre eigene spirituelle Natur.

So werden sie vom Leben aufgefordert, aus ihrem Schlummer aufzuwachen – Schlaf ist die Eigenschaft der 15 – und ihre größere Natur und den göttlichen Funken ihrer Essenz anzuerkennen. Diese Verleugnung des Unsichtbaren reicht auch bis zu der Schwierigkeit, sich mit irgendetwas zu befassen, was nicht gesehen, gefühlt oder berührt werden kann, insbesondere neue Ideen. Bis dies angegangen wird, sabotiert der Mangel an Glauben ihre Fähigkeit, mit jeder Art neuer Projekte vorwärts zu kommen, die natürlich zuerst aus einer Idee oder einem Plan entstehen müssen.

IM KREIS DREHEN

Bevor wir uns tatsächlich trafen, kontaktierte Lawrence vor einigen Monaten meine Mitarbeiterin über Email immer wieder mit Fragen. Als sie mir davon erzählte, entschloss ich mich schließlich, ihn anzurufen und stellte dabei fest, dass er an der Herausforderung der 15-6 arbeitete. Ich sagte ihm höflich, dass wir ihm keine weiteren Fragen mehr beantworten könnten. Er sollte eine Sitzung vereinbaren oder einen anderen Weg suchen.

Erfreulicherweise entschied er sich herzukommen. Er beschrieb mir sein Leben, in dem er stecken geblieben und sehr frustriert war. Verschlimmert wurde das durch den übermäßigen Konsum von Marihuana und ähnlichem Zeug. Zur Entspannung benutzte er das Beruhigungsmittel Ketamin, das in der Human- und Tiermedizin als Anästhesie- und Schmerzmittel eingesetzt wird, das ihn jedoch betäubte. So vermied er es, sich wirklich auf sein Leben einzulassen und Ansätze zu machen, in seinem Web-Design-Unternehmen vorwärts zu kommen. Entweder schlief er äußerst viel oder er litt unter Schlaflosigkeit, wenn er an Angstzuständen litt.

Nach einigen Therapie-Sitzungen hörte er nach und nach ganz mit dem Ketamin auf und reduzierte auch deutlich seinen Marihuana-Konsum. Damit wurde sein Weg klarer und er stimmte einer Schritt-für-Schritt-Lebensberatung zu, um seine Ziele zu erreichen. Bald brachte ihm seine 7-7 in den Talenten (Offenheit und Verbindung zu Menschen) eine immer größer werdende Schar von Klienten für sein Web-Geschäft, das sich seither erweiterte und sehr erfolgreich ist.

Insgesamt müssen sie lernen, flexibel zu sein. Da sie zu viel planen, empfinden sie es oft als schwierig, im täglichen Leben spontan zu sein. Die Gefahr ist, dass sich dieser Mangel an Spontanität auf ihr ganzes Leben auswirkt, was sehr einschränkend und ermüdend werden kann.

Mögliche einschränkende Glaubensmuster

- Ich werde es falsch verstehen...
- Ich werde verlieren...
- Ich verschwende meine Zeit...
- Ich werde verletzt...
- Das Leben ist gefährlich...
- Ich muss immer vorsichtig sein...
- Ich werde einen Fehler machen...

Gesundheit

Wenn man mit der 15-6 nicht im Gleichgewicht ist, kann man durch das ständige Gedankenkarussell im Kopf sehr anfällig für Stress und nicht geerdet sein. Auch ihre Energie kann sich sehr verzetteln, das kann ihre Vitalität beeinflussen und die Organe und den Adrenalin-Haushalt (Adrenalin ist ein Stresshormon) besonders belasten.

Wie bei vielen Menschen kann die Informationsflut und das schnelle Tempo des Lebens ein größeres Ungleichgewicht erzeugen. Das kann zu psychischen Problemen führen, z.B. zu Zwangsvorstellungen mit sich ständig wiederholenden Denkmustern und massiver Angst.

Die Energie der 15 steht im Zusammenhang mit dem Magen und dem Schlaf. Probleme mit dem Magen sind eine Manifestation der Tendenz, sich nicht klar zu sein, wie man mit Körperempfindungen umzugehen hat. Man traut sich nicht, nach dem eigenen Bauchgefühl zu handeln. Dieses interne Chaos kann sich als Magengeschwür, Sodbrennen und allgemein auf das Säure/Basen-Gleichgewicht auswirken.

Schlafprobleme können auch ein Thema sein. Häufig leiden die Menschen unter Schlafstörungen, aber ich habe auch schon einige mit der 15-6 gesehen (in den unterschiedlichen Positionen des Charts), die phasenweise erstaunlich viel Schlaf brauchen. Das kann ein dauerndes Problem sein, manchmal aber auch eine Phase, die vorbei war, wenn in gesundheitlichen oder anderen Bereichen des Lebens ein Durchbruch erzielt wurde.

Überwindung der Herausforderungen und Aktivierung der Talente und Ziele

Mit Hilfe eines Beraters oder Therapeuten kann der 15-6 mit ihrem Zaudern und ihrer Angst vor Risiken geholfen werden. Deshalb wird ein Coaching im Geschäfts- oder persönlichen Bereich helfen, ihre Probleme zu überwinden.

Ganzheitliche/spirituelle Beratung wird helfen, ihr inneres Selbst zu entdecken, tiefe Frustration ausdrücken und loslassen und anfangen, sich mit dem tieferen Sinn des Seins und der Ganzheit zu verbinden.

HEIL-AFFIRMATION

Lerne es auswendig und wiederhole es oft:

> Ich öffne mich den Wundern der Schöpfung. Ich öffne mich diesem inneren höchsten Licht. Die Tage des Zögerns sind vorbei. Ich bin frei, um vorwärts zu gehen.

Selbsthilfemethoden

Mit dieser *Herausforderung* neigen Menschen oft dazu, das innere Leben zu vermeiden. Deshalb ist der „innere Pfad" der Weg, der weiterführt. Diese Erforschung kann durch Therapie, Beratung und Meditation erreicht werden.

Manchmal empfehle ich den Menschen mit einer 15-6 auch ein Retreat, oft sogar mit Schweigen. Eine solche Umgebung kann ziemlich beängstigend erscheinen, wenn du das innere Leben bis jetzt vermieden hast. Es zwingt dich dazu, dir Zeit zu nehmen, ruhig zu werden und ein paar Tage mit deinem inneren Selbst zu verbringen.

Zen und Achtsamkeits-Meditationen helfen der zerstreuten Energie, die durch das Gedankenkarussell im Kopf entstanden war, „den Geist wieder einzuladen".

Mäßigung beim Essen und dafür zu sorgen, dass man die wichtigsten Nährstoffe aufnimmt, kann gegen die Zerstreutheit helfen, die durch körperliche Vernachlässigung entstanden ist.

(Psychische) Kunst Therapie* ist eine hervorragende Therapie, um die Verbindung mit der Kreativität der Seele zu erleichtern.

* Siehe Wörterverzeichnis, Seite 335.

Vorschläge für Bachblüten

Gefleckte Gauklerblume (Mimulus), um Ängste zu überwinden.
Knospe der Rosskastanie (Chestnut-Bud) hilft frei zu werden, um aus dem negativen Kreislauf herauszukommen.
Walnuss (Walnut) hilft, vorwärts zugehen und mit Veränderungen umzugehen.
Weiße Kastanie (White Chestnut), um das Gedankenkarussell im Kopf zu beruhigen.
Weiße Waldrebe (Clematis) als Konzentrationshilfe bei Zerstreutheit und zur Erdung.
Waldrespe (Wild Oat) hilft Entscheidungen zu treffen und welche Arbeit du tun möchtest.
Drüsentragendes Springkraut (Impatiens), um das Tempo wegzunehmen und innerlich ruhig zu werden.

ERINNERE DICH, DEINE TALENTE SIND DER DREHPUNKT ZWISCHEN DEN HERAUSFORDERUNGEN UND DEN ZIELEN. DIE VERWIRKLICHUNG DEINER WELTLICHEN UND SPIRITUELLEN FÄHIGKEITEN WIRD DIR HELFEN, DEINE HERAUSFORDERUNGEN ZU ÜBERWINDEN UND DEINE ZIELE ZU ERREICHEN!

Seelenbestimmung, Ziel und Transzendenz

Klassischerweise ist der äußere Kreis ruhig und der innere Kreis bewegt und erweitert sich spiralförmig. Das stellt das innere Verlangen dar durch eine weitere Bedeutung von Samekh, „die Leiter", die sich in der jüdischen Mystik auf die innere Reise bezieht.

Die innere Reise beginnt in der Welt der Trennung in unserem Leben in der Gesellschaft. Anders ausgedrückt und übereinstimmend mit Frank Alpers Interpretation des Symbols der 15, ist der innere Kreis der Kern, der in dieser Energie erkannt und akzeptiert werden muss: die Akzeptanz des inneren Selbst.

Letztlich ist das Innere und das Äußere ein und dasselbe und damit sind beide Ansichten richtig. Wenn die 15-6 in der Seelenbestimmung vorhanden ist, bedeutet dies den Zustand von Gelassenheit im Chaos des Lebens. Der beschäftigte Verstand strebt danach, Verantwortung und Funktionen im Leben wahrzunehmen und zu erreichen.

In der Seelenbestimmung bedeutet das, dass du eine Menge Chaos im Leben hattest, aber schließlich erkannt hast, dass es jenseits davon einen anderen Bereich gibt – für einige der Anfang, Zeuge des eigenen Bewusstseins zu werden.

Trotz aller Ablenkungen wird ein Zustand von innerer Harmonie und Gleichgewicht erreicht, der den Zugang zur Kreativität der Seele erlaubt. Es ist ein Zustand von Gleichgewicht und bewusster Wahrnehmung der Verbindung zwischen dem Ganzen und dem Mikrokosmos des Einzelnen.

In der transzendenten Erkenntnis wird das scheinbare Chaos als Spiegelung der Stille gesehen. Es ist die totale Akzeptanz des Göttlichen im Selbst. Es kann nicht weiter mit Worten beschrieben werden, aber um diese Erkenntnis zu verwirklichen, muss sich der Kreis schließen.

SEELENBOTSCHAFT

Nimm dir Zeit, dich zu entspannen und dann wiederhole drei Mal oder denke einfach darüber nach:

> Der endlose Kreislauf hat keinen Anfang und kein Ende. Die endlose Spirale, das Streben und Erneuern verbirgt die wesentliche Stille, die sie reflektiert.
>
> Das Göttliche ist in uns, aber es erscheint auch im Außen in der unermesslichen Weite von allem, was ist.
>
> Es gibt ein inneres und äußeres Universum. Es gibt alles und nichts. Wie oben so unten, alles ist im Mikrokosmos und im Makrokosmos enthalten.

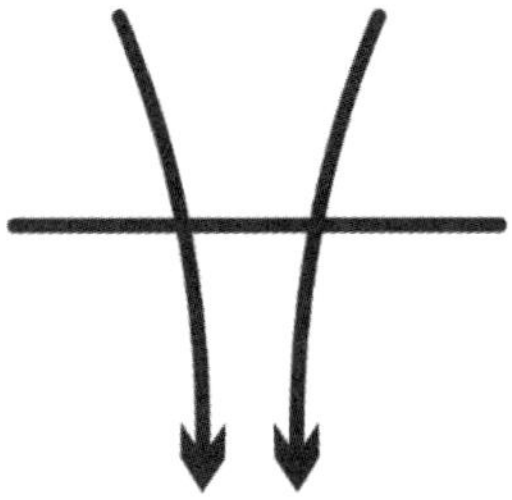

16 SPIRITUELLE ENERGIEN IN BEZUG ZUR ERDE

Eigenschaften

- Hebräischer Buchstabe: Eyin
- Einzelbuchstabe
- Planet/Sternbild: Steinbock
- Körperzuordnung: Leber
- Qualität: Wut/Ärger
- Energiezuteilung: irdisch, Unterricht und Kommunikation
- Tarotkarte: Der Turm

Bemerkung: Das ist eine Kombinationszahl und immer gepaart mit der 7 als 16-7.

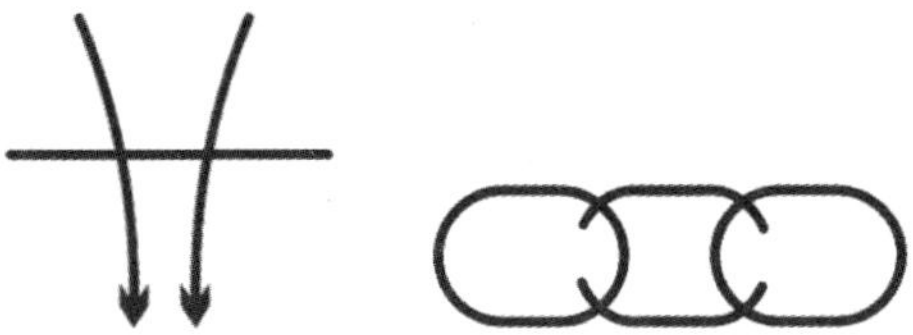

16 - 7

Siehe auch die 7 Integration. Seite 141.

Übersicht

Das sind Energien materieller Bedeutung im irdischen Leben. Wir sehen zwei Pfeile, die die spirituellen Energien symbolisieren, die in die irdische Existenz eindringen, die durch die horizontale Linie dargestellt wird. Die 16 ist mit der 7 gepaart, den Energien der Kommunikation, der Vernetzung und Anziehungskraft. Diese Kombination stellt sicher, dass spirituelle Energien in einer bodenständigen Art und Weise vermittelt werden können.

Die hebräische Bedeutung des 16. Buchstabens ist Eyin, „Auge". Das Auge bedeutet das Fenster der Seele und das innere Licht. Hier kann Licht im Zusammenhang mit „das Licht offenbaren" oder „Erwachen" interpretiert werden.

Das Licht, das diese Energie bringt, wird jene aufwecken, die noch schlafen. Ähnlich wie das Sonnenlicht die physische Schöpfung zum Erwachen und Wachsen bringt, zeigt sich auch das spirituelle Licht und bringt spirituelles Wachstum.

Das Thema Auge hat auch damit zu tun, wie wir andere und das Leben wahrnehmen. Siehst du das Glas halb voll oder halb leer? Du kannst dich bewusst für eine der beiden Einstellungen entscheiden.

Verkörperung der positiven Aspekte

Menschen, die sich im Ausdruck der 16-7 befinden, sind liebevoll, positiv, besonnen, zuverlässig, entschlossen und magnetisch. Sie wirken echt. Andere vertrauen ihnen, denn sie fühlen die Echtheit. Im Verhältnis zu Menschen und dem Leben besitzen sie die Gabe der Einsicht und Erkenntnis.

BODENSTÄNDIG

Liz führt ein Drogen- und Alkohol-Entziehungsprojekt. Als ich sie auf einer Konferenz traf, beeindruckte sie mich durch ihr bemerkenswertes Engagement, ihre Wärme, Fürsorglichkeit und Bodenständigkeit. Einige Jahre später sandte sie mir einen ehemaligen Klienten, der seine spirituelle Perspektive weiter ausbauen wollte. Er fasste die Qualitäten seiner Mentorin so zusammen: „Liz war immer auf gleicher Augenhöhe mit mir, nicht wie einige dieser Fürsorger, die sehr langsam mit dir reden und sich benehmen, als wären sie von einem anderen Sch...- Stern! Sie lebt in der Wirklichkeit."

Besonders in der irdischen Position haben sie latente oder offenkundige Führungsqualitäten, denn aufgrund ihrer authentischen, entschiedenen und sympathischen Ausstrahlung akzeptieren die Menschen sie sofort als Direktoren und Manager. Viele mit dieser Energie in den irdischen Talenten leiten Gruppen, Firmen oder sind an anderen Gemeinschaften mitbeteiligt. Sie besitzen auch ein tiefes Verständnis für Menschen und können in die Seelen anderer blicken. Sie sind ausgezeichnete Abgeordnete, die in der Regel mit Menschen im Alltag zusammenarbeiten und für sie wie ein Leuchtfeuer der Inspiration handeln. Sie ziehen andere durch ihren Magnetismus und ihr offenes Herz an.

LEBEN UND SEELE

Mike ist jetzt in Rente und wurde kürzlich Präsident seines Bridge-Clubs. Er organisiert auch das Gesellschaftskomitee. Bei Gelegenheit spielt er auch gerne aus dem Stegreif Laientheater. Auf jeder Party ist er der Mittelpunkt, wo auch immer er hinkommt. Sei es nun in seiner Arbeit, in einer der vielen Freiwilligen- oder Wohltätigkeitsorganisationen, immer ist er voll beteiligt und nimmt eine führende Position ein. Keiner beschwert sich, denn er delegiert mit Charme und Humor und sagt: „Ich nenne es einen guten Tag, wenn ich vielen (Menschen, die er trifft) zu einem Lächeln verholfen habe."

Wenn die Energie in den spirituellen Aspekten erscheint, kann der Schwerpunkt immer noch auf das tägliche Leben gerichtet sein, wie oben beschrieben. Wahrscheinlicher aber ist, dass sie Selbsthilfe- oder Heilungs-Gruppen gründen.

Wenn sie das tun und sich mit einem höheren Ziel verbinden, können sie spirituelle Energien channeln, auch wenn das nicht alle merken oder als Channeln erkennen. Die Energie fließt durch sie, wenn sie sich mit Menschen verbinden und unterschiedlichen Gruppen etwas Besonderes, man könnte sagen Spirituelles, mitzuteilen haben. In ihrer Essenz sind sie Übermittler für sehr hohe spirituelle Frequenzen, die das Licht bringen, um andere aufzuwecken.

Erfahrung der Herausforderungen

In der normalen Gematria für Eyin, das ist die 70, finden wir das Konzept des Geheimnisses und dessen, was nicht offenbart ist. In der Position dieser Energie, die nicht in Erscheinung tritt, finden wir ein Ungleichgewicht im „Verstecken" der spirituellen Identität. Das kann sich auch zu einer falschen Identität oder Fassade ausweiten. Sie sorgen sich übermäßig darüber, wie sie von anderen wahrgenommen werden oder welchen Eindruck sie hinterlassen. Sie wünschen, sich auf besondere Weise darzustellen und können deshalb eine Maske aufsetzen oder ein ganz falsches Bild von sich oder sogar eine ganze Anzahl (falscher) Persönlichkeiten erschaffen.

Deshalb sollten Menschen mit der 16-7 generell Ehrlichkeit und Offenheit lernen. Ein paar von ihnen haben möglicherweise die Angewohnheit, unverfroren zu lügen oder auch zu lügen durch Verschweigen.

Letztlich versuchen sie ihre Spiritualität zu verbergen. Die Hauptlektion ist hier, ihre angeborene Spiritualität zu akzeptieren. Sie neigen dazu, sich in Schwierigkeiten mit anderen zu verstricken. Dadurch können eine Menge Ärger, unangenehme Situationen und Meinungsverschiedenheiten entstehen.

Sehr oft bleiben Dinge unausgesprochen. Sie hegen Groll und Ärger in sich, die hochkommen, wenn sie unbewusst Dinge tun oder sagen, die andere reizen oder ärgern.

In diesem Zusammenhang haben sie natürlich auch im Alltag Schwierigkeiten. Bis das durchgearbeitet ist, mag es wie eine ständige Pechsträhne erscheinen. Diese Tendenz stammt von zwei möglichen Schwierigkeiten, die angesprochen werden müssen.

Die erste ist einfach eine Haltung, ob man das Glas halbleer anstatt halbvoll sieht. Dies ist eine negative und zynische Einstellung, mit der man ständig enttäuscht ist und sich ungerecht behandelt fühlt. Mit so einer Ausrichtung wird man wahrscheinlich mehr davon manifestieren. So ist es ein Gewinn, wenn diese Einstellung geändert wird.

Das andere Thema hat mit der Fähigkeit „empfangen" zu tun. Geben ist eine Sache und Empfangen eine andere. Sehr oft gibt es Blockaden auf der Seite des Empfangens. Im Grunde geht es darum, Liebe in vielen Formen anzunehmen.

Im spirituellen Aspekt der *Herausforderung* geht es hauptsächlich darum, die spirituelle Energie zu erden. Sie sträuben sich gegen das spirituelle Wachstum und kämpfen dagegen an, was anstrengend ist. Tief in ihnen ist das Wissen, dass Spiritualität dazu da ist, um sie zu teilen, auch wenn es bewusste oder unbewusste Widerstände und Schwierigkeiten gibt. Die Dinge „aus dem Boden holen" kann ziemlich wörtlich genommen werden, denn sie neigen dazu, sich in der materiellen Welt und deren Belangen zu verstricken.

Die *Herausforderung* ist, authentisch zu werden, das heißt, ihr wahres Selbst und ihre spirituelle Dimension anzuerkennen. Du bist Licht und deshalb lasse das Licht durch dich leuchten.

VERBORGENE VERBINDUNG

Bevor ich mein Kolleg gründete, organisierte ich manchmal Gruppen für persönliche und spirituelle Entwicklung für meine Klienten. In einer dieser Gruppen lehrte ich die Menschen, sich mit ihrer Intuition zu verbinden, um ihre Kreativität zu verbessern. In einer Übung waren wir zusammen mit Jared. Er hatte eine sehr ätherische elfenhafte Erscheinung und war zuerst sehr still.

Er meinte dann, dass dies nicht die Art der Dinge wäre, die er normalerweise tun würde. Dennoch spürte ich, dass er eine sehr starke spirituelle Verbindung hatte.

Die anderen Teilnehmer der Gruppe waren sehr freundlich und unterstützten ihn und langsam konnte sich auch Jared genügend entspannen, um bei einer Übung mitzumachen, in der sie zu zweit arbeiten sollten. Angesichts seiner Befangenheit war es sehr interessant, dass er sich schnell mit der Übung verbinden konnte.

Er demonstrierte spontan und unbewusst eines der eindrucksvollsten Beispiele von Verwandlung (Transfiguration[9]), die wir jemals gesehen hatten. Vorübergehend wechselte er seine Erscheinung und wurde buchstäblich zu einer alten Frau. Außerdem übermittelte er in diesem Zustand seinem Übungspartner tiefgründigen und aufschlussreichen Rat.

Jared arbeitete in der Verwaltung eines Werbeunternehmens. Er sagte mir, dass dort „absolut niemand" etwas über seine Interessen wusste. Unglaublicherweise hatte er es anfangs nicht einmal seiner Partnerin erzählt. Nach einigen Therapiestunden holte er das aber nach.

Dabei stellte sich heraus, dass Hypnosetherapeut genau das war, was er tun wollte. Zu jener Zeit war das aber nur ein Wunschtraum und noch weit außer Reichweite. Als er nah dran war, sein Ziel zu verwirklichen, verschwand er und schickte eine Nachricht, dass er sich entschieden hatte wieder auszusteigen, um weiterhin „mit einer Lüge zu leben", wie er es später nannte.

Nach mehr als einem Jahrzehnt kam er wieder zu einer Sitzung, in der wir seinen *Seelenplan* anschauten. Die *Herausforderung* seiner 16-7 bestätigte sich, wie auch viele andere spirituelle Fähigkeiten. Es war ganz klar, dass er erstaunliche Gaben besaß. In der Zwischenzeit hatte er sich erstaunlich weiterentwickelt. Heute ist er ein qualifizierter und zweifellos sehr begabter Hypnosetherapeut.

Viele Menschen mit der 16-7 haben eine leicht jenseitige Erscheinung. Andere beschreiben sich als ätherisch, hexenartig, außerirdisch, engelhaft etc. Im positiven Sinn sticht diese Eigenschaft der Erscheinungen hervor wie ein wunder Daumen, aber sie selbst verleugnen es.

Fußnote

9 Obwohl es eine religiöse Bedeutung und eine Nebenbedeutung hat, ist in diesem Fall die „Transfiguration" eine Art Medialität, mit der das Medium zeitweilig die Erscheinung eines anderen Wesens annimmt.

Mögliche einschränkende Glaubenssätze

- Ich muss mich anpassen...
- Ich bin ein Betrüger...
- Ich verdiene keine Liebe....
- Ich muss meine wahre Identität verbergen...
- Liebe ist verboten...
- Ich werde für meine Spiritualität und meinen Glauben verfolgt...
- Ich habe kein Glück, keinen Erfolg...

Gesundheit

Das zugeordnete Organ ist die Leber und deshalb ist es für die 16-7 manchmal ein Bereich der Stärke oder Schwäche. Eine sonst gesunde Leber kann auch durch ungelöste Wut und/oder Alkohol und bestimmte Nahrungsmittel negativ beeinflusst werden. Durch solche Einflüsse kann sie manchmal nicht mehr einwandfrei arbeiten. Auch können im Körper angesammelte Schadstoffe unerklärliche und unangenehme Gefühle auslösen. In ernsthafteren Fällen kann es zu schweren Leberstörungen wie Zirrhose führen, oft verursacht durch Alkoholmissbrauch. Auch ohne erkennbare Symptome habe ich bei den 16-7 festgestellt, dass sie manchmal eine leicht bleiche oder gelbliche Haut haben.

Der 16. Buchstabe Eyin, bedeutet „Auge". Interessanterweise sind die Augen in der chinesischen Medizin mit der Leber als wichtigstes inneres Organ verbunden. Bei einer Reihe der 16-7er in den Herausforderungen habe ich auch festgestellt, dass sie lichtempfindlich sind. Das kann auf ihren Widerstand hinweisen, ihr Licht im spirituellen Sinne hierherzubringen und zu teilen.

Wut/Ärger ist die zugeordnete Qualität dieser Energie, was sich auch in der ganzheitlichen Medizin wiederum auf die Leber bezieht. Für einige mit dieser Herausforderung kann Wut/Ärger ein Hauptthema sein, denn sie können zuweilen explosiv sein. Öfter noch schlucken sie jedoch ihren Ärger hinunter, was sich schädlich auf ihre Gesundheit auswirken kann.

Die Neigung, mit anderen in Konflikte, Meinungsverschiedenheiten oder unangenehme Situationen zu geraten, kann sich nachteilig auf den Körper auswirken. Es führt zu Stress und Angst und kann zu einer ganzen Reihe von Symptomen führen.

Sexualität und sexuelle Gesundheit können auch betroffen sein, wenn es schwer ist, Liebe anzunehmen. Das könnte sie manchmal dazu bringen, sich von eigenartigen Sexpraktiken anziehen zu lassen oder dazu führen, dass sie im Liebesakt einseitig sind.

Ich habe eine Anzahl von Klienten mit dieser Herausforderung, die in der Sexindustrie arbeiten, denen das Gefühl für romantische oder sogar bedingungslose Liebe abhandengekommen ist.

Überwindung der Herausforderungen und Aktivierung der Talente und Ziele

Beratung wird für diese *Herausforderung* sehr anstrengend werden, ist aber sehr lohnend, wenn es authentisch und ehrlich angegangen wird. Bevor sie in Gruppen arbeiten, ist es zunächst einfacher, einzeln mit ihnen zu arbeiten, um eine Vertrauensgrundlage zu schaffen. Wenn sie sich dann öffnen, ist das ein Zeichen wirklichen Fortschrittes. Körperzentrierte Psychotherapie* kann hier von großem therapeutischen Nutzen sein.

Manchmal kann sich bei der Arbeit mit einem Klienten mit der 16-7 in den Herausforderungen eine traumatische Geschichte zeigen, entweder real oder als inneres Bild, die sie dazu brachte, ihre Spiritualität auszublenden. Falls irgendwelche Erinnerungen an ein archetypisches oder vergangenes Leben, möglicherweise auch unbewusste Vorstellungen vorhanden sind, die stören, ist es enorm förderlich, wenn sie aufgelöst und geheilt werden.

Für Menschen, die in ihrem Wachstum blockiert sind, ist oft das Entfernen begrenzender Glaubenssätze wie „Ich werde für meine Spiritualität verfolgt" oder „dafür, dass ich ein Heiler war", ein wichtiger Abschnitt des Heilungsprozesses. Oft können solche Geschehen oder Geschichten in der Ahnenlinie weit zurückverfolgt werden. Ich habe mit vielen Menschen an derartigen Geschichten gearbeitet und erinnere mich an mindestens drei Personen schottischer Abstammung, die sich mit diesen Themen befassten. Alle hatten einen Verwandten oder Vorfahren, der wegen Hexerei angeklagt wurde. In diesen Fällen war es notwendig, die Ahnenlinie zu heilen in Verbindung mit einer Neuausrichtung der einschränkenden Glaubensmuster, die auf einer unbewussten Ebene vererbt worden waren.

Gegen Wut/Ärger und zwischenmenschliche Themen sind Psychologische Energietechniken*, emotionale Freiheitstechnik/EFT*, Tapas Akupressur Technik/ TAT*, hilfreich.

HEIL-AFFIRMATION

Lerne es auswendig und wiederhole es oft:

> Ich bin Liebe, ich gebe Liebe und ich nehme Liebe an, denn ich bin Geist und strahle das Licht meiner Seele aus.

Selbsthilfemethoden

Je nach Interesse wird hier empfohlen, Gruppen beizutreten. Je mehr du dich öffnest und dein wahres Inneres zeigst, umso leichter wird es.

Wenn du deine Spiritualität bis jetzt versteckt hast, wird es dir enorm helfen, dich zu öffnen. Wenn dir das anfangs Angst macht, brauchst du vielleicht Beratung oder Unterstützung.

Tantra, Herzöffnungs-Meditationsgruppen und Workshops wirken vielleicht zuerst abschreckend, sind aber eine ideale Grundlage, um die „Liebes-Schwingung" zu entdecken. Diese Arbeit steht auch als Einzelsitzung zur Verfügung. Es gibt viele Therapeuten, die darauf spezialisiert sind, Menschen zu helfen, die Blockade ihrer Fähigkeit aufzulösen, bedingungslose Liebe anzunehmen.

Das zugeordnete Organ der 16-7 ist die Leber und die Qualität ist Wut/Ärger. Hier ist Wut-Management angebracht und Wege, sich angemessen auszudrücken in Verbindung mit einer Therapie für unterschwelligen Groll und für Probleme in zwischenmenschlichen Beziehungen.

Es ist auch wichtig, dich um deine Leber zu kümmern, eine leberfreundliche Ernährung ist hier ratsam.

Der letzte und einfache Schlüssel ist, bestimmte Schritte zu machen, um dein wahres Selbst zu sein. Wenn du gerne in Gruppen arbeitest, kann es nützlich sein, Führungskurse zu besuchen oder Bücher zu lesen mit Anleitung zu einem authentischen Selbst. Inspirierend können auch Autobiographien von Menschen sein, die sich geöffnet haben und zeigen, dass diese Art mit dem Leben umzugehen sicher und lohnenswert ist.

*Siehe Wörterverzeichnis, Seite 335.

Vorschläge für Bachblüten

Stechpalme (Holly) hilft mit Wut/Ärger umzugehen.
Odermennig (Agrimony) hilft gegen das Verstecken hinter einer Fassade und zeigt dein wahres Selbst.
Herbstenzian (Gentian) hilft, mit Niederlagen umzugehen.
Walnuss (Walnut) schützt dich vor dem Einfluss negativer Erfahrungen.
Doldiger Milchstern (Star of Bethlehem) als Trost.
Gefleckte Gauklerblume (Mimulus) zur Überwindung bestimmter Ängste.
Zitterpappel (Aspen) zur Überwindung unbekannter Ängste.
Geißblatt (Honeysuckle) erlaubt dir, die Vergangenheit loszulassen.

ERINNERE DICH, DEINE TALENTE SIND DER DREHPUNKT ZWISCHEN DEN HERAUSFORDERUNGEN UND DEN ZIELEN. DIE VERWIRKLICHUNG DEINER WELTLICHEN UND SPIRITUELLEN FÄHIGKEITEN WIRD DIR HELFEN, DEINE HERAUSFORDERUNGEN ZU ÜBERWINDEN UND DEINE ZIELE ZU ERREICHEN!

Seelenbestimmung, Ziel und Transzendenz

Die Bestimmung ist, viele Menschen in deine Gruppen und Projekte anzuziehen. Was auch immer du tust, das andere anzieht, wird eine spirituelle und nährende Wirkung auf ihr Leben haben. Sie werden magnetisch von dir angezogen, wenn du lernst, dein Herz zu öffnen.

Dein Beitrag kann sein, Menschen Inspiration anzubieten, die sie über den alltäglichen Bereich der Illusion hinaushebt, die die Welt an Verlangen nach Besitz und unmittelbare Befriedigung bindet.

Das transzendente Potenzial dieser Energie liegt in der Vision bedingungsloser Liebe. Das ist die Energie, die dahinter liegt, jenseits davon und in ihr. Das ist es, was die Menschen wirklich in den Dingen suchen, die sie kaufen oder besitzen. Liebe, obwohl sie unbezahlbar ist, ist immer frei verfügbar. Alles andere zählt nicht.

SEELENBOTSCHAFT

Nimm dir Zeit, dich zu entspannen und dann wiederhole drei Mal oder denke einfach darüber nach:

> Du bist das Licht deiner Seele. Die Menschen öffnen dir ihr Herz und du öffnest ihre Augen. Die Augen sind die Quelle des Lichts. Das Licht ist die Quelle des „Ich bin"...

17 SPRACHE UND BETONUNG

Eigenschaften

- Hebräischer Buchstabe: Peh
- Doppelbuchstabe
- Planet/Sternbild: Merkur
- Körperzuordnung: linkes Ohr
- Richtung: Norden
- Polarität: Herrschaft/Sklaverei (Knechtschaft)
- Energiezuteilung: irdisch, Unterricht und Kommunikation
- Tarotkarte Der Stern

Bemerkung: Das ist eine Kombinationszahl und immer gepaart mit der 8 als 17-8.

Siehe auch Zahl **8 Erde, Emotionen und Gesellschaft**, Seite 151.

Übersicht

Das ist das Symbol der „Sprache und der Betonung" und gleicht einem Mund oder einer Sprechblase.

Der Buchstabe Peh bedeutet Mund (offen oder geschlossen) und symbolisiert das Sprechen. Durch das Sprechen öffnet sich der Mund, die Seele kommt zum Ausdruck und lehrt andere. Peh zeigt durch den geschlossenen Mund auch den Ausdruck von Erkenntnis.

So gibt es eine Zeit des Sprechens und eine Zeit des Schweigens. Manchmal ist es klug, wenig zu sagen oder anderen die Möglichkeit zu geben, zu sprechen.

Die höchste Form des Lehrens ist Stille. Es ist Übertragung von Wissen in der Stille, ohne Worte, die zu einem tieferen Verständnis des Seins führt. Das wurde von Ramana Maharshi, einem hinduistischen spirituellen Meister, in seinen Lehren veranschaulicht und erscheint oft ganz natürlich, wenn wir über Nicht-Dualität sprechen. Man erkennt, dass Worte nicht ausreichen, der Verstand wird ruhig und es gibt nichts zu sagen. Einfach sein, das ist alles, was ist.

Peh steht auch im Zusammenhang mit der nächsten großen Polarität von Herrschaft/Sklaverei. Auch wenn dies meistens subtil ist, pendeln die meisten Menschen zwischen diesen beiden Polaritäten von Herrschaft oder Sklaverei hin und her. Manchmal nehmen wir eher eine passive Rolle ein und manchmal sind wir dominierend. Das ist eine der Polaritäten des Lebens, auf die verschiedene hierarchische Strukturen in der Gesellschaft aufgebaut sind, ob als Teil einer Art Leistungsgesellschaft oder durch gewisse Klassenunterschiede. Andere Machtstrukturen können sich durch körperliche Gewalt, Einschüchterung, Bedrohung oder auch durch intellektuelle Überlegenheit und Redegewandtheit zeigen.

Manchmal sind die Extreme noch größer und Menschen spielen dramatische Rollen als Opfer oder Täter.

Verkörperung der positiven Aspekte

Viele Politiker haben die 17-8 als Talent. Es funktioniert deshalb so gut für sie, weil das auch das kraftvolle Element des Glaubens enthält. Ich habe beobachtet, dass Glauben und Vertrauen für Menschen eine wunderbare Kombination darstellt. Natürlich können diese Talente auch missbraucht werden und einige Politiker sind dafür ein gutes Beispiel.

Manche Menschen, die in Selbsthilfegruppen oder im spirituellen Bereich arbeiten, besitzen diese politikerähnlichen Talente ebenfalls. Stell dir einfach einige der US Motivationsredner vor und du bekommst eine Ahnung, wie diese Energien funktionieren.

Menschen, deren Ausdrucksform die 17-8 ist, haben einen unerschütterlichen Glauben und Vertrauen an sich selbst und ihre Wirkung. Sie besitzen eine angeborene Fähigkeit der Kommunikation, können Reden halten, unterhalten oder einfach nur Menschen in ihren Bann ziehen, durch das, was sie sagen. Ob es Politiker, Schauspieler oder einfach Freunde oder Arbeitskollegen sind, man fühlt immer, dass sie überzeugt sind von dem, was sie sagen.

Das gibt ihnen Seriosität und Autorität, die gewinnt und überzeugt. Trotzdem müssen sie auch in der Position der Talente darauf achten, Fanatismus oder Dogmatismus zu vermeiden.

EIN TALENTIERTER REDNER

> Simon macht Dokumentarfilme und ist Moderator. Ich sah ihn kurz wegen eines Beziehungsthemas, als er um die 20 war. Seither blieben wir sporadisch in Kontakt und ich verfolgte seine Karriere. Als ich ihn zum ersten Mal traf, rackerte er sich als Journalist ab. Als er bekannter wurde, kam sein Durchbruch und brachte ihn zum Fernsehen. Alle seine Dokumentationen waren faszinierend und anregend. Das ist die Macht der Medien, wie sie sein sollte: unterhaltsam, aber auch bewusstseinsfördernd. Simon gehört zu einer Reihe von Filmemachern, Journalisten, Schauspielern, Komödianten und Dokumentarfilmern, die ich getroffen habe, die die 17-8 voll zum Ausdruck bringen. Bei ihm befindet sich die Energie in der Position der spirituellen Talente.

Im spirituellen Bereich befassen sich viele mit der 17-8 mit Selbstheilung und Aufgaben des Dienens, denn Heilung ist eine weitere Bedeutung des 17. hebräischen Buchstabens Peh.

Heilung beginnt beim Selbst, doch auch wenn sie an ihren eigenen Themen weiterarbeiten, kommen sie an den Punkt, an dem sie sich wert fühlen, „Kanal" zu sein, um anderen zu helfen. Durch ihre Erfahrung haben sie Mitgefühl entwickelt als treibende Kraft.

Sprache und Worte können auf der individuellen Ebene wirklich enorm heilend sein. Man kann transformierenden Einfluss auf globaler Ebene haben, wenn man neue Gedanken und größere Weisheit in die Gesellschaft bringt. Die Art, wie Menschen denken, wird durch Sprache beeinflusst, z.B. durch bedeutungsvolle Lieder, Zeitungsartikel, Dokumentarfilme, Filme etc. Das alles hat einen starken Einfluss.

Erfahrung der Herausforderungen

Die Herausforderungen der 17-8 manifestieren sich normalerweise als verdrängte emotionale Blockaden und ein tief verwurzeltes Trauma. Man muss ein niedriges Selbstwertgefühl und eventuell auch die Neigung zu schlechten Leistungen überwinden. Oft gibt es auch eine ausgeprägte Blockade oder einen Mangel an Interesse für (emotionale) Kommunikation.

ÜBERWINDEN VON MISSBRAUCH

In mancher ihrer Beziehungen und Ehen wurde Sheila wie eine Sklavin behandelt. Mit jeder weiteren Beziehung wurde es noch schlimmer, bis zu dem Punkt, an dem ein Mann sie einsperrte. Das ist ein extremes Beispiel dieser Energien der Herausforderung, wie eine Ohrfeige mitten ins Gesicht, die sagen möchte, dass sich dringend etwas ändern muss. Doch lange Zeit war sie zu schwach dafür und jeder Partner, der sie missbrauchte, verließ sie, ohne dass sich etwas geändert hätte.

Als Therapeut weiß ich, wie schwierig es sein kann, eine Beziehung zu beenden oder die Partnerschaft zu verändern, wenn sie in einem solchen Muster gefangen sind. Endlich, nach mehrfachen Sitzungen, dämmerte ihr die Erkenntnis und sie entschloss sich, „nie mehr." Sie konnte endlich diesen Bann brechen.

Zum 17. Buchstaben Peh gehört die Polarität von Herrschaft/Sklaverei. Viele mit dieser *Herausforderung* erfahren Unterdrückung und Dominanz. Manchmal fängt es schon in der Kindheit an, in der sie an ihrem vollen Ausdruck gehindert wurden. Das Schlimme daran ist, dass ihnen dadurch das Bedürfnis fehlt sich mitzuteilen, denn ihr Ausdruck wird ständig durch Minderwertigkeitsthemen blockiert. Sie können sehr unbeteiligt, emotionslos und nicht geerdet wirken.

Verdrängte Emotionen, Gedanken und Gefühle werden in unserer Energie und im Körper festgehalten. Das kann zu ungesunden Lebensumständen führen, in denen sie sich sehr unwohl fühlen. Ein Beobachter kann spüren, dass sie stur ihre brodelnden Gefühle unterdrücken. Es mag auch aufsteigenden Ärger geben, der ab und zu explodieren kann, meistens sind sie aber eher unterschwellig aggressiv. Ein klassisches Beispiel dafür ist ein archetypisch unbeugsamer Charakter mit einem starren Lächeln und subtilen messerscharfen Bemerkungen.

In schwereren Fällen werden sie abhängig von Drogen (verschriebenen oder Party-Drogen), was sie noch weiter von ihrem Körper trennt. Dann werden sie zu „Sklaven" dieser Substanzen.

Im spirituellen Bereich können sie Minderwertigkeitsgefühle aus vergangener Unterdrückung und Blockaden im Ausdruck von ihrer Fähigkeit des Dienens, auf welchem Gebiet auch immer, zurückhalten. Wer diese Energie in der spirituellen *Herausforderung* hat, hat oft ein ausgeprägtes Problem mit seinem Selbstwert, das ihn abhält, sich seinem Ausdruck zu öffnen. Eine Anzahl von Menschen hören den inneren Ruf, diese Hürde zu überwinden, aber sie werden von Gedanken geplagt wie „Wie kann ich mir anmaßen, anderen zu helfen oder zu heilen, wenn ich selbst so viele Probleme habe?"

Wenn es jedoch sein soll, finden sie den Mut, sich ausbilden zu lassen und professionell zu arbeiten. Sie verstehen, dass jeder seine Herausforderungen hat und können ihre Lebensqualität verbessern. Mit anderen Worten, sie lassen endlich die einschränkende Überzeugung los, dass sie schlechter sind als andere Menschen. Sie erkennen auch, dass oft selbst die besten Therapeuten schlimme Probleme gehabt haben. Solche Erfahrungen helfen uns, Verständnis und Mitgefühl für andere zu bekommen. Sie lernen auch, dass Heilung nicht durch sie als Individuum geschieht, sondern dass sie nur ein Werkzeug für die Heilenergie sind.

Diese Energie steht auch in Bezug zum linken Ohr. So können sich mit dieser Zahl in der *Herausforderung* Hörprobleme entwickeln, weil sie dazu neigen, nichts über neue Wege des Seins hören zu wollen. Eine wirkliche Gefahr ist, dass sie sehr dogmatisch in Bezug auf bestimmte Methoden, Philosophien oder auch politische Richtungen werden können. Dieses Verhalten wirkt auf andere sehr beengend und einschränkend.

Mögliche einschränkende Glaubenssätze

- Ich muss mich anderen unterwerfen...
- Ich bin Sklave...
- Ich bin nicht so gut wie die anderen...
- Ich bin viel verkorkster als andere...
- Ich bin nutzlos...
- Ich habe zu viele Probleme, um wertvoll zu sein...
- Ich bin wertlos...

Gesundheit

Menschen mit der 17-8 in den Herausforderungen sind oft traumatisiert, realitätsfremd und abgehoben. Eine Art Körperpanzer (siehe Wilhelm Reich*) zeigt, dass Haltung und Ausdruck starr und unflexibel sind. Diese Haltung kann den vollen Energiefluss verhindern. Es entsteht eine Stagnation der Energie, die einen Domino-Effekt auf ihre Gesundheit hat oder sich als Schwächung der gesamten Energie zeigen kann.
Es kommt vor, dass unterdrückte Wut und andere unbewusste negative Gefühle ihre Emotionen vergiften. In schweren Fällen kann die Neigung, ein Trauma nicht loslassen zu können, körperliche Folgen haben, weil man mit diesem buchstäblichen Festhalten von Giftstoffen den Körper in ein Ungleichgewicht bringt, z.B. durch eine Infektion wie Candida oder Vergiftungserscheinungen wie durch Quecksilber.

Das Trauma und die Hemmung können auch eine sexuelle Ursache haben oder eine sexuelle Auswirkung. Daher sind Blockaden in der Sexualität, z.B. Frigidität, keine Seltenheit.

Wir müssen uns daran erinnern, dass die 17-8er oft die Polarität der Herausforderung der Herrschaft/Sklaverei erfahren. In schweren Fällen kann es sich dabei um eine Form von Gewalt oder Missbrauch der Gesundheit und ihren körperlichen Folgen handeln. Unterdrücken des Ausdrucks kann Halsbeschwerden, Ausdrucks- und Sprachstörungen wie Stottern verursachen.

Das zugeordnete Organ ist das linke Ohr, deshalb kann es Hörprobleme geben, die durch die Weigerung entstehen können, sich neuen Ideen zu öffnen. Sie stecken in der Vergangenheit fest, was von der unterdrückenden Kraft ausgeht, die sie versklavt hat.

Überwindung der Herausforderungen und Aktivierung der Talente und Ziele

Für die Herausforderung der 17-8 sind oft unterschiedliche Therapien notwendig, um die Unterdrückung zu überwinden, die sich in ihrem Bewusstsein festgesetzt hat. Emotionale Freiheitstechnik (EFT)* kann ein sanfter Weg sein, um mit Selbstwert-Themen, Wut und anderen unterdrückten Emotionen und Traumata umzugehen. Aus diesem Grund sind oft Selbstbehauptungstraining und Wut-Management zu empfehlen. Hypnosetherapie kann sehr hilfreich sein, um durch sanfte Ermutigung und Coaching deine Stimme zu entdecken, obwohl oft das Risiko einer negativen oder positiven Übertragung durch den starken unbewussten Einfluss der Emotionen besteht. So muss der Therapeut sehr wachsam sein, um angemessen darauf zu reagieren.

Sie können drogenabhängig werden von verschriebenen (Psychopharmaka) oder Freizeit-Drogen oder sich auch in weniger giftige Mittel flüchten, die sie noch weiter von ihrem Körper trennen. Dadurch werden sie zu Sklaven der Substanzen oder sonstigen Suchtmittel. Auch wenn es nur wenige der 17-8 betrifft, ist der Umgang mit Drogen besonders schwierig und braucht oft Spezialisten für Drogen- und Sucht-Beratung.

Einige der effektivsten Therapierichtungen für diese Herausforderung sind körperzentrierte Therapie* und Psychotherapie. Einige dieser Methoden enthalten auch körperliche Berührung und Massage, um sie mit den unterdrückten Emotionen zu verbinden und ihnen zu helfen, die „Körperpanzerung", wie Wilhelm Reich* es bezeichnet, loszulassen, die sie viele Jahre geschützt hat.

HEIL-AFFIRMATION

Lerne es auswendig und wiederhole es oft:

Jetzt bin ich frei, um der Welt meine Botschaft zu verkünden.

Selbsthilfemethoden

Der Schlüssel für Menschen mit dieser *Herausforderung* ist, Wege zu finden, um sich am Leben zu beteiligen und über tiefe Gefühle zu sprechen. Schauspielkurse für Anfänger, Gesangsgruppen oder sogar ein Kurs für öffentliches Reden können hier helfen.

Eine behutsamere Weise, sich an Kommunikation zu gewöhnen, kann Blog-Schreiben oder die Veröffentlichung anderer Botschaften sein. Wenn du gemobbt oder unterdrückt worden bist, möchtest du vielleicht für ernstere Fragen oder Missbrauch ein Selbstbehauptungstraining und/oder eine Therapie in Betracht ziehen.

Gruppen für Körpergefühl durch Tanz oder Bewegung können ebenso helfen wie spontane Bewegung*, Übungen wie Qi Gong* oder Oshos dynamische Meditation. Hier sei gesagt, dass einige dieser Arten am wirksamsten sind, wenn sie nur über einen bestimmten Zeitraum ausgeübt werden. Denn wenn sie über Jahre hinweg praktiziert werden, können einige Menschen danach süchtig werden und bleiben auf dieser Ebene stecken.

*Siehe Wörterverzeichnis, Seite 335.

Vorschläge für Bachblüten

Tausendgüldenkraut (Centaury) hilft, dass du „nein" sagen kannst, keinen schwachen Willen hast und nicht nach den Befehlen anderer lebst oder ihr Sklave bist.
Doldiger Milchstern (Star of Bethlehem) für Trost im Umgang mit Kindheitstraumata.
Notfalltropfen (Rescue Remedy) zur Unterstützung im Umgang mit unterdrückten emotionalen Schwierigkeiten aus der Vergangenheit.
Lärche(Larch) für die Fähigkeit, zu sprechen und um dein Selbstvertrauen zu finden.
Stechpalme (Holly) hilft mit Wut/Ärger umzugehen.

ERINNERE DICH, DEINE TALENTE SIND DER DREHPUNKT ZWISCHEN DEN HERAUSFORDERUNGEN UND DEN ZIELEN. DIE VERWIRKLICHUNG DEINER WELTLICHEN UND SPIRITUELLEN FÄHIGKEITEN WIRD DIR HELFEN, DEINE HERAUSFORDERUNGEN ZU ÜBERWINDEN UND DEINE ZIELE ZU ERREICHEN!

Seelenbestimmung, Ziel und Transzendenz

Die Verwirklichung dieser Energien bedeutet, die gesamten Energien deines Charts in deiner Rolle als Botschafter höherer Weisheit auszudrücken. Du wirst in der Lage sein, auf inspirierte Weise zu kommunizieren und die Herrschaft über die Art der Medien haben, die sich für deine Botschaft am besten eignen. Wahrscheinlich werden eine oder eine Reihe von Einweihungen in verschiedener Form kommen, die dich aufwecken und dich bewusst mit dem Pfad deines Dienstes verbinden.

Im transzendenten Verständnis gibt es nichts, was gesagt werden kann und angemessen die Art beschreibt von dem WAS IST. Durch Schweigen wird diese Botschaft am genauesten vermittelt...

SEELENBOTSCHAFT

Nimm dir Zeit, dich zu entspannen und dann wiederhole drei Mal oder denke einfach darüber nach:

> Aus der Stille kommt eine Stimme. Die Worte, die sich bilden, haben keinen irdischen Autor – eine Botschaft, die die Stille ihrer Quelle widerspiegelt.
>
> Das ist göttliche Heilung, das ist die Liebe, die uns von allen Fesseln befreit. Drücke diese Liebe in Sprache und Schweigen aus.

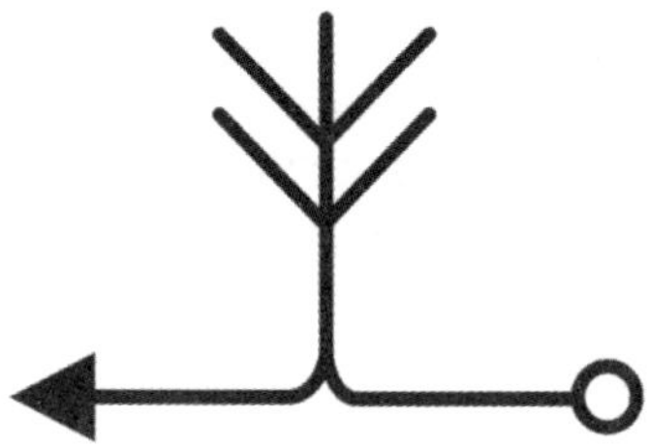

18 ABSCHLUSS UND LÖSUNG

Eigenschaften

- Hebräischer Buchstabe: Tzadi
- Einzelbuchstabe
- Planet/Sternbild: Wassermann
- Körperzuordnung: Speiseröhre/Magen
- Qualität: Schlucken
- Energiezuteilung: spirituell
- Tarotkarte: Der Mond

Bemerkung: Die 18 ist eine Kombinationszahl und immer gepaart mit der 9 als 18-9.

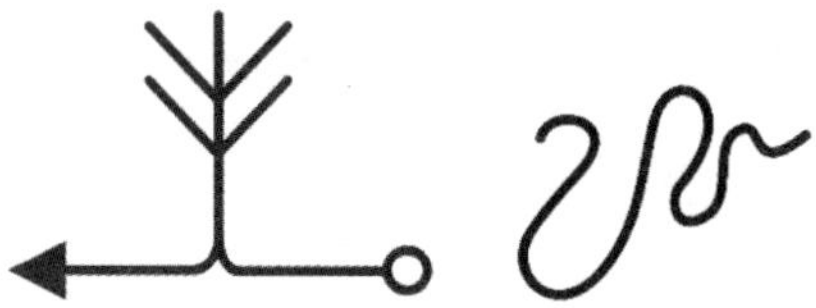

18 - 9

Siehe auch Zahl **9 Kraft und Schutz** Seite 161.

Übersicht

In diesem Symbol sehen wir eine kleine Figur, die eine Person mit Ästen darstellt. Sie symbolisiert den Einfluss vergangener Leben. Auf der Waagrechten sehen wir zwei Richtungen, die auf eine Wahl hinweisen. Wollen wir in der materiellen Welt, dem Kreis, bleiben oder eins mit dem Geist werden, symbolisiert vom Pfeil, und dem göttlichen Fluss folgen? Die 18 ist eine Meisterzahl und hat verstärkte Schwingungskraft. Außerdem wird sie von der 9 unterstützt, den Energien der Kraft und des Schutzes.

In dieser Kombination geben sie großes Selbstvertrauen und den Mut, eine Entscheidung durchzuziehen. Das sind Energien der Endgültigkeit und Lösung, die mit dem Wassermannzeitalter verbunden sind. Deshalb sind sie in dieser Zeit für alle wichtig. Diese Energien zeigen auch das Leben mit seinen scheinbaren Wahlmöglichkeiten.

In Wirklichkeit gibt es keine Wahl, doch macht die Persönlichkeit die Erfahrung eines scheinbar freien Willens. Wenn wir Widerstand leisten und versuchen, unseren Lebensplan zu kontrollieren oder gegen ihn anzukämpfen, erleben wir Leid, die Last der Verantwortung und Unentschlossenheit. Der Versuch, das Leben zu kontrollieren, wirkt sich oft so aus, wie gegen das Leben anzugehen.

Der Buchstabe Tzadi bezieht sich auf das Leben und die Lebenskraft, die sowohl aufbauend wie auch zerstörend sein kann. Das Leben findet ohnehin statt und wenn wir wirklich mit dem Leben fließen, werden wir zum Leben oder werden eins mit dem Tao, wie Taoisten sagen würden. Eine weitere Bedeutung von Tzadi ist „Suchen" oder „Erforschen". Davon leiten wir den zielorientierten Aspekt dieser Energie ab, der auf den Wunsch hindeutet, zu wachsen und sich zu entwickeln.

Tzadi kann sich auch auf göttliche Gerechtigkeit beziehen. Das Göttliche umfasst alle Dinge und aus dieser einheitlichen Sicht gibt es keinen Begriff wie Vorwurf, Schuld oder Unrecht. Es gibt nur Reinheit und Liebe.

Verkörperung der positiven Aspekte

Die 18-9 bedeutet, dass jemand spirituell hoch entwickelt ist. Er hat ein Gespür dafür, im Einklang mit seiner Seele oder mit dem Göttlichen zu handeln. Diese Einheit mit der Seele kommt aus der Fähigkeit, den größeren Sinn und Zweck zu sehen und die bewusste Persönlichkeit oder das Ego beiseite zu stellen. Man kann schwierige Entscheidungen treffen und sie durchziehen.

In irdischen Berufen sind sie Projektmanager, gut in Geschäften, suchen immer neue Herausforderungen und sind futuristische Denker. Sie können alles Erforderliche aufbringen und wissen in jeder Lage, was zu tun ist und was es braucht, damit Dinge funktionieren. Sie können Menschen organisieren oder setzen eine ganze Reihe von Dingen in die Tat um. Sehr oft sind sie auch Dienstseelen und so werden sie jede Gelegenheit ergreifen, zu lehren und ihr Wissen überall zu verbreiten.

Tzadi ist mit der Speiseröhre verbunden und die Qualität ist das Schlucken. Das weist darauf hin, dass sie eine Menge Erfahrungen „geschluckt" haben.
Auch wenn diese Reise für einige hart sein mag, erreichen sie schließlich den Punkt, ihr Kehl-Chakra zu öffnen.

Dies wird dann zu einem weiteren Bereich der Stärke, weil sie keine Angst haben, ihre Wahrheit auszusprechen, denn hinter ihren Worten steckt Kraft.

Um diesen Energien Ausdruck zu verleihen, gehen sie wahrscheinlich auch durch den Prozess, ihre Energien zu verfeinern. Sie werden unrealistische oder ablenkende Energien ablehnen. Wenn diese Phase abgeschlossen ist, sind sie sehr starke Persönlichkeiten, die das größere Ganze verstehen, den Überblick haben und dieser Haltung folgen.

DER SINN FÜR DEN ZWECK

Helena ist Motivations-Trainerin und Organisatorin für Konferenzen und lebt wirklich ihre Talente der 18-9. Sie hat das Thema „Dinge zu verschleppen und zu verschieben" erfolgreich überwunden. Diese Eigenschaft stammte aus der Zeit, als sie versuchte, ihre Eltern zufrieden zu stimmen, die für sie einen konventionellen Beruf wollten. Nun hat sie ihre Berufung gefunden, bereist viele Länder, organisiert Workshops, vermittelt und koordiniert Redner und Veranstaltungen und ist in der Verwaltung tätig. Sie führt ein strenges Regiment, aber ihre Pläne gelingen scheinbar immer. Diese Arbeit braucht unglaubliche Konzentration und Energie. Sie ist immer eifrig dabei, ihr Wissen zu teilen, obwohl sie sich auch entspannen kann.

Mark ist ein Architekt aus Neuseeland, er hat die Energien der 18-9 in der Position der irdischen Ziele. Die Standorte seiner Firma sind in den USA und England, aber in letzter Zeit verbrachte er die meiste Zeit im mittleren Osten. Dort hilft er mit Design und Projektmanagement beim Bau eines luxuriösen Wellness-Hotels. Seine Arbeit wird sehr gut bezahlt. Es ist ihm aber auch wichtig, weniger wohlhabenden Kunden zu helfen. Deshalb ist er ehrenamtlich an einem Umweltprojekt beteiligt, das ein Gemeindezentrum baut. Dort hat er die Bauaufsicht und koordiniert wichtige Entscheidungen über Telefon und Internet. Dieses Projekt befriedigt ihn sehr.

Wie diese beiden Beispiele zeigen, sind die meisten Menschen mit dieser Energie sehr weit gereist, haben manchmal auch einen Teil ihres Lebens im Ausland gelebt oder sind zumindest oft umgezogen. Das kommt teilweise daher, weil sie alte Seelenverbindungen zu Menschen und Orten haben.

Auch kann der bewusste oder unbewusste Wunsch vorhanden sein, sich mit alten Informationen zu verbinden, die an einigen Orten zu finden sind. Dieser Wunsch kann auch dafür verantwortlich sein, dass sie so viel reisen, besonders wenn sie ihrer spirituellen Neigung folgen, sich selbst zu entdecken.

Schließlich bedeutet die 18-9 Endgültigkeit und das Ende des Weges zu erreichen. Sehr oft ist dieses Wissen in einer alten Seele, die jetzt herausfindet, wer sie wirklich ist. Sie sucht Möglichkeiten und findet Umstände, in denen sie lehren oder einfach nur ihr Wissen teilen kann.

Erfahrung der Herausforderungen

Menschen, die die Herausforderungen der 18-9 erfahren, können sehr unentschlossen sein. Sie werden jedoch ständig mit Entscheidungen konfrontiert, die sich meistens um bestimmte grundsätzliche Themen drehen, wegen derer sie teilweise hier sind, um sie aufzulösen. Diese Unentschlossenheit stammt teils aus einem tiefen Gefühl der Unwürdigkeit, verbunden mit der Angst, einen „schrecklichen" Fehler zu machen.

In der spirituellen Herausforderung kann sich diese Unwürdigkeit bis in den Bereich hineinziehen, sich nicht wert zu fühlen, „im Licht des Göttlichen zu stehen", was auch immer das für Menschen bedeuten mag. In extremen Fällen kann das Gefühl von Scham oder Schuld für vergangene Fehler so stark sein, dass sie sich für schlecht oder böse halten. Obwohl das nicht oft der Fall ist, habe ich ein paar Menschen wie Jesse getroffen (nächste Beschreibung), die schwarz angezogen waren, so als würden sie Trauer tragen und mit gesenktem Kopf daherkamen. Es war schwierig, Augenkontakt mit ihnen zu bekommen. Sehr oft fühlen sie sich schuldig und opfern sich auf bei ihrem Versuch, Buße zu tun.

Ein tiefes Gefühl der Scham oder Schuld kann auch aus dem Unbewussten stammen. Wenn diesem Thema in einer Therapiesitzung näher auf den Grund gegangen wird, tauchen oft vergangene Geschichten von Verrat und Betrug auf. Ganz gleich, ob die Geschichten real sind oder eine Vorstellung, werden die 18-9er oft von Schuldgefühlen geplagt, die mit ihrer Kindheit oder sogar mit einem vergangenen Leben zu tun haben. Das Thema dreht sich oft darum „ihre Wahrheit auszusprechen" und so sind Schwierigkeiten oder Widerstände ein weiteres verbreitetes Thema in dieser Herausforderung. Da einige mit diesen Erfahrungen sehr traumatisiert sind, kann es vorkommen, dass Teile einer Person wie abgeschnitten sind. In meiner Beratungsarbeit nennt man das auch „tote Teile"*.

UNENTSCHLOSSENHEIT UND LÖSUNG

> Jesse kam mit gesenktem Kopf zu einer Sitzung und vermied Augenkontakt. Ihre Stimme war sehr leise und kaum hörbar. Vor jedem ihrer Sätze schluckte sie erst einmal. Sie bereute vieles in ihrem Leben und vermied Verantwortung aus Angst, alles zu „vermasseln". Bald fand ich heraus, dass sie die Angewohnheit hatte, jeden um Rat zu fragen und regelmäßig Psychotherapeuten, Ärzte, Hellseher oder andere aufsuchte, die ihr raten konnten. Sehr viel Vergebungsarbeit*, hauptsächlich für sie selbst, halfen ihr, Selbstwert und Vertrauen aufzubauen und allmählich wieder Verantwortung für ihr Leben zu übernehmen.

Es kann auch viel Verwirrung geben, weil sie nicht verstehen, wer sie wirklich sind, da es scheinbar so viele Einflüsse in diesem Leben gibt. Das wiederum kann zu Unentschlossenheit führen und zur Tendenz, Rat bei anderen zu suchen.

Viele interessieren sich übermäßig für Orakel wie I Ging, Runen, Tarot oder Pendel. Natürlich kann so eine Methode ein hilfreiches Werkzeug sein. Wenn man sie aber für jede kleinste Entscheidung benutzt wie „Was esse ich zum Frühstück, was soll ich anziehen, soll ich an diesem Tag ausgehen und wenn ja, wann ist die beste Zeit dazu, in welche Richtung soll ich gehen...?", wird sie kontraproduktiv.

Das sind alles Beispiele für die Neigung, die eigene Macht an Menschen oder Kräfte abzugeben, die außen sind und die sie für großartiger halten als sich selbst. In diesem Prozess gibt es oft Gelübde, die bewusst oder unbewusst gemacht wurden, was sie noch mehr einschränkt.

Schließlich kann „Dinge hinauszuschieben" ein weiteres Thema sein, weil sie oft nicht in der Lage sind, ihre Projekte abzuschließen. Manchmal geschieht das durch zu langes Nachforschen, weil sie sich selbst nicht vertrauen und das hat wiederum mit Unwertgefühlen zu tun, also es nicht wert zu sein, Erfolg zu haben.

Zusammenfassend ist bei dieser *Herausforderung* die Lernaufgabe: der Vergangenheit und sich selbst zu vergeben. Das bringt mit sich, dass sie ihren Stolz „schlucken" müssen.

Mögliche einschränkende Glaubensmuster

- Ich habe keine Kraft....
- Ich kann mir nicht vertrauen...
- Die anderen haben die Antworten....
- Ich bin schlecht ...
- Ich bin nichts wert...
- Ein Teil von mir ist tot...

Gesundheit

Oft kommt es vor, dass die 18-9 einen Schmerz oder einen Zustand aufweist, den man nicht diagnostizieren kann und der nur durch energetische Behandlung in Ordnung gebracht werden kann. Sehr oft gibt es ein Problem beim Schlucken, mit der Kehle oder auch mit dem Ausdruck, das sich als Geschichte aus einem vergangenen Leben oder als inneres Bild zeigt. Das hat oft mit den unangenehmen Folgen zu tun, wenn etwas gesagt oder manchmal auch nicht gesagt wurde. Das ganze Thema wird dann in diesem Leben zu einem riesigen Problem.

In extremen Fällen der spirituellen Herausforderungen haben sie eine Abneigung gegen das Sonnenlicht oder gegen Licht überhaupt. Der psychologische Grund davon ist ein tiefes Unwertgefühl, also es nicht wert zu sein, im Licht zu stehen. Scham kann selbstzerstörerisch wirken und zu einem nachlässigen und selbstzerstörerischen Verhalten führen.

Tzadi, der 18. Buchstabe, steht auch im Zusammenhang mit Leben und der Lebenskraft. In der jüdischen Tradition werden oft 18 Geschenke gegeben oder ein Vielfaches von 18. So ist es vielleicht kein Zufall, dass manche mit dieser Zahl in der Herausforderung ihr Leben nicht vollständig leben oder ihre ganze Lebenskraft ins Leben einbringen. Sie erscheinen irgendwie nicht ganz da zu sein wie ein Motor, der nicht auf allen Töpfen läuft.

Das zugeordnete Organ ist die Speiseröhre[10] oder die Schluckfunktion des Magens. Kehl-, Schluck- und Verdauungsbeschwerden sind häufigstes Symptom aus diesem Bereich.

Überwindung der Herausforderungen und Aktivierung der Talente und Ziele

Vor allem gilt für all jene, die diese *Herausforderungen* durcharbeiten, dass sie am meisten gewinnen, wenn sie der Vergangenheit und sich selbst verzeihen. Für Vergebungsarbeit* gibt es viele Übungen, die helfen können.

Auch wenn ich bei den meisten Klienten Rückführungen in vergangene Leben als nicht notwendig erachte, habe ich doch herausgefunden, dass in solch einer Sitzung oft der Schlüssel zu ihrem Problem gefunden werden kann, ganz gleich, ob das als Sinnbild, archetypische Geschichte oder ein wirkliches vergangenes Leben gesehen wird. Oft erfahren sie unbestimmte Symptome, Blockaden oder Schmerzen, die sehr gut auf diese Methode ansprechen und geklärt werden können. Eine Rückführung enthüllt oft entweder eine Geschichte mit Verrat oder negativen Folgen, z.B. dass sie in „vergangenen Leben" dafür bestraft wurden, weil sie etwas ausgesprochen haben.

Infolgedessen kann ein einschränkender Glaube entstehen nach dem Motto: „Wenn ich meine Wahrheit ausspreche oder mich beschwere, geschieht etwas Schlimmes." Solche Denkweisen können durch einen spirituellen ganzheitlichen Berater oder ausgebildeten Therapeuten entfernt oder geändert werden. Zusätzlich können Rückführungen oder therapeutische Diagnosen unbewusste Gelübde entdecken und es ist sehr heilsam, wenn sie entfernt oder gebrochen werden.

HEIL-AFFIRMATION

Lerne es auswendig und wiederhole es oft:

> Ich öffne meine spirituelle Sicht den Wundern und der vielfältigen Natur der Schöpfung. Ich erkenne die heilige Essenz des Einen und von Allem. Ich sehe das Licht.

Selbsthilfemethoden

Mit der Herausforderung der 18-9 gilt es zu lernen, dass die sogenannten Fehler der Vergangenheit nicht die Gegenwart prägen müssen. In Wirklichkeit gibt es keine Fehler, denn die Vergangenheit ist nicht jetzt, sie ist nur eine Vorstellung.

Fußnote, Seite 256

10 In der Interpretation von Aryeh Kaplan, der Gra Version des Sefer Yetzirah, ist das Organ, das dem Buchstaben Tzadi zugeordnet ist, das „Korkeban". Aryeh Kaplan gibt an, dass im Zohar das als der 'Magen' interpretiert wird, was die beliebteste Interpretation der modernen Kabbalisten ist, aber es erscheint auch als Darm und Muskelmagen bei Geflügel. Frank Alper, dessen Zuordnungen sich auf die Gra Version ausrichten, nannte hier die Speiseröhre, die ich beibehalten habe, da Magen und Darm bereits zu anderen Energien gehören. Auch ist sie eindeutig Teil des Nahrungsaufnahmeprozesses und wie ich bei Klienten gesehen habe, betrifft es tatsächlich den Prozess und die Eigenschaft des Schluckens. Das kann am klarsten an Symptomen gesehen werden, wenn die Energien nicht im Gleichgewicht sind.

Im linearen Sinn von Vergangenheit, Gegenwart und Zukunft führt ein Fehler, aus dem gelernt wurde, dazu, Weisheit zu entwickeln und Erfolg in der Zukunft. Fehler aus der Vergangenheit, im „Licht" der Gegenwart gesehen, sind nur Lernmöglichkeiten. Aus vergangenen Fehlern kannst du Weisheit erlangen und bist besser für die Zukunft gerüstet.

Wenn die Situation wegen einiger Fehler mit ernsthaften Folgen schlimm aussieht, bedeutet das, dass du etwas loslassen musst. Das kann ein Freund sein, ein Zustand, finanzielle Mittel oder sogar eine Beziehung, körperliche Freiheit oder Gemeinschaft. Natürlich ist das eine harte Lektion, aber letztlich bringt sie spirituelles Wachstum, Abstand, Mitgefühl und Weisheit.

Raumreinigung kann symbolisch helfen, die Vergangenheit loszulassen und hilft, die Idee zu verinnerlichen, dass es nur das Jetzt gibt.

Meditation und spirituelle Praxis wie zum Beispiel bei Ramana Maharshi mit der Frage „Wer bin ich" kann helfen, das tiefere Selbst zu offenbaren. Es kann auch hilfreich sein, mit einem spirituellen Lehrer oder Berater zu arbeiten, aber es ist wichtig, dass sich keine Guru-ähnliche Beziehung daraus ergibt. Es ist nicht ratsam einen Guru-Status auf jemanden anderen zu projizieren, weil das wieder das eigene begrenzte Selbstbild eines Opfers verstärkt. Um die eigene Macht und Selbstbeherrschung zurückgewinnen zu können, sind Selbstbehauptungstrainings hilfreich.

Letztlich wirst du deine eigene Meisterschaft erreichen müssen. Du brauchst nicht die Antworten bei anderen zu suchen; daher lernen die 18-9er, zu bestimmen, wer sie sind und erkennen ihre eigene Macht an.

*Siehe Wörterverzeichnis, Seite 335.

Vorschläge für Bachblüten

Schottische Kiefer (Pine), um Schuld zu löschen und sich selbst nicht aufzuopfern.
Wasser aus heilkräftigen Quellen (Rock Water) gegen Selbstaufopferung und um dir gegenüber mitfühlend zu sein.
Bleiwurz oder Hornkraut (Cerato), damit du deiner Meinung traust, statt Rat bei anderen zu suchen.
Einjähriger Knäuel (Scleranthus) für Entschlossenheit und um Dinge zu beenden, die du begonnen hast.
Gefleckte Gauklerblume (Mimulus), um bekannte Ängste zu überwinden.
Zitterpappel (Aspen), um unbekannte Ängste zu überwinden.
Geißblatt (Honeysuckle), um die Vergangenheit loszulassen.

ERINNERE DICH, DEINE TALENTE SIND DER DREHPUNKT ZWISCHEN DEN HERAUSFORDERUNGEN UND DEN ZIELEN. DIE VERWIRKLICHUNG DEINER WELTLICHEN UND SPIRITUELLEN FÄHIGKEITEN WIRD DIR HELFEN, DEINE HERAUSFORDERUNGEN ZU ÜBERWINDEN UND DEINE ZIELE ZU ERREICHEN!

Seelenbestimmung, Ziel und Transzendenz

Wenn du die Energie der 18-9 voll verkörperst, wirst du deine Dienst- und Lehrfähigkeiten erfolgreich koordinieren. Du kannst viel reisen, um die Verbindung mit Menschen und Orten zu erneuern, um alte Informationen von Orten zu bekommen oder zu channeln. Du wirst viele Einflüsse vergangener Talente und Wissen aus vergangenen Leben zu einem Ganzen zusammenbringen. Du wirst deine Identität im Ganzen gefunden haben und von einer höheren seelischen Ebene aus sprechen. Du bist hier, um zu erkennen, wer du auf einer tieferen Ebene bist und dich für den Weg des Lehrens und Dienens zu entscheiden.

Auf einer tieferen und transzendenten Ebene wirst du eingeladen, zu erkennen, dass es keine Fehler gibt, keine Vergangenheit und niemand jemals einen Fehler gemacht hat. Das, was du bist, ist schuldlos, unbescholten und fehlerlos, all diese Vorstellungen von Gut und Böse werden überschritten.

SEELENBOTSCHAFT

Nimm dir Zeit, dich zu entspannen und dann wiederhole drei Mal oder denke einfach darüber nach:

So viele Wege, so viele Leben, so viel Liebe, so viel Wissen...
So viele Aspekte gemeistert... die beschwerliche Verantwortung von Erfahrung und Weisheit.

Noch einmal taucht die scheinbare Wahl auf, die Rolle des Meister-Lehrers zu akzeptieren...
angesammeltes Wissen und Macht sind jetzt verfügbar.

Gab es wirklich eine Wahl... gibt es wirklich Fehler oder ist es "das Leben selbst"... die Lebensenergie... sowohl aufbauend als auch zerstörend...
ist das nicht Vollkommenheit... Dein Wille geschehe...

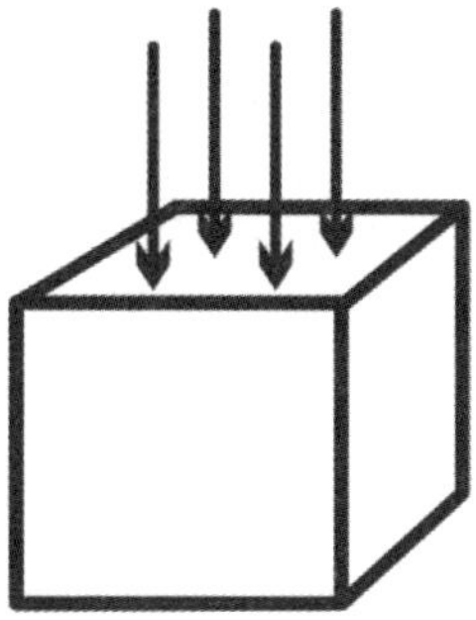

19 MENSCHENLIEBE IN EINER FORM

Eigenschaften

- Hebräischer Buchstabe: Kuf
- Einzelbuchstabe
- Planet/Sternbild: Fische
- Körperzuordnung: Milz
- Qualität: Lachen
- Energiezuteilung: kreativ, irdisch
- Tarotkarte: Die Sonne

Bemerkung: Die 19 ist eine Kombinationszahl und immer gepaart mit der 1 als 19-1.

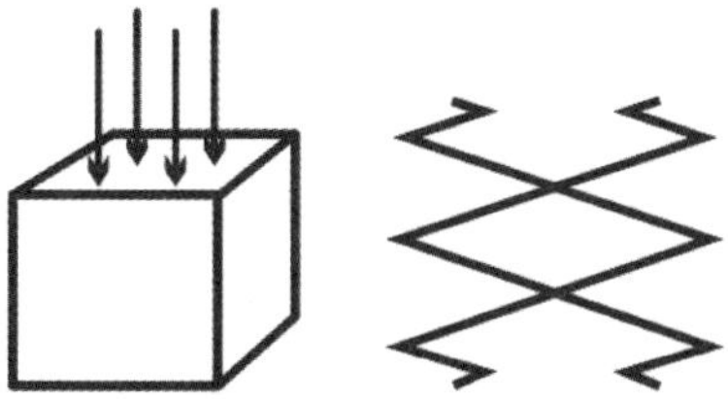

19 - 1

Siehe auch Zahl **1 Einheit**, Seite 85.

Übersicht

Dies ist die Energie der materiellen Existenz und Bedeutung in einer Form. Die Pfeile symbolisieren die spirituelle Energie, die in eine physische Struktur oder Form, den Würfel, heruntergebracht wird.

Der 19. Buchstabe Kuf steht für „Heiligkeit" und „Allgegenwart". Das ist die göttliche oder heilige Eigenschaft, die sich in der alltäglichen Welt manifestiert. Wir können sie als Ausdruck der heiligen oder spirituellen Energie sehen, die sich in einem physischen Raum auf der Erde manifestiert – am klarsten wahrnehmbar in einem Tempel oder einem Ort der Verehrung und des Gebets.

Dasselbe Phänomen gibt es aber auch in der Welt der Kunst. Wir treffen auf großartige Kunstwerke und betreten inspiriert gebaute Gebäude. Wir finden es sogar in der Herstellung von Produkten und an Orten, die mit Musik, Literatur oder anderen Medien zu tun haben. Diese Energie habe ich sogar im virtuellen Raum auf bestimmten Webseiten, Blogs und Berichten gesehen.

Die 19 ist immer verbunden mit der 1, was auf die spirituelle Kraft und den heilenden Aspekt hinweist, die diese Energie begleiten.

Verkörperung der positiven Aspekte

Diese Energie in der Position der *spirituellen Ziele* habe ich bei Sarah gefunden, die ich am Anfang des Buches erwähnt habe: Sarah ist eine Geschäftsfrau, die zu einer Sitzung kam, die scheinbar nichts mit ihrem Seelenplan zu tun hatte. Sie hat die 19-1 in ihren *spirituellen Zielen*. Ich fühlte, dass ich es ansprechen sollte, auch wenn es nicht direkt mit der Sitzung zu tun hatte. Eine Woche vor unserer Sitzung döste sie an ihrem Schreibtisch ein und kritzelte Sätze auf ein Blatt Papier, das zu ihrem Erstaunen zu automatischem Schreiben führte. Diese Botschaft, die von ihrer Seele kam, ermutigte sie im Klartext, ein Zentrum zu eröffnen.

Viele Menschen mit einer 19-1 in den spirituellen Zielen sind sich ihrer Spiritualität bewusst und haben bereits irgendwelche Projekte im Kopf. Das ist ungewöhnlich, denn fast jeder ist in erster Linie auf seine *irdischen Ziele* ausgerichtet und sich seiner *spirituellen Ziele* weniger bewusst. Die 19-1 ist jedoch eine großartige Dienstenergie und diejenigen, die diese Energien in der positiven Ausdrucksform haben, sind sehr mitfühlende Menschen, die anderen bei ihrer Entwicklung helfen.

Ich kenne Menschen, die diese positive Energie beispielhaft in die Tat umsetzen. Dazu gehören brillante Bauherren und Architekten, die eine magische Qualität in ihre Arbeit einbringen und eine Anzahl von Menschen, die informative Webseiten entworfen haben, die als Drehscheibe für Gleichgesinnte dienen, zum Beispiel mit Gesundheitsinformationen. Viele mit der 19-1 führen Retreat-, Yoga-, Tanz- oder Gemeindezentren und leiten auch Kunstgalerien.

Bei vielen Musikern erscheint die 19-1. Sie haben die Gabe, durch ihre Musik einen heiligen Raum zu kreieren.

Jemand mit einer 19-1 hat nicht nur den inneren Wunsch, anderen zu helfen, ihre Ziele zu erreichen, er ist auch davon überzeugt, dass sie das schaffen. Diese Art Kraft und Begabung hat damit zu tun, spirituelle Energie in eine materielle Form zu bringen.

Mit anderen Worten, sie können eine Art Struktur erschaffen, in der sich spirituelle Kräfte manifestieren können. Sie alle können spirituelle Energien in ihre Arbeit einfließen lassen, ob das ein Bauherr ist, jemand, der mit Grundstücken zu tun, ein Schriftsteller, der ein Buch schreiben möchte oder ein Künstler. Oder aber sie bauen irgendein Projekt auf oder einen Ort, zu dem Menschen kommen und davon profitieren können.

Es muss nicht genauso geschehen, aber normalerweise ist es eine positive Leistung für andere.

Und was noch wichtiger ist, sie lassen sich nicht von Papierkrieg, Bürokratie oder zweifelnden Menschen bremsen. Wenn sie einmal mit diesem Talent verbunden sind, haben sie eine innere Widerstandsfähigkeit gegen begrenzende oder hindernde Kräfte im Leben.

Diese Energie ist mit der „1" verbunden und so ist diese Energie auch bei vielen Heilern vorhanden. Sie sind extrem intuitiv, eine Gabe, die sie nutzen, um Themen auf den Grund zu gehen. Du kannst sicher sein, dass sie für ihre Arbeit eine angenehme Umgebung anbieten. Einen „heiligen Raum" zu erschaffen, wird für sie Teil des Prozesses sein.

Die Qualität der 19-1 ist das Lachen und sehr oft hat die 19 auch einen Sinn für Humor. Ich habe mehr als nur einen Komödianten mit einer 19 entweder in den Talenten oder den Zielen getroffen und viele andere lustige Menschen haben eine 19 irgendwo in ihrem Plan.

Erfahrung der Herausforderungen

19-1er mit der *irdischen Herausforderung* lassen sich oft bewusst oder unbewusst durch die Regeln und Sitten der Gesellschaft unterdrücken. Einige werden Zyniker, „lachen" über die Gepflogenheit der Welt, lassen sich aber trotzdem von scheinbaren Begrenzungen einschränken.

Andere habe das ernsthafte Bedürfnis, etwas Wertvolles zu kreieren und sind sich ihrer spirituellen Kraft oder kreativen Stärke zu channeln bewusst.

Doch sie blockieren sich selbst oder lassen sich von Zwängen, Einschränkungen und Bürokratie überwältigen. Sie verschieben dauernd ihre Angelegenheiten und lassen sich von alltäglichen Dingen ablenken.

Sie sind auch anfällig für den Einfluss dominanter Persönlichkeiten und geben ihrem Willen zu leicht nach. Dann fühlen sie sich möglicherweise verbittert oder verärgert. Ein großer Teil dieser *Herausforderung* ist der Einfluss des Sternzeichens Fische, der Unentschlossenheit bewirken kann.

In der spirituellen Herausforderung wiederum gibt es oft ein Gefühl, anderen helfen zu wollen, damit sie ihre spirituellen Ziele erreichen, beispielsweise durch die Errichtung eines Centers oder einem ähnlichen Projekt. Aber es scheint, als würde sich ein Haufen von Hindernissen manifestieren, der sie blockiert und von ihrem Ziel ablenkt. Es scheint, als müssten sie sehr hart arbeiten, um ihre Träume zu verwirklichen. Was aber wirklich geschieht, ist, dass sie sich durch irdische und materielle Belange von ihrer höheren Berufung ablenken lassen. Natürlich muss man bei der Verwirklichung von Projekten auch Schwierigkeiten überwinden, aber das eigentliche Hindernis sind oft wir selbst.

UNTERDRÜCKTE ENERGIEN

Sam kam wegen einer kreativen Blockade zu mir. Wir lernten uns sechs Monate nach Abschluss seines Studiums kennen und nun war er widerwillig dabei, ein Aufbaustudium in Erwägung zu ziehen.

Als ich ihn fragte, welche Tätigkeit ihm bisher im Leben am meisten Spaß machte, antwortete er und das kam mit großer Begeisterung, dass es seine Mitarbeit an einer Studentenzeitung war. Er liebte alle Bereiche dieser Arbeit, brachte viele Neuheiten in das Projekt ein, kreierte eine Webseite für ein soziales Netzwerk, indem er eine interaktive Online-Version und ein modernes Ressourcen-Forum schuf. Allerdings endete dieses Projekt mit seinem Studium. Seither fand er es schwierig, seine Kreativität wiederzubeleben, weil seine Eltern ihn zu einem „ernsthaften Studium" drängten. Außerdem fühlte er sich unerklärlich wütend.

Er zeigte sich enttäuscht und voller Selbstmitleid und meinte, dass „die ganze Welt gegen ihn" wäre. Er erzählte, wie er von Menschen und Einrichtungen wie z.B. Schulen im Stich gelassen worden war. Da war eine Menge Traurigkeit, aber er fand es schwierig, das alles auszudrücken.

Eine der Hauptgründe für seinen Ärger war, dass seine Eltern und Schulberater ihn dazu überredet hatten, Geschichte zu studieren, denn das war Familientradition und sie bestimmte, dass er eine akademische Laufbahn einschlagen sollte. Er wollte aber leidenschaftlich gerne Journalismus und Literatur studieren.

Nun überlegte er, weiterhin Geschichte zu studieren, weil „jeder" sagte, dass dies die beste Option sei. Er gab aber auch zu, dass ihn dieses Thema überhaupt nicht interessierte, obwohl er wissenschaftlich begabt war und das Studium leicht geschafft hätte.

Mit der Frage nach seinem Wunschberuf bedrängt, erzählte er, dass sein wirklicher Traum war, ein neues Magazin für junge Menschen zu kreieren, für das er eine Menge Ideen hatte. Aber irgendwie fühlte er, dass diese Leidenschaft „nicht stark genug war", um seinen eigenen Weg zu gehen, denn es bedeutete, dass er seine Familie und Lehrer enttäuschen musste, denn sie alle meinten, dies sei nicht der richtige Beruf für ihn.

Sam hatte wirklich alle nötigen Fähigkeiten für seine wahre Berufung mit Ausnahme einer Sache: er konnte sie sich selbst nicht zugestehen, weil er glaubte, sich nach den Ideen und Konventionen anderer Menschen richten zu müssen.

Obwohl er ein kluger Mensch war, dauerte es einige Zeit, bis er erkannte, dass die übermächtigen Barrieren, die seinen Traum verhinderten, nur eine Illusion waren. Das war die wichtigste Erkenntnis, um diese *Herausforderung* zu überwinden.

Wenn man sich dieser *Herausforderung* stellt, muss man auch emotionale Probleme überwinden und lernen, den Körper zu akzeptieren. Das kann schwierig sein, denn obwohl Teil der *Herausforderung* ist, zu lernen, Emotionen auszudrücken, kann es solch eine Ansammlung emotionaler Energie im Inneren geben. Es wäre klug, sich vor der Neigung zu schützen, Emotionen indirekt auszudrücken, beispielsweise auf eine passiv-aggressive Art oder zu versuchen, Aufmerksamkeit zu erhaschen durch Bedürftigkeit oder Selbstmitleid. Wenn kein Gleichgewicht besteht, kann sich Ärger, Groll und Verbitterung aufstauen und sie haben dann das Bedürfnis, ihrem Ärger freien Lauf zu lassen.

Bei den schwereren *Herausforderungen* der 19-1 könnte jemand sich auch dazu verleiten lassen, Macht zu missbrauchen und die Träume und Ziele anderer zu sabotieren. Manche missbrauchen auch ihre spirituellen Gaben.
Es kann sein, dass sie ihre Intuition oder ihre Fähigkeit missbrauchen, andere aufgrund ihrer eigenen Gefühle von Bitterkeit oder Eifersucht negativ zu beeinflussen.

Mögliche einschränkende Glaubenssätze

- Die Welt ist gegen mich...
- Ich muss meine Emotionen verbergen...
- Ich kann nichts beitragen...
- Die Welt ist unvollkommen...
- Meine Umgebung ist feindselig...
- Die Gesellschaft macht mich kaputt...
- Es ist außer meiner Reichweite/es ist unmöglich... (das bezieht sich auf die Ziele).

Gesundheit

19-1er in den Herausforderungen haben die Tendenz, emotional aus dem Gleichgewicht zu geraten. Sie sind innerlich einer Menge emotionaler Dramen und Verunsicherung ausgesetzt und wissen oft nicht, wie sie richtig damit umgehen sollen, was auch ihre Gesundheit beeinflussen kann. Krankheiten wie Ekzeme, die eine emotionale Ursache haben, sind ein Beispiel für die 19-1.

Einige der 19-1er neigen dazu, überdreht zu sein, was mit einer zugrundeliegenden Angst einhergeht. Andere machen sich ernsthafte Sorgen über alles Mögliche, über vergangene und zukünftige Ereignisse, bis sie Zugang zur Eigenschaft des „Lachens" gefunden haben. Diese Tendenz steht auch im Zusammenhang mit einem Ungleichgewicht der Milz, die das zugeordnete Organ der 19 ist.

Die Milz sehnt sich nach Süße, dadurch versuchen sie ihr niedriges Selbstbewusstsein oder sogar den Abscheu vor sich selbst zu mildern. In schwerwiegenden Fällen der Herausforderungen stopfen sie sich voll mit zu viel Süßigkeiten und Zucker. Weil sie sich nicht wohl fühlen mit sich selbst, versuchen sie, ihre Sorgen und Ängste durch übermäßiges Essen „hinunterzustopfen".

Überwindung der Herausforderungen und Aktivierung der Talente und Ziele

Die Energien der 19-1 in den Herausforderungen werden von allen Energien die größte emotionale Heilung und Beratung erfordern.
Deshalb muss ein guter Therapeut gefunden werden, der auf die emotionalen Probleme und das innere Chaos eingehen kann, beispielsweise auf übermäßige Selbstkritik und Verurteilung.

Es gibt viele Therapien, die besonders für ein emotionales Gleichgewicht geeignet sind, wie Psychologische Energietechniken*.

Eine ausgewogene reinigende Auflösung dieser Energien durch körperzentrierte* Psychotherapieansätze kann auch eine Zeitlang hilfreich sein.

Wenn genügend Themen geklärt sind, wird als nächstes eine Lebensberatung empfohlen, um sich auf die Ziele auszurichten. Emotionale Schwierigkeiten kommen dann und wann immer noch auf, aber dann kommt ein Punkt, an dem der therapeutische Weg mit deinen Zielen verknüpft werden muss und mit entsprechenden Maßnahmen.

HEIL-AFFIRMATION

Lerne es auswendig und wiederhole es oft:

> Ich bin vollkommen sicher, ich bin vollkommen geschützt und ich weiß, dass tief in meinem Innersten alles vollkommen ist, alles ist in Ordnung.

Selbsthilfemethoden

Dies ist eine sehr intuitive Energie, aber es kann sein, dass du dich mit dieser Fähigkeit überfordert fühlst, wenn du nicht im Gleichgewicht bist. So helfen dir Übungen, mit deiner Intuition umzugehen, verwirrende Erfahrungen und Gefühle zu verstehen und andere nützliche Fähigkeiten zu entwickeln.

Um deine Ziele zu erreichen, wird irgendeine Art von Coaching und Unterstützung einen unschätzbaren Wert für dich haben, wenn du dich von den scheinbar hohen Anforderungen überwältigt fühlst. Ein guter Lebensberater oder Coach wird dein Ziel in überwindbare kleinere Schritte oder Etappen aufteilen. Er wird dich ermutigen, kleine Risiken auf deinem Weg einzugehen und dich mit jeweils nur einer Situation zu beschäftigen. Dann kannst du Schritt für Schritt dein Ziel erreichen. Du kannst dann akzeptieren, dass es Zeit braucht, ein Gebäude, eine Struktur, ein Zentrum, ein Produkt, ein Projekt, ein Buch etc. zu verwirklichen.

Der Plan, ein Ziel in Stufen zu unterteilen, erscheint den meisten Menschen, die mit dieser Herausforderung alleingelassen werden, zu gewaltig.
Deshalb kann sich Zögern und Hinausschieben einschleichen und das wiederum kann Selbstverurteilung auslösen. Sei dir aber bewusst, das kommt nur daher, weil du nichts tust und dich vielleicht schuldig fühlst. Das verschlimmert einfach nur deine gegenwärtige Lage und deine Gefühle.

Mit sanfter Führung und Schritt für Schritt werden aber solche Pläne jeden Tag verwirklicht.

*Siehe Wörterverzeichnis, Seite 335.

Vorschläge für Bachblüten

Eisenkraut (Vervain) zur Milderung deiner strengen Ansichten und offener anderen gegenüber zu werden.
Ulme (Elm), wenn du dich vom Druck der Gesellschaft überwältigt fühlst.
Waldtrespe (Wild Oat) hilft dir zu wissen, was du erreichen möchtest.
Schottische Kiefer (Pine) erlaubt dir, Selbstverurteilung loszulassen.
Weißbuche oder Hainbuche (Hornbeam) hilft gegen das Hinausschieben und macht dich frei, Dinge abzuschließen.

ERINNERE DICH, DEINE TALENTE SIND DER DREHPUNKT ZWISCHEN DEN HERAUSFORDERUNGEN UND DEN ZIELEN. DIE VERWIRKLICHUNG DEINER WELTLICHEN UND SPIRITUELLEN FÄHIGKEITEN WIRD DIR HELFEN, DEINE HERAUSFORDERUNGEN ZU ÜBERWINDEN UND DEINE ZIELE ZU ERREICHEN!

Seelenbestimmung, Ziel und Transzendenz

Die Verwirklichung der Kernenergie der 19-1 ermöglicht, dass jemand eine Struktur, Produkt, Webseite, Gefährt oder eine andere Form kreieren und verwirklichen kann, damit entwickeltes Wissen in die Welt fließen kann. Das ist ein Akt des Dienstes, aber auch einer, durch den Lebensfreude darin gefunden wird, Wege zu finden für andere Seelen, um ihr Wachstum zu erleichtern.

Auf einer tieferen Ebene erkennst du deine Essenz in dem Raum, in dem du erscheinst, um etwas zu kreieren, das auf den ganzen Raum Auswirkung hat. Um diese Energie zu halten und irdische Räume mit einer göttlichen Gegenwart zu erfüllen, muss eine Verbindung zum Göttlichen vorhanden sein. Ein Teil von dir ist beiseitegetreten, um dem größeren Ganzen zu erlauben, in die irdischen Formen und Strukturen einzufließen. Die transzendente Möglichkeit ist, eins zu werden mit genau diesem Prozess und in diesem Sinn den Traum wirklich zu leben.

SEELENBOTSCHAFT

Nimm dir Zeit, dich zu entspannen und dann wiederhole drei Mal oder denke einfach darüber nach:

> Du hast dich selbst an Orten gesucht, die einen Zugang zum inneren Wissen haben. Du bist der Schöpfer von Tempeln auf Erden.
>
> Deine wahre Natur ist an jedem Ort und überall für dich verfügbar. Sie lädt dich ein in genau diesem Moment, jetzt.

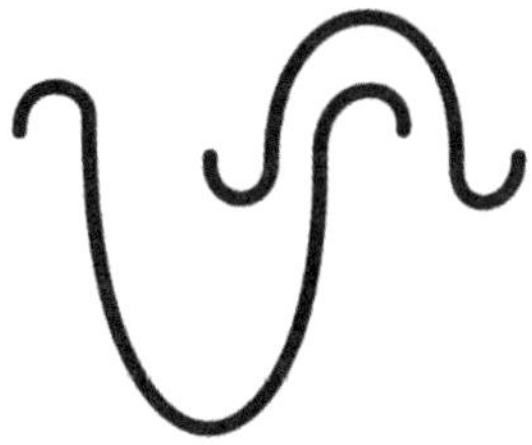

20 BEWEGUNG, FLUSS UND SUCHE

Eigenschaften

- Hebräischer Buchstabe: Resh
- Doppelbuchstabe
- Polarität: Frieden/Krieg
- Planet/Sternbild: Saturn
- Körperzuordnung: linkes Nasenloch
- Richtung: Süden.
- Energiezuteilung: kreativ
- Tarotkarte: Das Äon/Das Gericht

Bemerkung: Die 20 ist eine Kombinationszahl und immer gepaart mit der 2 als 20-2.

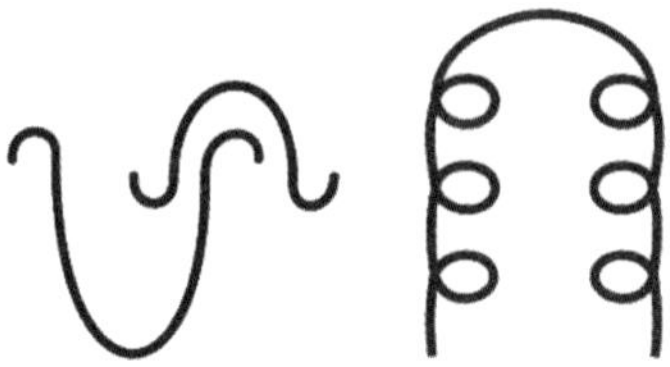

20 - 2

Siehe auch Zahl **2 Weisheit und Unterstützung**, Seite 93.

Übersicht

In diesem Symbol sehen wir Bewegung, die fließt oder turbulent ist. Diese Energien sind unruhig und reizbar. Wie die Wellen im Ozean können sie turbulent oder ruhig sein. Der Buchstabe Resh hat die Herrschaft über Frieden. Als Polarität ist es Frieden/Krieg.

Buchstäblich bedeutet Resh „Haupt, Kopf", „Häuptling" oder „Höchster, Oberster". Paradoxerweise kann der Buchstabe Resh auch „verarmen" bedeuten. In diesem Sinn steht er für die Wahl zwischen Erfolg oder Misserfolg. Der sich als Erster vorwärtsbewegt, führt und erkundet, bekommt einen Vorsprung. Wer nichts tut, nichts bewegt, sich nicht verändert, dem mangelt es letztlich an Fülle und den „Gaben des Lebens".

Resh bedeutet auch, dass jemand, der scheinbar den falschen Pfad eingeschlagen hat, jederzeit die Richtung ändern kann. Es ist nie zu spät für eine Änderung.

Die 20 ist immer gepaart mit der 2, das ermöglicht Belastbarkeit, Durchblick und die Fähigkeit, sich nach oben auszudehnen mit einem unbegrenzt offenen Verstand.

Verkörperung der positiven Aspekte

Der Ausdruck der 20-2 ist ein ausdauernder und kühner Forscher mit einem Verstand, der sich ständig ausdehnt. Der Antrieb ist da, sich auszudehnen und sie haben einen offenen Geist, der sucht und forscht. Vitalität, Freude und Selbstsicherheit sind Kennzeichen dieser Energie in ihrem positiven Ausdruck. Belastbarkeit ist da und eine Fähigkeit, anderen einen Platz außerhalb der Norm zu geben. Sie können zum Beispiel mit visionärem Lehren oder wegweisend bei Gesetzen oder kriminellen Ermittlungen glänzen.

Auch spirituell ist der Anreiz voll vorhanden. Sie besitzen einen Verstand, der sie dazu anspornt zu lesen, im Internet zu surfen und viele Vorträge und Kurse zu besuchen. Sie erforschen vielleicht andere Kulturen und bereisen Länder, bewegen sich zwischen verschiedenen sozialen Gruppen und erfahren viel über menschliche Beziehungen. Sie sammeln andauernd Erfahrungen und erweitern ständig ihr Wissen und ihre Fähigkeiten.

Es ist gut für sie, ihr Lernen lebenslang fortzusetzen, denn durch die *Herausforderungen* wird es ihnen einen Weg öffnen, andere zu beraten. Sie besitzen Stabilität und Weisheit, andere entweder professionell oder bei Gelegenheit zu beraten.

OHNE GRENZEN

Josef wuchs in einer sehr konservativen und religiösen Familie in Österreich auf, die Vorstellungen hatte, welchen Beruf er ergreifen „sollte". Josef war sich aber zweier Dinge bewusst, die ihn in Konflikt mit seiner Familie brachten. Das erste, tief in seinem Inneren, war „Rastlosigkeit" und Bewegung.

Er bewegte sich gerne und liebte das Tanzen, aber das Einzige, was akzeptiert wurde, waren Skifahren und Klettern. Diese beiden körperlichen Ausdrucksmöglichkeiten waren ein „Lebensretter" für ihn, weil sie Sport und Gymnastik bedeuteten. Der zweite Konflikt mit den Werten und dem Glauben seiner Familie war die Tatsache, dass er homosexuell war.

Gegen den Wunsch seiner Familie zog er nach seinem Studium nach Wien, um Gleichgesinnte zu finden. Der Umzug in die Stadt öffnete ihm die Augen und inspirierte ihn, nach London zu gehen. Dort schrieb er sich an einer Hochschule ein und hatte nebenbei einen Teilzeit-Job als Kellner. Hier entdeckte er, dass seine wahre Leidenschaft der Tanz war. Bereits als Kind hatte er dafür ein unbestimmtes Gefühl, aber diese Form sich auszudrücken stand ihm bis dahin nicht zur Verfügung.

Tief im Inneren wusste er schon immer, dass es „keine Grenzen" gab und sobald er einmal aus seinen früheren Einschränkungen herausgekommen war, gehörte ihm die Welt. Er war schon viel gereist. Nachdem er ein Jahr lang privaten Tanzunterricht gehabt hatte und die Lehrer sein Talent erkannt hatten, nahm er professionellen Tanzunterricht und unterrichtete selbst zeitgenössischen Tanz.

Durch seinen Unterricht entdeckte er eine zweite Leidenschaft – andere zu unterstützen. Viele Tänzer leiden unter emotionalen Problemen, die mit ihrem Aussehen und Perfektionismus zu tun haben, einfach weil sie ihren Körper ständig fordern müssen. Josef stellte fest, dass er natürliches Einfühlungsvermögen und die Fähigkeit besaß, seine Studenten zu trösten und zu unterstützen. Gegenwärtig arbeitet er an einer bahnbrechenden Forschung über die Wirkung des Verstands auf den Körper und er bringt diese Erkenntnisse in seinen Unterricht ein.

Menschen, die diese Energien in ihrem Ausdruck haben und wirklich über die normalen Grenzen und Einschränkungen hinausgehen, um ein Gebiet zu erforschen, das sie interessiert, ob dies nun irdisch oder spirituell ist, erreichen letztendlich Ansehen bei Gleichgesinnten. 20-2er sind diejenigen, die sich hinauswagen, um eine große Erkenntnis oder einen Durchbruch zu erreichen.

Anerkennung und Ehre und, noch viel wichtiger, das Gefühl, für andere den Weg erhellt zu haben, ist die innere Verheißung und das Potenzial dieser Energie.

Erfahrung der Herausforderungen

Das ist eine andere *Herausforderung* der Polarität, die wir alle im Leben erfahren – vom Frieden zum Kampf. Die Herausforderung ist hier, in einen Zustand größerer Harmonie zu kommen, wenn wir schwierigen Situationen gegenüberstehen, anstrengenden Menschen oder dem, was zuweilen wie eine Welt der Widersprüche aussehen mag.

Auf einer äußeren Ebene kann sich die Lektion als buchstäblicher Konflikt zeigen. Die extremste Situation kann ein wirklicher Kampf sein; als Soldat, gewalttätiges Bandenmitglied, verstrickt in Fehden. Häufiger aber sind Konflikte mit Menschen, Institutionen oder einfach Hindernissen, die scheinbar „bekämpft" werden müssen. Wenn sie zu stark aus dem Gleichgewicht geraten, können sie sogar Gesetze übertreten, denn die dazugehörige Energie symbolisiert einen Weg der „Überschreitung".

ÄUßERE BEGRENZUNGEN

Kurz nachdem James in seine erste Wohnung eingezogen war, gab es „einen üblen Start", denn als er sich bei den Nachbarn über die laute Musik beklagte, reagierten sie ziemlich unfreundlich. Das nächste Problem entstand durch einen Streit mit anderen Bewohnern über den Standort der Mülltonnen. Sehr rasch eskalierte alles zu einem virtuellen „Krieg", bis James einen neuen Job in Los Angeles bekam. Dort zog er in ein Mietshaus und genau die gleichen Muster wiederholten sich mit seinen neuen Nachbarn.

Ich hatte eine andere Klientin mit derselben 20-2 in der Herausforderung, eine Qi-Gong-Studentin. Sie hatte sehr ähnliche Muster und Streit mit den Nachbarn. Immer waren es die gleichen Themen wie beispielsweise über die Grenze des Zauns zwischen den Gärten. Auch sie ist umgezogen und dieselben Probleme begannen von vorne. Das bereitete ihr viel Angst und Sorgen. Als jedoch ihre inneren Energien durch Qi Gong* harmonischer wurden und sie lernte, dass diese Grenzzaun-Probleme womöglich etwas aus ihrem Inneren widerspiegelten, hörten diese Probleme unerklärlicherweise auf. „Ich hab es einfach losgelassen.", sagte sie.

Bei vielen mag es weniger Anzeichen äußerer Schwierigkeiten geben, aber der Konflikt wird verinnerlicht und ein innerer Krieg unterschiedlicher Stärke tobt in ihnen.

Andere mit der *Herausforderung* der 20-2 finden ihre Lektionen durch ihr Aufwachsen in einer behüteten oder ziemlich konservativen Umgebung oder sogar unter dem Einfluss von kulturellen oder extrem religiösen Ideologien oder Philosophien. Interessant ist, dass ich mehrere Klienten mit dieser Lektion angetroffen habe, die in irgendeiner Art religiöser Kommune aufgewachsen sind, die ziemlich radikal sein kann und in der Eltern ihrem Kind viele einengende Überzeugungen aufgedrängt haben. Ironischerweise zögern sie trotz dieser Einschränkungen, ihr Leben zu ändern und sich einer neuen Lebensweise zu öffnen. Neue Gedanken können mit Angst und Argwohn betrachtet werden und sie sind zurückhaltend und wollen keine Risiken in einem Bereich eingehen, mit dem sie nicht vertraut sind.

Sie können durch kulturelle oder religiöse Überzeugungen ihrer Vergangenheit sehr eingeschränkt sein, beispielsweise wie die Rolle von Mann und Frau in der Gesellschaft sein sollte. Doch die Herausforderung ist, Mut zu mehr persönlicher Freiheit zu finden. Sie werden aufgefordert, sich mit der Freude zu verbinden, die mit der Richtung des Südens und der Wärme verbunden ist. Das verlangt, dass sie spontaner werden.

Kurz gesagt, sie müssen den Energiefluss, der Teil des Lebens ist, ins Gleichgewicht bringen. Das ist schwierig, da sie anfällig für Stimmungsschwankungen sind. In dieser Energie ist der Einfluss des Mondes enthalten, dem Himmelskörper der 2.

In einem Zustand der Harmonie oder Gelassenheit wird erkannt, dass sich die unterschiedlichen Gezeiten und Zyklen des Lebens ewig verändern, ein natürliches Phänomen, nach dem man sich richten kann, anstatt auf dem „falschen Fuß" zu sein. Um diesen Zustand zu erreichen, muss man zuerst sein Misstrauen überwinden und allmählich seine starren Überzeugungen loslassen.

Mögliche einschränkende Glaubensmuster

- Die Welt ist voller Gefahren...
- Ich muss mich anpassen...
- Ich bin bedroht...
- Ich darf mich nicht verändern...
- Veränderung ist erschreckend/bedrohlich...
- Das Unbekannte ist grauenerregend...
- Ich muss mich immer an die Regeln halten...

Gesundheit

Gesundheitsfragen für die 20-2 entstehen oft durch ein Problem mit dem inneren Energiefluss. Sie sind anfällig für Beschwerden (z.B. Allergien), wenn das Immunsystem den Körper angreift oder überfordert ist.

Es ist wichtig, Wege zu finden, um ihre Energie zu harmonisieren, da Störungen des inneren Gleichgewichts die Ursache der meisten Gesundheitsprobleme sind.

Die Verbindung mit dem linken Nasenloch, zusammen mit einer empfindlichen Immunreaktion kann Asthma oder Atembeschwerden auslösen und sie können auch an Heuschnupfen leiden.

Einige der 20-2er halten unbewusst den Atem an und lassen ihn nicht richtig fließen. Dies ist ein Zeichen, Veränderung zu verweigern. Doch unser Körper ändert sich ständig. Das kann auch Atem- oder andere Gesundheitsprobleme verursachen, weil sie in gewissem Sinne „nein" sagen zum Fluss des Lebens.

Auf der Ebene der geistigen Gesundheit kann Stress durch Konflikte mit Menschen oder mit der Gesellschaft die üblichen Auswirkungen haben. Äußerst selten oder wenn sie völlig aus dem Gleichgewicht sind, können sie zu Verfolgungswahn neigen und die übertriebene Angst haben, von Leuten oder Dingen bedroht oder angegriffen zu werden.

Überwindung der Herausforderungen und Aktivierung der Talente und Ziele

In der Herausforderung der 20-2 wird man von einem sanften Coaching oder einer Beratung profitieren. Das hilft bei Veränderungen, um vorwärts zu gehen und am Leben teilzunehmen.

Oft ist Energiearbeit notwendig, um Blockaden zu entdecken und auszugleichen und um stagnierende Energien zu befreien. Ich habe auch herausgefunden, dass Sprachdialog Therapie – Voice-Dialogue-Therapie* - äußerst wirkungsvoll sein kann, in der den verschiedenen miteinander streitenden „Unterbewusstseins"-Anteilen eine Stimme gegeben wird, was oft für Personen charakteristisch ist, die diese Herausforderung durcharbeiten.

Wenn sie Streit in ihrem Leben erfahren haben und das ein Muster zu sein scheint, können Vergebungs-* Rituale oder -Techniken oft sehr wirkungsvoll sein, um die gegenwärtige Situation zu entlasten und zu verhindern, dass wieder ähnliche Situationen entstehen.

HEIL-AFFIRMATION

Lerne es auswendig und wiederhole es oft:

> Ich möchte leben und andere leben lassen. Ich umarme das Leben jetzt. Ich fließe mit dem Fluss und lasse mich von meiner Seele führen. Ich lasse los.

Selbsthilfemethoden

Die Herausforderung ist hier, den Verstand auszudehnen, ins Gleichgewicht zu kommen und deinen Geist fließen zu lassen. Tanz, Abenteuer, Wandern, Reisen und Musik hören, alles, was anders ist als das, mit dem du aufgewachsen bist, sind Vorschläge für Aktivitäten wie ausgleichende und innere Harmoniearbeit, wie z.B. Yoga oder Tai Chi. Tanzen und Bewegung sind ebenfalls wunderbare Heilmittel, je spontaner desto besser.

Die Tendenz bei dieser *Herausforderung* ist, an dem hängen zu bleiben, was vertraut ist. Deshalb kann ein Aufenthalt in einer anderen Kultur oder einem anderen Land, um andere Menschen außerhalb deiner gewohnten sozialen Gruppe zu treffen oder andere Städte oder Stadtteile zu besuchen, im positiven Sinn die Augen öffnen.

Ich würde den 20-2ern raten sich zu fragen, ob ihr innerer Mangel an Frieden sich auch im Außen zeigt. Wenn ja, wird es helfen, alte Konflikte loszulassen, die keinem dienlich sind und die äußeren Konflikte im Inneren zu heilen. In diesem Bereich können Vergebungs-Übungen*, Meditationen oder Bücher über die betreffenden Themen Inspiration und Motivation bringen.

Zusammengefasst soll die *Herausforderung* eine Ausdehnung des Verstands einleiten. Obwohl du vielleicht gegen das Lernen neuer Dinge Widerstand spürst, wird dein Wissensdurst die Führung übernehmen, wenn du erst einmal auf dem Weg des Lernens und Erforschens bist. Deshalb sind Selbstentwicklungs- oder spirituelle Entwicklungskurse eine ausgezeichnete Art, neue Leute mit neuen Ideen zu treffen, sie öffnen den Verstand und sind deswegen sehr empfehlenswert.

*Siehe Wörterverzeichnis, Seite 335.

Vorschläge für Bachblüten

Stechpalme (Holly) beruhigt schlechte Laune und Ärger über andere. Wenn sich inneres Leiden in äußeren Kämpfen mit anderen zeigt, bringt Stechpalme dir Ruhe und Frieden.
Weinrebe (Vine) hilft flexibler zu werden und um Dinge zu akzeptieren, die anders sind.
Einjähriger Knäuel (Scleranthus) stabilisiert und hilft Stimmungsschwankungen zu überwinden.
Gefleckte Gauklerblume (Mimulus) hilft mit Ängsten umzugehen.
Walnuss (Walnut) hilft Veränderungen anzunehmen.
Knospe der Rosskastanie (Chestnut Bud) hilft vergangene Konflikte loszulassen und um vorwärts zu gehen.

ERINNERE DICH, DEINE TALENTE SIND DER DREHPUNKT ZWISCHEN DEN HERAUSFORDERUNGEN UND DEN ZIELEN. DIE VERWIRKLICHUNG DEINER WELTLICHEN UND SPIRITUELLEN FÄHIGKEITEN WIRD DIR HELFEN, DEINE HERAUSFORDERUNGEN ZU ÜBERWINDEN UND DEINE ZIELE ZU ERREICHEN!

Seelenbestimmung, Ziel und Transzendenz

Wenn diese Energie voll verwirklicht ist, bedeutet das, dass du dich für das Leben entschieden und deine Lebensfreude und Begeisterung gefunden hast, alles zu entdecken. Du wirst dir selbst und anderen für all die Erfahrungen und scheinbaren Fehler vergeben, die Hindernisse auf deinem Weg waren. Jetzt bist du wirklich befreit und frei. Das wird nicht unbemerkt bleiben und für viele wirst du ein leuchtendes Beispiel sein. Du bist der Führer, der vorausgegangen ist, um vom Gipfel aus andere auf ihrem Weg anzuleiten und über die Hindernisse zu führen, die du bereits überwunden hast.

Das transzendente Verständnis und Wissen dieser Energie erkennt, dass sich alles verändert und in Bewegung ist. Jeder, der mit Energie gearbeitet hat, hat beobachtet, wie sie in Kurven und Spiralen fließt. So ist das Leben wie ein Tanz. In deinem Innersten liegen das Potenzial und die Einladung, dass du eins wirst mit diesem Tanz. Auf jeden Fall ist es eine einfache Wahl, denn es ist, was du ohnehin bist. Also wähle wirklich das Leben, sage wirklich ja zum Weg, der dich geführt hat, damit du mit deiner Seele verschmilzst und dem Leben erlaubst, voll zu fließen.

SEELENBOTSCHAFT

Nimm dir Zeit, dich zu entspannen und dann wiederhole drei Mal oder denke einfach darüber nach:

> Endlose Suche, endlose Ausdehnung. Die Zeit kommt, in der sich der Verstand bis zu dem Punkt ausgedehnt hat, an dem er seinen ursprünglichen Bezug wieder verliert. Damit ändert die Suche ihren Kurs und du wirst jetzt dein ursprüngliches Selbst suchen.
> Du versuchst, dich selbst zu finden, aber du stellst fest, dass da nichts ist. Wenn alles verloren ist... dann bist du zu Hause.

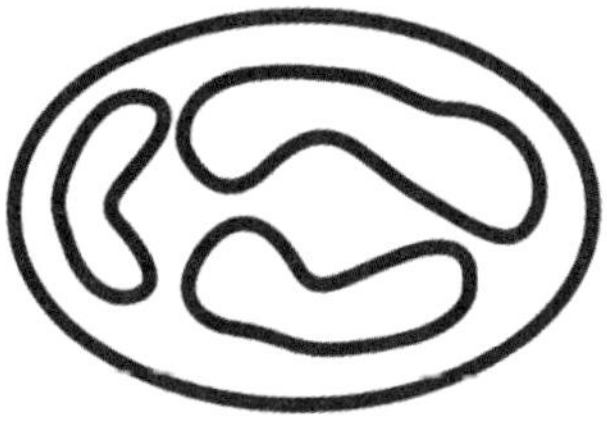

21 AUSDAUER

Eigenschaften

- Hebräischer Buchstabe: Shin
- Mutterbuchstabe
- Planet/Sternbild: Uranus
- Körperzuordnung: Kopf
- Element: Feuer
- Temperatur und Jahreszeit: Hitze und Sommer
- Energiezuteilung: spirituell
- Tarotkarte: Das Universum/Die Welt

Beachte: Die 21 ist eine Kombinationszahl und immer gepaart mit der 3 als 21-3. (Siehe auch die 3 Ausdruck, Seite 000).

Siehe auch Zahl **3 Ausdruck**, Seite 103.

Überblick

Das Symbol zeigt uns drei Energien, die in einer Einheit enthalten sind. Die Energien symbolisieren Ausdauer und das alchemistische Gleichgewicht der Dreiheit im Selbst. Dieses Symbol ist wie ein Irrgarten. Es gibt keinen Ausgang, sodass keine Energie verloren geht und ist stattdessen ständig in Bewegung. So kommen Intelligenz, Beständigkeit und innere Stärke zusammen.

Shin ist der 21. Buchstabe und der dritte der drei Mutterbuchstaben, aus denen die anderen Buchstaben entstanden sind. Shin steht mit der Initiation des Feuers in Verbindung, die Reinigung und einen Transformations-Prozess mit sich bringt.

Die 21 ist immer gepaart mit der 3, die großartigen Ausdruck und Lehrfähigkeit ermöglicht.

Verkörperung der positiven Eigenschaften

Der positive Ausdruck der 21-3 bedeutet, Zugang zu einer angeborenen inneren Kraft und Durchhaltevermögen zu haben und den Ansporn, ihr Vorhaben zu erreichen. Ausdauer, Kraft und Intelligenz können benutzt werden, um Hindernisse zu überwinden. Sie sind nicht übermäßig durch Schuldgefühle belastet und ziemlich frei von Vorurteilen durch ihre erhöhte Fähigkeit, sich selbst und anderen zu verzeihen. Diese Fähigkeit entspringt ihrem angeborenen Zustand von Weisheit. Sie sind auch sehr selbständig und unabhängig.

Die positive Verwirklichung dieser Energie bedeutet Dienen und Hingabe und die Verpflichtung, anderen zu helfen. Sie lieben es, sich selbst und ihr Wissen zu teilen und weil die 21 immer mit der 3, den Energien des Ausdrucks, gepaart ist, wollen sie das Ergebnis ihres Einsatzes sehen. Sehr oft ist ihnen schon in relativ jungen Jahren ihr Ziel bewusst und wenn sie einmal etwas Lebenserfahrung gesammelt haben, werden sie sich ihrer Lebensaufgabe sehr schnell klar. Aus diesem Grund habe ich gesehen, dass viele, die diese Energie als Talent haben, ziemlich gut mit ihrem Seelenplan verbunden sind.

Sie besitzen die Kraft der Kommunikation und können sich gut ausdrücken. Die 21-3 muss wirklich ein Ventil für ihren Ausdruck finden, weil es so viel zu sagen gibt, dass es ziemlich frustrierend wäre, wenn sie das nicht könnte.

Im irdischen Aspekt ist große Kraft vorhanden, die sie vorantreibt. Grundsätzlich haben sie Zugang zu all ihrer Kraft und Energie. „Energie ist kein Thema", wurde mir von einigen der 21-3 in den Talenten gesagt.

Diese treibende Kraft kann sich auf viele Arten entfalten. In einem direkt körperlichen Sinn kann das Meisterleistungen der Ausdauer bedeuten, die vielleicht auf die ungewöhnliche Fähigkeit hinweisen, die Extreme des menschlichen Leistungsvermögens zu testen. Diese Energie ist auch bei Athleten oder Artisten nicht ungewöhnlich. Noch häufiger aber kommt sie bei Menschen vor, die die ungewöhnliche Gabe besitzen, mit schwierigen Umständen umzugehen oder die Ausdauer haben, anderen zu helfen, die Energien ihres Seelenplanes zu nutzen.

In der spirituellen Position liegt der Schwerpunkt in der inneren Kraft. Sie machen auch unter schwierigen Umständen weiter und halten die Stellung. Das ist zum Beispiel die Energie von jemandem, der durch ziemlich intensive Ausbildungen und Lebenserfahrungen gegangen ist und dadurch später ein Schamane geworden ist.

Es gibt eine innere Klugheit, die die 21-3 auszeichnet und unter dem Einfluss der 3 kann in dieser Energie auch ein starker Anteil des Lehrens enthalten sein. Die 21 verleiht Klugheit und sammelt Weisheit durch Beharrlichkeit und die 3 macht es möglich, ihr Wissen und ihre Energie mit anderen zu teilen.

ÜBERGANGSRITEN

Ihr zweiter „Weckruf" kam, als sie an Endometriose erkrankte, einer schmerzhaften Störung der Gebärmutter, und sich zur Behandlung der ganzheitlichen Medizin zuwandte. Sie bekam Reflexzonenmassage, Ohr-Akupunktur und andere ganzheitliche Behandlungen. Sie erkannte, dass Endometriose vielleicht die Art ihres Körpers war, sich mitzuteilen.

Der dritte „Weckruf" kam, als einer ihrer regelmäßigen Kunden ihr eine große Geldsumme anbot, wenn sie sich auf eine Vergewaltigungsszene einlassen würde. Noch nie zuvor hatte sie eine solche Anfrage bekommen, aber in diesem Moment begann es, ihr irgendwie zu dämmern. Sie lehnte ab und beschloss sofort, mit dieser Art Arbeit aufzuhören. In diesem Moment überwand sie einen wichtigen Bereich ihrer 9-9 in den Herausforderungen.

Da sie einen beträchtlichen Teil ihres Einkommens gespart hatte, entschloss sie sich, zurück auf das College zu gehen. Zur gleichen Zeit schrieb sie sich für eine Ausbildung in psychosexueller Beratung und westlichem Tantra ein. Sie fühlte, sie konnte viel Liebe geben, aber weil sie sexuell verletzt worden war, waren Beratung und Tantra-Training zu ihrer Heilung sehr wichtig.

Ihr Diplom führte sie zu weiteren Ausbildungen für seelisch-geistige Gesundheit und jetzt arbeitet sie als Teilzeitschwester in der Psychiatrie. Sie qualifizierte sich auch als Tantra-Therapeutin und psychosexuelle Beraterin und spezialisierte sich auf die Beratung von Frauen, damit sie ihre Sexualität annehmen und sexuelle Blockaden, Scham und andere Begrenzungen überwinden können.

Als *Herausforderung* hatte Ruth eine 9-9. Das erforderte, dass sie Machtlosigkeit und Missbrauch überwinden musste, aber ihre 21-3 in den Talenten machte es möglich, nicht nur alles durchzustehen, sondern auch ein Quell der Kraft und Geduld für andere zu werden.

Ruths Fall ist ziemlich außergewöhnlich und nicht alle mit einer 21-3 gehen durch solche Übergangsriten, um Zugang zu ihrem *Talent* zu bekommen. Dieser Fall zeigt jedoch die ausdauernde Stärke, die Fähigkeit zum Dienen und das Mitgefühl, alles Eigenschaften, die durch diese Energien geweckt werden können.

Erfahrung der Herausforderungen

Bis die irdischen *Herausforderungen* durchgearbeitet sind, können sie sich wie eine Zentnerlast anfühlen. Als Kompensation lernen sie jedoch, Zugang zu ihrer inneren Stärke zu bekommen. Beim Durcharbeiten der Herausforderungen gibt es oft Momente, in denen sie sich total kraftlos fühlen. Energieblockaden sind das Hauptthema beim Durcharbeiten. Meistens fehlt ihnen der Antrieb, um bei einer Sache zu bleiben und es ist schwierig, sie zu etwas zu motivieren. Deshalb halten sie andere oft auch für ziemlich faul. Feuer ist das wesentliche Element der Schöpfung, das mit diesem Mutterbuchstaben im Zusammenhang steht, aber bis die Herausforderung durchgearbeitet ist, misslingt das Entzünden der Flammen der Leidenschaft.

Ihre angeborene Intelligenz mag sie dazu bringen, eine Reihe von Aufgaben anzufangen. Eine Frage jedoch bleibt: können sie das alles bis zum Ende durchziehen?

MANGELNDES DURCHHALTEVERMÖGEN

Tosh wuchs in einem kleinen Dorf in Südirland auf. Es waren schwere Zeiten für seine Familie, die ihn nicht gerade in seiner Selbstdarstellung förderten, weil die Maxime galt: „Kinder sollten gesehen, aber nicht gehört werden". Als Teenager fand er ein Ventil und eine Leidenschaft im gälischen Fußball. Das war aber nur von kurzer Dauer. Als er die Schule verlassen hatte, fand er keine Arbeit, wurde vergnügungssüchtig und trieb mit seinen Kräften Raubbau. Eines Morgens wachte er auf und hatte einfach keine Lust mehr auf Fußball oder auf irgendetwas anderes. Er meinte, dass er keine Energie hatte und dass alles so sinnlos war. Die Zeit verging und als er Anfang 20 war, zog er nach England, weil seine Freundin in London eine Arbeitsstelle gefunden hatte.

In London wurde dieser Zustand von Kraft- und Antriebslosigkeit noch schlimmer. Schließlich kontaktierte mich seine Freundin und erzählte mir von seinem Zustand. Ich bat sie, er solle sich selbst bei mir melden, was er dann auch tat. Als er mich anrief, spürte ich seinen tiefen Wunsch nach Veränderung und so willigte ich ein unter der Bedingung, dass er alleine, ohne Partnerin kommen sollte.

Als ich Tosh zum ersten Mal traf, waren meine Praxisräume im obersten Stockwerk eines Gebäudes ohne Aufzug. Er brauchte einige Minuten, um die vielen Treppen zu steigen und musste immer wieder Pausen einlegen. Als er schließlich erschöpft in den Stuhl fiel und seine Geschichte zu erzählen begann, wurde sehr schnell klar, dass er erhebliche Energieblockaden hatte, aber auch eine große seelische Bedrücktheit und eine Antriebsschwäche, die durch die Vergangenheit entstanden waren. Er schluckte eine Menge Vitamine und andere Medikamente und war so stark auf sich selbst und seine Gesundheit fokussiert, dass diese fixe Idee ebenfalls zu einem Teil seines Problems wurde.

Eine Kombination aus Qi Gong*, Reinigung und Heilung seiner Energieblockaden und -Stauungen, Beratung und Loslassen seiner alten einschränkenden Überzeugungen nebst einer gelegentlichen freiwilligen Arbeit in einem Tierheim, die seine 13-4 aktivierte, holten ihn aus seiner Selbstzentrierung heraus und halfen, sein Leben zu transformieren. Auch wenn Tosh immer noch ab und zu einen Durchhänger hat, fährt er jetzt Fahrrad und besucht Tanzstunden mit lateinamerikanischen Tänzen.

Er hat auch begonnen, erste Schritte in Richtung einer Berufsqualifikation zu machen, mit der er professionell arbeiten kann, um sich auf ein größeres Ziel auszurichten.

Intelligenz ist eine latente Eigenschaft der 21, aber in den Positionen der Herausforderungen fehlt ihnen oft die intellektuelle Disziplin. Meist sind sie zu sehr mit sich selbst beschäftigt und kommen aus ihren Problemen nicht heraus. Das kann sie ebenfalls an ihrer Entwicklung hindern. Mit der 21-3 in der *Herausforderung* besteht die Neigung zu Egoismus, Eigendünkel und Selbstgefälligkeit, deshalb sollten sie damit achtsam umgehen, denn das macht ihre Beziehungen zu anderen schwierig.

Eine weitere Sache, die sie aus der Bahn werfen kann, ist die Tendenz, grundlos Dinge zu verändern.
Oft sehe ich, wie die 21-3er Arbeitsstellen, Chancen und sogar Beziehungen grundlos aufgeben wollen. Meistens ist es eine bedeutungslose Kleinigkeit, deretwegen voreilige Entscheidungen getroffen werden.

Aus all diesen Gründen finden sie es oft schwierig, ihre echte Berufung zu finden und sich mit ihrem Seelenplan zu verbinden.

In der spirituellen Herausforderung kann einiges oder alles zutreffen, was oben beschrieben wurde. Darüber hinaus können sie eine schwierige Kindheit erlebt haben, in der ihre angeborene Spiritualität und ihre Kraft und ihr Antrieb unterdrückt wurden. Falls und wenn sie spirituell bewusst werden, erhalten sie zu Beginn oft einen großen Schub dieser spirituellen Energie. Allerdings besteht die Gefahr, dass sie diese Verbindung nicht ganz aufrechterhalten können, wenn sich ein spirituelles Ego bildet und einmischt. Es wäre klug, weiter auf die Weisheit anderer zu hören und daraus zu lernen, weil die Neigung besteht, den Rat anderer zu ignorieren oder zu glauben, alles besser zu wissen.

Aus der spirituellen Perspektive ist die Energie ein Symbol für Umwandlung und Reinigung. Viele Traditionen und Menschen reden über die „dunkle Nacht der Seele". Es scheint für einige Teil der Reise zu sein, dass sie eine heftige Zeit inneren Aufruhrs erleben, bevor sie zu mehr Freiheit gelangen.

Sie müssen sich anstrengen, dem praktischen Weg des Wachstums und Bewusstseins mit Ausdauer und Geduld zu folgen, um zu innerem Frieden und Ruhe zu gelangen.

Mögliche einschränkende Glaubenssätze

- Ich bin ein Opfer...
- Ich habe keine Reserven...
- Ich bin ausgelaugt...
- Ich hab keine Energie...
- Ich bin am Ende meiner Kräfte...
- Das Leben ist eine Schinderei...

Gesundheit

Viele der 21-3er hatten mehr oder weniger intensive gesundheitliche Probleme ertragen als Teil ihrer Herausforderung. Das können eine Reihe anhaltender Zipperlein sein wie Verdauungsprobleme, Allergien, schwache chronische Schmerzen usw. bis hin zu ernsthaften Krankheiten.
Manchmal entsteht durch den ständigen Stress ein Teufelskreis, der weitere Komplikationen bringen kann. Die Intensität ist bei jedem anders, aber die Herausforderung kann ähnlich der Einweihung des Feuers sein, in der man Prüfungen und Anfechtungen erdulden muss, um sich mit seiner inneren Stärke zu verbinden.

Da sich diese Energie des Durchhaltevermögens in einer rezessiven Position befindet, kann es für die 21-3 schwierig sein, sich mit ihrer Ausdauer zu verbinden. Einige werden unter einem chronischen Müdigkeitssyndrom leiden oder einer Vielfalt anderer Zustände, die bewirken, dass sie irgendwie stecken bleiben.

Andere finden es einfach schwierig, ihre Kondition aufzubauen und mühsam, regelmäßig Gymnastikübungen oder ein Gesundheits-Programm durchzuziehen. Es wird noch problematischer, wenn von ihnen verlangt wird, sich selbst zu behandeln oder ihre Ernährung für Gesundheits- oder Heilungszwecke umzustellen.

Überwindung der Herausforderungen und Aktivierung der Talente und Ziele

Oft hat die 21-3 große Schwierigkeiten und braucht viel Heilung und Beratung, letztendlich aber profitiert sie davon.

Vielen, die diese *Herausforderung* durcharbeiten, fehlt das klare Gespür für das Ziel. Aber wenn sie lernen vorwärts zu gehen, kann sie idealerweise ein Coach oder Berater Schritt für Schritt durch eine Reihe von Mini-Zielen führen, die sie dazu bringen, sich allmählich mit ihrem *Seelenplan* und ihrem *Ziel* zu verbinden. Wenn sie ihre Berufung gefunden haben oder in Berührung mit einem erfüllenden Ziel gekommen sind, lösen sich viele Probleme auf und sie entdecken, dass eine Energie auftaucht, die ihre Ausdauer unterstützt.

Energieheilung und Vergebungs-Übungen* sind auch typische therapeutische Maßnahmen für Themen der 21-3.

HEIL-AFFIRMATION

Lerne es auswendig und wiederhole es oft:

> Ich rufe das spirituelle Gesetz der Gnade an. Wenn alte Illusionen verblasst sind, bin ich tief berührt von der Liebe, die immer IST.

Selbsthilfemethoden

Vorausgesetzt, dein Gesundheitszustand erlaubt es, kann körperliche Bewegung eine Methode sein, Ausdauer und Durchhaltevermögen aufzubauen. Das muss langsam geschehen, aber mit der Zeit entwickelt dein Körper größere Leistungsfähigkeit und Belastbarkeit und das wirkt sich positiv auf deinen seelisch-geistigen Zustand aus.

Was den Mangel an Durchhaltevermögen betrifft, ob sich das nun physisch oder energetisch auswirkt, liegt das Hauptproblem der 21-3 oft an der Motivation. Um den vollen Nutzen und das volle Potential jeder Bemühung zu erreichen, ist es meist notwendig, sich damit intensiv und über längere Zeit zu beschäftigen.

Um die Umstände zu überwinden, die dich sabotieren könnten, solltest du dir als erstes jeder Neigung bewusst werden, auf halbem Weg etwas aufzugeben oder zu verändern. Wenn du das bemerkst, setz es außer Kraft! Bewusstheit ist der erste Schritt bei Heilung. Bei einem Projekt zu bleiben und es nicht aus einer Laune heraus aufzugeben, kann schwierig sein. Deshalb schlage ich vor, dass es sich lohnt, dir professionelle Hilfe zu holen.

Mit der 21-3 in der Herausforderung neigt man zu Ungeduld, die blockieren und ein Tiefergehen verhindern kann. Meditation ist eine weitere Lösung. Regelmässige Meditation kann die drei Aspekte dieser Energie mit der Zeit ins Gleichgewicht und Ruhe bringen. In den Herausforderungen ist diese Dreiheit oder innere Ausgeglichenheit normalerweise nicht im Gleichgewicht. Das Ergebnis ist innere Unruhe. Wenn jedoch ein Gleichgewicht erreicht ist, entsteht oft mehr Energie.

Als Literatur empfehle ich Bücher über Lebenshilfe und Zielsetzung und für den spirituellen Bereich Bücher wie „Die Macht der Gegenwart" von Eckhart Tolle. Das kann jene inspirieren, die die „dunkle Nacht der Seele" überwinden müssen.

*Siehe Wörterverzeichnis, Seite 335.

Vorschläge für Bachblüten

Eiche (Oak) erlaubt Not und Kampf mit großer innerer Stärke standzuhalten.
Drüsentragendes Springkraut (Impatiens) fördert Geduld.
Weiße Kastanie oder Rosskastanie (White Chestnut) beruhigt den geschwätzigen Verstand.
Einjähriger Knäuel (Scleranthus) hilft, sich auf Projekte zu konzentrieren und sie auch zu beenden.
Herbstenzian (Gentian) hilft mit Schwierigkeiten umzugehen und fördert die Ausdauer.
Weißbuche oder Hainbuche (Hornbeam) fördert Motivation.

Walnuss (Walnut) hilft, deine Gewohnheiten zu ändern.
Tausendgüldenkraut (Centaury) erlaubt, dich zuversichtlich auszudrücken und deine Energie wiederzufinden.
Lärche (Larch) fördert das Selbstvertrauen.
Edelkastanie oder Esskastanie (Sweet Chestnut) hilft dir die „dunkle Nacht der Seele" zu überwinden.

ERINNERE DICH, DEINE TALENTE SIND DER DREHPUNKT ZWISCHEN DEN HERAUSFORDERUNGEN UND DEN ZIELEN. DIE VERWIRKLICHUNG DEINER WELTLICHEN UND SPIRITUELLEN FÄHIGKEITEN WIRD DIR HELFEN, DEINE HERAUSFORDERUNGEN ZU ÜBERWINDEN UND DEINE ZIELE ZU ERREICHEN!

Seelenbestimmung, Ziel und Transzendenz

Viele sind zu einer tiefen Einsicht gekommen, nachdem sie durch eine äußerst schwierige Zeit gegangen sind. Traditionell ist sie bekannt als „dunkle Nacht der Seele".

Der hebräische Buchstabe Shin steht symbolisch für Feuer und wird auch als „Einweihung des Feuers" interpretiert. Deshalb kann das Feuer als Methode zur Reinigung gesehen werden. So gesehen, gibt es ein Reinigen der irdischen Anhaftungen und Illusionen, die uns an die Welt der Erscheinungen gebunden hält.

Das ist eine transzendente Erneuerung des Zustandes der Unschuld und Schuldlosigkeit, in dem sich alle Schuld und Trauer auflösen. Allen wird vergeben und alles ist verziehen.

Wenn alles verloren ist, entsteht eine Freiheit von Anhaftung und Verhaftung. Was übrig bleibt, ist ein unveränderlicher Zustand der reinen Stille und bewussten Einheit. Der innerste Ausdruck der 21-3 zeigt sich als Zustand von innerem Frieden und Ruhe.

SEELENBOTSCHAFT

Nimm dir Zeit, dich zu entspannen und dann wiederhole drei Mal oder denke einfach darüber nach:

Drei Köpfe sinnen nach über die Illusion der Veränderung. Vier Köpfe sind Zeuge „der kommenden Zeit", die bereits da ist.

Der Umwandlungsprozess ist die Initiation des Feuers. Die Überreste des alten Selbst und der Anhaftungen werden in den Flammen zerstört. Das ist der Tod im Leben.

Dennoch wandelst du dich innerhalb des Unveränderlichen. Deine wesentliche Natur ist ohne Änderung.

22 ABSCHLUSS UND VOLLENDUNG

Eigenschaften

- Hebräischer Buchstabe: Tav
- Doppelbuchstabe
- Planet/Sternbild: Jupiter
- Polarität: Schönheit/Hässlichkeit
- Körperzuordnung: Mund
- Richtung: Tempel (alle Richtungen)
- Energiezuteilung: spirituell, kreativ, irdisch, Unterricht und Kommunikation
- Tarotkarte: Der Narr

Beachte: Die 22 ist eine Kombinationszahl und immer gepaart mit der 4 als 22-4.

22 -4

Siehe auch Zahl **4 Fruchtbarkeit und Fülle,** Seite 113.

Übersicht

Dieses alte Symbol stellt alles dar, was innerhalb des Ganzen enthalten ist. Es ist die harmonische Integration des Irdischen und des Geistigen/Spirituellen.

Der 22. Buchstabe Tav ist der letzte hebräische Buchstabe und stellt die Energien der Vollendung dar.

Das hebräische Symbol ist ein Kreuz, von Kabbalisten als „Licht der Ausdehnung" interpretiert, denn es dehnt sich endlos in alle Richtungen aus. Die wörtliche Bedeutung ist „Zeichen" oder „Hinweis". Es ist das Zeichen der Wahrheit.

Tav wird dem Bereich des Tempels zugeordnet, es zeigt die Wechselwirkung, mit anderen Worten gegenseitiger Vorteil insofern, weil sich alles vereint. Alle Richtungen kommen zusammen, alle Elemente verbinden sich und alles ist darinnen enthalten. Es kann auch als der Mikrokosmos betrachtet werden, der die Summe von allen enthält und Bewusstsein aller möglichen Ergebnisse ist.

Der Buchstabe Tav hat die Herrschaft über „Gnade", die Polarität ist Schönheit/Hässlichkeit. Das weist auf den weiten Bereich der Erfahrung hin, den die Seele vollständig akzeptieren muss. Alle Aspekte des Lebens werden nun als Teil des Ganzen gesehen.

Die 22 ist gepaart mit der 4 und bedeutet, dass die Fülle in der Vollendung enthalten ist. Anders als die anderen Kombinationsenergien ist die 22 einzigartig auf dem Gebiet, auf dem wir uns mit den positiven Aspekten dieses Zahlpaares befassen.

Verkörperung der positiven Aspekte

Wenn die positiven Eigenschaften der 22-4 vorhanden sind, sind diese Menschen sehr unabhängig und wissen um ihre Bestimmung und ihr Ziel. Sie sind unglaublich begabt und sehr kreativ, für welche Richtung auch immer sie sich entschieden haben und meist sehr perfekt und versiert auf einem bestimmten Bereich. Im irdischen Aspekt haben sie normalerweise eine „vollendete" Fähigkeit oder Fertigkeit in Bereichen wie Wissenschaft, Musik, Kunst, dem Schreiben oder in irgendeinem Wissensbereich. In der Praxis weist das auf eine viel höhere Fähigkeit in einem besonderen Bereich hin, als das im Durchschnitt der Fall ist.

Sie haben ein angeborenes Verständnis für die Naturgesetze und den Code des Lebens, der ihnen erlaubt, schöpferisch tätig zu sein. Einige der kreativsten Menschen der Geschichte haben dieser Energie Ausdruck verliehen.

Mit dem Mund als zugeordnetem Körperteil der Seele ist Redekunst eine andere Schlüsselfunktion. Darum sind sie überzeugende und charismatische Redner in jedem Beruf oder Bereich des Lebens.

Verwirklichung der spirituellen Talente bedeutet innere Vollständigkeit. Sie haben meist Verstand, Körper und Geist integriert und können mit jeder Herausforderung unterschiedlicher Art umgehen und auf vielen verschiedenen Ebenen arbeiten.
Das gibt ihnen großes Vertrauen und Glauben, wie die Redensart sagt: „Glaube kann Berge versetzen".

Als Heiler können sie sich der Gnade öffnen, die viele Situationen transformieren kann. Sie haben die Fähigkeit, Erfolg und Freude mit anderen zu teilen.

Diese Energie symbolisiert einen Tempel, in dem alles integriert ist; das Gute, das Böse und das Hässliche, alles ist Licht – das ist Seelenwissen. Dies erfordert ein hohes Maß an Akzeptanz. Es ist noch selten, dass jemand vollständig Zugang zu diesen Energien hat, ob sie in ihrem Seelenplan enthalten sind oder nicht, doch wenn das so ist, könnte man sagen, ihre Seele sei vollkommen, weil diese Energie die Pforte symbolisiert, die uns zurück in die Einheit des Ganzen führt.

INTEGRIEREN VON VERSTAND, KÖRPER UND SEELE

Als Kind hatte Freddy eine unersättliche Lust auf Lesen, Musik und Sprachen. Im College beschäftigte er sich mit Schauspiel, Schreiben, Inszenierung und Regie. Im Grunde genommen war er ein Alleskönner und es schien, als wäre die Welt seine Bühne. Nachdem er sein College beendet und zwei erfolgreiche Aufführungen geschrieben und produziert hatte, die großen Beifall bekamen, fiel er in eine schwere Depression. Während dieser Zeit, die viele seiner Pläne lahmlegte, verbrachte er viel Zeit, seine Seele zu erforschen. Das ging ein paar Jahre so. Die meiste Zeit davon verbrachte er im fernen Osten, um herauszufinden „wer bin ich und was bin ich". Schließlich kam er wieder zurück, ziemlich verändert durch diese Erfahrungen.

Er hat seine Talente enorm erweitert und gelernt, seinen seelisch-geistigen Zustand ins Gleichgewicht zu bringen. Nun ist er unabhängiger, sucht weniger nach Bestätigung, ist weniger zerstreut und insgesamt viel optimistischer und freier geworden.

Auf einigen Gebieten ist er jetzt noch erfolgreicher als je zuvor. Eine seiner Schriften wurde als Drehbuch zu einem Film verwendet. Seinen Einfluss und seine Kontakte benutzte er als Sprungbrett für eine Anzahl von Dingen, die ihm am Herzen liegen. Das half zu einem kleinen, aber wichtigen Teil mit, die Öffentlichkeit über psychische/seelische Gesundheitsthemen zu informieren.

Viele Menschen beschreiben Augenblicke während einer kreativen intensiven Phase als „in der „Zone" sein. Gelegentlich kann es sich anfühlen, als wäre die Aufgabe sogar schon während des Prozesses vollendet. Für die 22-4 ist es leicht möglich, sich in diesen Zustand zu versetzen.

Sie haben dieses magische Flair und es scheint fast, als müssten sie es nicht „lernen", sondern sich nur daran zu „erinnern", wenn es etwas zu produzieren oder zu erreichen gilt.

Erfahrung der Herausforderungen

Viele Wunderkinder und auch all jene, die Zugang zu ihrer Begabung haben, besitzen diese Energien. Viele, die schwere Seelenqualen und Gesundheitsprobleme erleben, sind auf den Bereich der Herausforderung dieser Energie gestoßen. Natürlich kann eine Person alle Bereiche und beide Seiten der Münze erfahren.

Ich habe Menschen mit einer 22-4 in beiden Positionen der Herausforderungen getroffen, die nur sehr leichte Lektionen hatten, wenn überhaupt. Wie auch die Energie der 10-1 können in der Position der Herausforderungen nur wenige Lektionen enthalten sein. Wenn aber die Herausforderung heftig ist, was zwar selten ist wie auch bei der 10-1, kann das extrem hemmend sein und Kraft kosten. Wie bei allen Herausforderungen ist oft die unterschiedliche Stärke der Schwierigkeiten von der Akzeptanz und dem Bewusstsein des Einzelnen abhängig.

SPIRITUELLER ÜBERGANG

Früher war es üblich, dass junge Menschen Abenteuer und Spiritualität in Indien suchten. Das stimmt zum Teil noch immer, obwohl sich dort in den letzten Jahren viel verändert hat. Als Kevin zu mir kam, war er schon einige Zeit auf dem „spirituellen Weg", arbeitete aber immer noch an der Herausforderung der 22-4, die hartnäckig sein kann. In seinen frühen 20er Jahren hatte er als Teil seiner spirituellen Suche Indien besucht. Er war über den krassen Widerspruch schockiert zwischen der Armut und der Kulisse der verschwenderischen Paläste, der ehrfurchtgebietenden Landschaft und den Anzeichen eines Landes, das die Modernisierung des 20. Jahrhunderts begrüßte. Doch er wurde erst auf seiner spirituellen Suche mit der *Herausforderung* der 22-4 konfrontiert.

Einige Zeit verbrachte er in einem Ashram und lernte eine Meditationstechnik. Erst mühte er sich mit dieser Technik ab, eines Tages aber ließ er irgendwie los und machte eine machtvolle und beseeligende Erfahrung. Als er später versuchte, sich diese Erfahrung logisch zu erklären, schloss er daraus, dass alles und alle an diesem Ort wunderbar sind – das musste Erleuchtung sein.

Infolge dieser wunderbaren und aufregenden Erfahrung verließ er den Ashram und verströmte wohl etwas von dem Duft, den diese Erfahrung begleitet.

Bald traf er auf einige Mitabenteurer, die ihn zu einer Zeremonie in der Nähe eines abgelegenen Dorfes einluden. Immer noch unter dem Einfluss dieses beseeligenden Erlebens war er begeistert von der Möglichkeit für weitere derartige Erfahrungen.

Als sie ankamen, hatte die Zeremonie bereits begonnen und er öffnete sich für die Gelegenheit einer schönen, freudigen und heiligen Zeremonie, die seine meditativen Erfahrungen fördern würden. Aber er bekam etwas ganz anderes.

Was zuerst noch als ziemlich normale Zeremonie begann, schlug plötzlich um in einen „wilden Blutrausch" mit der Opferung von Tieren und die Menschen veränderten sich und benahmen sich auf eine Art, wie er es noch nie zuvor erlebt hatte. Die Anhänger und Anbeter fielen in eine Gruppentrance und zeigten eine ganz andere, viel verdorbenere Seite menschlichen Verhaltens. Das war ein Kontrast zu der strengen und genügsamen Umgebung, die er im Ashram erlebt hatte. Seine restlichen Glücksgefühle verwandelten sich in Furcht, Entsetzen und Ekel.

Die Herausforderung für Kevin war, seine ganzen Erfahrungen zu integrieren - das Gute, das Schlechte und das Hässliche, denn alles ist Teil der gesamten Manifestation von ALLEM WAS IST. Das ist wirklich eine der größten Herausforderungen, weil es ein gewaltiges Maß an Akzeptanz erfordert.

Man könnte sagen, es braucht eine weit entwickelte Seele, um so etwas zu schaffen. Um das zu erreichen, braucht es den Prozess des Loslassens, um schließlich in den Bereich der Akzeptanz zu kommen. Die Hauptherausforderung ist die Annahme der Polaritäten. Du hast vieles gesehen, bist vieles gewesen und weißt, du musst alles annehmen, denn alles ist ein Teil von dir. Um alles anzunehmen, was in Erscheinung tritt, muss man beide Enden des Spektrums akzeptieren und erkennen, dass alles Teil des Ganzen ist.

Es ist möglich, dass es einige Menschen gibt, deren Seelenplan diese Energie in der Herausforderung zeigt, bei denen bereits ein hoher Grad an Selbst- und universeller Akzeptanz erreicht ist. In so einem Fall wird die Herausforderung milder ausfallen und sie werden rascher erkennen können, dass sie hier sind als dienende Seelen. Andere wiederum können als gequälte Seelen erscheinen und natürlich gibt es hier wie in jeder Herausforderung viele Abstufungen dazwischen.

Das zentrale Thema liegt in der Versöhnung der Gegensätze in der Einheit. Auf einer Ebene gibt es zumindest eine unbewusste Erkenntnis, dass sie letztlich eins sind mit allem und jedem. Auf einer anderen Ebene hingegen fühlen sie sich als getrenntes Wesen und deswegen wie von „Gott" verlassen. Die Welt, in der sie sich befinden, ist eine Welt der Gegensätze, gut und schlecht, hell und dunkel, usw., die der menschliche Verstand als schön oder hässlich bewertet.

Was ist schön und was ist es nicht? Diese Frage wird in der Philosophie gestellt, bekannt als Ästhetik. Es ist eine Frage, die die 22-4 in den Herausforderungen dieser Inkarnation im Detail erkunden wird. Letztlich geht es um die Akzeptanz von allem im Leben. Beispielsweise müssen viele Menschen mit irgendeiner Art äußerer körperlicher Verunstaltung umgehen, bis sie erkennen, dass wahre Schönheit von innen kommt.

Doch sehr oft akzeptieren sich Menschen mit dieser Herausforderung nicht. Es gibt unterschiedliche Stufen wie Selbsthass, Selbstverachtung und einen völliger Mangel an Selbstannahme. Dieser Mangel an Selbstakzeptanz kann zu einer unbewussten oder sogar bewussten Abneigung führen, auf irgendeinem Gebiet etwas zu erreichen. Sie fühlen sich nicht wert dazu.

In der irdischen Herausforderung kann sich die kreative Blockade auf die Karriere auswirken, weil ihnen das Ziel oder die Richtung fehlt.
Bei Künstlern kann sich die Blockade auf den künstlerischen Ausdruck beziehen (der Mund steht als Zugang zur 22).

Obwohl sie sich nach außen hin arrogant zeigen, fühlen sie bewusst oder unbewusst, dass sie nichts Wertvolles beizutragen haben und deshalb kapseln sie sich zeitweise ab. Auf einer seelisch-körperlichen Ebene kann die kreative Blockade manchmal so tief sein, dass es ihre Zeugungsfähigkeit beeinträchtigt und sie keine Kinder haben können.

Auch wenn sie äußerlich vielleicht übertrieben selbstbewusst und manchmal verantwortungslos sind, kann diese Nicht-Akzeptanz innerlich viel Qual verursachen. Oft fühlen sie sich verfolgt und können gequält aussehen. Es scheint, als ob sie ständig mit ihren Problemen und Dämonen zu ringen haben und sie können geistig verwirrt und labil sein.

In der spirituellen Herausforderung kann für einige wenige die Gefahr eines verfälschten spirituellen Erwachens bestehen.
Das kann geschehen, wenn die Vorstellung der Einheit, oder was auch immer sie dafür halten wie das Christusbewusstsein, durch Kundalini-Energie ausgelöst wird oder durch eine energetische, spirituelle oder eine Drogen-Erfahrung. Der paradoxe Zustand des Erkennens der Einheit, während sie noch getrennt sind, birgt die Gefahr, dass sie in sehr seltenen Fällen einen Messias-Komplex bekommen. Sie halten sich für Jesus Christus, Buddha oder eine Art von Messias.

Auch wenn das nicht allzu bekannt sein mag, befinden sich viele mit solchen Wahnvorstellungen in der Psychiatrie. Doch es gibt auch viele, die ein normales Leben führen und dennoch Wahnvorstellungen haben, denn es gibt die unterschiedlichsten Arten und viele finden ihren Weg zum spirituellen Bereich. Die Energie der 22-4 kann ihnen oft den Zugang zu energetischen Fähigkeiten oder Siddhis verschaffen, sie können sogar eine berauschende energetische Umgebung schaffen und wirklich sehr charismatisch sein. Natürlich ziehen sie auch Anhänger an, die ihre Wahnvorstellungen weiter ankurbeln.

Einige in diesem Zustand eines „erleuchteten Egos" sind ziemlich harmlos, andere wiederum können enorm arrogant, übertrieben selbstsicher, völlig verantwortungslos und schlimmstenfalls vielleicht sogar gefährlich werden, wenn sich ihr Ärger gegen die richtet, die nicht an eine solche Selbstverherrlichung glauben. Ein archetypisches Muster oder der Missbrauch aus einer alten Inkarnation könnte hier eine Rolle spielen.

Der schwierige Teil, der verstanden werden muss, ist, wenn man wirklich das Ego losgelassen hat, dass es keine Persönlichkeit oder irgendeinen Zustand wie Erleuchtung gibt, weil es kein Ich mehr gibt, das das erfahren kann.
In der wahren Befreiung gibt es kein Individuum mehr und deshalb ist niemand besser, schlechter oder letztlich anders als der andere. Das ist die Erkenntnis in dieser Herausforderung.

Mögliche einschränkende Glaubensmuster

- Ich bin unwürdig...
- Das Göttliche hat mich verlassen...
- Ich bin hässlich...
- Ich bin ein Fehler...
- Ich bin fehlerhaft...
- Ich kann nicht/sollte keine Kinder haben...
- Ich bin schlecht...

Gesundheit

Die *Herausforderung* der 22-4 kann manchmal auf eine grundlegende kreative Blockade hinweisen. Der kreativste Akt kann die Zeugung eines anderen menschlichen Wesens sein. Obwohl das nur einige wenige auf der körperlichen Ebene betrifft, kann Zeugung und Sexualität ein Thema für sie sein. Aufgrund verschiedener körperlicher Ursachen können sie Schwierigkeiten haben, zu empfangen oder sie wünschen sich ein Kind, finden aber nicht den richtigen Partner. Einige wollen zuerst überhaupt keine Kinder, andere haben kein Gefühl dafür oder sind blockiert.

Manche, die sich Kinder wünschen und es aus irgendeinem Grund nicht klappt, können natürlich viel Herzeleid erfahren und müssen die schwierige Herausforderung akzeptieren lernen. Ich habe mit Klienten an diesem Thema gearbeitet und auch Freunde gekannt, die entgegen der ursprünglichen Diagnose doch noch Kinder bekamen, nachdem sie ihre Herausforderungen durchgearbeitet und das Thema akzeptiert hatten, obwohl das nur Einzelfälle waren.

Ein anderer Bereich der Kreativität ist Rhetorik und der stimmliche Ausdruck (der Mund ist der zugeordnete Körperteil). In der Herausforderung der 22-4 habe ich jedoch einige getroffen, die Sprachschwierigkeiten wie Stottern oder Sprachfehler hatten. Es ist in dieser Herausforderung nicht ungewöhnlich, eine Blockade in der Kehle im Bereich des Kehl-Chakras zu entdecken, die ausgeglichen werden muss.

Weil das die Lektion von Schönheit und Hässlichkeit ist, können einige mit körperlichen Verunstaltungen oder vermeintlichen Mängeln geboren werden, die Unsicherheit verursachen.

Für viele ist dies eine Gelegenheit, ihre innere Schönheit zu finden. Wenn sie aber mit ihrem Zustand nicht zurechtkommen, kann das in unserer vom Schönheitswahn besessenen Kultur viel Stress und eventuell auch körperliche Beschwerden auslösen.

Im Bereich der geistigen Gesundheit kann die 22-4 ernsthafte Herausforderungen mit sich bringen, auch wenn das eher selten ist. In schwierigen Fällen sehen die 22-4er irgendwie gequält aus und kämpfen solange mit ihren persönlichen Dämonen, bis sie die Herausforderung durchgearbeitet haben. Bei einer Minderheit besteht auch die Gefahr einer wahnhaften Selbstverherrlichung, wie bereits in den Herausforderungen beschrieben.

Überwindung der Herausforderungen und Aktivierung der Talente und Ziele

Verbunden mit dieser *Herausforderung* ist oft bewusst oder unbewusst ein starkes Gefühl der Trennung. Deshalb kann sie auch eine der schwierigsten sein und in schwerwiegenderen Fällen zu psychischen Gesundheitsproblemen führen. Je nach Schweregrad gibt es oft viele innere Wunden und sie fühlen sich gequält oder innerlich getrieben.

Alles, was dazu beitragen kann, sie wieder mit Spiritualität, Einheit und mit „allem was IST" zu verbinden, hilft den Zustand zu lindern. Zur Heilung eignen sich je nach Bedarf Beratung, geführte Meditation und spirituell orientierte Therapien wie Seelen Rückholung/ Soul Retrieval* und Befreiung und Reinigung der Energie. Wenn sich während der Therapie herausstellt, dass es „abgeschnittene" oder „tote Teile" oder „verleugnete" Aspekte gibt, wird Voice-Dialogue* oder Familientherapie empfohlen.

Wenn es um Themen der Fruchtbarkeit oder Empfängnis geht, können bewusste Empfängnis*/ Conscious Conception* und Übungen aus dem Tantra den spirituellen Aspekt der Sexualität erhöhen. Ein Kind zu bekommen, ist ein wichtiger Teil der Kreativität. Und obwohl ich das nicht als Heilverfahren beanspruchen würde, habe ich Feedback und die Bestätigung von einigen meiner Klienten, dass Hypnosetherapie eine sehr wichtige Rolle bei einer erfolgreichen Empfängnis gespielt hatte, obwohl zuvor Schwierigkeiten festgestellt wurden.

Hypnosetherapie, die sie wieder mit ihrer latenten Kreativität verbindet, kann auch bei kreativen Blockaden von unschätzbarem Wert sein und wenn sie zusammen mit Heilung und dem Ausgleich der Kehlenergie (Kehl-Chakra) verbunden wird, hilft das den vorher blockierten rhetorischen Fähigkeiten.

HEIL-AFFIRMATION

Lerne es auswendig und wiederhole es oft:

Ich bin vollkommen mit dem Göttlichen, meinem Höheren Selbst und der unendlichen Weisheit der Quelle verbunden. Ich bin ein Funke des Göttlichen, manifestiert im Sein. Ich bin eins mit dem Einen. Ich bin DAS... Ich bin...

Selbsthilfemethoden

Um deine Kreativität zurückzugewinnen, musst du dir genügend Zeit und Raum geben und zulassen, dass sich Ideen und Inspiration zeigen können. Es gibt viele Möglichkeiten, den kreativen Fluss zu öffnen.

Die folgenden Methoden sind nur einige Beispiele zur Anregung, um eine Brücke zu bauen als Verbindung zur Kreativität deiner Seele: das Schreiben eines Blogs oder Tagebuchs, spontanes Tanzen, ein Musikinstrument lernen, Kunsttherapie.

Um den kreativen Prozess in Gang zu bringen, können Kunstworkshops* oder kreatives Schreiben sehr helfen, auch Kunstausstellungen können anregen und inspirieren.

Einige der 22-4er möchten sich vielleicht in der Philosophie in den Bereich vertiefen, der bekannt ist als „Ästhetik". Hier wird die philosophische Frage angesprochen „Was ist wahre Schönheit?" –, was für einige mit dieser *Herausforderung* zuoberst auf der Liste stehen könnte.

Bücher über östliche und westliche Philosophie werden für alle mit der 22-4 ebenfalls empfohlen, weil diese Energie die höheren Fragen des Lebens enthält. Auch Literatur hilft, die auf die völlige Akzeptanz der Wirklichkeit hinweist, (z.B. Advaita, und einige taoistische Lehren wie solche von Lao Tse).

Hilfreich ist eine ausgewogene Praxis, die dich wieder mit einem Gefühl für Spiritualität verbindet, denn mit dieser *Herausforderung* ist es möglich, dass man sich sehr blockiert und abgeschnitten fühlt. Geeignete Methoden für die einen sind beispielsweise Yoga- oder Meditationskurse, für andere hingegen eine tiefere Verbindung mit der Natur.

*Siehe Wörterverzeichnis, Seite 335.

Vorschläge für Bachblüten

Zitterpappel (Aspen) beruhigt das Gefühl von Verfolgung.
Esskastanie oder Edelkastanie (Sweet Chestnut) zeigt dir, dass dich das Göttliche nicht verlassen hat, auch wenn du dich abgeschnitten fühlst und innere Qualen leidest.
Schottische Kiefer (Pine), um deinen wirklichen Wert zu erkennen und ihn nicht zu leugnen.
Weinrebe (Vine) hilft eine Inspiration für andere zu sein durch dein Vertrauen und deine Sicherheit, anstatt sie zu dominieren.
Einjähriger Knäuel (Scleranthus) hilft dich zu konzentrieren, wenn du zerstreut bist.
Walnuss (Walnut) schützt dich vor negativen Gedanken, Ideen und Verhalten und hilft Änderungen in deinem Leben vorzunehmen.

✡ 22 Tav — Abschluss und Vollendung ✡

ERINNERE DICH, DEINE TALENTE SIND DER DREHPUNKT ZWISCHEN DEN HERAUSFORDERUNGEN UND DEN ZIELEN. DIE VERWIRKLICHUNG DEINER WELTLICHEN UND SPIRITUELLEN FÄHIGKEITEN WIRD DIR HELFEN, DEINE HERAUSFORDERUNGEN ZU ÜBERWINDEN UND DEINE ZIELE ZU ERREICHEN!

Seelenbestimmung, Ziel und Transzendenz

In der fortgeschrittenen Sichtweise von Seelenentwicklung kann eine Seelenbestimmung mit der 22 das Ende eines Zyklus der Pflicht-Inkarnationen auf der Erde symbolisieren.

Auf der bewussten Ebene kann das auf eine reine Dienstinkarnation hinweisen, gewidmet der Erweiterung des Bewusstseins und der Erkenntnis der zugrundeliegenden Frequenz bedingungsloser Liebe. Das kann viele Formen annehmen, aber besonders in der Seelenbestimmung ist es wahrscheinlich, dass sie größere Veränderung bewirken und viele Menschen beeinflussen.

In einigen zeitgenössischen spirituellen Kreisen werden diese Energien als die Christus-Frequenzen und die Energien der bedingungslosen Liebe beschrieben. Unterschiedliche Traditionen werden das auf unterschiedliche Weise interpretieren. Im Buddhismus gibt es das Konzept des erleuchteten Wesens, das, nachdem es persönliche Freiheit erreicht hat, dennoch wählt zurückzukehren, um mitzuhelfen andere Wesen zu befreien. In der christlichen Tradition gibt es ein ähnliches Konzept, aber mehr mit einer Opferhaltung, indem Jesus Christus sein Leben opfert, um für andere zu sühnen und ihnen zu helfen. In beiden Fällen sagt die Lehre, dass es keine weitere Inkarnation braucht, damit die Tradition weiterhin wirkt.

Die Fähigkeit hier ist, auf der höchsten Ebene zu lehren. Das bedeutet, eine universelle Botschaft des Bewusstseins der Einheit zu übermitteln wie die Doktrin bedingungsloser Liebe. Das kann durch viele Mittel erreicht werden und auch wenn Religion in der Vergangenheit ein Werkzeug war, kann vielleicht das Medium der Zukunft Musik oder moderne Kommunikation sein.

Aus der transzendenten Sicht ist Tav (22) zu Alef (1) zurückgekehrt. Es geht darum, zum „Einen" zurückzukehren – Rückkehr zu Alef, den Kreis zu vollenden und wieder eins zu werden mit der Quelle. Tav, der letzte Buchstabe kehrt zu Alef, dem ersten Buchstaben zurück.

Obwohl diese Energie im Innersten diese letzte Befreiung symbolisiert, ist sie als Energie und Möglichkeit in unserer Wirklichkeit da, ob wir nun die 22-4 haben oder nicht. In dieser Position könntest du jedoch sagen, dass es der höchste Ausdruck dieser Seele als ein bewusster Mitschöpfer mit der Einheit des Ganzen ist.

SEELENBOTSCHAFT

Nimm dir Zeit, dich zu entspannen und dann wiederhole drei Mal oder denke einfach darüber nach:

Die Illusion der Trennung endet. Leben und Tod haben keine Polarität.
Es wird erkannt, dass es niemals etwas gab außer vollkommener Liebe.

ZUSÄTZLICHE REGELN, EIGENARTEN UND ÜBERPRÜFUNGEN

Wenn du die vorausgegangenen Kapitel gelesen hast, wirst du dich mit den Energien deines Seelenplans vertraut gemacht haben. Manchmal solltest du aber einige zusätzliche Muster, Eigenarten und Regeln beachten, die ich bis jetzt nicht erwähnt habe, um den Prozess am Anfang nicht zu erschweren. Bitte lies diesen Abschnitt, um zu sehen, ob einiges davon für dich zutrifft, weil es Informationen für dich sein könnten, die dir zu einem besseren Verständnis helfen. Im Abschnitt: häufig gestellte Fragen (siehe Seite 000). gibt es zusätzliche Informationen.

MEHRFACHE ENERGIEN

Gleiche Zahlen/Symbole in Herausforderung und Talent sowie in demselben irdischen oder spirituellen Bereich

Wenn du dieselben Zahlen in der Herausforderung, im selben Talent und im gleichen Bereich hast, also entweder irdisch oder spirituell, z.B. die 3-3 in der irdischen Herausforderung und im irdischen Talent, dann ist das ein Zeichen, dass du gut ausgerüstet bist, um deine Herausforderungen zu überwinden. In gewissem Sinn hast du das perfekte Gegenmittel. Allerdings besagt das nicht, dass dies automatisch geschieht. Es hängt davon ab, wie du dein Talent nutzt und auch wie stark die Herausforderung gewesen ist.

Gleiche Zahlen/Symbole im Talent und Ziel sowie in demselben irdischen oder spirituellen Bereich

Wenn du dieselben Zahlen im Talent wie im Ziel hast und auch in demselben Bereich, also irdisch oder spirituell, z.B. die 3-3 im irdischen Talent und im irdischen Ziel, dann bedeutet das, dass du die Fähigkeit hast, deine Ziele in diesem Bereich zu erreichen und das wird wahrscheinlich auch dein Schwerpunkt und Ausdruck sein.

Gleiche Zahlen/Symbole in den irdischen und spirituellen Herausforderungen

Wenn die *Herausforderungen* in beiden Bereichen identisch sind, also die gleichen Zahlen haben, musst du so viel deines Potentials verwirklichen wie möglich und es gut nutzen, um die sehr heftige *Herausforderung* zu überwinden.
Manchmal weist diese Anordnung auf einen besonderen Bereich hin, den die Seele verfeinern oder beherrschen möchte und da du eine doppelte Dosis derselben

Energie hast, ist sie sehr stark. Zuweilen wirst du bereits Zugang zu deinen *Talenten* bekommen, bevor du die Herausforderungen ganz durchgearbeitet hast. Zum Beispiel kann jemand mit einer 7-7 in beiden *Herausforderungspositionen* trotzdem die magnetische Qualität dieser Energie ausstrahlen, obwohl er sich gleichzeitig verstecken möchte.

Zu diesem Thema schauen wir das Beispiel von Alexander Graham Bell in Teil 4 Seite 315 an. Es kann sein, dass die *Herausforderung* sehr groß ist, aber die potenzielle Kraft kann sich ebenfalls verstärken, wenn alles durchgearbeitet ist.

Gleiche Zahlen/Symbole in der spirituellen Herausforderung und den irdischen Zielen

Wenn du dieselben Zahlen in den *spirituellen Herausforderungen* und irdischen Zielen hast, musst du sehr oft erst deine spirituellen Herausforderungen durcharbeiten, bevor du wirklich in das volle Potenzial der Energie deiner *Ziele* kommen kommst. Manchmal kann das etwas länger dauern. Wenn du es jedoch tust und weil die Energie ja zweimal in deinem Chart erscheint, könnte eine stärkere Kraft entstehen als die, die wir gewöhnlich bei jemand sehen.

Gleiche Zahlen/Symbole in den Herausforderungen und Zielen in demselben irdischen oder spirituellen Bereich

Wenn du in den *Herausforderungen* und den *Zielen* dieselbe Energie/Zahl hast, ist das Gefühl vorhanden, dass du sie durcharbeiten und erreichen kannst, auch wenn das nicht einfach sein wird, denn der Anreiz und die Möglichkeit zur Verwirklichung werden sehr stark sein.

Gleiche Zahlen/Symbole in den Herausforderungen und der Seelenbestimmung

Dasselbe gilt auch, wenn du dieselbe Energie in den *Herausforderungen* und der *Seelenbestimmung* hast. Obwohl es nicht einfach sein mag, sind die Einsicht und das innere Wissen vorhanden, dass dies durchgearbeitet und erreicht werden muss und die Motivation und die Möglichkeit zur Verwirklichung dafür werden sehr stark sein.

DOPPELZAHLEN

Wenn Doppelzahlen in einem *Seelenplan* überwiegen, z.B. 3-3, 4-4, 7-7, usw., kann dies auf eine starre und unbewegliche Ausdrucksform hinweisen, die Unsicherheit erkennen lässt. Wenn in einem Chart nur doppelte Zahlen vorhanden sind, kannst du dich auf einem vorgezeichneten Lebensweg befinden und dein Ausdruck erscheint festgelegt.

Doppelte Zahlen in den *Herausforderungen* können sehr intensiv sein, aber du hast das Gefühl, dass du da durch musst. Doch wenn du dich darauf konzentrierst, kann es sich zu einer Stärke verwandeln, wenn du dich stärker mit deiner *Seelenbestimmung* verbunden hast. Am Anfang ist es ideal, eine Mischung aus beiden, also Doppelzahlen und Kombinationszahlen zu haben.

KOMBINATIONSZAHLEN

Wenn ein Seelenplan hauptsächlich aus Kombinationszahlen besteht, z.B. 12-3, 13-4, 14-5, 15-6, usw., kann das bedeuten, dass du zu viele Wahlmöglichkeiten oder Richtungen hast, die dich ablenken könnten. So kann es sein, dass du dich zeitweise verwirrt fühlen könntest. Die Ausrichtung zu behalten, kann damit ein besonderes Thema für dich sein. Wenn du dich aber mehr deiner Seele zuwendest, kann sich diese Vielfalt von Wahlmöglichkeiten auch in Stärke umwandeln. Als Ausgangsposition (Geburtschart) ist es ideal, eine Mischung aus Doppel- und Kombinationszahlen zu haben.

Wenn dein Name sehr lang ist, kann auch das zu viele Richtungen anzeigen. Das bedeutet, dass du in vielen Bereichen Fähigkeiten hast und viele Erfahrungsmöglichkeiten, aber du hast Schwierigkeiten, dich zu konzentrieren, weil du dich abgelenkt fühlst. Mit zu kurzen Namen könntest du dich eingeschränkt und unsicher fühlen, obwohl sie viel Kraft in bestimmten Bereichen aufweisen können. Alles kann sich in Stärke wandeln, sobald du dich mit deiner *Seelenbestimmung* verbindest.

Voraussetzung für die Verwirklichung einiger spiritueller Talente

Obwohl das im gewissen Maße für alle *spirituellen Talente* gilt, gibt es ein paar, die im ersten Teil des Lebens eine starke Grundlage brauchen, um sich zu entwickeln: Wenn es eine 11-2 in den spirituellen Talenten gibt, braucht man einige Erfolge im irdischen Bereich.
Das bedeutet, erst eine *Herausforderung* zu überwinden, ein *Ziel* zu erreichen und innere Stärke aufzubauen, bevor das spirituelle Talent erfolgreich aktiviert werden kann. Dasselbe gilt, wenn eine 2-2 in den *spirituellen Talenten* steht. Auch da mag eine wichtige Lebenserfahrung im irdischen Aspekt erforderlich sein, wie das Durcharbeiten der Herausforderungen oder ein Ziel erreichen, um zur vollen Weisheit, innerer Flexibilität und Belastbarkeit dieser Energie zu kommen.

MEISTERZAHLEN

Die Zahlen 3, 7, 12, 13 und18 sind Meisterzahlen. Die 22 wird universell auch als eine Meisterzahl anerkannt. Je nach Position in deinem Plan können Meisterzahlen, wenn sie aktiviert sind, zusätzliche Kraft bringen. Wenn sie in den Positionen der *Herausforderungen* stehen, kann man sagen, deine größte Herausforderung kann zu deiner größten Stärke werden.

Bei einigen Energien in den *Herausforderungen* ist es wichtiger, die Energien durchzuarbeiten, zu reinigen und zu klären, damit du die Energien deiner anderen Talente, Ziele und der *Seelenbestimmung* nutzen kannst. In einem ausgerichteten *Seelenplan* spielen die Meisterzahlen wahrscheinlich eine größere Rolle, wenn sie in *Herausforderungen* erscheinen und bis zu einem gewissen Maß durchgearbeitet worden sind. Wenn ein Chart aus vielen Meisterzahlen besteht, sind viele Fähigkeiten vorhanden und ein großes Potential für den Dienst.

Ein Chart mit mehreren 10-1ern, z.B. drei oder mehr, egal in welcher Position, oder eine Kombination von 10-1, 18-9 oder 22-4 in den *Talenten* oder *Zielen* weist manchmal auf eine hochentwickelte Seele hin, die hergekommen ist, um als Meisterseele zu dienen. Natürlich kann das auch für andere Energiekombinationen stimmen, aber es ist ein Zeichen für die bereits innewohnende Vollkommenheit und Endgültigkeit dieser Energien.

Dasselbe gilt auch für eine dominante Schwingung, wenn die Zahl 10 oder höher ist, z.B. 4x eine 10-1. Auch das deutet auf eine sehr hoch entwickelte Seele hin, besonders wenn es sich um die Zahlen 10, 18 und 22 handelt, was aber ziemlich selten ist.

FAMILIENMUSTER

Es ist nicht ungewöhnlich, dieselben Energien bei mehreren Mitgliedern einer Familie zu sehen. Es ist, als würden sie alle als Gruppe oder Seelengruppe eine besondere Energie durcharbeiten und dasselbe Muster erfahren. Gemeinsame Energiemuster habe ich auch bei Musikbands und anderen Gruppen festgestellt, die sich zusammengefunden haben, um ein gemeinsames Projekt zu erschaffen.

Wenn das Kind dieselbe *Herausforderung* wie ein oder beide Elternteile hat, kann das auf ein gemeinsames Familienmuster hindeuten. Doch manchmal kann es auch eine weniger schwierige Erfahrung für das Kind sein, weil die Eltern sie bereits teilweise durchgearbeitet haben.

KOMBINATIONSBUCHSTABEN ZWISCHEN DEN NAMEN

Wenn du einen Namen hast, der zwischen den Namen einen Kombinationsbuchstaben wie zum Beispiel Eliott Abrahams, also „Eliott Abrahams" hat, eine „TA" Kombination, kann es genauer sein, die beiden Buchstaben einzeln zu rechnen. In diesem Fall wäre es ein „T" und ein „A" statt des Kombinationsbuchstabens TA. Normalerweise ist der Kombinationsbuchstabe korrekt, aber du kannst es mit Hilfe eines „Vergleichs-Chart" überprüfen. (Siehe nächste Seite)

VERGLEICHS-CHART

Wenn es aus irgendeinem Grund eine unterschiedliche Buchstabierung im Namen gibt, sollten zwei Charts als Vergleich gemacht werden. Nun vergleiche die beiden Charts genau miteinander. Es ist besonders wichtig, die zwei Herausforderungen und irdischen Teile des Charts zu verstehen, um zu beurteilen, welches Chart passender ist. Schau zuerst die Herausforderungen an und ob du sie verstehen kannst. Wenn die Herausforderungen auf beiden Charts dieselben sind, kannst du auch die irdischen Ziele oder andere Positionen überprüfen, ob du da eine Resonanz spürst. Wenn das eine Chart z.B. eine 8-8 in den irdischen *Herausforderungen* hat und das andere eine 6-6 in den irdischen *Herausforderungen*, lies beide Beschreibungen dieser Zahlen. Um den richtigen *Seelenplan* zu finden, richte dich einfach danach, welche Herausforderung oder welches ganze Chart sich besser für dich anfühlt. Trau deiner Intuition...

KOMPASS-PUNKTE

Einige Energien haben Richtungen und Punkte wie auf einem Kompass. Obwohl sie jeweils bei den zugeordneten Zahlen/Buchstaben/Energien aufgeführt sind, habe ich es unterlassen, zu viele Interpretationen hinzuzufügen. Sie wurden vor allem zu Meditationszwecken im *Sefer Yetzirah* verwendet. Manchmal ist das aber wichtig und gut zu wissen. Wenn du zum Beispiel die Zahl 2 in den *Herausforderungen* hast, könntest du entweder unter Höhenangst leiden oder kannst die Dinge nicht von einer höheren Warte aus betrachten. Doch solche Interpretationen sind keineswegs allgemeingültig.

UNGEWÖHNLICHE NAMEN UND ABWEICHUNGEN

Für Namen mit ungewöhnlicher Schreibweise, besonderen Buchstaben und/oder wenn der Nachname zuerst auf der Geburtsurkunde erscheint, empfehle ich, wenn möglich immer die Originalschreibweise des Namens zu verwenden[11].

Zur Erinnerung: es ist nicht nur der Klang, sondern auch die Absicht und das geschriebene Wort. Buchstaben werden als schöpferische Form in Zeit und Raum gesehen.

Sogar wenn das Wort gleich ausgesprochen wird wie „malen" und „mahlen". Wenn dies Namen wären, würden sie unterschiedlich gerechnet werden. Die meisten europäischen Namen kann man nach der Originalbuchstabierung berechnen.

DEUTSCHE NAMEN MIT UMLAUT UND NAMEN MIT AKZENTZEICHEN

Viele Deutsche Namen haben Umlaute und in vielen Ländern werden Namen mit Akzentzeichen geschrieben. Die generelle und präziseste Regel ist, den Buchstaben ohne Umlaut oder Akzentzeichen zu schreiben und ihn so zu nehmen wie er geschrieben ist.
Sollten trotzdem Unsicherheiten entstehen, kann ein Vergleichs-Chart mit z.B. ü = ue, etc. erstellt werden.

Aber auch Namen in anderen Schriftarten wie Indisch oder Japanisch können normalerweise so übernommen werden, wie sie in unserem Alphabet buchstabiert werden. Ich weiß, dass einige Numerologen andere Sprachen gerne umwandeln oder mit Wörterbüchern arbeiten. Obwohl ich ihre Genauigkeit respektiere, glaube ich, dass regionale Unterschiede in Aussprache nur ein Faktor sind, der diese Art der Umwandlung zu kompliziert und zu analytisch machen würde. Ich habe herausgefunden, dass es besser ist, nicht mit der Buchstabierung herumzuspielen.

Viel wichtiger ist die Intuition und das, was passt und in der Praxis funktioniert. Mach es so einfach wie möglich und du wirst entdecken, dass es kein falsches Chart geben kann. Denn wir erkennen, dass sogar dann, wenn wir Zweifel bei der Buchstabierung haben, die Menschen immer das zu hören bekommen, was für sie zurzeit richtig ist.

Es gibt Sprachen, die ungewöhnliche Kombinationen in der Buchstabierung haben, die keine Ähnlichkeit mit dem Deutschen haben. Als Richtlinie: sogar wenn es vorstellbar wäre, sie in Deutsch auszusprechen, vielleicht sogar mit einem Umlaut oder Akzent, bleibe wenn möglich lieber beim Original. Wenn es aber völlig anders klingt oder du intuitiv Zweifel bekommst, kannst du nach ähnlich klingenden Buchstaben suchen.

Fußnote, Seite 307

11 Ich weiß, dass es Leute gibt, die sich mit ähnlicher Arbeit befassen, die besonderen Wert auf die ähnlichste klangliche Entsprechung legen. Es gibt auch solche, die einen Namen ins Hebräische und wieder zurück ins Deutsche übersetzen. Obwohl es komplizierter ist, bin ich überzeugt, dass ein ausgebildeter Praktiker mit dieser Methode seinen Klienten eine korrekte Sitzung anbieten kann.

Du kannst den Namen aussprechen und daraus in Deutsch, so wie er klingt, ein Chart erstellen. Rechne dann beide Charts aus und vergleiche sie, wie im Abschnitt „Vergleichs-Chart" beschrieben. (Seite 307).

Ein Vergleichs-Chart ist auch nützlich, wenn du aus einem Land bist, in dem in der Geburtsurkunde zuerst der Nachname oder ein anderer steht. Du kannst dir wieder beide Versionen ansehen, den Nachnamen zuerst und umgekehrt, um festzustellen welcher genauer ist. Mit japanischen Namen habe ich zum Beispiel festgestellt, dass es meist besser ist, den Nachnamen als erstes im Seelenplan zu berechnen. Doch wenn die Person in die USA oder anderswo umzieht, wird ein „Overlay"-Chart gemacht mit dem Vornamen an erster Stelle, was einen starken Einfluss haben kann. (mehr über Overlay-Charts Seite 319).

Eine Ausnahme ist, wenn einem Namen römische Ziffern angefügt sind, die anzeigen, dass jemand der Zweite oder Dritte ist, z.B William Morris III. In solchen Fällen habe ich festgestellt, dass es am besten ist, es in Worten auszuschreiben, also „der dritte" und es im letzten Teil des Namens anzufügen. Ein anderes Beispiel ist, ob „Jr" oder „Junior" besser passt. Erstelle jedoch im Zweifel immer ein Vergleichs-Chart. (Seite 307)

ETHIK

Charts in der Öffentlichkeit zu interpretieren, wie es Astrologen in den Medien manchmal tun, ist eine offene Debatte. In diesem Buch habe ich mich darauf beschränkt, als Beispiel den Seelenplan von Menschen aufzuführen, die nicht mehr leben. Ein Argument dafür ist, dass sie öffentlichen Untersuchungen zugänglich sind. Sicherlich gibt es einen natürlichen Regulationsprozess, der zur Verbreitung dieses Stoffes führt. So möchte ich ihn nicht weiter kontrollieren. Mein persönlicher Rat ist, wenn du dir den Seelenplan von Familie, Freunden, Kunden, Partnern usw. ansehen möchtest, dies immer mit Achtung und Mitgefühl zu tun. Benutze diese Methode nicht, wenn du dir nicht sicher bist, ob deine Absicht positiv ist.

Teil 4

FINDE DAS BESTE IN DEINEM SEELENPLAN

"Du kannst nichts wissen,
was nicht bekannt ist".

John Lennon (1940-1980)

BEISPIEL DER INTERPRETATION EINES SEELENPLANS

Wenn du dieses Beispiel des *Seelenplans* anschaust, wirst du vielleicht sehen, wie sich die Energien auswirken und wie wir aus einer tieferen Interpretation passende Eigenschaften bekommen können, die zu dieser Person gehören. Das ist eine Fähigkeit, die sich sehr schnell entwickelt, wenn du möglichst viele Charts anschaust. Als Beispiel habe ich eine berühmte Persönlichkeit aus der jüngsten Geschichte gewählt, deren Leben und Beitrag vielen Menschen vertraut sein wird.

Ich werde einige Verbindungen zwischen den verschiedenen Energien hervorheben, aber um Anfänger nicht zu verwirren, machen wir die Dinge einfach. Sobald du damit anfängst, viele Charts anzuschauen und auch mit deinen eigenen Energien arbeitest, wirst du immer tiefer erkennen, wie die verschiedenen Energien verbunden sind und oft einander ergänzen. Nach einiger Zeit ist es möglich, ein unmittelbares Gefühl und eine Vorstellung dafür zu bekommen, wie die Energien des ganzen Sterns sich gegenseitig beeinflussen.

Bevor du nun die kurze Zusammenfassung liest, möchtest du vielleicht zuerst einen Blick auf den „Stern" werfen, um zu sehen, ob du bereits ein Gefühl für das Chart und die Energien bekommst. In meinen Numerologie-Kursen berichten oft viele Leute von einer energetischen Wirkung, wenn ich das Chart von John Lennon im Einzelnen erkläre.

SEELENPLAN BEISPIEL: JOHN LENNON (1940 – 1980)

Geburtsname: John Winston Lennon, Gründungsmitglied der Beatles, Songschreiber und Friedenskämpfer.

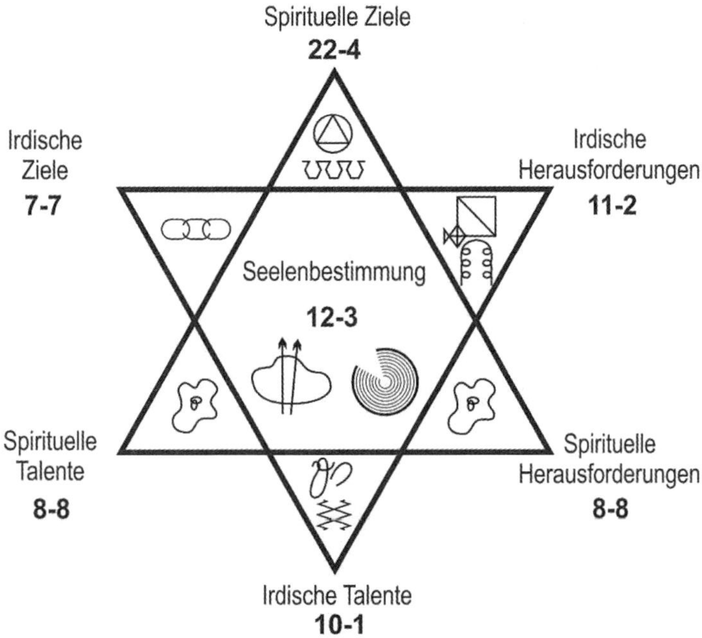

Seelenplan: John Winston Lennon

Zusammenfassung

John kam mit einer 11-2 in der *irdischen Herausforderung* ins Leben. Er hatte seine eigene Art, Dinge zu sehen, die nicht in die Norm passten. Obwohl er sehr intelligent war, glänzte er nicht akademisch. Eine 11-2 in der *irdischen Herausforderung* zeigt auch, dass er mit der Polarität von Leben/Tod umgehen musste. Das bedeutete, sich mit Themen von Verlust, Sterben oder Veränderungen des Lebens auseinandersetzen zu müssen und umgehen zu lernen. In seinem Fall war es so, dass er ohne Vater aufwuchs und schließlich auch seine Mutter verlor. Mit einer 10-1 im *irdischen Talent* war er jedoch hier, um einen großen Dienst zu leisten. Er hatte eine klare spirituelle Verbindung und eine große Begabung des stimmlichen Ausdrucks, wie das bei einer 10-1 in den *irdischen Talenten* oft der Fall ist.

Im Teil 3 (Seite 74) „Karriere, Ziele und wie man das Beste aus den Talenten macht" kannst du sehen, dass die *Ziele* der 7-7 sind, es zu lernen sich mit anderen zu verbinden. Sie sind nicht gleich von Anfang an freundlich und offen wie jemand, der die 7-7 in den *Talenten* hat, aber ihre magnetische Ausstrahlung kann sogar oft stärker sein. Sie sind hier, um sich mit anderen zu verbinden, um Teil eines Teams zu sein und als Teil einer Gruppe zu arbeiten, um andere magnetisch anzuziehen. Das war ein entscheidender Faktor für seinen Wunsch, mit den anderen Beatles eine Gruppe zu bilden, sehr wahrscheinlich mit derselben Energie, die einige der anderen hatten.

Interessant ist, dass John in der spirituellen *Herausforderung* und dem *spirituellen Talent* die 8-8 hatte. Somit hatte er als *dominante Schwingung* die 8-8 (4 mal die 8). Das bedeutet, wenn es sich im spirituellen Aspekt des Charts zeigt, dass er die Fähigkeit hatte, die spirituellen Energien so in die Gesellschaft zu bringen, dass sie von jedem verstanden werden konnten.

Jedoch zeigt eine 8-8 in der *Herausforderung* jemanden, der sich seiner spirituellen Verbindung zwar bewusst, aber sehr zurückhaltend ist, sich mit dem Irdischen zu befassen. Man hat keine Lust, sich um irgendetwas zu kümmern, will nicht hier sein und am liebsten flüchten. John Lennon sprach ab und zu offen darüber.

Glücklicherweise ist das *spirituelle Talent* der 8-8 das perfekte Gegenmittel, um sein Hindernis zu überwinden und infolgedessen die spirituellen Energien auf eine Weise in die Gesellschaft zu bringen, die echt war und die die Menschen verstehen konnten.

Diese Fähigkeit erlaubte ihm, sein spirituelles Ziel der 22-4, die Energien der Vollkommenheit, zu erreichen, was bedeutet, von einer sehr hohen Ebene aus zu lehren und die Botschaft, dass es nichts anderes gibt als „Liebe und Frieden".

Die *Seelenbestimmung* der 12-3, den Energien der Ausdehnung, zeigt den großen Wunsch, Liebe und Wissen anzusammeln und sich wirklich mit der Seele zu verbinden. Die 12-3 dehnte das Teilen von Liebe, Wissen und Geist auf die Gesellschaft aus und die 7-7 (*irdische Ziele*) verstärkte die Fähigkeit, Gruppen weltweit zu erreichen. Die 8-8 (*spirituelle Talente*) half ihm, auf dem Boden zu bleiben und seine Botschaft den Menschen zu überbringen.

Zusammenfassend und ohne die Persönlichkeit zu idealisieren, ist leicht zu erkennen, weshalb viele spirituelle Berichterstatter ihn als Meisterseele ansehen, die zum Dienen hierherkam mit dem Auftrag, als Symbolfigur zu dienen, um die Botschaft einer Transformation zu verkünden, die zu jener Zeit noch ziemlich revolutionär war.

SEELENPLAN BEISPIEL: ALEXANDER GRAHAM BELL (1847-1922)

Geburtsname: Alexander Bell, Wissenschaftler und Erfinder des ersten Telefons.

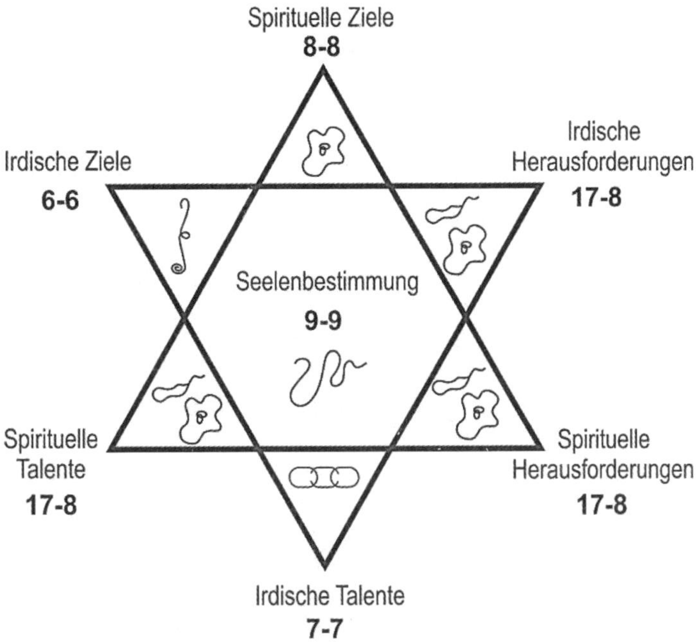

Zusammenfassung

Ich habe dieses Chart als Beispiel für jemanden angefügt, dessen *Herausforderungen* letztendlich zu seiner größten Stärke und zu einem Beitrag für die Menschheit wurden. Dieses Beispiel finde ich immer wieder bei meinen Klienten im Seelenplan.

Alexander kam hierher mit der 17-8 (Sprache) in den irdischen und spirituellen Aspekten der *Herausforderungen*, aber auch mit derselben Energie im spirituellen Talent. Interessant war, dass sowohl seine Mutter als auch seine Ehefrau taub waren, was wirklich eine *Herausforderung* in der Kommunikation bedeutete. Vielleicht erkennen wir hier auch einen Hinweis auf die Polarität von Herrschaft/Sklaverei in einem eher umstritteneren Bereich seiner Arbeit mit taubstummen Menschen, die unter anderem darin bestand, dass er ihre Hände auf dem Rücken zusammenband, um sie daran zu hindern, die Zeichensprache zu verwenden.

Als er jünger war, war er auch etwas ruhiger und verschlossener, was für die *Herausforderung* mit der 17-8 normal ist. Doch wie so oft, wenn die *Herausforderung* in beiden Positionen dieselbe ist (was auf eine Menge dieser Energie in diesem Chart hinweist) und die gleiche Energie auch noch in einem Talent auftaucht, konnte er schon früh viele seiner *Talente* zeigen. Zum Beispiel zeigte er bei Gelegenheit die Gabe der Nachahmung und gab besondere Geräusche von sich. Er fand auch einen Weg, Töne auf eine bestimmte Art zu machen, die es seiner Mutter erleichterten, ihn zu hören, als sich ihre Taubheit besserte.

Glücklicherweise ermöglichten ihm sein familiärer Hintergrund und auch die Umstände bereits sehr früh, viele Bereiche seiner *Herausforderungen* zu überwinden. Die 17 ist die Energie der „Sprache und Schwerpunkt in der Gesellschaft", das Symbol des Mundes oder einer Sprechblase. Seine Familie unterrichtete Rhetorik und arbeitete mit taubstummen Menschen. Bereits in seiner Jungend experimentierte er mit Sprache und Klang und nahm an den Vorführungen seines Vaters teil, indem er die Klänge Symbolen in vielen Sprachen zuordnete.

Alexander Graham Bell (den Namen Graham nahm er im Alter von zehn an) ist es zuzuschreiben, dass er neben vielen anderen Dingen das erste praxistaugliche Telefon erfand. Er war in der Lage, seine 6-6 (Ideen verwirklichen) der Ziele zu nutzen und zu gebrauchen, um es der Energie der 17-8 (Rede in der Gesellschaft) zu erleichtern, Menschen zusammenzuführen, was die wichtigste Eigenschaft der Energie der 7-7 ist und auch wirklich der Zweck des Telefons.

Der höhere Ausdruck seiner Seele wird in der 9-9 seiner *Seelenbestimmung* gesehen, die eine Dienst- und Heilschwingung ist und seiner weitreichenden medizinischen Forschung und Pionierarbeit erleichterte, bessere Methoden des Hörens für andere zu erreichen. Die *spirituellen Ziele* der 8-8 und die dominante Schwingung der 8-8 ermöglichten ihm, mit allen umzugehen und seine Talente in die Gesellschaft einzubringen. Das gab seinem Beitrag größere Erdung.

DEIN GEGENWÄRTIGER NAME

OVERLAY-NAMEN

Viele von uns verwenden einen Namen, der anders als unser ursprünglicher Geburtsname ist. In Europa wird beispielsweise der ursprüngliche mittlere Name selten benutzt. In den USA verwenden viele Leute den Anfangsbuchstaben als Ersatz für ihren mittleren Namen.

Für jeden Namen, den du gegenwärtig verwendest und der anders als dein ursprünglicher Geburtsname ist, kannst du zusätzlich ein Overlay gleich „Überlagerungs"-Chart erstellen, das natürlich auch anders sein wird als das Chart deines ursprünglichen Namens und auch anders interpretiert wird.

Das Overlay ist wie eine zweite Haut oder eine zusätzliche Schicht auf dem Original. Es kann deine Erscheinung ändern und wird Änderungen in deiner Umgebung bewirken.

Deine dominante Schwingung bleibt, aber mit der Zeit kann ein Overlay-Name erheblichen Einfluss bringen. In den alten Traditionen wussten die Menschen intuitiv darüber Bescheid, deshalb veränderten sie den Namen als letzte Rettung, wenn jemand ernsthaft krank war oder im Sterben lag und erhofften dadurch Heilung.

Wenn Du einen Overlay-Namen verwendest, weil du zum Beispiel geheiratet oder deinen Namen geändert hast oder weil du deinen mittleren Name nicht mehr verwendest, ist es gut zu wissen was die neuen Schwingungen bedeuten. Wichtig ist jedoch immer, dass dein grundlegender Seelenplan von deinem ursprünglichen Namen kommt.

Overlays sind wirklich ein ganz anderes Studiengebiet, das in einem weiteren Buch zusammengefasst werden müsste. Das kann ein Projekt für die Zukunft sein, inzwischen aber möchte ich, dass du genügend Grundlagen kennst, damit du um den wichtigen Einfluss auf deinen *Seelenplan* weißt.

NAMENSÄNDERUNG

Normalerweise funktioniert ein Overlay, bei dem der mittlere Name fehlt, für die meisten Menschen sehr gut. Trotzdem würde ich raten, wenn durch Heirat oder aus anderen Gründen ein anderer Name angenommen wird, diese Änderung erst durch einen qualifizierten Seelenplanpraktiker überprüfen zu lassen, der in „Overlay-Analyse" ausgebildet ist. Namensänderungen können einen erheblichen Einfluss haben.

OVERLAY-NAMEN: ZWEI GESICHTSPUNKTE

Wir sind jetzt nur am Einfluss der Schwingung der Zahlen interessiert, die ein Overlay-Chart zeigt und reden bei einem Overlay-Chart gewöhnlich nicht von Talenten, Zielen oder *Herausforderungen*, sondern nur von beeinflussenden Energien. Das wird dir klar, wenn du die folgenden Beispiele (nächste Seite) anschaust.

Außerdem wirken sich Overlay-Energien von rechts nach links und vor allem auf die entsprechende Position aus.

Bei einem Overlay wird oft der mittlere Name nicht benutzt, was für die meisten Leute auch gut funktioniert. Trotzdem würde ich jemandem raten, der wegen Heirat oder aus einem anderen Grund seinen Namen ändern will, einen qualifizierten Seelenplan-Berater zu konsultieren, der geübt mit Overlays ist. (www.soulplan.co.uk) Eine Namensänderung kann einen erheblichen Einfluss haben.

Mit dem Beispiel von John Lennon erläutere ich, welche Auswirkungen der Overlay-Name hatte.

Position	Geburtsname John Winston Lennon	Overlay-Name John Lennon
Irdische Herausforderung	11 - 2	6 - 6
Irdische Talente	10 - 1	11 - 2
Irdische Ziele	7 - 7	12 - 3
Spirituelle Herausforderung	8 - 8	20 - 2
Spirituelle Talente	8 - 8	10 - 1
Spirituelle Ziele	22 - 4	5 - 5
Seelenbestimmung	12 - 3	10 - 1

Die Energien des Overlay-Namens beziehen sich auf den Geburtsnamen und werden in diesem Zusammenhang interpretiert.

DIE INTERPRETATION EINES OVERLAY-CHARTS

Im Overlay nannte er sich John Lennon und nahm damit die 6-6 in die Position seiner Herausforderung auf. Das bedeutete nicht, dass er seine Lektionen der Herausforderung der 11-2 gegen die 6-6 getauscht hätte und das bedeutete auch nicht, dass er die *Herausforderungen* der 6-6 erfahren musste. Das hätte womöglich eine Starrheit und Unbeweglichkeit in seinem Ausdruck eingeschlossen, Abkapselung und die starke Neigung, sich mit viel zu vielen Projekten zu befassen. So hat es eher die typischen Eigenschaften der 6-6 in die 11-2 gebracht, die, wenn sie positiv genutzt wurden, seine Kreativität, seine Ideen und Inspiration wie z.B. das Schreiben seiner Lieder erhöht haben.

In den *Talenten* ist jedoch ein größerer Einfluss möglich. Die 11-2 in der Position der irdischen Talente im Overlay beeinflusste nicht nur die ursprüngliche 10-1 und auch die 12-3 der Ziele (Geburtschart) positiv, sondern auch die 11-2 in den *Herausforderungen*. Denn die Frequenz der 11-2 beeinflusste nun die 10-1 mit den möglicherweise konstruktiven Eigenschaften der 11-2, die einen schnelleren Zugriff auf die positiven Aspekte der ursprünglichen *Herausforderungsenergie* zuließ.

In der Position der *Ziele* mit der 12-3, den Energien der Liebe und der Ausdehnung als Overlay-Energie, beeinflusst von rechts nach links die 7-7, das Zusammenführen von Menschen in den Zielen. Das war ausgezeichnet für Ausdehnung wie auch als Anreiz dafür, sich mit Gruppen von Menschen zu verbinden und auch für den Wunsch, Liebe und Wissen anzusammeln.

Derselbe Einfluss von rechts nach links gilt auch für die *spirituellen* Aspekte, wo wir eine 20-2 sehen, die auf die 8-8 kommt. Die Energien 20-2 bedeuten die Erforschung und Ausdehnung des Verstandes und konnten John dabei geholfen haben, den „ans Haus gefesselten" Widerstand der 8-8 zu überwinden und ihm auf diese Art zu erlauben, die Möglichkeit zu ergreifen, andere Länder zu besuchen, z.B. Deutschland, Indien und die USA.

Auch der Pioniercharakter der 5-5 hat hier mitgeholfen. Die 5-5 bringt auch eine positive und redegewandte Eigenschaft, die in seinem Umgang mit den Medien sichtbar wurde.

In der *Seelenbestimmung* gaben die Overlay-Energien der 10-1 der 12-3 den Antrieb für Erfüllung und den Wunsch, den vollen Umfang seines *Seelenplans* zu erreichen, um zu dienen und sich letztlich mit seiner Seele zu verbinden.

HÄUFIG GESTELLTE FRAGEN

Hier sind einige allgemeine Fragen, die oft von Studenten auf unseren Kursen gestellt werden. Ich denke, es ist hilfreich, sie hier mit einzubringen.

Was ist, wenn ich einen Spitznamen verwende?

Einige Spitznamen funktionieren gut als Overlay, in diesem Fall sollten sie immer benutzt werden, um von ihrer vollen Kraft zu profitieren.

Sehr oft aber können Spitznamen Energien abbauen oder auflösen und deinen vollen Ausdruck verhindern. Wenn du lieber deinen vollen Namen verwendest, dann aber feststellst, dass ihn Leute zum Beispiel bei der Arbeit abkürzen, ist es klug, höflich darauf zu bestehen, dass sie dich mit deinem vollen Namen ansprechen. Das brauchst du allerdings nicht zu wörtlich zu nehmen, damit meine ich nicht, dass du deinen Partner zurechtweist, wenn er dich mit einem Kosenamen anspricht. Das würde ein bisschen zu weit gehen.

Sind einige Seelenpläne und Zahlen besser als andere?

Kein *Seelenplan* ist besser als andere. Jeder *Seelenplan*, der ausgerichtet ist und wirklich gelebt wird, ist ein vollständiger Ausdruck der endgültigen Energien und kann nicht mehr oder weniger so sein. Es gibt einige Energien, die besonders darauf hinweisen, dass jemand wahrscheinlich zum Dienst hier ist, aber das geschieht nur, wenn diese Energien genutzt werden. Es gibt auch Unterschiede, wie wirksam und auf welcher Ebene ein Talent in die Tat umgesetzt werden kann. Jede Energiekombination kann so genutzt werden, dass sie beachtlich über die Norm hinausgeht. Die Feinheiten, Schwankungen, Abweichungen und Möglichkeiten, um die Energien auszudrücken, sind wirklich unbegrenzt.

Was ist, wenn ich nur den Anfangsbuchstabe für meinen zweiten Vornamen verwende z.B. Mary J Peterson?

Sehr wahrscheinlich ist es für Overlays mit dem gegenwärtigen Namen von Bedeutung. Du musst den einzelnen Buchstaben, also nicht den ganzen Namen, in die Berechnung deines Overlay-Charts mit einbeziehen, falls du diesen Namen immer so benutzt.

Obwohl ich mit meinem Seelenplan im Einklang bin, habe ich mich bis jetzt nicht wirklich mit den positiven Aspekten verbunden. Habe ich versagt?

Nein, was auch immer du bis jetzt erfahren hast, war bestimmt und „sollte so sein". Alles ist Teil deines Lernprozesses und deiner Lebenserfahrungen und in diesem Sinn dein *Seelenplan*. Durch diese Information kannst du dein Leben so ändern, dass es erfüllender wird und kannst nun weitere Schritte zur Verwirklichung deines *Seelenplanes* unternehmen. Dass du dieses Buch erworben hast, zeigt, dass du die Unterstützung der Energie zur Verfügung hast. „Das Universum wird dich unterstützen", wenn du anfängst zu handeln (siehe die Abschnitte über deine Zahlen in „Überwindung der Herausforderungen und Aktivierung der Talente und Ziele").

Können einige Seelenpläne darauf hinweisen, dass eine Person „erleuchtet" wird?

Nein, zuerst einmal, weil jemand als „Person" nicht erleuchtet wird. In der „Befreiung" wird sichtbar, dass es keine Person gibt. Insofern übersteigt eine solche Erkenntnis den *Seelenplan* und auch jede Bedeutung von Individualität als Person oder sogar als Seele. Eine solche Transzendenz ist von keiner besonderen Kombination von Zahlen oder Energien abhängig. In Bezug auf die zunehmende Seelenentwicklung, die nur ein von Menschen geschaffenes Konzept ist, könntest du denken, es ist eine Seele, die „vollkommen" wurde und dies könnte in einem Seelenplan intuitiv erkannt werden.

Kann jemand seine Talente missbrauchen oder sind sie immer positiv?

Es gibt viele Arten, wie jemand seine *Talente* oder die positiven Aspekte missbrauchen kann. Hier sind einige Beispiele dafür:

- Wenn jemand mit der 4-4 (Energien der Vervielfältigung) sein Talent dazu benutzt, Geld oder sonstige unmoralische Dinge zu klonen oder zu fälschen.

- Jemand mit einer 12-3 oder 3-3 mit einer starken sexuellen Energie könnte die Energien seines Talents verwenden, um andere zu manipulieren.
- Ich traf jemanden, der die 11-2 (Bauwerk, Struktur, EDV) im Talent dazu benutzte, um einen virtuellen Zufluchtsort auf einer virtuellen Internetseite zu erstellen. Sie hatte eine 7-7 (verbergen, nicht teilnehmen, antriebsschwach) in den Herausforderungen und verbrachte die ganze Zeit in dieser isolierten virtuellen Scheinwelt. Sie war verärgert, auch sogar dann, wenn andere „Avatare" auf ihrer Webseite „herumschnüffelten".
- Es kann sein, dass jemand mit 12-3 im Talent oder Ziel viel Wissen ansammelt und es dazu benutzt, um andere zu kontrollieren. Das ist oft eine Versuchung für jene, die eine 9-9 in den Herausforderungen (Machtthemen) haben.
- Historisch gab es auch eine Anzahl von Menschen, deren *Seelenplan* eine starke spirituelle Verbindung und Magnetismus anzeigte, die diese Energien missbraucht haben, beispielsweise durch ausbeuterische Sekten oder sogar durch die Kontrolle ganzer Nationen.

Mein irdischer und spiritueller Weg sind gleich: was bedeutet dies?

Es ist möglich, dass alle Zahlen auf beiden Teilen deines Charts dieselben sind, was eher selten ist. Es ist auch möglich und kommt oft vor, dass Zahlen mehrfach vorkommen. Das zeigt einfach, dass du diesen Energien zu stärker ausgesetzt bist. Wahrscheinlich wird es intensiver sein, sowohl im positiven als auch im negativen Sinn. Auf der einen Seite fühlst du, als wäre dein Lebensweg ein bisschen vorbestimmt, besonders wenn alle Zahlen gleich sind. Es gibt jedoch dafür die größere Möglichkeit, den Ausdruck einiger dieser Energien zu meistern und du erfährst in diesem Prozess eine tiefe Erfüllung.

Was bedeutet es, wenn ich eine dominante Schwingung oder viele gleiche Energien in meinem Chart habe?

Das ist ähnlich wie die vorangegangene Frage. Es zeigt, dass du die Energien viel stärker erfahren wirst. Normalerweise ist es eine Reise, in welcher Position sich die Energien auch immer befinden mögen und sogar dann, wenn die Energien im Bereich der *Talente* sind, könntest du einige *Herausforderungen* erfahren zusammen mit der natürlichen und wichtigen Fähigkeit, dich mit den positiven Aspekten zu verbinden.

Ganz ähnlich kann jemand mit einer dominanten Schwingung, die sich hauptsächlich im Bereich der Herausforderungen befindet, auch noch einige der positiven Eigenschaften erfahren, sogar ohne bewusst daran arbeiten zu müssen.
Zum Beispiel wird jemand, der die magnetischen Energien einer 7-7 in beiden *Herausforderungsbereichen* hat, wahrscheinlich eine Menge Isolation erfahren

haben, kann aber wahrscheinlich mit seiner magnetischen Ausstrahlung immer noch andere anziehen und zwar aufgrund dieser Kommunikationsenergie.

Kann ich mich auch auf einige positive oder negative Eigenschaften anderer Zahlen beziehen, die nicht in meinem eigenen Stern sind?

Dann erfährst du wahrscheinlich diese Energien auch jetzt oder hast sie in der Vergangenheit erfahren. Alle Energien sind in uns und wir erfahren sie und es lohnt sich sicher, alle Kapitel der 22 Zahlen zu lesen und nicht nur die Zahlen unseres eigenen Sterns. Viele Heiler sind zum Beispiel mit der Energie der 1-1 verbunden und arbeiten mit ihr, selbst wenn sie nicht in ihrem Chart ist. Wenn wir kreativ sind, verbinden wir uns mit den Energien der Kreativität, der 6-6. Diejenigen, die Kinder haben, haben natürlich die mütterliche Energie der 13-4 aktiviert und die Energien der 8-8 verbinden uns alle mit der Erde usw.

Zu einem bestimmten Maß spielen auch noch viele andere Umstände in unserem Leben eine Rolle, unser Alter, unsere Beziehungen zu anderen, unsere Geburtszeit und unser Geburtsort (Astrologie), die Kultur und Ahnenmuster. Das alles sind Energien, die das Leben zusätzlich beeinflussen.

Was ist, wenn zwei Menschen genau denselben Geburtsnamen haben?

Dann haben sie dieselben *Seelenplan*-Energien. Jedoch bilden verschiedene Umstände, astrologische Konditionen, die Schwierigkeitsgrade der Herausforderung, kultureller Einfluss oder sogar Ahnenmuster eine einzigartige Erfahrung.

Wenn zum Beispiel beide die Energien 3-3 (Energien des Ausdrucks) in den *Talenten* haben und sie auch aktiviert haben, können beide sehr ausdrucksfähige Menschen sein, aber einer könnte ein Schauspieler, der andere ein Lehrer sein. Wenn sie beide eine 8-8 in der Herausforderung haben und damit die Schwierigkeit, sich zu erden, könnte der eine lediglich ein bisschen zurückhaltend im Leben sein, der andere hingegen, wenn er eine stärkere *Herausforderung* hat, könnte ernsthaft traumatisiert sein und müsste sich viel mehr anstrengen, sich überhaupt mit der Erde zu verbinden.

Was ist der Grund, wenn ich bereits aktiv an meiner Seelenbestimmung arbeite, dass ich scheinbar schon einige der Merkmale dieser Energie erfahre?

Dies ist nicht ungewöhnlich, denn die *Seelenbestimmung* ist eine Kernenergie und so können wir einige Anzeichen dafür in deinem Leben erwarten. Es ist bestimmt ein gutes Zeichen und normalerweise auch ein Hinweis, dass du bereits ziemlich ausgerichtet bist. Die *Seelenbestimmung* kann sich im Laufe des Lebens immer stärker entfalten. Normalerweise müssen die *spirituellen Ziele* aktiviert sein, um die vollständige *Seelenbestimmung* wirklich ganz „einzuschalten".

Sollte ich den Namen für mein ungeborenes Baby ändern, weil es starke Herausforderungen hat oder sollte ich den Namen meines gegenwärtigen Kindes ändern?

Man kann unmöglich sagen, wie stark die *Herausforderungen* sein werden, weil es unterschiedliche Grade gibt und es ist sinnlos zu spekulieren. Meistens ist der vorhandene Name für jede Person richtig. Wenn es sich um eine Namensänderung handelt, empfehle ich, einen ausgebildeten Seelenplan-Berater zu konsultieren. Mit den Informationen, die in diesem Buch stehen, bist du bereits gut ausgerüstet und kannst Möglichkeiten für die beste Lösung finden, damit dein Kind die *Herausforderungen*, was immer es auch ist, bereits in jungen Jahren durcharbeiten kann. Lies die betreffenden Abschnitte: Überwindung der Herausforderungen und Aktivieren der *Talente* und *Ziele*.

Ich kann viele negative Eigenschaften der Energie nachempfinden, die ich in den Herausforderungen habe, aber ich kann mich auch auf einige der positiven Attribute beziehen?

Dies ist nicht ungewöhnlich, denn mit der Zeit und mit etwas Selbstentwicklung wirst du mehr und mehr mit den positiven Eigenschaften in Verbindung kommen. Umgekehrt ist es dasselbe, jemand mit derselben Energie in einem *Talent* oder *Ziel* nimmt viele der positiven Eigenschaften wahr, aber könnte auch zeitweise einige der negativen Aspekte erfahren.

Wie kann ich meine Seelenbestimmung zusammenfassen?

Deine *Seelenbestimmung* ist, dich nach deinem Seelenplan auszurichten und mit ihm eins zu werden. Der Schlüssel dafür ist, in deine *spirituellen Ziele* zu kommen.

Das öffnet die Türe zu einem vollständigeren Ausdruck der *Seelenbestimmung*.

Um dich auf deinen *Seelenplan* auszurichten, musst du deine *Talente* benutzen, um deine *Herausforderungen* zu überwinden und umzuwandeln und deine Ziele zu erreichen. Der *Seelenplan* bietet dir die Struktur an, aber letztlich drücken die Menschen sie auf ihre eigene einzigartige Weise aus. Wenn du einen „Overlay"-Namen verwendest, bleibt trotz allem der Geburtsname dominierend, aber deine Bestimmung wird noch zusätzlich mit den Overlay-Energien gewürzt.

Jenseits davon, auf einer transzendenten Ebene, verliert eine *Seelenbestimmung* oder ein *Seelenplan* im gewöhnlichen Sinn seine Bedeutung. Wenn diese Möglichkeit der Transzendenz sich zeigt oder auftritt, ist es paradoxerweise sogar wahrscheinlicher, dass der *Seelenplan* verwirklicht wird.

DER HEILENDE ASPEKT DES SEELENPLANS

Die Erkenntnis, weshalb bestimmte Dinge geschahen und auf welche Weise, ist sehr heilsam. Das bringt Verständnis, Einsicht und letztlich findet eine Transformation statt.

Zunächst findet Heilung auf einer energetischen spirituellen Ebene statt und es geschieht meist ein Einfließen oder eine Freigabe von Licht, das bei vielen Menschen nach einer Seelenplansitzung spürbar wird. Dies wiederum nützt dem Geistigen durch die emotionale Gesundheit, was mit der Zeit eine positive Kettenreaktion haben kann, weil viele festgefahrene Muster nicht länger zu dieser Schwingung passen. Unzählige Menschen, die eine Seelenplansitzung hatten, berichten, aber auch viele Leser werden das herausfinden, dass einige der alten Muster einfach verschwinden, wenn sie diesen Energien ausgesetzt sind.

Das Ergebnis davon kann man am besten im täglichen Leben sehen. Ich habe bemerkt, dass es ein ähnlicher Prozess ist, jemandem zu helfen, seine Phobie loszulassen. Wenn eine Phobie verschwunden ist, fühlt der Klient innerlich keine große Veränderung, aber wenn man sie dann bittet, an etwas zu denken, was ihnen früher Angst einjagte, sei es etwas Spitzes oder Spinnen oder was immer die Phobie auslöste, merken sie, dass ihre Angst nicht mehr so stark ist. Manche fühlen sich erleichtert, die meisten aber spüren nicht gleich einen Unterschied, bis sie dann später den Nutzen dieser neuen Freiheit erkennen. Das Leben bekommt einen weiteren Horizont, wenn du z.B. herausfindest, dass du jetzt ohne Angst überall hinfliegen kannst.

Wenn du bemerkst, dass sich neue Möglichkeiten in deinem Leben zeigen, Wochen oder Monate nachdem du dich mit deinem Seelenplan verbunden hast, ist es ratsam sie zu ergreifen und zu nutzen. Energetisch wird „dein Raum" größer, deine Energie erweitert sich, weil du dir deines Seelenplans bewusst wurdest und du möchtest diese erweiterten Grenzen mit neuem Verhalten füllen, damit du am besten davon profitieren kannst.

BOTSCHAFT FÜR DIE NEUE ZEIT

Obwohl ich den Entwurf dieses Buches schon vor einigen Jahren geschrieben hatte, hielten mich verschiedene Veranstaltungen und Verpflichtungen davon ab, das Buch zu publizieren, bis zu der Zeit, zu der, wie viele glauben, ein „neuer Zyklus" begann. Allmählich kristallisierte sich heraus, dass sich dieses Material als „Werkzeug für die neue Zeit" eignen würde.

Sicherlich leben wir in einer interessanten Zeit, das Leben verändert sich rasch und ein wachsendes Bewusstsein taucht langsam auf. Wie nie zuvor haben wir Zugang zu viel mehr Informationen, einschließlich der Spiritualität.

Weil wir mehr Botschaften ausgesetzt sind, oft aus wohlmeinenden Quellen, gibt es eine Falle, die uns davon abhalten kann, uns mit unserem tiefsten Potenzial zu verbinden. Das ist die zunehmende Lehre, wie man „perfekt" wird, die vielen Denkweisen von New Age, religiösen und spirituellen Philosophien anhaftet. Das ist Vorstellung, dass wir perfekt werden müssen, um uns auf nah bevorstehende besondere Zeiten vorzubereiten oder auf Ereignisse, in eine neue Dimension überzugehen oder erleuchtet zu werden usw.

Der Unterschied mag subtil erscheinen, aber ich möchte die Botschaft des *Seelenplanes* von diesen Ideen unterscheiden. Das einzige, das mit der Ausrichtung auf deinen Seelenplan geschieht, ist, dass du zu dem wirst, was du bereits bist. Das bedeutet, deine *Herausforderungen* als Teil von dir zu akzeptieren und sie zum einzigen Zweck für mehr Freude und Lebensqualität durchzuarbeiten, Mitgefühl zu entwickeln und anderen zu helfen, was große Zufriedenheit bringt.

Aber es gibt schon jetzt eine Möglichkeit, die verfügbar ist, ohne irgendetwas „tun" zu müssen, wenn wir den tieferen Aspekt dessen erkennen, wer wir sind. Wenn das geschieht, ist diese Veränderung spontan und außerhalb der Kontrolle der Persönlichkeit als scheinbar getrenntes Wesen. Aus der Perspektive des Seelenplans sind das die wahren Möglichkeiten der kommenden Zeit, auf einer tieferen Ebene zu erkennen, wer wir wirklich sind. Interessant ist, dass das jetzt bei viel mehr Menschen geschieht.

Was in den kommenden Jahren auch geschehen mag, ob positiv oder negativ gesehen, wenn Polaritätsdenken und Trennung bestehen bleiben, bleibt auch die Unzufriedenheit. Das trifft immer noch zu, auch wenn es viele positive Veränderungen gibt und die Gesellschaft harmonischer wird.

MÖGLICHKEITEN, DIE DIR HELFEN, DICH WIEDER ZU VERBINDEN

Ein ausgebildeter und qualifizierter Praktiker wird ausführlich auf deine derzeitigen Muster eingehen und dir intuitiv Auskunft geben, die direkt mit deinem Leben zu tun hat. Einige der Praktiker, die unsere ganze Beratungs-Ausbildung absolviert haben, sind gründlich darin ausgebildet, Grundprobleme zu erkennen, die dich abhalten, dich voll mit deinem *Seelenplan* zu verbinden. Sie sind mit einer Vielfalt neuester Heilmethoden, aber auch konventioneller Beratungsmethoden und Psychotherapie vertraut.

Sie werden deinen *Seelenplan* verwenden und andere Diagnosewerkzeuge, um die beste Strategie zu finden, die dir hilft, deine Herausforderungen zu überwinden. Sie werden dir auch Heilbehandlungen geben und dich mit Lebensberatung unterstützen, um eine erfülltere und bessere Lebensqualität zu erreichen.

LETZTE GEDANKEN

Es gibt zwei Themen, die in diesem System des *Seelenplans* und diesem Buch enthalten sind. Das erste und eindeutigste ist die Beschreibung der allgemeinen Methode, mit der du dein Lebensmuster sehen kannst, um einen Weg vorwärts über die Hindernisse zu erkennen und dich auf dein Ziel auszurichten.

Die bewusste Verbindung mit dem *Seelenplan* und deinem Potenzial ist eine der lohnendsten und praktischsten Maßnahmen, die wir als Menschen ergreifen können. Das kann viel Erfüllung, Freude und Zufriedenheit bringen. Du könntest sagen, dass dieses Grundthema scheinbar mit der getrennten Identität zu tun hat, für die sich die meisten von uns halten.

In der *Seelenbotschaft* ist jedoch ein subtileres zweites Thema verborgen, das auf eine tiefere Sicht und Einladung hinweist, die in den Energien der Schöpfung enthalten sind. Die wichtigste Botschaft bittet uns zu erkennen, dass es letztendlich eine Illusion ist, uns als „getrennt" zu sehen. Wenn das erkannt wird, haben wir verstanden, dass wir nichts sind und alles. Das ist der Anfang wirklicher Freiheit.

Im Geist der Liebe und Ausdehnung ist es mein größter Wunsch für dich, dass das Material dieses Buch zu einem erfreulichen Ausdruck deines vollständigen Seelenplans beiträgt.

Teil 5

ANHANG

Wenn ich sehe "ich bin nichts", ist es Weisheit.
Wenn ich sehe "ich bin alles", ist es Liebe.
Mein Leben ist eine Bewegung zwischen diesen beiden.

Nisargadatta Maharaj (1897-1981)

WÖRTERVERZEICHNIS

Im Teil 3 habe ich allgemeine Vorschläge erwähnt, um Herausforderungen zu überwinden. Das sind nur Kurzbeschreibungen weniger bekannter Methoden, die du vielleicht anwenden möchtest.

Bates Augenmethode. Augenübungen, um Sehkraft und Wahrnehmung zu verbessern oder zu korrigieren.

Bewusste Empfängnis. Das umfasst derzeit einen weiten Bereich von Methoden. Das Ziel der Fachleute ist, es Frauen zu erleichtern, bestmögliche körperliche, geistige, emotionale und spirituelle Gesundheit zu erlangen, damit die Fruchtbarkeit gefördert und letztlich eine Schwangerschaft erreicht wird. Das alles kann von Ernährung bis hin zu Therapien reichen. Idealerweise sollten auch Männer davon profitieren.

Biodanza. „Der Tanz des Lebens“ wurde in den 1960er von Rolando Toro Biodanza erfunden. Er nutzt Musik, Singen, Bewegung und Gruppenbegegnungen, um mit Hilfe therapeutischer Verbindung Selbstausdruck und positive Emotionen zu entwickeln.

Co-Abhängigkeit (auch co-abhängig), ein Zustand, bei dem jemand von den Bedürfnissen oder der Kontrolle eines anderen abhängig ist. Die Person stellt ihre eigenen Bedürfnisse zurück, weil sie zu sehr mit den Bedürfnissen anderer beschäftigt ist. Sie kann sogar Muster von anderen übernehmen.

Cord Balancing, Befreiung und Ausgleich von seelischen und energetischen Anhaftungen durch Abhängigkeiten zwischen Menschen. Hier geht es nicht um eine vollständige Trennung, sondern nur darum, dass die Verbindung ausgeglichen wird.

Emotionale Freiheitstherapie (EFT) (Emotional Freedom Therapy) entwickelt aus TFT (Gedanken Feldtherapie). Dabei werden Energiepunkte geklopft, um Traumata aufzulösen. Diese Technik kann für viele Probleme angewendet werden, beispielsweise Ängste.

Ersatzverbindung (neurologisch). Diese Methode wurde mir von Andy Hahn vorgestellt, dem Gründer der „Geführten Selbstheilung" in Amerika. Ziel ist, eine Ersatzmutterverbindung für Klienten zu erstellen, die diese Erfahrung nicht gemacht haben. Der Therapeut benimmt sich wie eine Verbindung, eine „universelle Mutter" und channelt eine Botschaft der bedingungslosen Liebe.

Frontales-Occipitales Halten ist eine Abwandlung der „emotionalen Stressauslasspunkte" (emotional stress release points), die in der Kinesiologie (und energiepsychologischen Eingriffen) zum Stressabbau verwendet wird. Die Methode wurde vom Chiropraktiker George Goodheart entwickelt. Es ist eine sehr einfache Art, um den Körper und überstrapazierte Nebennieren zu beruhigen. Diese Technik ist besonders lindernd, wenn sie von einem Praktiker oder einer anderen Person durchgeführt wird, doch man kann es auch selbst machen. Die Punkte zur Selbstbehandlung sind im Internet zu finden. Siehe auch Psychologische Energietechniken.

Gabrielle Roth, 5 Rhythmen, ein Heiltanz-Bewegungssystem, das den Ausdruck des Teilnehmers durch Bewegungen bei unterschiedlichen musikalischen Stimmungen und Rhythmen fördert.

Gelübde brechen. Eine Methode, die zum Ziel hat, begrenzende Versprechen, die durch andere oder uns selbst auferlegt wurden, aufzulösen, beispielsweise ein Armutsgelübde; das kann durch Neid oder aus der Ahnenreihe kommen, aus archetypischen oder vergangenen Leben oder kulturell, in einem Geheimbund, einer Sekte oder einer Religion entstanden sein.

Gestalttherapie. Eine ganzheitliche Beratungs- und Psychotherapiemethode, die aus der Arbeit von Fritz Perls stammt.

Klangheilung. Eine Therapie durch Stimme, Instrumente oder Musikhören, um alle Aspekte der Gesundheit ins Gleichgewicht zu bringen.

Klopf-Akupressur (EFT), eine psychologische Energietechnik, bei der der Therapeut den Klienten anleitet, sein energetisches Gleichgewicht zu korrigieren und eine deutliche Grenze aufzubauen, indem er auf das Brustbein klopft und Heil-Affirmationen spricht. Siehe auch Psychologische Energietechniken.

Körperzentrierte Therapien. Die Praktiker nutzen unterschiedliche Behandlungen, um die Therapie zu unterstützen. Das können direkte oder indirekte Haltungen und Bewegungen sein oder Körperkontakt wie Massage. Siehe auch Wilhem Reich.

Matrix Reimprinting nutzt EFT (siehe auch Emotionale Freiheitstechnik), schreibt aber auch alte einschränkende Erinnerungen neu, die als Hologramme gesehen werden und das gegenwärtige Verhalten beeinflussen. Das Ziel ist, neue Muster für eine positive zukünftige Haltung zu schaffen.

Parts Work. Eine Hypnosetherapie, die sehr wirkungsvoll sein kann, um ein breites Spektrum von Themen zu behandeln. Parts Work: Systemische Arbeit mit Persönlichkeitsanteilen. Siehe auch Voice Dialogue (Stimmendialog).

Psychische Kunsttherapie. Das ist ein neuer Baustein, den wir in unser ganzheitliches spirituelles Beratungsprogramm aufgenommen haben, der von Roger Hanson, einem Seelenplan-Praktiker und Lehrer entwickelt wurde und unterrichtet wird. Die Methode ist der konventionellen Kunsttherapie ähnlich. Der Klient wird angeleitet, spontan zu malen, was oft Einblicke in unbewusste Themen gibt. Der Praktiker präsentiert auch Mandalas oder Energiesymbole, die dem Klienten ähnliche Offenbarung und Einsicht ermöglichen. Diese Arbeitsweise hilft, die Kreativität der Seele zu aktivieren.

Psychologische Energietechniken schließen einen breiten Bereich von psychoenergetischen Behandlungen ein, bei dem man eines der menschlichen Energie-Systeme behandelt wie Meridiane, Chakren oder Aura. Siehe auch Klopf-Akupressur und Tapas Akupressur Technik.

Qi Gong (auch als Chi Kung bekannt). Eine chinesische Energieerhöhungs- und Selbstheilungs-Praxis mit vielen körperlichen und spirituellen Anwendungen. Siehe auch Spontanbewegung.

Reconnective Therapy (RCT), Zur Wiederherstellung der Verbindungen zwischen dem Energiekörper und dem physischen Körper.

Satsang – die unmittelbare Begegnung mit dem eigenen Sein. Das Zusammensein mit einem Lehrer, der abhängig von seiner Ausrichtung, über spirituelle Philosophie, über Einheitsbewusstsein und Advaita oder Nichtdualität spricht und diese Energie ausstrahlt.

Schatten (oder Schattenanteil) kommt aus der Psychologie von Carl Jung. Der „Schatten" kann sich auf das Unbewusste beziehen, auf all das, dessen eine Person sich nicht bewusst ist, auch einen Aspekt des Egos. In den letzten Jahren wird dieser Ausdruck auch allgemein für Aspekte des Verhaltens benutzt, die wir zu verstecken oder zu verleugnen versuchen.

Seelenrückholung. Eine Methode, die häufig mit Schamanismus in Verbindung gebracht, aber auch von spirituell orientierten Hypnosetherapeuten und anderen ganzheitlichen Praktikern angewendet wird. Sie dient zur Rückholung von Seelenanteilen oder abgeschnittenen „toten Teilen" einer Person (siehe auch „Todeswunsch").

Spontane Bewegung. Dazu gehört eine Art von Kundalini Yoga, einige seltenere Formen des Qi Gong (auch Chi Kung), lateinamerikanischer Tanz und zu einem gewissen Maß Oshos dynamische Meditation sowie einige schamanische Übungen.

Tapas Akupressur Technik (TAT). Diese Technik wurde von Tapas Flemming TAT, einem Akupunkteur entwickelt. Es ist eine einfache Technik, entworfen, um negative Wirkungen, Stress und traumatische Symptome aus noch nicht gelösten vergangenen Ereignissen zu entfernen. Die Methode diente ursprünglich dazu, Allergiesymptome zu lindern. Dabei werden Akupressur-Punkte sanft gehalten, während die Aufmerksamkeit auf eine Reihe von Affirmationen und Sätze des Vergebens gerichtet wird.

„Todeswunsch". Carl Jung benutzte diesen Ausdruck, der besagte, dass es im Menschen einen Aspekt gibt, der sterben möchte. Der Mensch fühlt sich „abgeschnitten" oder er hat „tote Teile". Siehe auch Seelenrückholung.

Tomatis Methode basiert auf der Arbeit von Alfred Tomatis. Diese Methode stimuliert das Gehör und entwickelt Fähigkeiten beim Hören, bei Sprache und Kommunikation.

Vergebungsübungen enthalten psychologische Energietechniken (z.B. Tapas Akupressur Technik) und hawaiianisches Ho'oponopono - ein Ritual von Versöhnung und Vergebung. Unsere Absolventen verwenden auch eine Methode, die ich im Jahr 2000 entwickelte und „Bewusste Integrationstechnik" genannt habe. Das ist eine Synthese einiger sehr wirksamer Übungen, um spirituelles Bewusstsein zu entwickeln und zu verstehen, dass es keine Schuld gibt. Siehe auch Psychologische Energietechniken.

Voice Dialogue/Stimmendialog gehört zu meinen bevorzugten Praktiken aus der Parts-Work-Therapie. Diese Therapie wurde aus der Arbeit von Dr. Hal Stone und Dr. Sidra Stone entwickelt. Sie erleichtert den Dialog mit den verschiedenen Teilen der Persönlichkeit, um zu erfahren, wie die Teile funktionieren und um ihnen eine Stimme zu geben. Dies sind oft vernachlässigte Aspekte der Psyche. Siehe auch Parts Work.

Wilhelm Reich, ein früher Schüler von Sigmund Freud, der seine eigene oft umstrittene Theorie entwickelte, die einen großen Einfluss auf körperzentrierte Methoden hatte. Er erkannte den „Körperpanzer", das heißt, dass sich der Charakter unter einer Maske verbirgt, was sich auf die 5 archetypischen Charakter-Typen bezieht. Siehe auch körperzentrierte Methoden.

BIBLIOGRAPHIE

Kaplan, A. Sefer Yetzirah; Das Buch der Schöpfung in Theorie und Praxis; Verlag J.R. Ruther

Potter, C, Sie sind hier: Eine handliche Geschichte des Universums; Hutchinson Radius, 2009

Spier, L. und Sapir, E., Sprache, Kultur und Persönlichkeit, Essays in Gedenken an Edward Sapir; Menasha, Wis: Sapir Publication DUND, 1941

Westcott, W. M. Sepher Yetzirah: Das Buch der Formung und die zweiunddreißig Pfade der Weisheit; Kessinger Publishing, MT, USA, 1992

BUCHEMPFEHLUNGEN

Alper, Frank: „Erkenntnisse aus Atlantis", www.adamis.ch

Balsekar, Ramesh u. Liquorman, Wayne: „Erleuchtende Gespräche", Kamphausen 2010, Lüchow

Dass, Ram: „Sei jetzt hier", Sadhana-Verlag, 1995

Dawson, Karl und Allenby: „Matrix Reimprinting – EFT und Quantenheilung in einer bahnbrechenden neuen Therapie", Trinity Verlag 2011

Ford, Debbie u. Cuby, Gabriele: „Schattenarbeit: Wachstum durch die Integration unserer dunklen Seite", Goldmann 2011

Jeffers, S.: „Selbstvertrauen gewinnen: Die Angst vor der Angst verlieren", Kösel-Verlag 1998

Krystal, Phyllis: „Die inneren Fesseln sprengen. Befreiung von falschen Sicherheiten", Allegria Taschenbuch 2004 und „Die inneren Fesseln sprengen, Arbeitsbuch", Taschenbuch

Laing, Ronald. D.: „Das geteilte Selbst", Verlag Kiepenhauer & Witsch, 1989

Levine, Peter A.: „Trauma-Heilung: Das Erwachen des Tigers. Unsere Fähigkeit, traumatische Erfahrung zu transformieren", Synthesis 2000

Parson, Tony: „Das ist es: Vom Ende der Illusion des Getrenntseins", Kamphausen 2014

Parson, Tony: „Das offene Geheimnis", Kamphausen 2013

Reich, Wilhelm: „Charakteranalyse", Kiepenheuer und Witsch, Köln 1970

Rogers, Carl: „Der neue Mensch", 5. Auflage, Klett-Cotta, 1993
Stone, Dr. Hal und Sidra u. Shakti Gawain: Voice Dialogue: „Du bist viele. Das 100fache Selbst und seine Entdeckung durch die Voice-Dialogue-Methode", Heyne-Verlag 1997

Tolle, Eckhart: „Jetzt! Die Kraft der Gegenwart", Kamphausen, 2004

WIE WIRD MAN EIN SEELENPLAN-PRAKTIKER, BERATER ODER SPIRITUELLER COACH?

Der Kurs zum „*Seelenplan*-Praktiker" dauert normalerweise drei Tage und zählt als selbständige Ausbildung oder kann als Modul zum Therapeuten im ganzheitlichen Heilcollege (Holistic Healing College) angerechnet werden. Es gibt verschiedene Weiterbildungen in Fachbereichen wie kommerzielle Anwendungen, Namens-optimierung oder Beziehungen. Durch die Grundausbildung bist du bereits berechtigt, Seelenplansitzungen anzubieten. Eine Bescheinigung schließt einen professionellen Versicherungsschutz ein (für Großbritannien).

Die nächste „Seelenplan-Praktiker"-Ausbildung in England findest du unter www.soulplan.co.uk

Über das ganzheitliche Heilcollege (Holistic Healing College) und den Seelenplan
Als ich in den späten 1980ern in Beratung ausgebildet wurde, fand ich es notwendig, Zuhören und Beratung mit Heiltechniken zu kombinieren. Ich glaubte, viele Heiler könnten wirkungsvoller arbeiten, wenn sie Beratungs- und Psychotherapietechniken mit dazu nehmen würden und wenn viele Berater und Psychotherapeuten in zeitgenössischen Heilstrategien und Lebensberatung ausgebildet wären.

Zehn Jahre später führte ich an Wochenenden Beratungskurse, Heilworkshops und auch Heilkurse mit Klang und Stimme durch, zu jener Zeit eine weitere Vorliebe. Das entwickelte sich allmählich zu einem erweiterten kombinierten Programm und führte zur Gründung des ganzheitlichen Heilcolleges (Holistic Healing College).

Obwohl ich bereits einige Jahre mit dem Grundlagensystem des Seelenplans gearbeitet hatte, dauerte es bis 2003, bis ich versuchsweise die Grundlagenmethode als Modul in unser Programm aufnahm.

Heute ist jedoch der Seelenplan in seiner modernisierten Form zu einem Hauptmodul in unserem Beratungs- und Heildiplom geworden. Außerdem ist er ein Schlüsselmodul in unserer Ausbildung zum „ganzheitlichen Praktiker-Diplom" und unserer Ausbildung zum „spirituellen Lebensberater".

Das ganze Programm besteht derzeit aus 14 monatlichen Modulen. Die zukünftigen Praktiker werden in den Bereichen zeitgemäßer Heilung, Beratungsmethoden und dem Seelenplan ausgebildet. Weitere Informationen zu den Kursen und Diplomen für Heil,- Lebensberatung- und Seelenplan-Beratung findest du auf www.healingcollege.co.uk.

Weitere Möglichkeiten und Anwendungen des Seelenplans
Der Seelenplan ist ein System, das sich ständig erweitert. Die Möglichkeiten wären zu umfangreich, um sie alle in diesem Buch zu beschreiben. Wir haben zum Beispiel eine „Seelenplan-Heilmethode", ein „Seelenplan-Qi Gong", „Namensoptimierung" „Beziehungen" und „Geschäftsnamen". Gegenwärtig arbeite ich an einer Methode, die den Praktikern helfen wird, aus dem Seelenplan-Chart aktuelle Themen für den Klienten zu ermitteln. Wir haben bereits viele Praktiker in vielen verschiedenen Ländern und Regionen. Wenn aber kein Praktiker in der Nähe ist, können auch Skype-Sitzungen verabredet werden. Kein Zweifel, dass durch Online-Sitzungen in der Zukunft mehr Menschen erreicht werden können. Weitere Details sind auf den Webseiten:
www.soulplan.co.uk und www.healingcollege.co.uk.

ANERKENNUNG

Die Veröffentlichung dieses Buches war ein Projekt, das sich einige Jahre hinzog und daher gibt es viele Menschen, die in der einen oder anderen Weise dazu beigetragen haben.

Meine Wertschätzung für die Hilfe und Sicherstellung, dass dieses Buch die Aufmerksamkeit von Verlegern erweckte, gehen an:

Dank an Julia McCutchen und Christopher Potter, nicht nur für die unschätzbare Hilfe, Ermutigung, professionelle Beratung, Sachkenntnis und Rat, um dieses Buch zusammenzustellen, sondern auch für Eure Großzügigkeit, Zeit und aufrichtige Betreuung. An dieser Stelle bedanke ich mich auch bei Kelly Dunsworth, John Sleeman, Stephen Gawtry, Tim Carroll und Princess Nazak Khatami für Eure Vorschläge, Begeisterung und Bemühungen in diesem Teil des Prozesses.

✡ ANERKENNUNG ✡

Dieses Buch ist durch den Beitrag von Janice und Tal Trachtman viel reichhaltiger geworden. Dank an Janice für die jeweiligen Bachblüten® Vorschläge und an Tal für die vereinfachten Arbeitsblätter. Euer Verständnis und Verbindung mit dieser Arbeit ist sehr tief.

Tief empfundene Anerkennung geht an die folgenden Menschen, die dazu beigetragen haben, die Grundlagen für den Seelenplan zu legen:

Dem verstorbenen Aryeh Kaplan für seinen genialen Intellekt und großartige Interpretation der Gra Version, des Grundsteins dieser Arbeit im Sefer Yetzirah.

Dem verstorbenen Frank Alper für die Erstellung und das Einführen der Originalmethode der Berechnung und das Channeln der Symbole und deren Interpretationen, das dazu verholfen hat, das System lebendig zu machen. Dadurch wurde diese alte Weisheit zu einem wertvollen spirituellen Werkzeug. Frank erschuf die Grundlagen, um sicherzustellen, dass diese Arbeit zukünftig als Werkzeug für spirituelle und Selbst-Entwicklung vielen Leuten zugänglich sein wird.

Ich möchte auch Katharina Alper meine Anerkennung für die Fortsetzung von Franks Erbe durch Adamis International aussprechen. Sie hat dieses Buch maßgeblich übersetzt.

Dank an Ulla Sarow für die deutsche Korrektur und Inputs ihrer Numerologiekenntnisse (Ausbildung bei Frank Alper).

Dem Klangheiler James D'Angelo, der mir erstmalig Franks wenig bekannte Klangarbeit vorstellte, die in mir augenblicklich eine Saite zum Klingen brachte.

An Nicolas David Ngan, der mir das Numerologiesystem von Frank vorstellte und mich zusammen mit Dr. Ahlmeirah Ariel Hallaire ermutigte, die Methode des Seelenplans zu lehren und zu entwickeln.

Dankbarkeit geht an die Abstammung des Systems und die höhere Weisheit, die mich dahin geleitet hat, dieses System zu modernisieren und mich in das nichtduale Paradigma und die Energie eingeführt hat. Ich möchte die energetische Gegenwart erwähnen, die im Zusammenhang mit dem verstorbenen John Lennon steht, die so viele Menschen wahrnehmen, wenn sie die Ausbildung besuchen.

Tief empfundenen Dank auch an all jene, die den Seelenplan einem breiteren Publikum zugänglich machen:

✡ ANERKENNUNG ✡

An Anita Marshall und Roger Hanson. Sie waren die beiden ersten aktiven Seelenplanlehrer, die ich ausbildete. Ihr beide seid ein wichtiges und begeistertes Werkzeug gewesen, um diese Arbeit einem breiteren Publikum zugänglich zu machen. Große Anerkennung an Roger für seine Vorträge, Medienveröffentlichungen und Pionierschritte zurück in die USA. Anita für die zusätzliche Arbeit, Liebe und Hingabe, um diese Entwicklung durch Workshops zu ermöglichen und um sicherzugehen, dass neue Praktizierende zusätzliche Werkzeuge und Unterstützung erhalten.

An Andrew Broughton, der vor mehr als 11 Jahren eine Software erschuf, um damit die Berechnungen für die Praktiker zu vereinfachen. Später entwickelte er eine Programmierstrategie für die Online-Berechnungen, die eine phantastische Quelle für alle Leser dieses Buches ist.

An alle Seelenplan-Praktiker, die ich ausgebildet habe und über deren nie nachlassende Begeisterung ich immer wieder erstaunt bin. Ihre Geschichten, wie diese Arbeit das Leben der Klienten bereichert, berühren mich zu tief.
Es gibt so viele andere, die entweder direkt oder indirekt dazu beigetragen haben, ob durch ihre Freundschaft oder einfach durch ihren Enthusiasmus, ihre Förderung, ihre Inspiration, ihre Ermutigung, ihre Lehren oder auch, dass sie Mittel bereitstellten.
Bei dieser Aufzählung möchte ich auch Margaret Miller, Shila Jassal, Sinead Quinn, Maura Wheeler, Jane McCourt, Derrick Welsh, Kathryn Playa, Sharon O'Connell, Ayuka Mizoguchi, Zhixing Wang, Dan Millman nicht vergessen, außerdem den verstorbenen Dr. David A. Phillips, Tony Parson, den verstorbenen Douglas Harding und den verstorbenen Ramesh Balsekar.

Mein tiefster Dank geht an Raphaella, Max und Theo. Für Euer Verständnis, dass ich einen Teil unserer wertvollen gemeinsamen Zeit diesem Projekt gewidmet habe und für all Eure Liebe und Ermutigung auf diesem Weg.

EIGENE NOTIZEN

EIGENE NOTIZEN

Name ______________________________

Wert ______________________________

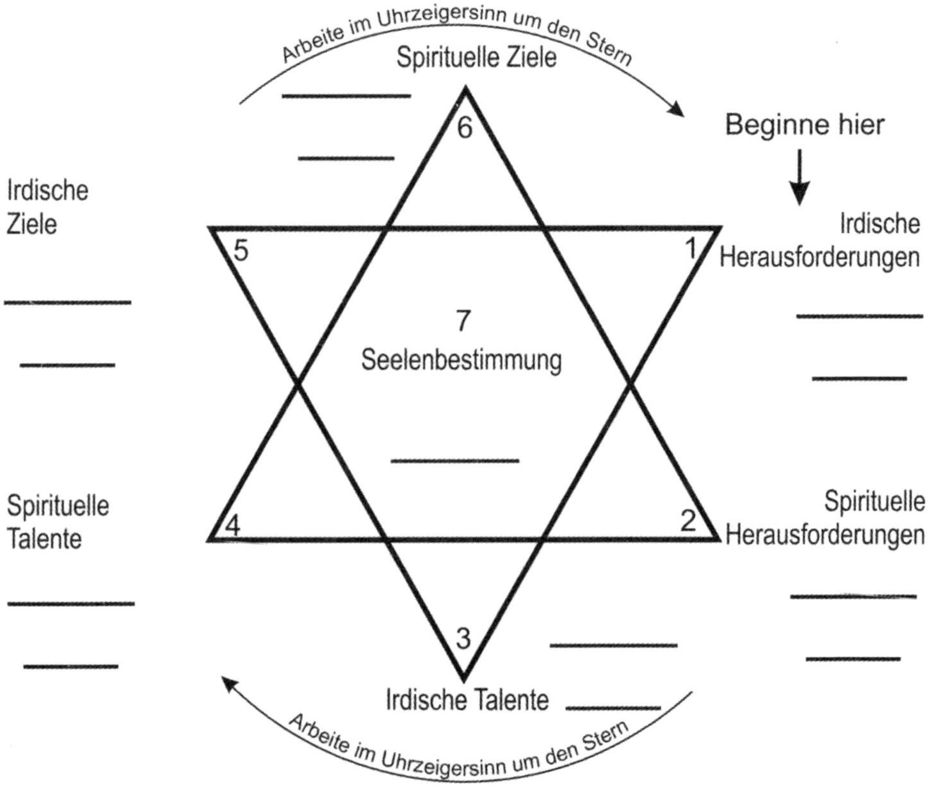

1. Irdische Herausforderungen ______ ______

2. Spirituelle Herausforderungen ______ ______

3. Irdische Talente ______ ______

4. Spirituelle Talente ______ ______

5. Irdische Ziele ______ ______

6. Spirituelle Ziele ______ ______

Summe + Quersumme ______ ______

7. Seelenbestimmung ______ ______

Dominante Schwingung ______________

Name ______________________________

Wert ______________________________

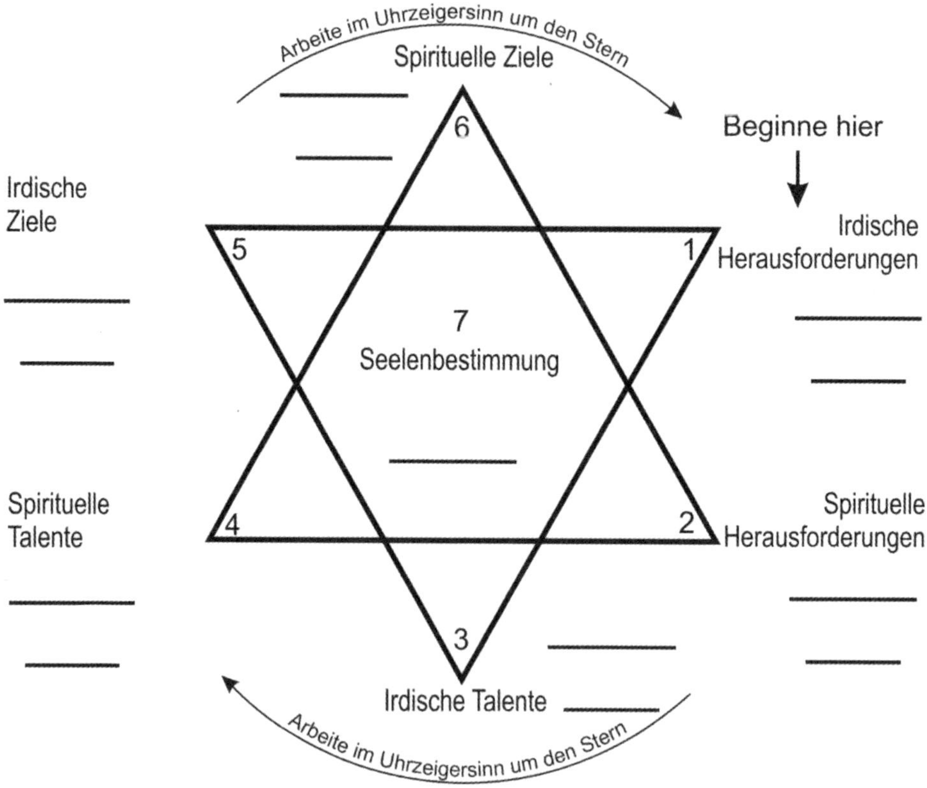

1. Irdische Herausforderungen ______ ______
2. Spirituelle Herausforderungen ______ ______
3. Irdische Talente ______ ______
4. Spirituelle Talente ______ ______
5. Irdische Ziele ______ ______
6. Spirituelle Ziele ______ ______

Summe + Quersumme ______ ______

7. Seelenbestimmung ______ ______

Dominante Schwingung ____________

CHART FÜR KURZE NAMEN

(mit 9 oder weniger Buchstaben)
sowie zur Berechnung von Bezeichnungen wie z.B. Firmennamen, etc.

Name ____________________

Wert ____________________

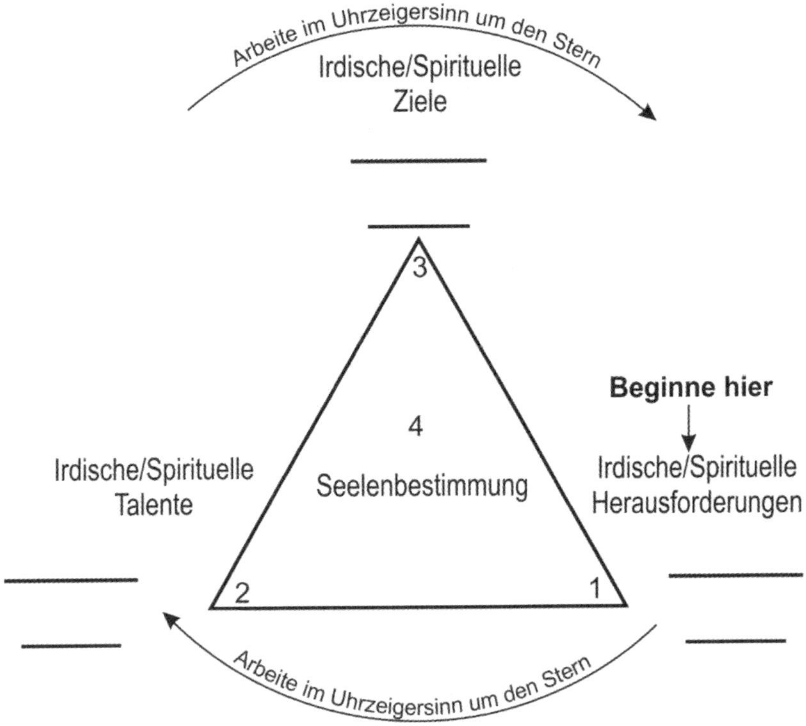

1. Irdische/Spirituelle Herausforderungen ____ ____

2. Irdische/Spirituelle Talente ____ ____

3. Irdische/Spirituelle Ziele ____ ____

4. Seelenbestimmung ____ ____

CHART FÜR KURZE NAMEN

(mit 9 oder weniger Buchstaben)
sowie zur Berechnung von Bezeichnungen wie z.B. Firmennamen, etc.

Name ______________________________

Wert ______________________________

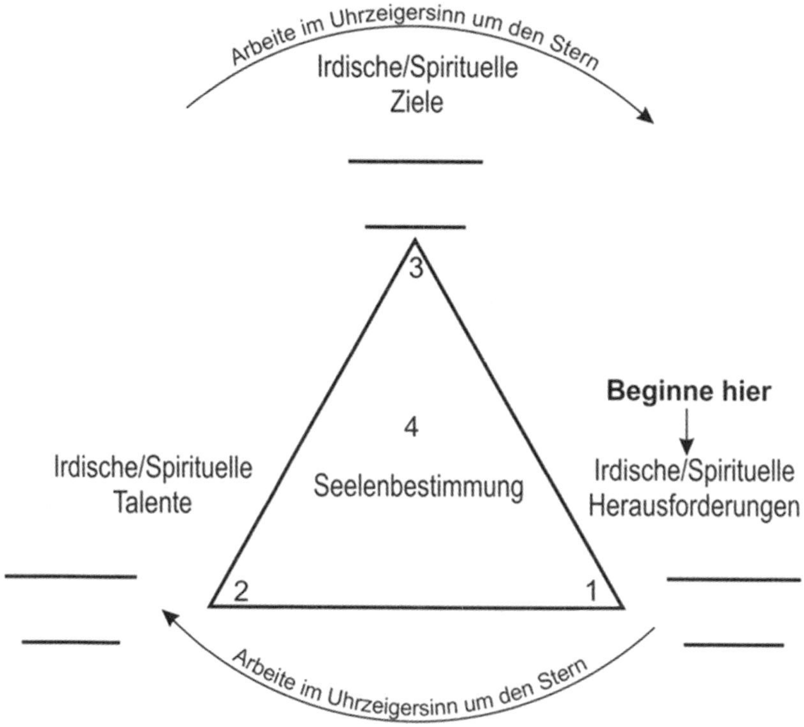

1. Irdische/Spirituelle Herausforderungen _____ _____

2. Irdische/Spirituelle Talente _____ _____

3. Irdische/Spirituelle Ziele _____ _____

4. Seelenbestimmung ═════ ═════

BLUE MARSDEN

Ausbildung zum Seelenplan-Berater

Die Arbeit eines Seelenplan-Beraters ist äußerst befriedigend und erfüllend, denn durch die Verbindung des Klienten mit seiner Seelenbestimmung, kann sich **sein** Leben grundlegend verändern.
Die Basisausbildung zum Seelenplan-Berater drei Tage. In dieser Ausbildung werden die Grundkenntnisse vermittelt, die benötigt werden um professionelle Seelenplan-Sitzungen anzubieten.

Themen der Ausbildung:

- Einführung in das System Spirituelle Numerologie und Seelenplan.
- Die Arbeit mit Frank Alpers Symbolen.
- Die hauptsächlichen Polaritäten der Erde (z.B. Reichtum/Armut, Herrschaft/Sklaverei etc.) und weshalb einige Menschen diese stärker als andere erfahren.
- Interpretation der Energieschwingungen.
- Berechnung der Energieschwingung eines Namens
- Die Ermittlung der Herausforderungen, Talente und höheren Ziele einer Person.
- Die Seelenbestimmung einer Person und wie man den Zweck einer Seele herausfindet.
- Seelenplan – Qi Gong – das Zurückholen des eigenen Lichts.
- Übungen zur Entwicklung der Intuition und zur Öffnung und Verstärkung des inneren Kanals
- Berechnung des Einflusses vergangener Leben und aktueller energetischen Herausforderungen, durch Nutzung der Methode mit dem Dreieck.

- Wie gibt man eine Seelenplan-Sitzung

- Wie leitet man einen Klienten an, damit er seine Seelenbotschaft empfangen und aktivieren kann.

- Beschreibung der Selbsthilfemethoden, Maßnahmen, Grenzen und Risiken.

- Wie gibt man eine Seelenplan-Heilung.

- Die Wichtigkeit eines Energieaustausches. Meditation um einen Klienten auf eine spirituelle Ebene einzuladen.

- Der Zugang zu einem Unterstützungsforum und günstige Konditionen für Entwicklungs-Workshops (direkt oder online).

Diese Ausbildungen werden gegenwärtig in Japan, Amerika und England angeboten. Mit dieser Buchausgabe werden auch Kurse mit Blue Marsden in Deutschland oder der Schweiz geplant.
Kontakt für deutschsprachige Interessenten über Katharina Alper.
Mail: katharina.alper@adamis.ch

Weitere Informationen zu den Ausbildungen zum Seelenplan-Praktiker und ganzheitlichen Heilmethoden sind auf Seite 339 beschrieben.

Aktuelle Informationen und Termine zu Seminaren und Workshops unter www.soulplan.co.uk und www.healingcollege.co.uk.

Um Namen zu berechnen oder nachzuprüfen steht ein Onlinedienst zur Verfügung:
www.soulplan.co.uk/12NameChecking.html
Beschreibung Seite 19.

Blue Marsden bietet ebenfalls Seelenplan-Sitzungen über Skype (in Englisch) an.

www.adamis.ch
www.soulpurpose.co.uk
www.soulplan.co.uk/
www.healingcollege.co.uk/
www.soulplan.de

Für alle deutschsprachigen Länder hüten und begleiten
Meike Haisenko (www.seelenplan.de) – Deutschland – und
Marion Szeiler (www.szeiler.at) – Österreich – die Energie und Lehre des Seelenplans als lizenzierte Vertreterinnen dieser Arbeit.

Bücher / CDs von Frank Alper

Du bist MIND

Heilweisen für das 3. Jahrtausend
216 Seiten, gebunden, 14 x 20,5 cm

Erhältlich im Buchhandel
ISBN 3-926388-52-8

Das Universelle Gesetz für das Wassermannzeitalter

136 Seiten broschiert, 14,5 x 21 cm

Erhältlich im Buchhandel
ISBN 3-926388-21-8

Atlantische Gesänge

2 Audio CDs mit Broschüre in D/E/F/I
Erhältlich bei: katharina.alper@adamis.ch

Erkenntnisse aus Atlantis

Als Download (ursprüngliche Version) erhältlich beim:
G. Reichel Verlag www.reichel-verlag.de

Kahtarina Alper, Zwydenweg 14, CH 6052 Hergiswil
Tel. + 41 41 630 33 01 www.adamis.ch

edition ADAMIS